[개정판]
성격심리와 성격상담

– 성격심리, 성격장애와 상담치료 –

김현진 · 여한구 · 문성일 · 정현섭 · 김만수 · 이무석

교육과학사

머리말

우리는 살아가면서 관계를 맺으며 살아가고, 무언가를 주고 받으며 살아간다. 그 무엇은 물건일 수도 있고 마음일 수도 있다. 주고받으며 살아갈 때 상대방이 원하는 것을 인식하고 내가 원하는 것을 인식하는 것은 매우 중요한 일이다. 상대방과의 인간관계 또는 협상관계에서 내가 원하는 것을 얻으며 살기 위해서 진정 필요한 것은 상대방이 원하는 것을 아는 것이다. 사랑을 주고받는 인간관계 속에서 상대방의 생각, 감정, 정서적 욕구, 어떤 반응 패턴을 파악하는 것과 자기의 생각, 감정 등을 파악하는 것은 기본적으로 중요한 일이다. 이 중요한 일을 다른 말로 표현하면 심리학이라 말할 수 있다. 성격이란 개인이 어떤 환경이 주어질 때 반응하는 특징적인 양식이다. 이 양식에는 독특하며 안정적인 사고, 감정, 행동방식이 포함된다. 성격심리학은 한 개인의 이러한 다양한 심리적 특징들을 통합함으로써 그 사람의 성격 전반에 대한 통합적 이해를 추구한다.

개인이 행복하고 성공적으로 살기 위해서 필요한 것은 바로 생각, 감정, 정서적 욕구 등으로 이루어진 자기 마음의 세계를 아는 것이다. 어떤 개인이 이처럼 자기 마음을 알았다면 그는 이미 절반은 성공하고 행복할 수 있다. 나머지 절반은 나와 다른 사람의 마음을 알 수 있다면 그는 상당히 성공한 사람이다. 인생사 많은 것이 자기 마음과 타인의 마음을 아는 데서 시작하고 성취할 수 있기 때문이다. 자신의 성격성향과 타인의 성향을 알아서 조화롭게 살아가는 것은 인생사의 중요한 일이다. 이런 면에서 성격심리를 이해하는 것은 매우 중요한 일이다.

이 책은 상담을 배우는 학생들이나 인간관계를 맺어가는 데 성격의 이해가 중요하다고 생각하는 분들에게 성격심리를 소개하고, 성격상담에 필요한 기본적 소양을 기를 수 있는 자료를 소개하는 데 있다. 이 책은 아래와 같은 특성이 있다.

첫째, 성격의 본질을 간단하고 명료하게 이해할 수 있도록 돕고자 했다.

둘째, 성격상담에 필요한 성격 유형론과 성격 특성론, 그리고 성격장애를 좀 더 체계적으로 제시하고자 했다. 우리는 많은 사람들이 성격 때문에 이혼하고, 성격이 안 맞아서 인간관계에 불협화음을 겪는 경우들을 많이 본다. 이런 문제를 가진 사람들을 돕는 간결하고 명료한 자료를 제시하고자 노력했다. 기존의 성격심리학 책은 대부분 너무 내용이 방대하여 상담을 공부하는 학생들이 성격심리를 이해하는 면에서 장애물이 되기도 한다. 따라서 상담전공자들에게 성격심리에 기초한 성격상담의 입문서를 쓰고자 했다.

셋째, 주변에서 많은 초보상담자들과 보통 사람들이 성격에 대한 기본적 지식이 없이 다양한 성격검사지를 무분별하게 사용을 하고 있다. 성격상담 전문가로 성장하기 위해 필요한 기본적 소양을 기를 수 있도록 자료를 실었다.

넷째, 자신을 반추하고 성장하는 데 필요한 내용을 실으려고 노력했다.

다섯째, 다른 성격심리학 책에서 볼 수 없는, 정서중심치료 관점에서 성격을 기술한 것은 이 책만이 가지고 있는 독특한 점이다.

여섯째, 이번 개정판에서 새롭게 들어간 부분은 성격발달에 있어서 자아발달과 생물학적 관점, 그리고 인격 성숙을 돕는 알아차림 코칭에 관한 내용이다. 더불어서 성격심리를 파악하고 상담 및 치료를 하는 데에 있어서 흥미로운 도움을 줄 색채심리학의 핵심을 소개하고 있다. 그리고 영적성장을 방해하는 성격장애(이무석 교수님)가 15장에 있다. 이무석 교수님이 흔쾌히 본문에 넣는 것을 허락하셨다.

이 책이 세상에 나오도록 격려해주고 도움을 준 교육과학사 한정주 사장님에게 감사를 드린다. 아울러 이 책이 책으로 나오기까지 성격심리와 성격상담 강의안을 읽어준 광신대학교 상담치료대학원 상담심리치료학과 원우들, 국제신학대학원 상담전공원우들, 그리고 오타, 탈자 등을 수정해준 올리비아 수에게 감사를 드린다. 또한 이 책이 나오기까지 함께 마음으로 손 모아 주신 분들에게 감사를 드린다.

2021년 6월

빛고을 무등산 아래에서

대표 저자 김현진, 여한구

차 례

CHAPTER

01

성격의 본질

- 성격이란 개인이 자극적인 사건이나 상황에 따라 반응하는 특징적인 양식으로서 타인과 구별되게 하는, 독특하고 일관성이 있으며 지속적인 사고, 감정, 행동 방식의 총체이다.
- 성격은 정신세계의 핵심 요소이며 개인을 구성하는 중요한 요소이다.
- 인간에게는 비록 손으로 만질 수는 없으나 정신세계가 존재하고, 성격은 정신의 다른 요소와 밀접히 관련될 뿐만 아니라 인간의 사회적 행동과도 밀접히 관련되어 있다. 성격의 특성이 뿌리에 해당한다면 사회적 행동은 열매에 해당한다.

1. 심리학자들이 성격을 연구하는 목적과 연구의 의의

- 성격심리학의 출발점은 '어떤 상황에서 사람마다 왜 다르게 반응하는가?'라는 질문에서 시작한다. 동일한 자극적인 상황에서 왜 다르게 행동을 하는가? 이 점이 심리학자들이 성격을 연구하는 첫 번째 목적이다. 또 다른 목적은 그렇게 다르게 행동하게 하거나 타인과 보편적으로 같게 행동하게 하는 내적인 체계를 밝히고자 하는 것이다(박아청, 2008). 이는 아동이나 청소년의 학교 생활 부적응의 문제를 해결하는 데에 좋은 기초 자료를 제공해 줄 수 있다는 점에서 그 의의가 크다.
- 심리적 영적 복지 차원에서 연구될 필요가 있다. 성격은 한 인간의 삶의 방식을 결정하는 중요한 요소이다. 대개 사람들은 정신적으로 건강하고 사회적으로 바람직한 성격을 가지고 살아가나, 어떤 힘든 자극적인 상황에 직면하면 비정상적인 행동을 할 수도 있다. 그리고 심리적 **외상(trauma)**이나 콤플렉스로 인해 정서적 반응과 행동적 반응을 건강하게 하지 못하는 경우들이 있다. 심리영적인 차원에서도 자신의 성격성향을 파악한다면 자신의 심리 영적체계를 조절하여 심리영적 생활을 건강하게 영위하는 데 도움을 줄 수 있다.
- 신체적 건강을 유지하는 데 도움을 주기 때문이다. 마음의 상함은 뼈를 상하게 한다는 진술도 성경에 있다. 모든 병은 마음에서 비롯된다는 말이 있듯이 신체

적 건강은 심리적 요인과 밀접하게 관련이 있다. 심리적 요인을 잘 관찰하여 적절하게 조율하는 것은 신체적 건강에 많은 도움이 된다. 예를 들면, A유형의 성격을 가진 사람들은 심장마비가 일어날 확률이 높고, 암에 잘 걸리며, 알코올이나 약물남용 가능성이 많다는 연구들은 성격과 건강이 관련되어 있다는 증거들이다(오세진 외, 2010). 이런 특정한 성격을 가진 사람이 자신의 성격 특성을 파악하는 것은 자신의 심리 신체적 건강을 영위하는 데에 있어서 매우 중요한 영향을 준다. A유형은 혈액형 A형과는 관계가 없는 다른 용어이다.

- 현재의 '내'가 있기까지 나에게 끼친 좋고 나쁜 영향들을 살펴보는 좋은 경험의 기회들을 제공할 수 있다는 점에서 연구의 의의가 있다.

2. 성격의 의미와 특성

성격(personality)이란 용어는 원래 라틴어 'persona'에서 유래되었다. 페르소나는 가면, 외관, 역할, 개인의 특성의 총합, 개인의 존엄성 등을 뜻하는 단어이다. 이런 의미를 가지고 있는 성격에 대한 정의는 심리학자들의 수만큼이나 많다. 어찌 보면 지구상에 인간이 60억 명이라고 하면 개인마다 성격이 다르다고 말할 수 있을 수 있다. 모든 인간은 한 사람이라도 옆에 있는 다른 사람과 똑 같지 않기 때문이다. 아주 조금씩은 서로 다르기 때문이며 세상은 나와 다른 사람들로 구성되었기 때문이다. 심리학자들은 나름 성격에 대한 정의를 내리고 있고, 자세히 관찰해보면 성격을 묘사하는 공통적인 핵심 분모들이 있다. 그것들을 간단하게 정리해보면 아래와 같다.

- 행동의 독특성: 성격은 한 개인이 다른 사람과 구별되는 점을 일컫는다. 어떤 상황에서 모든 사람이 동일하게 행동하지 않는다. 즉 동일한 상황에서 어떤 사람은 낙관적으로 반응하고 어떤 사람은 위축되는 소극적인 반응을 한다. 반응에 있어서 개인차가 존재한다.

- 안정성과 일관성: 성격은 시간과 공간의 변화에 따라 매순간 바뀌는 것이 아닌, 상당한 정도에서 안정적이며 일관되게 행동특성이 나타나야 한다. 평소 조용하던 친구가 어느 날 술을 먹고 길을 가다가 지나가는 행인과 사소한 시비로 싸움을 하게 되었을 때, 단편적인 사건만을 가지고 친구가 공격적인 성향을 가졌다고는 말하지 않는다. 그의 공격적인 행동이 일관되게 나타난다면 그의 공격적 특성은 성격에 의해 유발되었다고 볼 수 있으며, 그의 공격적인 행동이 그 상황에서만 우발적으로 발생했다면 상황적인 요인에 의해 발생하였다고 우리는 말한다.
- 융합과 조합의 구조: 성격은 행동특징의 단순한 조합이 아니라, 여러 요소들의 융합과 조합의 구조를 가진다. 성격이란 자극이 주어졌을 때 반응하는 심리내적인 역동적 유기체의 체계이다.

이재창, 정진선, 문미란(2008)은 성격의 특징을 아래와 같이 다섯 가지로 정리하고 있는데, 이는 좀 더 최근의 연구까지 포함하고 있다고 볼 수 있다.

첫째, 성격은 행동의 객관적인 특징을 드러낸다. 이재창 외에 의하면, "성격이라는 개념은 객관적인 기술 개념(descriptive concept)으로서 몰가치적으로 사용된다." '성질이 급하다.'라고 말하는 것은 그 사람의 행동 특성을 일컫는 표현이지 도덕적 관점이 표현되어 있지는 않다.

둘째, 성격은 연속성과 일관성을 가진다. 성격이란 개인의 기본적 행동 경향성의 의미를 가지고 있다. 기본적인 행동 경향성이란 어떤 상황에서 예견된 행동을 할 수 있다는 의미가 포함되어 있으며, 어떤 행동이 나타날 확률이 높다고 볼 수 있다.

셋째, 성격은 자극적인 상황에서 독자적인 반응을 보인다. 어떤 개인의 행동에 "독자적인 일관성이 내포되어 있다는 것은 개인의 욕구체계에 자기 특징의 동기유발이 작용한 데서 기인한다. 또한 개인마다 지각 판단과 행동의 기준이 되는 준거 프레임이 다르기 때문이다. 두 사람의 욕구 체계를 비교했을 때, A는 성취동기가 강하고 B는 친화 동기가 강하기 때문에 동일한 환경에서도 각자 독자적인 반응 양태를 나타내게 된다."(이수연 외, 2013) 동일한 상황에 대해 C는 낙관적인 시각에서 판단하고 행동을 선택하고 D는 비관적인 시각에서 판단하고 행동을 선택하게 된다.

넷째, 성격은 행동 특징의 단순한 집합이 아니다. "성격은 융합과 구조의 형태를 지닌다. 성격은 개인의 독특한 반응을 결정하는" 개인 내부의 심리 역동적 체계다. 체계란 "동일한 조직을 뜻하며 개인적 특성의 융합과 구조"를 의미한다.

다섯째, 성격은 "행동을 설명하는 매개변수(intervening variable)이며 가정적 개념이다. 성격은 독립변수로서 간주되는 사회상황 및 유기체의 제 조건과 종속변수인 개인 행동의 독자성의 관련성을 유용하게 설명하는 데 필요한 매개변수에 해당된다"(이수연 외, 2013). 이수연 외에 의하면, 성격심리학은 동기, 욕구, 습관 등과 같은 매개변수를 규명하여 환경 내에서 개인의 독특한 행동을 파악하는 데 그 궁극적인 목적이 있다.

성격이란 위와 같은 점에서 볼 때, 개별적인 행동에만 초점을 두기 보다는 사고, 정서, 행동이나 의지의 패턴들을 종합적으로 관찰하고 분석함으로써 식별이 가능하다고 볼 수 있다.

혹자는 성격(인격)이란, 일반적으로 개인을 특징지어주는 예측 가능한 전체적인 감정이나 행동경향이라고 주장한다. DSM-5에서는 성격(인격 personality)의 개념을 진술할 때, 환경과 자기 자신에 대해서 어떻게 지각하고 어떻게 주변과의 관계를 맺는지에 관한 패턴에 초점을 둔다.

위의 진술들은 성격을 정의할 때 타고난 기질에 관한 언급이 없다. 타고난 특성에 대해선 뒤에서 다루기로 한다.

"성격이란 개인이 환경에 따라 반응하는 특징적인 양식으로서 타인과 구별되게 하는, 독특하고 일관성이 있으며 안정적인 사고, 감정 및 행동방식의 총체이다."

1) 성격과 인격의 차이

이 책에서는 성격이란 말과 인격이란 말을 혼용해서 사용하고 있다.

- 인격: 가치관이 포함된 표현. "그 사람은 인격자이다."
- 성격: 가치관이 들어있지 않다.

Character: "1930년대 character를 성격으로 번역하고 사용하면서부터 personality란 영어 단어를 성격이라 부르게 되었다"(박아청, 2008). 이렇게 부른 이유 중의 하나는 "인간의 심리를 과학적으로 연구하게 됨에 따라 종래에 가치적인 개념이 포함된 단어를 정리할 필요를 느끼게 된 때문이었다"(박아청, 2008). 박아청에 의하면, 인격개념은 윤리학의 용어로서 도덕적 행위의 주체를 의미하고, 자각적, 통일적, 이론적인 특성을 가지는 정신적인 존재로서 사용되는 경향이 있기 때문이다. 그러므로 오늘날은 character뿐만 아니라 personality를 그대로 퍼스낼리티라고 하거나 성격으로 번역하여 사용한다. 참고로 DSM-5에서는 personality disorder를 "인격장애"로 번역하여 사용하고 있다.

이 책에서는 상담학계에서 보편적으로 사용하고 있는 성격이란 말을 사용하기로 한다.

2) 구성개념으로서 성격

어떤 성격이 존재하는가를 직접적으로 관찰하는 것은 불가능하더라도 다양한 자극을 줌으로써 거기에 수반하는 반응과의 관계에서 존재를 추정할 수 있는 것을 구성개념(구성체)이라고 한다. 박아청(2006)은 구성개념에 근거한 성격에 대한 이해를 다음과 같이 3가지의 모델로 진술하고 있다.

(1) 개체네 모델

성격을 개인 내부에 있는 것으로 보는 입장을 개체내 모델이라 한다.

이 모델에 의하면, 개인은 자신이 놓인 상황이나 환경을 항상 주체적이며 능동적으로 지각하고, 느낀다고 이해한다. 따라서 객관적으로 동일한 자극적인 상황을 마주칠지라도, 그 자극적인 상황에 대한 의미 부여는 사람마다 다르다고 이해한다. 그것은 상황에 대한 생각, 감정, 욕구도 각기 다르기 때문이다. 또한 이런 다른 생각, 감정, 욕구의 다름은 반응하는 행동도 다르게 만든다.

(2) 관계 모델: 관계유형으로서 성격

성격이란, 사람이 대인관계 속에서 살아가고, 거기에서 존재의 뿌리를 갖고 있기에 대인관계 복합체로부터 분리할 수가 없다. 대인관계론을 주장하는 설리반은 관계모델의 핵심인물이다.

개체내 모델이 성격을 개인 내부에 있는 것으로 묘사한다면, 관계 모델은 대인관계 복합체 속에서 성격을 이해하는 입장을 가리킨다. 인간은 관계적 존재임을 강조한다.

(3) 개방시스템으로서 성격

개인을 특징지우고 있는 행동과 사고를 결정하는 "정서와 심리 신체적 조직"으로 보는 입장을 말한다. 개인의 내부에는 역동적 조직이 있는데, 역동적이란, 조직 내의 각 기능 간의 상호작용 결과, 행동이 일어나거나 변화가 생기는 것으로, 이러한 마음속에서의 움직임이 자율적으로 내부에서 일어나고 있는 것을 의미한다(올포트). 정신분석 이론에서는, 역동적인 마음의 구조가 있다고 본다. 원욕(원초아), 자아, 초자아, 이 세 가지 기능이 역동적으로 움직인다고 이해한다. 자아를 중심으로 원초아나 초자아로부터 오는 압력을 조정하려는 마음의 구조가 정상적이라고 이해한다. 정신분석에서는 성격에는 구조가 있다고 이해한다.

이는 성격을 조직화된 하나의 시스템으로 보는 입장을 말하는 것이다.

3. 성격장애의 정의와 성격성향

성격(인격)이란, 일반적으로 개인을 특징지어주는 예측 가능한 전체적인 감정이나 행동경향을 말한다. DSM-5에서는 성격(인격 personality)이란 환경과 자기 자신에 대해서 지각하고 주변과의 관계를 맺는 방식을 강조한다. 성격특성이란 "광범위한 사회적, 개인적 생활 속에서 나타나는, 환경과 자기 자신에 대해 지각하고 관계를 맺고 생각하는 지속적인(고정된) 방식(enduring patterns)이다"(DSM-5). 이러한 방식(패턴)이 부적응적 현상을 보일 때 성격장애라 한다. 다시 말하면, 성격장애란 자기 자신에 대한 지각과 주변과의 관계 맺는 방식이 경직되어 있거나, 부적응적인 상태를 보이는 것을 말한다.[1] 성격장애자들은 심리적으로 위축되어지고 사회적 가치나 기준에서 벗어나 사회규범에 어긋나는 행동을 하는 등 부적응 상태를 보이며, 주관적인 고통을 유발하기도 한다(성격장애란 성격경향이 대부분의 사람에게서 발견되는 평균의 수준을 벗어난 편향적 성격 속에서 현실에 적응하는데 어려움을 겪는 장애를 가리킨다. 성격장애와 인격장애는 같은 말로 쓰인다. DSM-5 번역본에서는 '성격장애'라고 번역되어 있다).

1) 성격성향

성격성향이란 행동과 내면 경험의 추상적인 집약이다.

성격성향이란, 올포트에 의하면, 특정한 방법으로 행동을 하고자 하는 선유경향이다. 선유경향이란 사람들이 특정사실에 대하여 미리 갖고 있는 선입견이다. 이 선유경향은 욕구, 태도, 관심, 기호, 경험이라고 하는 내적 특성을 포함한다. 남명자 교수(2005)는 올포트가 주장하는 '성격성향'과 '성향'에 대하여 다음과 같이 정리하고 있다.

성격성향이란 '판단의 불일치에 대한 이면과 잘못과 실수의 경험적인 관찰을 떠나서 지속적으로 행동을 하고자 하는 각 성격의 독특한 정신적인 구조'이다. 정

1) 남명자는 성격장애자를 "부적응 현상의 성격성향을 지닌 사람"이라고 언급하고 있다. 남명자(2005), 『부모의 양육태도와 아동의 성격장애』 학지사, 169.

신적 구조라는 뜻에는 동기, 목적, 그리고 욕구 등이 다른 내면의 경험과 함께 포함되어 있다.

성향이란 ① 가치관, 바라는 것, 좋아하는 것, 만족 등등 사람의 의식적인 내면의 경험을 반영한다는 것이다. ② 언제나 어느 정도의 교차하는 상황에서 지속성을 갖는다. ③ 성향으로 간주되는 행동은 설령 그 행동이 다방면의 표현방법으로 나타난다 할지라도 한 곳으로 응집되는 의미를 갖는다. ④ 어떤 한 성향을 가진 사람은 익숙한 상황이나 특정하고 새로운 상황에서나 표현하는 것이 같다.

올포트에 의하면 여러 성격성향을 다음처럼 정리할 수 있다. 사교적인 성향은 친구를 원하고, 자기주장적인 성향은 다른 사람에게 영향력을 행사하기를 원하고, 의존적인 성향은 다른 사람의 돌봄을 원하고, 부끄러워하는 성향은 안전을 원하고, 자기애적인 성향은 다른 사람에게 존경받기를 원한다(남명자, 2005).

4. 성격의 구조

성격을 한 차원에서만 보면 성격은 변화하는 것이 아니라고 볼 수 있고, 다양한 차원에서 보면 성격은 변하는 것이라고 볼 수 있다. 유형론은 성격을 한 차원으로 보는 입장에 해당하는 것으로 성격은 변하지 않는 것으로 이해된다. 그것은 유형론이 성격의 근간을 기질에 기초하고 있기 때문이다. 기질은 생득적이며 평생 동안 변하지 않는 것이다. 박아청 교수(2008)는 '성격이란 평면적인 것이 아니라 다양한 차원으로 구성된 입체적인 것으로 보는 것이 더 타당하다.'라고 다음과 같이 주장한다. "성격이란 인간행동의 다양한 표현의 전체를 의미하고, 기질은 그 기초에 있는 생리적 요소를 포함한 속성이란 것이다. 따라서 성격에는 후천적인 것도 포함되지만 기질은 선천적으로 규정되어 있는 것이 된다. 그러므로 성격이라고 말할 때 우리는 일면적이거나 일차원적으로 말할 것이 아니라 다음 [그림 1-1]에서도 제시된 바와 같이 구조적으로 성격을 보아야 할 것으로 생각된다."

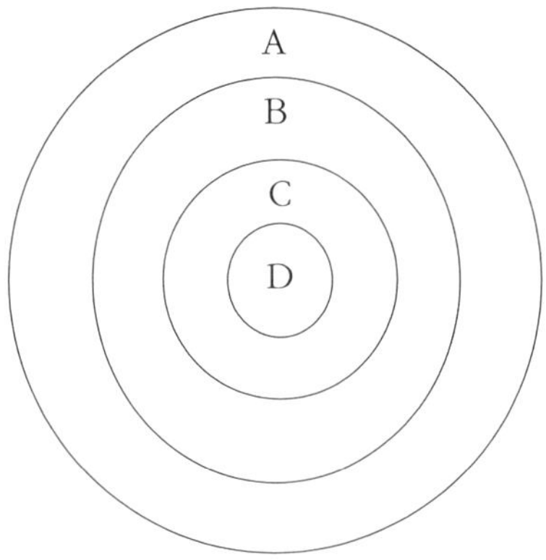

A: 사회적 성격, B: 역할적 성격, C: 기성, D: 기질
출처: 박아청(2008)

[그림 1-1] 성격의 구조

박아청 교수(2008)는 성격의 4가지 차원을 사과에 비유하고 있다. "성격이란 존재를 사과의 모습에 비교할 수도 있을 것이다. 사과가 몇 개의 층으로 이루어져 있는 것처럼 인간의 성격도 몇 가지의 층으로 구성되어 있다고 생각할 수 있다." 박아청 교수는 원의 가장 안쪽은 사과의 씨앗 부분에 해당하는 것으로 성격의 근간, 즉 기질(temperament)과 비교한다. 그 다음 부분은, 박아청 교수가 묘사하고 있지는 않지만, 사과의 씨앗을 감싸고 있는 당도가 높은 부위가 있는 부분을 상상해보라. 이 부분을 박아청 교수는 기성이라고 부른다. 기성은 기질을 중심으로 유아. 아동기에 가족 내의 관계에서 형성되는 것을 말한다. 그 다음 부분은 사과의 속살 중에 가장 많은 부분을 차지하고 있는 보통 우리가 먹는 부분을 상상해보라. 이 부분은 사회에서 자신의 역할에 따라 주어지는 행동이 성격으로 나타나는 측면이 있다. 이것을 역할적 성격이라 한다. 보통 우리가 말하는 페르조나라는 것은 이 역할적 성격을 말하는 것이다. 그리고 원의 마지막 부분, 즉 가장 큰 원에 해당하는 부분은 사과의 껍질이라고 상상해보라. 이 부분은 "사회생활에서 타인에 의해 인지되는 또는 표출되는 측면의 성격"을 말하는 것으로 우리는 이를 사회적 성격이라 부른다.

박아청 교수는 위와 같이 성격을 평면적이거나 일차원적으로 보지 않고 다면적이거나 다차원적으로 볼 때, "성격은 결코 정적인 것이 아니라 동적인 것임을 알 수 있다."라고 주장한다. 그는 성격은 사회적 환경변화에 따라 달라질 수 있기에 성격은 역동적으로 변하는 것이라고 진술한다. 그린버그의 정서중심치료의 변증법적 구성주의 관점(2010)과 김현진의 스토리텔링 정서중심치료의 관점으로 보면, 성격이란 기질을 중심으로 발전하다가 역동적으로 새롭게 구성된다고 볼 수 있을 것이다(김현진, 선애순, 2017).

그럼에도 불구하고 박아청 교수(2008)는 성격의 근간을 이루는 기질의 특성이 핵심구조를 구성하고 있다고 진술한다. 성격의 핵심은 기질이라고 그는 주장하고 있는 것이다. 그가 말하는 기질에 대한 내용을 좀 더 진술하는 것은 성격의 근원적인 면을 이해하는 데에 있어서 의미가 있다.

성격의 가장 핵심 부분은 기질이다. "이 기질이란 것은 선천적인 것으로 성격의 선천적인 부분이라고 말할 수 있을 것이다. 이 기질의 선천적인 측면을 강조해서 많은 학자들은 이 기질을 몇 가지 유형으로 구분하고자 했던 것이다. 기질이란 개인의 특징적인 감정적 반응의 양식을 말하는 것으로," 정서적 자극에 대한 반응성, 기분의 질, 기분의 강도와 동요의 정도, 반응의 강도와 템포, 활동성 등 반응의 양식에 관한 것으로 유전적, 체질적인 요인이 강하고 변화가 없는 것이다. "이 기질이 성격의 하부구조 또는 핵심구조를 구성하고 있는 것으로 본다"(박아청, 2008).

박아청 교수는 발달적 관점에서 성격을 이해하고 있다. 그에 의하면, 출생에서 청년기에 이르는 발달 기간이 성격의 형성기이다. 그는 성격발달의 과정이 성격의 개인차의 증대를 가져온다고 주장한다. 그것은 "청년기 이후의 인간에게서 보이는 개인차의 질적, 양적 차이의 크기는 어린이 시절에 보이는 차이보다도 훨씬 크고 다양"하기 때문이다.

박아청 교수의 발달적 관점은 성격이 생득적이며 유전적 요인과 생후 부모를 중심으로 하는 환경 요인과의 상호작용에 의해 결정되는 것이라는 결정론적이며 프로이트적인 관점에는 전적인 동의까지는 하지 않는다. 그는 다른 학자들의 진술을 토대로 인간의 성격 발달은 평생 동안 진행된다는 입장을 취한다. 그는 먼저 생물학적 유전적 요인과 환경과의 상호작용이 있는 것을 인정하고, 이 상호작용에 영향을 미치는 요인으로서 다음과 같은 3가지 영향력이 있다고 주장한다(Baltes 등, 1980, 박아청, 2008 재인용).

첫째의 것은 표준적인 연령단계적인 영향력이다. 이것은 생활주기나 생물학적 성숙 단계를 말한다.

둘째의 것은 표준적인 역사단계적인 영향력이다. 전쟁이나 사회구조를 변화시키는 911 대테러의 사건 등은 풍요로운 시대와 다르게, 성격발달에 다른 영향을 준다.

셋째의 것은 비표준적인 생활상의 사건을 말한다. 위에서 말한 2가지의 영향력과는 달리, 개인의 생활사(life history)상의 사건의 영향력이다. 예를 들면, 결혼, 이혼, 사별, 이직, 큰 질병과 같은 그 개인에게 매우 중요한 영향력을 행사하는 사건을 가리킨다. 이는 개인의 성격발달에도 영향을 미친다고 본다.

5. 성격은 어떻게 발달하는가?

앞 부분 성격의 구조에서 성격발달에 대해 어느 정도 진술하였다. 성격발달은 유형론과 과정이론 이 두 가지 입장에서 보면 크게 두 가지 형태로 나뉜다. 이 부분에서는 보편적으로 심리학자들이 동의하는 성격 발달에 관해서 매우 간결하게 정리하고 넘어가고자 한다.

사람이 유전과 환경에 의해 발달되는 것처럼 성격도 이와 비슷한 방식으로 형성된다. 사람을 구성하는 요소는 기본적으로 **심리적 요소(mind)**와 **신체적 요소(body)**를 말한다. **데카르트**는 mind와 body의 상호작용론을 주장하였다. 사람을 구성하는 심리적·신체적 요소 외에도 심리학에서는 사람을 사람답게 만드는 요소로 사회적 요소를 더 고려한다. 사회심리학자인 레빈(Levin)은 사회를 커다란 자기장에 비유하며 생활공간이라고 하였는데, 사람들은 생활공간 내에서 서로 영향을 주고 받으며 살아가는 것이다.

> 사람을 사람답게 만드는 요소와 결정 방식
> 사람 = f(M×B×S)
> (f는 함수, M은 mind, B는 body, S는 society)

성격은 **선천적 요소**(생물학적 요인, 유전, 부모, 체형, 특성과 기질 같은 내적 요소와 관련)를 근간으로 하여 상당히 많이 결정되지만 최종적으로 어떤 성격을 갖느냐 하는 것은 사회라는 테두리 내에서 어떤 환경을 경험하느냐에 달려 있다. **후천적 요소**란 다양한 사회문화적 영향, 가정환경, 부모의 성격, 교육 등과 같은 환경적 요인을 말한다. 심리학은 선천적 요소의 범위 안에서 후천적 환경 요소로 인한 성격의 변화 가능성을 강조하고 있다.

> 사람의 성격을 결정하는 요소와 결정방식
> 성격 = f (H × E)
> (f는 함수, H는 유전, E는 환경)

현대의 많은 성격학자들은 개인의 성격이 청년기의 후반에는 거의 완성되어 안정감을 갖는다고 말한다. 청년기를 지나서 성인기에 성격의 변화는 앞 성격의 구조에서 언급한 개인생활사 속에서 경험한 매우 자극적인 사건을 경험할 때 가능하게 된다. 또 하나의 변화는 종교적인 면에서 회심을 하거나 진리를 깨닫는 깊은 경험적 체험을 하면서 성격이 주위 관계와 더욱 조화를 이루며 응집력 있는 자기를 갖게 되면서 더욱 건강한 성격으로 변화와 성숙을 이루는 경우들도 있다. 이런 변화 속에서도 원래 타고난 기질이 다른 기질로 변하는 것은 아니나 좀 더 부드러워지기도 하고 관계 면에서 많은 변화를 가져오는 경우가 있다.

6. 성격심리학의 의의

1) 성격심리학이란

성격심리학(personality psychology)은 인간 각 개인의 성격을 연구하는 학문이다. 권석만(2017)은 성격심리학을 "개인의 성격을 연구하는 심리학의 한 분야로서 한 인간을 통합적으로 이해하는 데에 초점을 맞추는 학문"이라고 정의한다. 성격심리학의 관심 대상이 개인에게 있다. 일차적으로는 성격의 개인차(individual difference)를 이해하고, 이차적으로는 그 개인 속에 있는 인간의 보편적 특성, 즉 인간 본성(human nature)를 알아내는 것에도 관심을 가지고 있다.

이러한 성격을 파악하기 위해서 "모든 원리, 모든 입장을 포함하지 않을 수 없고, 인간의 행동이나 경험에 영향을 주어 결정하는 모든 변인에 대한 연구를 포함한다"(박아청, 2008, 23). 프로이트의 성격이론, 정신측정학, 행동주의, 형태주의 심리학, 그리고 몇 가지의 성격연구방법론 등이 성격심리학의 성립을 직접적으로 지탱해주고 있다.

2) 성격심리학의 목적

동일한 상황아래에서 동일한 자극에 부딪친 경우에 개인마다 정서적 반응과 행동적 반응이 다르게 나타난다. 왜 다른가? 바로 이 간단한 의문이 성격심리학의 출발점이 된다. 성격심리학 연구자의 관심은 "사람들이 왜 다른 행동을 하는가"에 집중한다. 또한 성격연구자들은 이처럼 개인마다 다른 반응이나 다른 행동을 일으키게 하는 내적인 체계를 밝히고자 한다.

성격 연구에 대한 궁극적인 목표는 건강한 인간의 성격을 기술하고 제시하며, 건강한 성격을 어떻게 형성할 수 있는가를 보여주는 데 있다.

3) 성격의 심리학적 연구의 4가지 기본문제(박아청, 2008)

- 무엇이 동일한 상황에서 다른 개인에게 비슷한 행동을 하게 하는가?
- 무엇이 동일한 상황에서 다른 개인에게 다른 행동을 하게 하는가?
- 무엇이 다른 상황에서 동일한 인간에게 비슷한 행동을 하게 하는가?
- 무엇이 각 개인을 모든 타인과는 다른 독자성을 갖게 하는가?

이러한 성격 심리학의 연구의 기본문제를 좀 더 살펴보자.

4) 성격 심리학의 주요 연구주제

- 개인이 지닌 성격의 독특성을 어떻게 기술할 것인가?
- 인간의 다양한 성격 유형은 어떻게 분류될 수 있을까?
- 성격의 개인차를 설명할 수 있는 기본단위는 무엇인가?
- 인간의 다양한 성격은 어떤 차원이나 특질로 구성되어 있는가?
- 인간 개인을 부적응으로 몰아가는 성격장애에는 어떤 것들이 있는가?
- 인간 개인을 관계 속에 적응할 수 있도록 이끄는 성격강점은 무엇들이 있는가?
- 개인의 성격을 결정하는 요인은 무엇들이 있는가?
- 개인마다 독특한 성격과 행동패턴을 나타내도록 만드는 내적인 체계의 구조와 역동들은 어떻게 되어 있는가?
  (권석만, 2017 참조).

5) 성격의 결정요인에 대한 연구[2)]

- 성격은 선천적으로 타고난 것인가 아니면 후천적으로 형성되는 것인가?
- 성격의 발달과 형성에는 유전적 여인과 환경적 요인 중 어떤 것이 더 중요하게 영향을 미치는가?

2) 좀 더 자세한 내용은 권석만(2017), 인간이해를 위한 성격심리학에 있다.

• 유전적 요인은 어떤 특성에 영향을 미치는가?
• 개인의 성격발달에 영향을 미치는 중요한 사회문화적 요인은 무엇인가?
• 유전적 요인과 환경적 요인은 어떻게 상호작용하여 성격발달에 영향을 미치는가?

6) 성격심리학의 사회적 공헌

• 성격형성이라고 하는 인간교육의 매우 중요한 과제를 달성하는데 필요하고 유효한 방법을 획득할 수 있을 것이다.
• 인간이 보다 적응적으로 행복하게 살아가는 것을 방해하는 행동문제와 내적 체계의 문제를 해결하기 위한 적절한 치료법을 발전시켜 개인의 행복과 인간 공동체의 행복에 일정부분 직접 기여할 수 있게 될 것이다.
• 개인을 부적응상태로부터 나오게 하고, 행동문제를 일으키고 있는 사회문화적 구조나 조건의 개선을 도모하고, 건강한 사회의 발달에 기여할 수 있는 적절한 시사를 제공할 수 있을 것이다(박아청, 2008).

7. 건강한 성격과 건강한 인간의 성격특성

1) 건강한 성격

건강한 성격을 진술하려면, 건강하지 못한 성격을 묘사하고 있는 성격장애를 먼저 언급하는 것이 논리적으로 진술하는 면에서 괜찮을 것이다.

DSM-5에서는 성격(인격 personality)을 정의할 때, 환경과 자기 자신에 대해서 지각하고 주변과의 관계를 맺는 방식을 강조한다. 성격특성이란 "광범위한 사회적, 개인적 생활 속에서 나타나는, 환경과 자기 자신에 대해 지각하고 관계를 맺고 생각하는 지속적인(고정된) 방식enduring patterns이다"(DSM-5). 이러한 방식(패턴)이 부적응적 현상을 보일 때 성격장애라 한다. 다시 말하면, **성격장애**란 자기 자신에 대한 지각과 주변과의 관계 맺는 방식이 경직되어 있거나, 부적응적인 상태를 보이는 것을 말한다.

여기서부터 시작해서 건강한 성격을 진술하면 다음과 같이 할 수 있을 것이다. **건강한 성격이란** 자기 자신에 대한 지각과 주변 사람과 관계 맺는 방식이 경직되어 있지 않으며 온유하고, 적응적인 상태를 보이는 것을 말한다.

건강한 성격의 개념을 좀 더 의논하고 정리해보는 것은 매우 중요하다. 건강한 성격을 가진 존재로 성장하도록 개인을 돕는 것은 각 개인이 행복한 존재로 살아갈 수 있도록 돕기도 하면서, 또한 그것은 건강한 사회공동체를 이루는 데 있어서 절대적으로 필요한 것이기 때문이다.

심리적 존재요 사회적 존재인 인간에게 있어서 건강하게 산다는 것은 적응의 문제를 다루는 것으로 이해되어온 면이 많다. 적응의 문제는 20세기 말까지 부적응의 문제를 다루어왔다. 부적응은 적응의 장애 또는 이상(abnormal)으로부터 연구가 시작되어 주관적인 행복감의 장애나 "자기 수용적인 적응감의 장애"를 다루는 것과 "사회규범으로부터 일탈행동을 보이거나 신체기능 장애를 동반하는 등의 객관적 이상(abnormal)을 다루는 것, 이 두 가지 면에서 주로 검토되고 정리되어 왔다"(박아청, 2008). 그러나 최근에는 초점을 적응장애나 이상(abnormal)에서 건강한 면으로 옮기는 경향도 점점 더 강하게 대두되고 있다. 박아청 교수(2008)는 이런 주장을 다음과 같이 진술하고 있다. "최근에는 적응장애를 없애는 것뿐 아니라 적응성을 더욱 높이려는 정신위생(mental hygiene)의 입장에서 외적, 내적으로 단지 스트레스가 없는, 즉 정신병이 없다고 하는 소극적인 면에서가 아니라, 자신의 가능성을 충분하게 발휘하는 목적추구성도 고려한 적극적인 정신적 건강이라든가, '가장 적절한 성격(optimal personality)'을 생각하려는 움직임이 일어나고 있다. 말하자면 성격의 병든 면(심리적인 병) 대신에 건강한 면(심리적인 건강)에 관심을 쏟는다." Baughman은 이미 1960년대 초에 이러한 경향이 보이고 있다고 진술하고 있다.

슐쯔(Duane Schultz, 1977, 이혜성 역, 2007)는 그의 책 〈성장 심리학〉에서 "건강한 성격을 가진 사람들의 특징은 무엇이며, 정신적으로 건강하다는 것은 어떠한 것을 의미하는가?... 많은 심리학자들은 건강한 성격의 연구가 심리학 분야의 기본적인 초점이 되어야 한다고 믿는다. 건강한 성격에 대한 이론은 현대심리학 분야에서 많은 관심을 받고 있으며, 또 많은 영향을 받고 있다. 건강한 성격의 개념은 절대로 중요하다."라고 진술하고 있다.

슐츠(2007)는 심리학자들이 주장하는 **건강한 성격의 모습**을 다음과 같이 진술하고 있다.

- 고든 올포트는 성숙한 인간 또는 성숙한 성격(mature personality).
- 칼 로저스는 완전하게 기능을 발휘하는 인간. 자기의 모든 면이 개발되어 더욱 분별력있고 성숙한 삶을 살아가는 것을 의미한다.
- 에리히 프롬은 생산적 인간 또는 생산적 방향(orientation). 이는 인간 잠재력을 완전히 활용하고 실현하는 것을 가리킨다.
- 아브라함 매슬로우는 자기를 실현하는 인간(self-actualizing person).
- 칼 융은 개성화된 인간. 융의 분석심리학의 핵심은 '개성화 과정'이다. 즉 자아가 무의식의 여러 측면을 발견하고 통합하는 "무의식의 자기실현 과정"이다.
- 빅터 프랭클은 자기를 초월한 인간.
- 프리쯔 펄스는 '지금 여기'에 살아있는 인간을 건강한 성격을 가지고 있다고 본다.
- 머리 보웬(Murray Bowen)에 의하면, 자기 분화가 된 인간을 건강한 사람이라고 한다. 그에게 있어서 자기 분화가 높은 사람이란 건강한 성격을 지니고 있다는 것을 의미한다(보웬의 건강한 사람은 필자가 삽입함).

박아청 교수(2008)는 건강한 성격이란 정상, 비정상 개념이 아니라 '가지고 태어난 자질을 문화사회적 제약 속에서 충분히 전개시키고 있는 모습(image)'이라고 주장한다. 스토리텔링 정서중심치료 관점[3]에서 성격 또는 건강한 정신을 논할 때

3) 스토리텔링 정서중심치료란 김현진과 광신대학교 정서코칭상담교육원 스탭들이 개발한 심리치료의 새로운 기법이다. 김현진(2017). 〈다문화 가족과 스토리텔링 정서코칭상담〉, 김현진, 선애순(2017). 〈애착과 아동정서중심치료〉 참조.

정상과 이상(normal vs abnormal)의 개념 속에서 말하지 않는다. 한 개인의 기능이 떨어져 있거나 스트레스 상황 속에서 심리적 기능이나 어떤 특성이 과도하게 또는 너무 적게 표현되는 것이 문제가 되고 이 기능들을 좀 더 높이거나 줄일 수 있도록 도와주는 접근을 하고 있다.

2) 건강한 인간의 성격특성

여기에서는 건강한 인간의 성격특성을 고든 올포트가 말하는 성격의 특성들과 5요인 모델이 밝혀낸 성격의 5가지 주된 특성, 그리고 로저스와 에리히 프롬이 말하는 "건강한 성격"을 중심으로 살펴보고자 한다. 아래의 내용은 주로 슐츠(2007)의 〈성장심리학〉과 박아청(2008)의 〈성격심리학〉, 그리고 김현진(2011)의 〈성격심리와 성격상담〉 강의안의 내용을 인용하거나 요약한 것이다.

먼저 올포트의 건강한 인간의 성격특성을 살펴보자. 올포트는 7가지 측면으로 구성하여 성격특성을 구조화하였다.

- 자기감(sense of self)의 확장
- 타인과 우호적인 관계를 가진 자기
- 정서적 안정감
- 현실적 지각 능력
- 기술과 연구과제
- 자기 객관화(self-objectfication): "너 자신을 알라."
- 일관성 있는 생의 철학: 미래지향적이고 긴 안목의 목표와 계획에 의해 동기가 유발된다.

올포트의 성격에 관한 특성의 연구에서 시작된 특성론 연구는 "어떤 특성이 몇 개 필요한지가 명확하지가 않다"는 그의 문제 제기가 있었다. 이에 대해 대답을 지금까지 가장 정확하게 해준 성격 모델은 성격의 5요인 모델이다. 최근 성격심리학자들의 견해는 성격이 5개의 요인으로 구성되어 있다는 5요인 모델을 지지하는 쪽으로 모아지고 있다.

5요인 모델의 성격의 5요인은 외향성(적극성), 개방성, 우호성, 성실성, 정서 안정성(또는 신경증)이다. 5요인 모델(Five Factor Model)은 다음 장과 4장에서 자세히 논의될 것이다.

칼 로저스에 의하면, 정신적으로 건강한 성격이란 고정된 상태가 아니라 자기의 모든 면이 온전하게 실현될 수 있도록 계속해서 개발하고 노력하는 '되어가는 과정' 속에 있는 인간 존재의 모습을 말한다. 즉 자기의 모든 면이 개발되어 더욱 분별력 있고 성숙한 삶을 살아가는 것을 의미한다. 그는 한 인간이 건강하게 된다는 것, 건강한 존재로서 살아가는 모습, 건강한 성격이 갖는 특징을 다음 다섯 가지로 정리하고 있다(Rogers, 1961).

- 경험에의 개방성(openness): 삶이 제공하는 지적인, 정서적인, 행동적인 경험을 수용하고, 지각과 경험의 새로운 길을 열기 위해 활용하는 면에서도 유연함이 있다.
- 실존적 삶(existential life): 순간 순간 일어나는 모든 일에 대해 개방되어 있고 적응력이 있다.
- 자기 자신 유기체(one's own organism)에 대한 신뢰: 상황에 대한 유기체적 감각 전체를 신뢰할 수 있다. "나의 감각은 온전하다."
- 자유감(sense of freedom): 선택이나 행동에 자유로움을 경험한다.
- 창조성(creativity): 자기 실존의 모든 영역에서 독창적 사고력과 창조적 삶으로 스스로를 표현한다.

프롬은 건강한 성격의 동기를 심리적 요인에서 찾았다. 그에 의하면, 인간은 배고픔, 성(sex), 수면 욕구 등 생물학적 욕구에 해당하는 기본욕구와 심리적 욕구를 가진 존재로 인식했다. 인간의 성격형성에 영향을 주는 것은 기본욕구에 해당하는 생물학적 욕구보다는 심리적 욕구가 더 중요한 요인이다라고 이해했다. 인간이 가진 점에 있어서 동물과 차이는 생물학적 욕구가 아니라 심리적 욕구를 가졌다는 것이다. 이러한 심리적 욕구를 가진 인간이 건강하다는 것은 심리적 욕구를 창의적이고 생산적인 방식으로 충족시키는 것을 말한다.

먼저, 에리히 프롬(Erich Fromm, 1941, 1947)이 말하는 생산적 방향이 무엇인지 살펴본다. 프롬에게 있어서 건강한 성격이란 인간 존재에게 있어서 매우 중요한 심리적 욕구를 **생산적 방향**(productive orientation)에 맞추어 살아가는 존재의 삶, 즉 인간 잠재력을 완전히 활용하고 실현하는 것을 가리킨다. 프롬은 '생산적'이란 말을 이해할 때, 충분한 기능, 자아실현, 사랑, 개방성, 경험이라는 단어를 떠올리기도 한다.[4)]

프롬이 생각하는 **"방향(orientation)"**이란 흥미로운 개념이다. 프롬에게 있어서 "방향(orientation)"은 "자아뿐만 아니라 이 세계의 사람, 물체, 사건들에 대한 지적, 정서적, 감각적 반응 모두를 포괄하는 일반적인 태도와 견해"를 말한다(슐츠, 2007).

슐츠는 프롬이 진술하고 있는 '생산적 방향'을 우리가 이해하기 위해서는 다음 네 가지가 중요하다고 주장한다. 그 네 가지는 생산적 사랑, 생산적 사고, 행복, 그리고 양심이다. 생산적 사랑은 "서로가 개성을 유지할 수 있는 자유롭고 동등한 인간관계를 갖는다. 한 개인의 자아는 다른 사람의 사랑 속에서 흡수되거나 상실되지 않는다."[5)] 생산적인 사랑에는 부단한 노력이 필요하다. 그것은 "관심으로 돌보고, 책임과 존경, 지식을 갖는다는 도전적 특징이 있기 때문이다"(슐츠, 2007).[6)] 생산적 사고는 "지성, 이성, 객관성이 포함된다."[7)] 행복은 "총체적인 면인데 이는 생산적 정향(방향)에 따라 살아간 결과로서 모든 생산적 활동에 수반된다. 행복은 단순히 즐거운 감정이나 상태가 아니라 생명감이 넘치고 신체적으로 건강하고 잠

---

4) 이런 단어들은 5요인 모델에서도 등장하고 있다. 비교해서 생각해보면 유사한 점을 볼 수 있을 것이다.

5) 이는 9장과 부록2에 나오는 동반의존적인 사랑과 반대선상에 있는 개념으로 이해할 수 있을 것이다. 동반의존적인 사랑에서는 건강한 선택의 자유가 없고 강요된 역할이 있을 뿐이다. 그리고 자아가 사라지고 상대방에게 속해있는 종속적인 사랑이다. 자아가 확대되는 것이 아니라 정체감 상실과 자아 상실을 경험하는 자아 상실의 병을 갖게 된다.

6) 생산적 사랑에는 에로스적인 사랑에 국한되는 것이 아니라 형제애적 사랑(전인류애적 사랑)이나 모성적 사랑을 포함한다.

7) 생산적 사고를 하는 개인은 사고의 대상에서 느끼는 강력한 흥미가 동기가 된다. 이 흥미로 인해 관심을 기울이게 된다. "사고의 대상과 사고하는 사람 사이에는 대상을 객관성과 존경심으로써 조심스럽게 검토하려는 밀접한 관계가 있다."

재력이 실현되어 유기체 전체가 고양되어 있는 상태를 의미한다." 그리고 양심은 권위적 양심과 인본적 양심 두 가지로 나뉜다. 권위적 양심은 외부 권위가 내면화된 것을 말하고, 인본적 양심은 자아의 소리이다. 행동과 양심은 밀접하게 연결되어 있다. 건강한 양심에 따라서 자아가 완전한 기능을 하게 되고, 건강한 행동으로 이어지게 될 때 개인은 행복감을 느끼는 생산적 존재가 된다.

이제 프롬이 말하는 **심리적 욕구**에 대해서 살펴본다. 프롬(Fromm)은 인간이 건강하게 살아가는 데 동력이 되는 **심리적 욕구**를 5가지로 나누어 제시하고 있다. 프롬에 의하면, 건강한 성격의 사람은 생산적인 방법으로 이 심리적 욕구를 만족시킨다. 이것은 자유-안전(freedom-security)의 이분법에서 유출한 다섯 가지 욕구이다. 그 다섯 가지 욕구는 다음과 같다.

첫째, 관계성(relatedness)의 욕구이다. 인간은 모두 개별적인 존재이며 본질적으로 고독하고 무력한 존재라는 사실을 인식한다. 따라서 인간은 다른 사람 또는 자연과 새로운 연결을 찾아야 하고, 그 가운데서 연결감(관계감 sense of relatedness)을 얻어내야 하는 존재이다. 이러한 연결감을 얻기 위한 미숙한 두 가지 방법은 타인을 지배하거나 타인에게 의존하는 것이다. 프롬에 따르면, 세계와 관계를 맺는 가장 건강한 방식은 사랑을 통한 방법이다. 이를 통해서 연결감과 안정에 대한 욕구를 충족시킬 뿐만 아니라 독립성과 일체감을 느낄 수 있다.

둘째, 초월(transcendence)의 욕구이다. 인간에게는 수동적인 피조물이 아니라 능동적으로 자신의 삶을 형성하려는 욕구가 있다. 이러한 욕구를 프롬(Fromm)은 초월의 욕구라고 불렀다. 이렇게 자기의 삶을 적극적으로 형성하는 가장 성숙한 방법은 창조적 활동이다.

셋째, 인간은 자연과 연결이 차단된 고독하고 무의미한 존재이기 때문에 어디엔가 뿌리를 내려 정착하려는 욕구를 지닌다. 이러한 뿌리 의식을 가진 욕구를 정착성(rootedness)의 욕구라 부른다. 인간에게 있어서 의지할 곳이 없다는 것은 참을 수 없는 상태이다. 정착성의 욕구가 충족되는 건강한 방법은 다른 사람들과의 형제애, 사랑, 관심, 일체감 그리고 참여의식을 갖는 것이다.

넷째, 정체감(a sense of identity)의 욕구이다. 정체감은 독특한 개인으로서의 자기에 대한 느낌이며 '나는 누구이며 무엇인가?'라는 물음에 대한 나름대로의 확고한 대답을 말한다. 우리는 이러한 자기정체감을 가지려는 욕구를 지닌다. 어떤 집단의 가치, 규범, 행동기준에 자신을 예속시켜 일종의 정체감을 느낄 수 있지만 이는 자기를 희생시킨 대가이며 진정한 자기정체감이라고 할 수 없다. 정체감의 욕구를 만족시키는 건강한 방법은 개성적 존재가 되어 자신의 삶에 대한 통제감을 지니고 자신의 삶을 능동적으로 형성하는 것이다.

다섯 째, 우리는 이 세상의 모든 현상을 해석할 수 있는 이해의 프레임(틀, frame)을 찾는다. 세상에 대한 경험을 이해하여 세상에 대해 체계적이고 일관성 있는 하나의 심상을 형성함으로써 삶의 방향을 확립하려는 욕구를 지닌다. 프롬(Fromm)은 이를 방향체계(a frame of orientation)의 욕구라고 불렀다. 또 그는 이성과 합리성에 근거하여 현실에 대한 객관적 인식을 형성하는 것이 이러한 욕구를 충족하는 건강한 방법이라고 주장한다.

프롬은 **건강하고 성숙한 성격을 형성한 개인은** 위에 진술한 심리적 욕구를 창조적이고 생산적으로 충족시킨다고 이해했다. 건강한 성격의 생산적 인간은 심리적 욕구를 건강하게 활용하면서 타인과 세상을 사랑하며 창조하는 삶을 살아간다. 또 그들은 이성의 힘이 매우 발달하여 세계와 자신을 객관적으로 지각하며 확고한 자기정체감을 소유하고 있다. 나아가 세계와 의미 있는 관계를 맺어 그 안에 뿌리를 내리고 안정된 삶을 살아간다. 건강한 성격의 사람은 자신의 삶을 다른 어떤 것에 예속시키기보다는 자기의 삶을 주체적으로 개척하고 전진하는 진취적인 주체자이다(슐츠, 2007).

프롬은 인간을 사회적인 체계 속에서 성격을 형성하는 존재로 이해했다. 그는 조국 독일이 1차 세계대전을 통해서 보여준 비이성적이고 히스테리적인 행동을 보면서 이러한 행동의 원천에 대한 원인을 찾으려는 욕구가 발동했다. 그는 지적인 호기심이 누구보다 강한 사람이었고 성격의 특성 5요인(4장 참조) 중에 개방성이 높은 사람이었던 것이다. 그는 어린 시절에 인간 성격의 본질에 영향을 미치는 것은 대규모의 사회문화의 힘, 그리고 경제와 정치적 역사적 힘이라는 것을 알아가기 시작했다. 이런 성장배경이 있는 그는 인간의 성격은 인간을 둘러싸고 있는 사회문화적 영향력과 역사적 맥락에 의해서 형성된다고 이해하게 되었다. 그는 사회심리학과 철학을 공부하고서 프로이트의 정신분석 훈련을 받았으나 이에 만족할 수 없었고 독자적인 성격심리 이론 체계를 발전시켜나갔다.

심리적 욕구를 가진 개인은 사회문화 체계에 의해 적응을 해나가고, 그 과정 속에서 성격을 형성하게 된다. 그는 각 개인은 사회문화 시스템 속에서 **5가지 유형**으로 성장한다고 주장한다. 수용성, 착취성, 저축성, 시장성, 생산성 유형으로 분류된다. 생산적 방향은 생산성 유형이고, 나머지 넷은 비생산적 방향에 속한다. 이것은 주위 세계를 향해 태도를 취하는 방식, 즉 성격 특성이다. 개인의 성격은 이 특성들 일부 또는 모두를 포함하고 있다. 어느 한 특성이 다른 것들보다 지배적인 경우가 있으나 어느 한 특성만이 유일하게 존재하지는 않는다. 어떤 사람은 5가지 특성 중에 강하게 한 가지가 드러나기도 하고 어떤 사람은 두 가지가 좀 더 강하게 혼합되어 나타나기도 한다. 지역사회를 착취의 대상으로 여기는 경우에는 착취형, 모으는 것에 집착하는 사람은 저축형, 비생산적-저축형은 사회에 아무런 유익을 주지 않고 자기만을 위해서 돈을 긁어모으는 사람을 가리킨다. 생산적-저축형은 저축하면서 자기 자신과 이웃, 그리고 사회를 위해서 사랑을 나누고 자신을 사회 체계의 구성원에게 개방하고 충분히 기능하면서 살아가는 존재를 말한다. 시장형은 자아를 상품화시키는 유형을 가리킨다.

생산적인 유형은 저축보다는 자기와 타인, 사회를 위해서 사랑하고 생산하는 생산적인 방향에 열중하는 존재를 말한다. 이 유형은 성경에서 등장하는 선한 사마리아인, 즉 선한 이웃과 같다.

에리히 프롬과 슐츠, 그리고 근래에 긍정 심리학자들이 인간의 건강한 성격에 대한 연구를 중요시하고 있다는 것은 우리에게 시사하는 바가 있다. 즉 한국의 상담학계와 대학원 교육과정에 성격심리와 성격상담 또는 성격심리와 성격코칭이라는 분야가 꼭 필요하다는 근거가 될 수 있다. 상담심리를 배우는 좀 더 많은 대학원생들이 성격심리나 성격상담을 배워서 지역사회의 많은 사람이 건강한 성격을 이해하는 것에 기반한 성격상담을 통해 건강하고 행복한 생활을 영위하는 데에 일조하도록 이끄는 것은 꼭 필요한 일이다. 성격상담이 체계화되어 있지 않고 짧은 지식을 가지고 족집게 무당처럼 개념 없이 사용되는 현실 속에서 개념 있는 체계화된 성격상담훈련은 꼭 필요하다.

심리학과 성격심리학에서 관심사의 차이

권석만(2017)은 성격 심리학이 심리학과 어떤 차이가 있는가를 아래와 같이 잘 진술해주고 있다.

심리학은 자기이해와 인간이해를 추구하는 자기성찰적 학문이다. 심리학은 "인간이란 어떤 존재인가?", "인간의 마음은 어떻게 작동하는가?", "인간은 어떤 욕망을 지니며 어떻게 생각하고 체험하며 행동하는 존재인가?", "과연 나는 누구인가?"라는 자기 반성적 물음을 제기하고 그에 대해 답을 제시하려 한다.

성격심리학은 개인의 성격을 연구하는 심리학의 한 분야로서 한 인간을 통합적으로 이해하는 데에 초점을 두고 있다. 인간의 특정한 측면(예: 감각, 인지, 언어, 정서, 사회행동, 정신병리)을 집중적으로 연구하는 심리학 분야와는 달리, 성격심리학은 한 개인의 다양한 심리적 특징을 통합함으로써 그 사람의 성격 전반에 대한 통합적 이해를 추구한다.

성격심리학의 일차적 관심은 성격의 개인차를 이해하고 설명하는 것이다. 두 번째는 개인의 성격에 포함되어 있는 보편적인 성격특성, 보편적으로 지니고 있는 공통적 특성, 즉 인간 본성(human nature)을 밝히고자 한다.

나는 누구인가? 나는 어떤 심리적 특성을 지닌 존재인가? 그 사람은 어떤 존재인가? 그 사람은 어떤 성격을 소유하고 있는가? 인간이란 과연 어떤 심리적 존재인가? 이러한 물음들에 답하기 위한 심리학 분야가 성격심리학이라고 할 수 있다.

건강한 성격이란 자기 자신에 대한 지각과 주변 사람과 관계 맺는 방식이 경직되어 있지 않으며 온유하고, 적응적인 상태를 보이는 것을 말한다. 상대방에 대한 배려와 존중이 있으면서도 자기 자아의 개별화가 잘 이루어져 있다.

용어 설명

- **정서중심치료**: 그린버그의 정서중심치료를 말한다.
- **스토리텔링 정서중심치료**: 하임스 기너트 박사의 emotion coaching과 그린버그의 정서중심치료를 중심으로 영국의 대상관계 학파의 스토리텔링 어린이심리치료, 이야기치료, 보웬의 가족치료를 통합하고 융합하여 만든 심리치료의 5의 물결의 한 상담치료 이론이다. 개발자는 김현진과 광신대학교 정서코칭상담교육원 스탭들이다.

참고문헌

권석만(2017). 인간이해를 위한 성격심리학. 학지사.

김현진(2017). 다문화 가족과 스토리텔링 정서코칭상담. 광신대학교 정서코칭상담교육원. 강의안.

남명자(2005). 부모의 양육태도와 아동의 성격장애. 학지사.

박아청(2008). 성격심리학의 이해. 교육과학사.

박아청(2006). 성격발달심리의 이해. 교육과학사.

오세진 외(2010). 인간행동과 심리학. 학지사.

이수연, 권해수, 김현아, 김형수, 문은식, 서경현, 유영달, 정종진, 한숙자(2013). 성격의 이해와 상담. 학지사.

이재창, 정진선, 문미란(2008). 성격심리학. 태영출판사.

Greenberg(2011). *Emotion-Focused Therapy*. APA.
김현진 역(2015). 정서중심치료. 교육과학사.

김현진, 선애순(2017). 애착과 아동정서중심치료, 한출판사.

Rogers, C. R.(1961). *On Becoming a Person: A Therapist's View of Psychotherapy*. Boston: Houghton Mifflin.

Schultz, Duane P.(1977). *Growth Psychology: Models of the Healthy Personality*. 이혜성 역(2007). 성장심리학: 건강한 성격의 모형. 이화여자대학교출판부.

반추 및 토의질문

1. 성격의 결정요인을 알기 위해서 질문해야 할 내용들은 어떤 것들이 있을까요?

2. 성격을 자기 말로 정의해보세요.

3. 성격의 특징들에 대해서 진술해보세요.

4. 나만이 독특하게 가지고 있는 성격특성은 어떤 것이 있나요? 우리 가족이 가지고 있는 독특한 특성이 있나요? 있다면 이야기해보세요.

5. 당신의 조상 대대로 흘러 내려오는 가족 구성원을 그려보거나 상상해보면서 거기서 발견할 수 있는 독특한 특성들을 찾아보세요.

6. 대한민국 사람이 가지고 있는 독특한 성격특성은 어떤 것들이 있을까요?

7. 성격의 개인 차이를 만들어 내는 가장 중요한 환경적 요인은 무엇일까를 의논해보세요.

CHAPTER

02

성격유형론

*** 성격이론(personality theory)의 분류**

- **성격이론**은 어떤 상황 속에서 개인이 보이는 정서반응과 행동방식의 차이를 설명하려는 체계적인 시도로 크게 두 종류로 나눌 수 있다. 성향이론과 과정이론으로 나뉜다.
- **성향이론**(character theory)은 성격을 단편적인 상태로 이해하려는 연구로서 현재 어떤 종류의 성격 유형이 있는지에 관심을 보이며, 유형론과 특성론으로 나뉜다.
- **과정이론**(processing theory)**은** 성격을 다면적으로 보려는 경향이 있으며, 성격이 어떻게 형성되고 어떻게 발달하며, 생활하는 데 어떤 기능을 하는지 이해하고자 한다. 과정이론에는 무의식과 어린 시절의 경험을 강조하는 정신분석, 개인과 환경의 상호작용을 강조하는 행동주의적 관점의 이론, 개인의 주관적 경험과 자기실현을 강조하는 인간주의 이론 등이 있다.

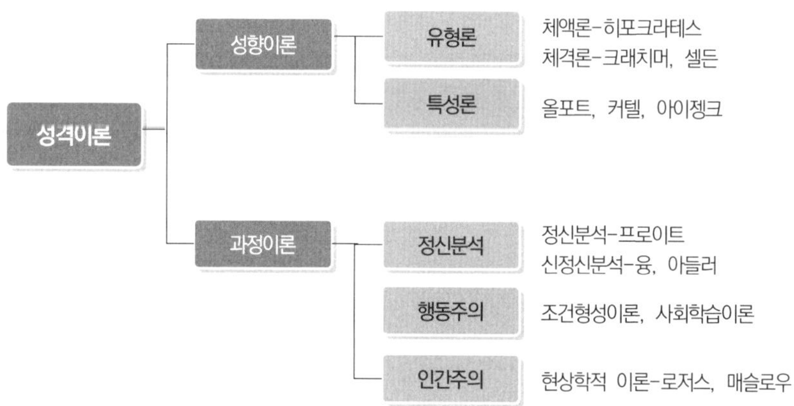

[그림 2-1] 성격이론의 종류

1. 유형 이론 typology에 대한 기본적인 이해

1) 유형의 정의

유형이란 "가장 보편적인 것에서 개별적인 것으로의 선상에 있는 점이다"(Phahler). 개별을 보편적인 것에 연결시키는 것을 유형이라고 할 수 있다. 그곳에서 하나의 동일한 스타일이 하나의 그룹을 형성하게 된다. 문학의 주인공이나 신화의 신들에게서 볼 수 있는 전형적인 예들은 성격의 유형을 보여주고 있다. 세익스피어 3대 비극 작품 중의 하나인 햄릿은 회의적인 성격유형을 드러내주고 있고, 세르반테스의 돈키호테는 돈키호테적 유형을 드러내 보이고 있고, 니체가 묘사하고 있는 아폴로형은 이성적인 성격유형을 보여주고 있고 디오니소스형은 감정적인 성격유형을 표현해주고 있다. 인간의 성격의 다양성을 질서 있게 정리하고자 노력하는 성격심리학의 초기 과정에서 만들어진 것이 유형론이다. Allport(현대 성격심리학의 창시자)에 의하면, 현대의 성격심리학의 선구자는 문학이다.

유형론은 일반적으로 사람이 근본적으로 다르다는 입장을 가진다. 생득적인 유전적인 면에서 다르다고 이해한다. 이것을 분명하게 주장하는 유형론과 단지 행동의 유형에 차이가 있다고 주장하는 유형론에는 유형의 근원에 대한 이해의 차이가 존재한다.

2) 유형론의 역사와 현대적 의의

유형론의 시작은 고대 그리스시대까지 올라간다.

히포크라테스의 4가지 체액론이 유형론의 시작이다. 이는 엠페도클레스(Empedocles, B.C. 493~430)의 우주 4가지 원소론에 대응한 것이다. 그리스철학을 보면 탈레스는 만물의 근원이 "물"이라고 했고, 아낙시메네스는 이에 대해 만물의 근원이 "공기"라고 했다. 엠페도클래스는 이를 확장시켜 "물, 불, 공기, 땅"이 만물의 근원이라는 4원소설을 주장했다. 플라톤과 그의제자 아리스토텔레스도 4원소설을 수용했다. **아리스토텔레스**는 이 4원소, "물, 불, 공기, 땅"에다 "건, 습, 한, 랭"의

네 가지 성질이 결합되어 모든 만물을 형성한다고 주장했다. 히포크라테스의 4가지 체액론은 인간의 신체 내에는 이 우주 4원소론에 대응하는 네 가지 체액이 있다고 보았다. 네 가지 체액은 혈액, 흑담즙, 황담즙, 점액이다. 갈렌은 히포크라테스의 체액론에 근거하여, 체액의 특성에 의해 개인의 성격적 특성이 결정된다고 이해했다. 체액에 따른 4가지 기질은 다혈질, 우울질, 담즙질, 점액질 4가지로 분류된다. 이들 기질들은 불연속적인 차원에서 각각이 구별되는 특성을 가진다. 성격의 개념에서 중요한 하나의 특징은 개인 차이인데, 기질의 개인 차이는 네 가지 체액 중에 어느 것이 우세한가에 따라 달라진다. 고대 그리스와 유사한 성격이론이 동양에도 있는 데, 그것은 오행이론이다. 우주만물이 수(water)화목금토로 이루어지고 있다는 이론이다(박아청, 2008, 김현진, 2011). 뒤에 이것을 사상의학에서 좀 더 구체적으로 설명하고자 한다.

히포크라테스에서 시작하여 갈렌에 이르러 4가지 기질론이 좀 더 체계화를 이루었고, 칸트도 이 4가지 기질론을 좀 더 다르게 발전시켰다. 이러한 4가지 기질론이 현대성격심리학에 미치는 의의를 이수연(2013)은 세 가지로 정리했다.

첫째, 행동 특성을 특질(기질의 특성)에 따라서 기술했다. 둘째, 이 특질은 다른 특질과도 밀접한 관련이 있고 비교적 안정적이다. 셋째, 이 특질은 생득적인 것으로 개인의 생리학적, 신경학적, 생화학적 구조에서도 쉽게 확인될 수 있다.

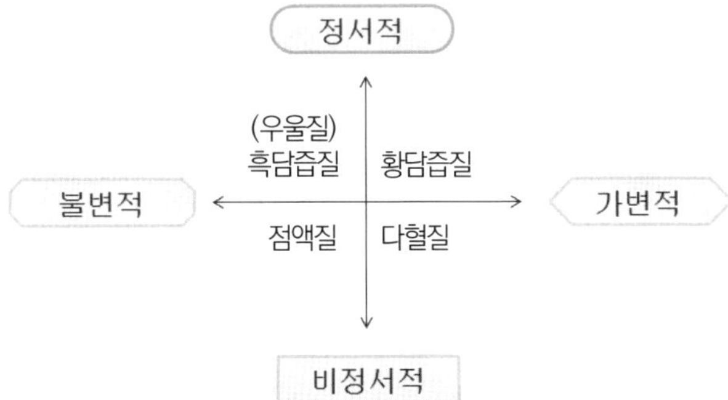

출처: 이수연 외(2013)

[그림 2-2] 두 가지 차원에 따른 4가지 기질

근대 이후에는 고대의 4가지 체액에 근거한 기질론이 성격심리학의 주류에서 밀려났지만, 여전히 상담의 현장에서 사용되고 있고 새롭게 조명될 기회를 갖게 되었다. 분트(Wundt)는 정서 환기의 속도와 강도가 기질에 미치는 영향을 연구하여 정서반응 속도의 빠름과 느림, 정서반응의 강도의 강함과 약함에 따라 4가지 기질을 분류하였다.

이수연(2013)에 의하면, 기질론이 현대에 와서도 재연구가 되고 있는 까닭은 성격분석을 위한 몇 가지 이론적 자료를 제공하기 때문이다. 그것 중에 중요한 것이 생리적, 생화학적 신체 작용에 대한 신경과학적 연구가 중요시 되고 있기 때문에 생리적, 생화학적 신체 작용에 근거를 두고 있는 4가지 기질론에 대한 연구가 좀 더 탄력을 받을 것으로 예상된다.

3) 유형론 대표자들

(1) 히포크라테스(Hippocrates)와 갈렌

최초의 유형이론인 체액론을 주장했다. 사람의 체액을 혈액, 점액, 흑담즙, 황담즙(담즙)으로 구분하고 이중 어느 체액이 신체 내에서 우세한가에 따라 성격이 결정된다고 주장을 하였다. 이 네 가지 체액론에 근거하여 4가지 기질론으로 발전시킨 사람은 갈렌이다.

(2) 크레치머(Kretschemer)

체형에 따라 사람을 쇠약형, 비만형, 근육형, 이상발육형의 네 범주로 나누고 각 체형에 따라 성격이 결정된다고 보았다. 쇠약형은 가냘프고 마른 사람으로 정신분열증에 걸릴 성향이 많다. 비만형은 둥글고 땅딸한 사람으로 조울증에 걸릴 성향이 많다. 근육형(투사형)은 강하고 근육이 발달된 사람으로 조울증보다 정신분열증의 성향이 다소 많다. 이상발육형은 신체발달에 균형이 잡히지 않은 사람으로서 투사형과 유사한 성향을 보인다.

(3) 쉘든(Sheldon)

크레치머의 연구를 더욱 발전시켜 내배엽형, 중배엽형, 외배엽형의 세 가지 차원에서 개인의 점수를 평정하여 유형화 할 수 있다고 주장하였다. 내배엽형은 내장구조가 고도로 발달된 사람들로 편안함을 즐기며 사교적인 기질을 가지고 있다. 중배엽형은 근육이 우세한 사람으로 활동적, 자기주장적, 정력적인 기질을 가지고 있다. 외배엽형은 근육이 섬세하고 약한 사람으로 수줍어하고 내성적인 기질을 갖고 있다.

(4) 칼 융

융은 삶의 2가지 태도와 4가지 기능을 조합하여 8가지 성격유형을 만들었다. 삶의 2가지 태도는 외향형과 내향형을 말하고 4가지 기능은 사고, 감정, 감각, 직관을 가리킨다. 이 8가지 유형에 근거하여 16가지 성격유형으로 구분하여 발전시킨 검사지가 우리나라에서 많이 쓰고 있는 성격유형 검사지, MBTI이다.

(5) 이제마

한국인이 성격유형을 체계적으로 정립하여 후대에 알려진 경우는 이제마가 처음일 것이다. 그는 한방의학에서 전통으로 유래되고 있는 사상의학의 관점에서 한국인의 성격유형을 분류하였다. 주역의 태극설에 의한 태양, 소양, 태음, 소음의 사상(四象)을 사람의 신체에 적용하여 사람을 4가지 체질로 구분하고, 4가지 체질을 4가지 성격유형으로 제시하였다: 태양인형, 태음인형, 소양인형, 소음인형.

2. 각 유형론들

1) 4가지 기질론

위에서 진술한 것처럼 4가지 기질론은 히포크라테스의 4가지 체액론에서부터 시작하여 갈렌이 4가지 기질론을 좀 더 구체화하였고, 칸트도 4가지 기질론을 정리하였다.

18C 칸트는 〈인간학〉에서 4가지 기질에 대해서 진술하고 있다. 성격을 사추양식, 기질을 감성양식으로 특징지워서 혈액 움직임의 속도와 온도의 2가지 점에서 다혈질, 우울질, 담즙질, 점액질로 분류하였다. 19C까지 유럽에서 계승되어 온 성격유형론은 기본적으로 4기질론이었다.

4가지 기질론의 각각의 주요 성격적 특징을 살펴보면 다음과 같다.

- **다혈질**: 혈액 강도에 의해서 결정된 특성으로서 항상 기운이 넘치고 활기가 돌며, 낙관적이다.
- **우울질, 흑담즙질**: 흑담즙의 과잉분비로 인해 우울한 기질을 나타낸다. 자신과 관련된 일을 중요시한다. 자신이 한 약속은 꼭 지켜야 하기에 약속을 잡는 것을 쉽게 하지 못한다.
- **담즙질, 황담즙질**: 담즙의 분비가 과다하여 정서적으로 매우 불안정하고 성마른 성격성향을 보인다.
- **점액질**: 점액의 분비가 많아 행동이 느리고 냉담한 성격성향을 보인다. 본능적으로 행동하지 않고 이성적으로 행동하는 경향이 있다. 동작은 느리지도 빠르지도 않으며, 자신의 생각과 감정을 쉽게 표현하지 않는 특성이 있어서 이들과 친해지려면 시간이 꽤 필요하다는 점을 기억할 필요가 있다.

이 4가지 기질론은 오늘날에 DISC의 4가지 행동유형에서도 수용되고 있다.

2) 융의 성격 유형론

칼 구스타프 융(Carl Gustav Jung, 1875-1961)은 삶의 2가지 태도와 4가지 기능을 조합하여 8가지 성격유형을 만들었다. 삶의 2가지 태도는 외향형과 내향형을 말하고 4가지 기능은 사고, 감정, 감각, 직관을 가리킨다.

융은 성격유형을 설정할 때 가장 기본적인 유형의 핵심은 정신 에너지가 밖으로 향하는지와 개인의 내면세계로 향하는지 이 두 가지로 분류하였다. 정신 에너지가 외부로 향하면 외향형이라 하고, 내부로 향하면 내향형이라 불렀다.

(1) 2가지 태도

칼 융은 성격을 크게 내향형과 외향형으로 나누었으며, 외향적 성격과 내향적 성격은 대체 어떤 점이 다른 걸까?

외향적 관점과 내향적 관점의 가장 큰 차이는 다음과 같다. 이 두 유형은 대상을 대하는 태도에 따라 달라진다.

① 외향형(extraversion)

외향적 관점은 모든 것을 객관적인 사건을 바탕으로 본다. 객체를 중요시하고 외부 세계의 변화에 관심을 두며 이를 추구하는 경향이 강하다. 그러므로 주체보다는 객관적 상황을 보다 중요하게 생각하고 행동을 하게 된다. 쉽게 자신의 생각을 표현하고 자신감이 강한 편이다. 외향적 태도는 대상의 중요성을 아주 강하게 확신하고 대상으로부터 영향을 받는다.

② 내향형(introversion)

내향적 관점은 내부의 주관적인 것에 삶의 방향과 가치를 둔다. 그러므로 모든 것을 자신의 상황을 바탕으로 보는 경향이 있다. 행동을 할 때 외적인 조건을 고려하지만, 이에 대한 판단과 행동의 결정적 단서는 자신의 주관성에 근거를 두는 경향이 강하다. 자신의 생각을 표현하는 것이 쉽지 않으며 자신감이 약하다. 타인의 일에 무관심한 경향이 있다.

(2) 4가지 기능

칼융은 삶의 기능을 4가지로 구분하였고, 이 기능 가운데 잘 발달된 기능을 주기능이라 하고 덜 발달된 기능을 열등기능이라 불렀다.

- **사고**: 관념적이며, 지적인 기능을 말한다.

- **감정**: 평가를 하는 기능을 가지고 있다. 어떤 사건 속에서 사람을 주체의 입장에서 긍정적으로 또는 부정적으로 평가를 한다. 이 기능을 통해 인간은 유쾌, 불쾌, 고통, 분노, 비애, 공포, 즐거움 등과 같은 주관적인 감정적 경험을 체험한다.
- **감각**: 지각적 기능을 말한다.
- **직관**: 무의식적 과정과 잠재적 내용에 의한 지각을 가리킨다. 직관적인 사람은 현실의 본질을 추구함에 있어서 사실과 감정과 개념을 초월한다.

〈표 2-1〉 성격의 4가지 기능

	외향형	내향형
일반적 경향	• 관심이 밖으로 향하고 객관적이다. 사교적이고, 움츠려서 몸을 지키려고 하지 않는다. • 쉽게 자신의 생각을 표현하고 자신감이 강하다. • 타인이 자기처럼 행동하기를 요구한다. • 타인이 있는 곳에서 일을 한다. • 책임을 뒤로 돌리고 기회를 갖는다.	• 관심이 안으로 향하고 주관적이다. • 고독하고 외부의 세계로부터 몸을 지킨다. • 자신의 생각을 표현하는 것이 쉽지 않다. • 자신감이 약하고 타인의 일에 무관심하다. • 타인이 있으면 일을 할 수 없다. • 일을 맡기 전에 책임을 생각한다.
사고 (thinking)	• 객관적 사고, 감정적 측면, 억압, 인간적 온정이 없고, 오만해 보인다. • 독선적, 고집이 세고, 허세가 많다. 예: 과학자	• 외향적 사고형과 성격특성이 비슷하다. • 자기 자신의 존재의 현실을 이해하고 고집이 세다. 예: 철학자, 실존심리학자
감정 (feeling)	• 여성이 많다. • 변덕이 심하고, 감정적, 기분파다.	• 여성이 많다. 자신의 감정을 남들에게 숨긴다. 말수가 적고 접근하기 어렵다.
감각 (sensing)	• 남성이 많다. 현실주의적, 실제적이다. • 관능적 성향으로 여러 종류의 중독, 도착, 강박에 걸리기 쉽다.	• 외적 대상에 관심이 없고, 자신의 정신적 감각에 몰두한다. 자신의 표현에 곤란을 느낀다.
직관 (intuition)	• 여성이 많다. 경솔함과 불안정이 특징. 싫증을 잘 내며 사고기능의 결함으로 항상 새로운 직관만 쫓는다.	• 예술가형, 외적 현실이나 관습의 접촉을 유지하지 않기에 고립되어 있다.

출처: 박아청(2008), 75

이 8가지 유형에 근거하여 16가지 성격유형으로 구분하여 발전시킨 검사지가 우리나라에서 많이 쓰고 있는 성격유형 검사지, MBTI이다.

3) 사상의학의 4가지 유형론

사상의학을 정립한 이제마는 한방의학에서 전통으로 유래되고 있는 사상의학의 관점에서 한국인의 성격유형을 분류하였다. 그는 함흥에서 출생하였고(1837~1899), 의학, 군사학, 유학 연구에 열중하였고 상당한 수준에 이르렀고, 그 중에 후대에 많은 영향력을 미친 업적이 사상의학론을 정립한 것이다. 사상의학론은 그가 1894년에 발표한 〈동의수세보원〉에 나오는 한의학과 성격이론이다. 이 의학과 성격이론은 실제 임상경험을 기초로 하여 임상학적으로 쓰여졌다. 동양철학적 논리에 입각하여 인간은 태어날 때부터 4가지 체질의 범주를 벗어날 수 없는 것으로 보았다. 주로 주역의 태극설에 의한 태양, 소양, 태음, 소음의 사상(四象)을 사람의 신체에 적용하여 사람을 4가지 체질로 구분하였다. 박아청(2008)에 따르면, 사상의학에서 4가지 체질의 차이는 "각 장기의 크고 작은 것과 강하고 약한 것의 상호균형에 따라 구분"하여진다. 간장형인 태양인의 장기의 특징은 폐는 강하고 간은 약하다. 심장형인 태음인은 폐는 약하고 간은 강하다. 위장형인 소음인은 비장은 약하고 신장은 강하다. 신장형인 소양인은 비장은 강하고 신장은 약하다. 또한 이제마는 4가지 체질을 4가지 성격유형으로 제시하였다: 태양인형, 태음인형, 소양인형, 소음인형. 4가지 체질에 따른 성격 유형과 기질, 행동과 태도 등은 박아청(2008) 교수가 정리한 도표를 아래에서 인용한다.

〈표 2-2〉 4상 유형의 특징과 감별

	태양인 (간장형)	태음인 (심장형)	소음인 (위장형)	소양인 (신장형)
장기의 특징	폐는 강하고 간은 약함.	폐는 약하고 간은 강함.	비장은 약하고 신장은 강함.	비장은 강하고 신장은 약함
성격의 장단점	단기, 착상이 기발하고 솔직하고 비타협적이다.	웅장한 계획과 포용력이 있고 욕심이 많다.	내성적, 섬세, 치밀, 사색적, 양심적, 비겁, 무기력, 우유부단	외향적, 사무에 민첩, 비판적, 표현적, 체념적, 경박

	태양인 (긴장형)	태음인 (심장형)	소음인 (위장형)	소양인 (신장형)
품성과 체형	단아하며 용모와 체구가 단정하고 깔끔하다	의젓하다. 피부는 약하나 대체로 골절의 발육은 좋으며 용모는 원형, 타원형에 가깝다.	얌전하며 체세는 앞으로 굽고, 근육이 비교적 적고 뼈는 굵다. 살이 연하며 여믄 맛이 적다.	상체의 발육이 좋으며 머리의 앞뒤가 나오고, 하지와 뼈가 가늘다. 보행에 있어 자세가 곧고 바르나 안정감이 없다.
기질	자존심이 강하고 감성적이며 번의가 잦은 영웅적인 기질 천재형, 발명가 전략가, 혁명가	호걸풍, 낙천가, 겁쟁이, 실업가, 정치가	종교가, 교육가, 지사형, 꽁생원	사무원, 상업인 신경질적인 군인
행동과 태도	의욕과잉으로 주위와 화동이 뛰어난 경우가 많다	언행이 듬직하고 거동이 무거우며 또한 체력이 좋아 활동적일 수도 있다.	게을러서 실내에 들어앉기를 좋아하며 주밀하여 정돈된 환경과 청결을 좋아한다.	잠시도 안정된 거동을 잡지 못한다.

출처: 박아청(2006)

사상의학에 따른 성격유형을 정리하면, 성격의 구성은 4가지 체질에 따라 좌우된다. 사람의 신체의 모양, 기질, 행동과 태도, 심리 상태까지도 4가지 체질에 따라 다르다. 약을 먹을 때도 음식을 먹을 때도 체질에 따라 먹어야 건강에 도움이 된다고 주장한다. 우리나라의 사람들이 한약을 가끔 먹는 경우가 있는데 이것은 “체질에 따른” 궁합이 맞는 조합을 이룬 약이 따로 있다고 믿는 것에 동의한 것에 해당한다.

이런 체질론과 기질론에 근거한 유형론은 개인차이가 생득적으로 존재한다고 보는 입장이다. 이런 개인차는 본질적으로 극복할 수가 없다고 본다. 이런 입장이 사실이라면, 우리는 체질을 수용하고 좋은 면을 더 강화하고 약한 면은 적절하게 보완하며 살아가는 것이 좋은 관계를 맺고 신체적인 건강을 유지하는 지혜로운 길이 될 것이다.

3. 유형론에서 참고해야 할 것들

첫째, 유형론들에서 볼 수 있는 공통된 4가지 특징들을 고려하면서 유형론을 활용하는 것이 좋을 것이다.

① 인간을 독자적인 전체로 생각하고, 그것을 보다 작은 부분으로 분석할 수 없는 것으로 본다.
② 성격을 개개의 특성으로 분석하여 측정하는 것은 본질적인 문제가 아닌 것으로 본다.
③ 통계적 평균이 아니라 전형적인 개개의 사례 연구가 중요하며, 그와 같은 유형의 기술이 성격학의 과제로 본다.
④ 어떤 기준에 근거하여 인간의 다양한 성격 속에 본질적이고 유형적인 것을 추출하고, 그 구조를 규명함으로써 유형 모델을 설정한다(박아청, 2008, 64).

둘째, 유형론에서 지적되는 2가지 문제점들을 고려할 필요가 있다.

① 다양한 성격을 소수의 유형으로 나누기에 중간형은 무시되고 있다.
② 종래의 유형론의 대부분이 성격을 정태적인 것으로 보아 성격형성에 미치는 사회적, 문화적 환경의 요인을 경시하기 쉽다.

유형론은 개인차이가 생득적으로 존재한다고 보는 입장이다. 이런 개인차는 본질적으로 극복할 수가 없다고 본다. 이런 입장이 사실이라면, 우리는 체질을 수용하고 좋은 면을 더 강화하고 약한 면은 적절하게 보완하며 살아가는 것이 좋은 관계를 맺고 신체적인 건강을 유지하는 지혜로운 길이 될 것이다.

참고문헌

권석만(2017). 인간이해를 위한 성격심리학. 학지사.

김현진(2011). 부모의 양육태도와 자녀의 성격형성에 관한 연구. 광신논단.

남명자(2005). 부모의 양육태도와 아동의 성격장애. 학지사.

박아청(2008). 성격심리학의 이해. 교육과학사.

박아청(2006). 성격발달심리의 이해. 교육과학사.

오세진 외(2010). 인간행동과 심리학. 학지사.

이수연, 권해수, 김현아, 김형수, 문은식, 서경현, 유영달, 정종진, 한숙자(2013). 성격의 이해와 상담. 학지사.

이재창, 정진선, 문미란(2008). 성격심리학. 태영출판사.

Greenberg(2011). *Emotion- Focused Therapy*. 김현진 역(2015). 정서중심치료. 교육과학사.

Schultz, Duane P.(1977). *Growth Psychology: Models of the Healthy Personality.* 이혜성 역(2007). 성장심리학: 건강한 성격의 모형. 이화여자대학교출판부.

반추 및 토의질문

1. 성격유형을 생각할 때, 그것이 어떻게 성립한 유형인가를 고려하는 것이 중요하다. 히포크라테스와 갈렌의 4가지 기질론과 크렛취머와 쉘돈의 신체유형에 따른 성격유형을 설명해보시오.

2. 그리고 이제마의 4가지 체질에 따른 성격유형의 성립 과정과 내용을 말로 진술해보세요? 그리고 이제마의 성격유형론에 대해서 어떤 생각을 갖게 되는지를 말해보세요.

3. 칼융이 주장한 성격유형론을 진술해보세요.

CHAPTER

03

성격 특성론

(Personality Trait Theory)

1. 특성론의 개념에 대한 이해와 역사

1) 특성론의 입장과 역사

특성론은 성격의 개인 차이는 질의 차원이 아니라 양의 차원에 의해 발생한다고 주장한다. 기질론을 중심으로 하는 유형론은 인간 내면에 있는 '실체'에서 성격성향이 있는 특징이 있는 행동이 생겨난다고 주장을 한다. 이들을 본질론자라고 부른다. 본질론자의 대표격인 학자들은 유형론의 히포크라테스와 갈렌, 크레치머, 특성론의 올포트 등을 들 수 있다. 올포트의 경우 본질론자이면서 특성론의 선구자이기도 하다. 대부분의 특성론자는 본질론자가 아니다.

"성격 특성"이라는 말을 처음 사용한 학자는 올포트(Allport)이다. 그는 특성을 '성격의 기본이 되는 반응경향'이라고 정리했다. 특성론은 "성격을 비교적 다수의 기본적 단위(특성)으로 나누어, 그것들을 분석하고 각각의 정도를 양적으로 측정하여, 각 특성의 조합에 의해 그 개인의 성격을 기술하려는 입장을 말한다"(박아청, 2008, 인용; Charles S. Carver & Michael F. Scheier, 2012). 박아청에 의하면, 특성론을 대표하는 학자들은 특성(trait)이란 성격을 구성하는 단위로 보고, "상대적으로 독립성을 가진 특성의 조합"에 의해 성격을 설명하려고 한다. 이것에 대한 부연 설명을 하면, 모든 사람에게는 공통된 성격 특성이 있으며, 개인에 따라 어떤 특성들의 양이 많고 다른 특성들은 양이 적다는 것이다. 어떤 사람은 성이 마른 특성과 지배성이 높다(많다). 이런 특성들을 행동관찰이나 자기 보고식 질문지에 대답함으로써 측정이 가능하다.

성격 특성론 학자들은 이런 성격 특성을 체계화하는 데에 있어서 '사람들이 쓰는 말(단어)'을 추출하고 분류하는 것이 도움이 된다고 생각했고 작업을 했다. 먼저 올포트와 오드버트(Allport & Odbert, 1936)가 사전에서 인간의 성격 특징을 표현하고 있는 단어를 추출했고, 그 후에 케텔(Cattell, 1946), 노먼(Norman, 1963, 1967)이 단어를 추출하고 분류하는 작업을 했다. 이후 노먼과 골드버그(Lewis R. Goldberg)는 모호하고 부적합한 단어들을 제거하고 3,600개 단어로 축소시켰다.

그들은 이러한 성격 특징이 있는 단어들(형용사)을 함께 일하는 동료들에게 평정(rating)[1]하게 한 후에 요인분석적 기법을 실행했다(박아청, 2006, 2008, Carver & Scheier, 2012). 성격의 주요 특성들을 뽑아내는 연구가 요인분석(factor analysis)이라는 통계 기법을 통해 진행되었고, 이 기법을 통한 특성요인 분석은 여러 사람들이 수용할 수 있는 연구방법으로 수용되는 역사적 전환점을 갖게 된다. 이런 접근의 결과는 골드버그의 5대 요인이론(Big Five Theory)을 확인하는 연구와 맥크레이와 코스타의 5요인 모델을 집대성하게 하는데 기초를 놓았다.

2. 각 성격 특성론에 대한 이해

1) 올포트(Gorden W. Allport)의 성격 특성론

(1) 특성의 개념과 특성론에 대한 입장

특질(특성)은 개인에게 여러 가지 다른 자극이나 상황에 대해 유사한 방식으로 반응하도록 조작하는 "실체"로서 개인의 사고, 정서, 행동을 결정하는 중요한 역할을 한다고 주장한다. 올포트는 각 사람의 성격의 성향을 표면적으로 보여주는 행동과 태도를 이끄는 실체가 있다고 이해했다.

성격 특성론에 대한 그의 연구의 특징은 현실적으로 실재하는 개인의 독특성을 설명하는 것이다. 그래서 양적인 연구보다는 질적인 연구를 중요하게 여긴다. 올포트가 성격 특성론에 대한 개념과 연구를 시작한 특성론의 초기를 지난 후에 등장한 성격 특성에 관한 요인 분석법이 등장하게 된다. 올포트의 질적연구는 통계를 사용하는 요인 분석법에 의한 특성론 연구와는 연구방법에 있어서 상반된 방법이다. 올포트는 특성론 연구를 통해서 개인의 독자성이나 전체성을 잃어버리고 싶지 않았던 것이다.

---

1) 평정 척도법(rating scale)은 관찰하고자 하는 행동이나 현상에 대한 출현 유·무뿐만 아니라 행동의 특성 정도 혹은 출현 빈도를 평가하고자 할 때 사용한다.

올포트는 성격심리학이 과학적인 입장에서 정립이 되기를 원했다. 그래서 다른 모든 과학적 접근처럼 의미가 있는 단위를 가질 필요가 있었으며, 성격의 구성요소를 파악할 필요를 생각했다. 구성 요소의 단위를 특성이라는 개념이 적합하다고 생각하고, 특성에 대해서 이론적 정리를 해냈다.

올포트에 의하면, 특성은 적응행동과 표출행동에 일관성을 주는 것이다. 다시 말하면, 특성은 여러 가지 자극에 대하여 가치를 정하는 식으로 '반응하는 경향성'이다. 이런 개념을 가지고 있는 특성은 단순한 명목적인 것이 아니라 실제로 존재하는 정신신경구조로서 개인의 고유한 것이고, 상황 속에서 발생하는 여러 자극에 대해 가치 순서를 정하는 역할을 한다(박아청, 2008). 특성의 개념을 파악하고 정리해낸 점에서 올포트는 성격 특성론의 대표자로 불리고 있다.

(2) 성격의 구조

올포트는 성격특성을 개별 특성과 공통 특성으로 구별했다.

올포트는 성격특성에는 위계가 있다고 파악했고, 성격의 구성을 3가지 요소로 구분했다. 주요특성, 중심특성, 2차 특성으로 위계를 따라 구별했다.

올포트에게 있어서 **개별 특성**이란, 개인이 가지고 있는 고유한 것을 가리킨다. 한 개인의 유전에 의한 요인이나 개인의 역사 속에서 독자적으로 경험하고 발달된 역동적인 독특한 특성이다. 박아청 교수(2008)에 의하면, 개별특성에 대한 리서치는 개인에게 독특한 것이기에 정상분포를 근거로 한 통계적인, 수량적인 분석은 의미를 갖지 않으며, 사례사(personal history), 일기, 편지의 분석 등을 포함하는 질적연구 방법이 사용된다. **공동특성**은 어떤 문화가 수많은 개인의 성격형성에 영향을 주는 공통되는 측면이 있는데, 올포트는 이를 공동특성이라 불렀다. 공동특성에 대한 연구는 질적 연구가 아니라 성격의 근사치를 파악해내는 통계적 접근이 필요하다. 공동특성은 표출특성과 태도특성으로 분류했고, "각각 3개와 11개의 상방향성의 특성을 갖고 있다. 또 특성의 기초가 되는 생물학적 요인을 신체, 지능, 기질의 3가지 측면으로 나누었다"(박아청, 2006, 2008).

올포트는 성격특성에는 위계가 있다고 파악했고, 성격의 구성특성을 주요특성,

중심특성, 2차 특성으로 위계를 따라 구별했다. 그 위계는 그 특성이 그 사람의 행동에 미치는 영향의 정도에 따라서 등급이 매겨진다. 행동에 대한 강한 영향력에서 약한 영향력이 미치는 순서는 주요특성, 중심특성, 2차 특성이다.

〈표 3-1〉 올포트의 성격 특성

주요 특성	주요특성 또는 경향(cardinal traits, disposition)은 영향력이 매우 커서 한 개인의 행동 및 생각 체계, 정서체계 전반에 영향을 미친다. 눈만 뜨면 돈을 모으려고 한다든지, 권력을 잡으려고 애쓰는 사람은 주요특성을 소유한 사람이다. 이러한 열정적인 주요특성은 소수의 사람들만이 가지고 있다. 주요특성을 기술하는 단어들은 나르시스적, 나폴레옹식, 박정희식, 김두한식, 마키아벨리적, 프로이트식, C. S. Lewis식 등과 같이 신화, 문학, 전쟁 역사나 일반역사에서 그 이름을 가지고 온다. 개인의 주요 특성은 질적연구의 도구가 되는 인터뷰, 사례사, 일기, 서신 및 다른 기록물 등을 이용하여 연구할 수 있다.
중심 특성	중심특성(central traits or central characteristics)은 주요특성보다 행동에 미치는 영향력은 적지만 비교적 보편적이고 일관된 영향을 끼치는 것으로, 우리가 한 개인을 기술할 때 사용하는 특성이 바로 중심특질(특성)에 해당한다. 어떤 사람에 대해 시간을 엄수하고 사리가 분명하며 믿을 수 있다고 기술하였다면 이는 중심특성을 기술한 것이다. 여러 사람들이 "그 사람은 언제나 성실해요"라고 말하거나, "그 사람은 호기심이 많고 진취적이며, 일들을 마지막까지 마무리 짓는 성실성이 뛰어나요"라고 말한다면, 이는 그 사람의 중심특성을 묘사한 것에 해당된다.
이차적 특성	이차적 특성 또는 경향(secondary traits or disposition)은 그 발생빈도가 더 한정되어 있고, 그 개인의 성격의 중심에 있지 않고 주변에 해당된다. 중심특성보다 덜 보편적이고 덜 일관된 영향을 미치는 것으로, 한 개인이 학교에서는 깔끔하지만 집에서는 그렇지 않다면 이차적 특질에 해당한다. 다른 예를 들면, 에이 양의 우호적 행동은 자주 나타난다면 이 행동은 중심특성에 해당하고, 에이 양의 복종심과 일탈 행동이 간혹 나타난다면 이는 이차적 특성에 해당한다. 이차적 특성은 매우 가까운 사이가 아니면 알기가 어려울 수도 있다. 늘 용기있는 사람이 집에서 TV시청 중에 가끔 눈물을 흘리는 것이 이에 해당한다.

올포트는 이러한 성격특성들이 각각 따로 논다고 생각하지 않고 통합되어 작동된다고 이해했고, 또한 이러한 특성과 동기, 가치, 경험을 하나로 묶어서 한 개인을 전인적으로 구조적으로 이해하고 설명하려 했다. 이것을 올포트는 '고유자아'라 불렀다. 이 고유자아는 "한 개인에게 속하거나 개인에게 있어서 독특한 그 어떤

것을 가리킨다. 그는 이를 '느껴지고 알려진 대로의 나'(the me as felt and known) 라고 정의했다"(박아청, 2008).

이 고유자아는 자신이 자신을 중요하게 지각하고 느끼는 자아를 말하며, 자기 자신의 내적인 통일감을 갖게 하며, '나'라는 존재를 견고하게 서도록 한다. 올포트는 이 고유자아는 7가지 고유 기능을 가지고 있다고 한다: 신체적 자기의식, 자아 정체감(ego-identity), 자기존중감, 자기확장, 자기상, 자기인식, 자아적 추구. 이 7가지 고유자기적 기능은 유아기로부터 청년기에 이르기까지 단계를 거쳐서 발달 성숙하게 된다고 보았다(박아청, 2008. 재인용).

① 신체적 자아상(bodily self): 약 15개월이 되면서 복잡한 지각경험을 통해서 '나 안의' 어떤 것과 '나 밖의' 어떤 것들 간에 막연한 구별을 하게 된다.

② 자기 정체감(self-identity): 여러 경험을 하면서 아동은 자기가 독립된 존재로서 어느 정도의 정체감을 갖게 된다.

③ 자기 존중감(self-esteem): 학습의 결과로써 스스로 무엇을 할 수 있는 아동의 자부심과 연관이 된다. 올포트는 이 시기에(2~4세) 아동이 결정적인 발달을 경험하게 된다고 본다. 왜냐하면 부모들이 아동의 탐험적인 욕구를 저지하고 방해한다면 자기감이나 자아존중감이 손상을 입을 수도 있고, 굴욕과 분노의 감정이 심하게 발생할 수도 있기 때문이다.

④ 자기 확장감(self-extension): 4~6세의 무렵의 아동은 주위의 다른 사람과 사물을 알아차리게 되고, 그것들의 일부는 자기와 관련이 있다는 것을 인식하게 되는 경험을 하게 된다.

⑤ 자기상(self image): 아동이 자기 자신을 어떻게 지각하고 느끼는가에 대한 것을 가리킨다. 이 자기상(self image)은 아동과 부모와의 상호작용 속에서 발달하게 된다. 부모가 자기를 보고 웃고 행복해하면 아동도 행복하고 긍정적인 자기상을 갖게 된다.

⑥ 이성적 대처자로서 자기 인식(self as rational coper): 6~12세의 아동은 학교 친구들과 선생님으로부터 새로운 규칙을 배우고 새로운 경험을 하게 되면서

협동과 이성적인 자세로 여러 가지 당면한 문제를 해결하는 경험을 하게 된다.

⑦ 고유자아추구(propriate striving): 청소년은 이전에 비해서 자기 자신에 대한 심각한 고민을 한다. 즉 자신이 누구인지, 무엇을 해야 하는지에 대한 고민을 하게 된다. 이러한 아이덴티티의 탐색의 핵심은 인생의 목표에 대한 고민과 목표를 정하는 것이다. 그러므로 청소년의 주요한 문제는 인생의 목표를 정하는 것에 따른 직업이나 진로를 탐색하고 선택하는 일이다. 상담사는 이것을 중요하게 여기고 중고등학교 학생들에 대한 진로나 인생코칭을 중요하게 여기면서 상담을 접근할 필요가 있다.

올포트에 의하면, 이런 단계를 거치면서 한 개인은 나와 주변 사람들에 대한 주관적 인식과 감정을 가진 한 존재로서의 고유한 '나'를 형성하게 된다.

2) 케텔(Cattell)의 특성론

올포트가 성격특성에 관한 17,000개 이상의 단어를 질적으로 연구하면서 성격특성의 요인들을 찾아내려고 노력했다면, 케텔(Raymond Cattell, 1905~1998)은 성격특성을 찾는 질문에 해답을 얻기 위해서 요인분석이라는 도구를 활용하였다. 케텔은 특성심리학의 초기 공헌자요, 요인분석을 최초로 사용한 학자들 속에 속한다(Charles S. Carver & Michael F. Scheier, 2012).

케텔은 성격의 어떤 특징에 적용되는 단어들을 어휘적 준거에 의해서 특성 용어의 묶음을 얻어서 그것을 평정하게 하고, 그 평정치를 요인분석했다. 그렇게 해서 16개의 일차(primary) 성격 요인을 얻어내었고, 16성격요인(16 personality Factor) 검사 또는 16PF라 이름을 붙였다(Carver & Scheier, 2012).

케텔의 16 성격요인

• 감정적 기질 - 분열적 기질	• 고지능 - 저지능
• 고자아강도 - 저자아강도	• 지배성 - 복종성
• 과민성 - 둔감성	• 강한 초자아 - 낮은 초자아
• 모험성 - 소심성	• 섬세성 - 견고성
• 회의성 - 신뢰성	• 상상적 - 현실성
• 교모성 - 솔직성	• 죄악감 - 자신감
• 급진성 - 보수성	• 자기 충족성 - 집단 의존성
• 높은 자기통합성 - 낮은 자기통합성	• 긴장한 - 편안한

◆ 요인분석에 대한 정리

요인분석 방법을 길게 인용하면서 설명하는 것은 이 책을 보는 독자들이 주로 심리학과 학생들이 아니라 상담을 공부하는 학생들이 대상이 될 것이라 여겨졌기 때문이다. 학부의 상담학과 학생들이나 상담대학원생들에게 생소한 요인분석이라는 개념을 좀 더 자세하게 설명하는 것은 성격특성론을 이해하는 것과 논문을 쓸 때 많은 도움이 될 것이다.

성격은 "많은 방식, 예를 들면 기술적인 단어로 묘사된다."고 한다. 성격을 표현하는 말이나 단어가 각기 하나의 다른 성격특성을 의미한다면 이것을 조직화하는 것은 불가능할 수도 있다. 비슷한 의미 있는 말들끼리 질서 있게 구조화하는 작업이 필요했다. 그렇게 하면 기본적으로 중요한 차원들이 정리되어 나올 것이다. 이 문제를 해결하기 위해서 성격학자들이 시도해온 방법 중에 핵심도구가 "요인분석"이다.

Carver와 Scheier(2012)가 정리한 것을 아래에 거의 인용하여 정리하고자 한다.

요인분석이라는 통계기법은 다음과 같이 설명될 수 있다. 기본 아이디어는 간단하다. 많은 사람을 대상으로 평가했을 때 둘 혹은 그 이상의 특징이 공변(서로가 함께 변화)한다면, 그것은 소수의 공유된 기본 차원을 반영하는 것이다. 공변산의 패턴을 검증함으로써 측정된 성질의 기초에 깔려 있는 특성 차원을 발견할 수 있게 된다. 요인분석은 본질적으로 보다 복잡한 형태의 상관이라 할 수 있다. 두 변인 사이의 상관을 보는 대신 많은 변인 사이의 상관 패턴을 보는 것이다.

요인분석은 많은 변인 사이의 상관관계에 대한 행렬(matrix)을 사용한다. 그 과정이 매우 복잡하기 때문에, 요인분석은 컴퓨터로 처리한다.

요인분석의 과정은 많은 변인에 대해 많은 사람에게서 측정(전형적으로 자기보고나 관찰자 평정)치를 수집하는 것에서 시작된다. 일단 자료가 수집되면, 변인의 모든 쌍 사이의 상관이 계산된다. 상관관계의 집합은 요인 추출이란 불리는 다음과정으로 넘어간다. 이 단계에서는 상관을 보다 소수의 요인(factors)의 집합으로 거른다. 각각의 요인은 (고유가 commonalities에 기초해서) 자료 세트(data set)에 있는 몇몇 측정치 사이의 공유된 변량을 나타낸다.

일단 요인이 추출되면, 각각은 요인 부하량의 집합으로 기술될 수 있다. 이것은 요인과 그 요인의 존립에 기여하는 각각의 문항(혹은 측정) 간의 상관으로 생각할 수 있다. 요인과 강한 상관관계가 있는(보통 약.30보다 높은) 문항은 그 요인에 '부하되었다(load on)' 고 표현한다. 문항이 그 요인과 높게 상관되지 않았다면 부하되지 않았다고 표현한다. 요인에 부하된 항목은 그 요인이 무엇인가에 대해 말해준다.

요인분석의 마지막 단계(모든 과정 중에서 가장 민감한 부분)는 요인에 이름을 붙이는 것이다. 요인은 그에 부하된 문항에 의해 정의되기 때문에 가능하면 그 문항의 내용—특별히 가장 많이 부하된 문항의 내용—에 가장 가까운 이름을 선택해야 한다. 성격과 관련된 요인분석에서 요인은 특성의 통계적 반영으로 볼 수 있다. 요인에 이름을 붙이는 것은 바로 특성에 이름을 붙이는 것이다.

특성심리학의 도구로서 요인분석은 세 가지 역할을 한다. 첫째로 요인분석은 성격의 여러 반영(reflections)을 특성의 더 작은 묶음으로 줄여준다. 둘째로 요인분석은 그중 어떤 특성이 더 중요한가에 관해 논의할 수 있는 기초를 제공한다. 즉 만일 한 요인이 자료의 많은 변량을 설명할 수 있다면 그렇지 못한 요인보다 더 중요한 특성을 반영하고 있는 것이다. 셋째로 요인분석은 평가도구를 만들어 내는 데 도움이 된다(높게). 부하된 문항(혹은 평정치)은 그대로 두고 부하되지 않은 문항은 버린다. 반복되는 새 문항 만들기와 분석을 통해 어떤 특별한 특성을 측정하는 데 유용하지 못한 문항을 더 좋은 것으로 대체할 수 있다.

요인분석은 매주 유용한 도구다. 그렇지만 단지 도구일 뿐이다. 요인분석은 단지 당신이 집어넣은 것에 관해서만 말해 줄 수 있다. 따라서 무엇을 측정할 것인가에 대한 선택은 어떤 특성이 나타날 것인가에 막대한 영향력을 행사한다.

(1) 성격의 구조

케텔은 특성의 계층에 따라서 특성을 다양하게 분류하였다.

① 독자 특성 vs 공통특성

올포트처럼 개인에게 고유한 특성을 독자특성이라 하고, 모든 인간이 가지고 있는 특성들을 공통특성이라고 불렀다.

② 근원특성 vs 표면특성

개인의 특징적 행동을 설명할 수 있는지에 따라 표면특성과 근원특성으로 분류한다. 표정이나 행동 등을 통해서 외부로부터 관찰할 수 있는 특성을 표면특성이라 이름을 붙였고, 행동의 저변에 있으면서 행동이나 표정에 영향을 미치는 근원적인 특성을 근원특성이라 했다.

〈표 3-2〉 케텔의 성격 특성의 종류

표면특성	• 인간이 보이는 다양한 행동 중에서 각기 서로 관련되어 있다고 여겨지는 일련의 행동을 묶어 놓은 것이다. • 친절성 특질은 미소를 짓는 행동, 인사를 하는 행동, 타인을 돕는 행동 등을 말하며 서로 함께 나타나는 경향이 있다. • 공격성 특질은 타인 비방하는 행동, 얼굴을 찌푸리는 행동, 타인을 괴롭히는 행동 등임. • 표면특질은 환경의 영향을 받아 실제 자신의 의도와 다른 행동패턴을 보여야 하는 경우에 발생한다. 한 개인의 행동이 어떠한 이유로 일어났는지에 대한 명확한 설명은 제시하지 못한다.
근원특성	• 성격의 핵심을 이루는 것으로 개인의 행동, 생각, 정서에 영향을 주어 행동의 일관성을 결정짓는 역할을 한다. • 근원특질은 표면특질에 해당하는 행동의 진정한 원인이 무엇인지에 대한 설명을 제공한다. 친절성과 공격성의 특질에 속하는 일련의 행동을 나타내는 사람의 저변에는 정서적 불안이라는 근원특질이 존재할 수 있다. • 한 개인은 타인에게 소외받을지도 모른다는 정서적 불안감 때문에 타인에게 친절하게, 또는 공격적으로 행동하기도 한다.

③ **체질 특성 VS 환경형성특성**

근원특성을 형성하는 요인은 두 가지로 분류된다. 체질특성은 신체내부의 조건을 반영하고 있다. 체질특성은 선천적 유전적 소질이 포함된다. 지능이나 신경질 등이 이에 속한다. 환경형성특성은 장인기질이나 교사타입이라는 말처럼 환경의 성격을 반영해서 형성되는 특성을 가리킨다. 훈육도 환경형성특성에 영향을 주는 요인에 해당한다(박아청, 2008).

④ **역동적 특성, 능력 특성, 기질특성**

케텔은 또한 표출되는 모습에 따라서 특성을 3가지로 분류했다. 역동적 특성은 목표를 향한 행동을 이끌어내는 정서적 욕구나 흥미 등을 말한다. 이는 기본적 동인이나 갈망, 그리고 거기에서 파생된 감정과 태도 등이 포함된다. 능력 특성은 목표를 달성하는 데 필요한 효과성을 말한다. 여기에선 지각 및 운동 능력의 개인차가 있다. 기질특성은 속도에너지, 정서적 반응 등과 관련된 체질적 측면을 가리킨다. 이 기질 특성은 유인(incentive)에 의해 영향을 받지 않는다. 환경변화에도 불구하고 일관되게 나타난다(박아청, 2006, 2008).

3) 아이젱크(Eysenck)의 특성론

아이젱크는 유형을 **범주적 분석**으로 보는 것이 아니라 **차원적인 견해**를 따라 정리하였다. 그는 소수의 성격 차원만 존재하며, 개인은 이러한 차원에서 정도의 차이에 의해 독특한 특질을 소유하게 된다고 주장하며, 요인분석을 통하여 성격 차원을 세 가지로 분류한다(권석만, 2017). 더 간결하게 정리하면, 외향성-내향성, 그리고 정서적 안정성-불안정성, 이 두 가지로 분류했다.

〈표 3-3〉 아이젱크의 성격차원 3가지

외향성-내향성 차원	뇌의 변연계의 각성 수준과 관련되어 있다고 볼 수 있다. 외향형인 사람은 충동적이고 혈기왕성하고 사교적인 성격 특성이 나타나는 반면, 내향형인 사람은 수줍어하고 관심이 한정되어 있으며 내성적이고 과묵한 성격 특성을 보인다.

신경증적 경향성 차원 (정서적 차원)	정서적인 안정성과 관련이 있는 차원을 말한다. 신경증적 경향성이 높을수록 정서적으로 불안정하고 예민하여 사소한 일에도 지나치게 근심하는 경향이 있다.
정신병적 경향성 차원	정신질환자가 될 정도를 반영하는 차원을 가리킨다. 정신병적 경향성이 높을수록 타인을 배려하지 않고 이기적으로 행동하며, 공격적이고, 냉정하며, 충동적으로 행동하고, 자제할 줄 모르는 행동경향성을 보인다.

아이젱크의 성격이론을 특성론이라 불리는 이유는 그가 유형을 확인하고 성격의 중요한 차원을 파악하고자 연구를 하였기 때문이다. 아이젱크는 4가지 기질론을 무시하지 않고, 선행 연구물에 대해 새로운 접근을 시도하여 본인이 얻고자 하는 것을 얻어냈다고 볼 수 있다. 그는 4가지 유형을 범주적 분석으로 이해하는 것이 아니라, 차원적인 면에서 중요한 특성들을 뽑아내려 했다.

아이젱크는 요인분석에 의해 추출된 성격 요인을 인과적 이론에 연결시킬 때 생물학적 요인 중에 신경계의 영향력을 중요하게 여겼다. 그는 자율 신경계 또는 중추신경계에 있는 특질이 유전한다고 이해했다. 이런 접근을 파블로의 생리학과 신경계 연구를 특성연구에 적용하고 있는 것으로 이해된다. 환경과의 상호작용을 하면서 개인의 신경계의 특질은 정서적 행동적 반응을 한다고 이해한 것으로 보인다. 이것은 우리가 알고 있는 행동주의 심리학의 자극과 반사의 이론을 넘어서서 훨씬 더 깊은 차원을 건드려주고 있는 것으로 이해하는 것이 아이젱크의 공헌을 높이는 것이다.

아이젱크는 파블로프에 의해 제시된 흥분과 통제의 개념을 근거로 2가지 기준을 설정했다(박아청, 2006).

① 흥분이나 통제가 생기는 속도, 통제가 소실하는 속도에는 개인차가 있다.
② 흥분가능성이 비교적 완만하면서 강하게 발생하는 사람은 외향적인 행동유형이 되는 경향이 있으며, 신경증적으로 되는 경우에는 히스테리적 행동이 나타나는 경향이 있다.

그리고 흥분가능성이 급하면서 강하게 발생하는 사람은 히스테리적 행동을 나타내며, 신경증이 되는 경우에는 울적한 비정상행동을 나타내는 경향이 있다.

- 다혈질이나 담즙질은 흥분이 올라오는 속도가 빠르고, 점액질이나 흑담즙질(우울질)은 흥분이 올라오는 속도나 정서반응이 비교적 느리다.
- 아이젱크식으로 성격상담을 하면, 내담자를 면담할 때 내담자가 정서적으로 안정감이 있는지 불안정한지를 탐색하는 것이 중요하고, 외향형인지 내향형인지에 따라서 내담자를 상대하는 방식이 달라지게 된다고 볼 수 있다. 그리고 정신병적 경향성이 있는지를 탐색하는 것도 성격상담의 초기 과정에서 중요한 작업이 된다. 내담자가 정서적으로 안정감 있게 사안을 처리하는지 또는 불안정하게 처리하는지에 따라 아이젱크가 말한 신경증적 경향성(정서적 불안정감)이 높은지 낮은지를 분간할 수 있다. 상담자는 내담자의 정서적 흥분을 내담자가 어떻게 처리하는지를 주의하여 탐색하고 반응하는 것은 **스토리텔링 정서중심치료**에서 매우 중요한 상담과정의 한 부분이다.

특성이론은 사람의 성격을 분류하는데 유용하다. 그러나 성격이 어떻게 형성되고, 그 형성된 성격이 어떤 의미를 갖는지를 제대로 설명하지 못하는 것이 약점이다.

『새의 선물』 작가 은희경의 사람에 대해 하고 싶은 이야기

은희경의 1995년 장편 『새의 선물』은 한때 통과의례처럼 챙겨 읽는 소설이었다. 80년대 그런 소설이 조정래의 『태백산맥』, 70년대에는 황석영 · 조세희 · 최인호 등의 작품들이었다면 90년대에는 『새의 선물』이 리스트의 한 항목이었다.

작가의 소설에 등장하는 인물 내면도 획일적이거나 단순하지 않다. 작가가 그리려고 하는 것은 그런 거다.

은희경 씨가 말했다. "어떤 게으른 사람을 두고, 그 사람은 게으르다 보니 매사에 의욕도 없을 거다라는 식으로 말하기 쉬운데 어떤 사람을 그런 식으로 카테고리화 해버리는 자체가 사람들에게 상처를 주고 인격적인 훼손을 가할 뿐 아니라 결국 그 사람과의 관계를 왜곡시킨다는 생각을 나는 갖고 있어요. 그래서 인간이 굉장히 복잡한 존재고 어떤 상황에서든 그렇게 함부로 속단하거나 대해서는 안 되는, 어떤 존엄성을 갖춘 존재다. 이런 얘기를 계속 하고 싶거든요." 자기 소설이 그런 인간학의 임상 사례라는 얘기. 스스로 마이너리그에 속해 고통받고 있다고 생각하는 사람들에게 위안이 되는 얘기였다.

[출처: 중앙일보] "사람을 카테고리화(범주화)해 재단하는 것은 인격 훼손" 신준봉 기자 inform@joongang.co.kr

참고문헌

권석만(2017). 인간이해를 위한 성격심리학. 학지사.

남명자(2005). 부모의 양육태도와 아동의 성격장애. 학지사.

박아청(2008). 성격심리학의 이해. 교육과학사.

박아청(2006). 성격발달심리의 이해. 교육과학사.

오세진 외(2010). 인간행동과 심리학. 학지사.

이수연, 권해수, 김현아, 김형수, 문은식, 서경현, 유영달, 정종진, 한숙자(2013). 성격의 이해와 상담. 학지사.

이재창, 정진선, 문미란(2008). 성격심리학. 태영출판사.

Greenberg(2011). *Emotion- Focused Therapy*. 김현진 역(2015). 정서중심치료. 교육과학사.

Carver, Charles S. & Scheier, Michael F. (2012). *Perspectives On Personality*(7th ed.). 성격심리학: 성격에 대한 관점. 김교헌 역. 학지사.

반추 및 토의질문

1. 감정은 몸과 깊은 관련이 있다. 내담자를 상담실에서 만날 때 내담자의 어떤 특정한 기질이나 특성을 가지고 있는 것을 탐색하고 알아차린다면 더욱 내담자에게 맞춤형이 되는 상담서비스가 가능할 수도 있다. 성격의 중심 특성이 회의적이라면 좀 더 준비해서 신뢰를 줄 수 있는 대화에 초점을 맞춘다면 상담의 전 과정을 이끌고 가는 데 많은 도움을 얻게 될 것이다.

   3인조 그룹을 구성하여 성격의 특성을 고려하는 면담을 해보세요? 또는 DISC 검사를 간단히 하여 성격상담을 해보세요.

2. 당신의 몸에 관한 이야기를 노트에 적어보세요. 당신의 몸과 관련해 5년이나 10년 단위로 메모해보세요. 당신의 몸과 관련해 힘들었던 사건, 수치심을 느꼈던 사건, 또는 많이 아팠던 사건, 그리고 몸과 관련해 즐거웠던 에피소드들도 적어보세요. 축구 선수로 활약했던 경험, 씨름 선수로 이름을 날렸던 때, 출산의 경험이나 등산 경험을 통한 몸의 느낌 등을 적어보세요.

   다 적은 목록들을 보면서 어떤 일들이 가장 중요하게 다가오는지, 그 일이 당신에 대해 무엇을 말해 주는지 생각해보라.

   당신의 몸과 관련된 이야기들을 정리하면서 어떤 느낌이 드는가?

   그 감정은 당신의 경험이 어떤 의미가 있다고 말해주고 있는가? 더 하고 싶은 말은 어떤 것이 있는가?

3. 올포트의 성격특성론에 관해 설명해보세요.

4. 요인분석을 두 문장으로 진술할 수 있다면 어떻게 표현할 수 있을까요?

5. 아이젱크의 성격특성론은 어떤 독특한 점이 있는가요?

CHAPTER

04

성격의 차원

- 5요인 모델을 중심으로 -

1. 성격의 요인: 5요인

바로 앞 장에서 특성론이 어떻게 만들어지고 특성요인 이론에 해당하는 5요인 모델이 어떻게 만들어졌는지에 대해 간결하게 설명이 되었다. 올포트는 어떠한 특성이 몇 개가 필요한지에 대해 질문을 가졌다. 이에 대한 대답을 5요인 모델에서는 기본 특성을 5개로 정리하여 발표하였고 임상현장에서 많이 사용하였는데 신뢰도와 타당도가 아주 높게 나왔다. 최근 성격심리학에서는 거의 대부분의 성격심리학자들이 성격의 기본특성이 5개로 좁혀진다는 견해에 동의를 하는 입장이다. 아이젱크와 케텔의 성격특성 이론들과 5요인 모델은 요인분석을 했다는 면에서 같은 접근을 했다. 앞의 두 모델과 5요인 모델의 차이점은 증거이다. 5요인 모델은 아이젱크의 3요인보다 많고 케텔의 16요인보다는 적지만, 한 개인의 "성격의 특성차이"를 분류하기에 필요 충분조건을 갖추고 있다고 많은 리서치의 증거들은 진술하고 있다.

2. 5요인 모델의 최종 완성자들

5요인 모델은 골드버그(Goldberg, L. R. 1981)가 Big Five Theory라 불렀다. 그는 이 5개 요인을 자극과 다른 사람에 대해 어떻게 지각하는지의 판단차원으로 이해했다. 5개 요인은 권력(power), 애정(Love), 일(Work), 정서(Emotion), 지성(Intellect)이다.

로버트 로저 매크레이(Robert Roger McCrae)와 폴 코스타(Paul T. Costa Jr)는 이 5요인 모델을 요인분석을 통해서 좀 더 구체화했다. 골드버그는 말의 의미를 따라서 분류해서 Big Five Thoeory를 만들었고, 코스타와 매크레이는 5요인을 요인분석을 하여 추출하였고 5요인을 측정하는 질문지(Neo-PI)를 만들었다.

매크레이와 코스타에 대해서 잠시 이야기를 해보자. 매크레이는 어린시절에 과학과 수학에 관심이 많았고, 미시간 주립대학교에서 철학을 공부하였고, 그리고 보스턴 대학교에서 심리학을 수학했다. 보스턴 대학교에서 성격특성에 관해 연구를 하고 있는 웨인버그 교수를 만난다. 그리고 1975년 보스턴 외래환자 전문병원의 성인발달 심리학자 포저드를 만나고 그의 연구 보조로 일하게 되면서 성격특성에 관한 연구는 운명같은 역사가 시작된다. 이 때 제임스 포저드(James Fozard)의 소개로 또 다른 운명같은 만남, 매사추세츠 대학교 교수인 코스타(Paul T. Costa Jr)와의 공동연구가 시작된다. 둘은 Gerontology Research Center라는 국립 연구기관에서 함께 일하게 된다. 이 국립연구기관은 성격특성을 연구하기에 충분한 성인 데이터를 가지고 있는 곳이었다. 코스타(Costa)는 프로이트가 1909년부터 강의를 했고 그리고 칼 융이 강의를 했던 클라크 대학교(Clark University)에서 심리학 학사와 석사를 마쳤다. 클라크 대학의 초대 총장이었던 G. 스탠리 홀은 하버드 대학 미국 최초 심리학 박사이자 미국심리학회를 만든 사람으로, 클라크 대학이 미 대학들에 심리학을 학문으로 자리를 잡도록 중추적인 역할을 하였다. 그는 이곳에서 심리학의 기초를 탄탄하게 쌓았다. 코스타는 시카고 대학교에서 박사학위를 받고 하버드에서 가르치고, Gerontology Research Center에서 1985년에 성격, 인지 실험실에서 최고 권위자로 열심히 일했다. 그는 1985년 미국심리학회 Division 20의 회장으로 일하기도 했다. 코스타와 매크레이의 협력관계는 돈독했고, 200개의 공동논문과 저서를 펴냈다.

코스타와 매크레이의 협력으로 5요인 모델이 결정적인 완성도를 높이기 전에 5요인 모델의 완성의 기초돌을 놓은 일부 연구를 소개한다. 디그맨(Digman, J. M.)등은 메타분석을 하였던 것으로 보인다. 디그멘은 그의 연구 이전에 제시된 요인의 수, 즉 기본적 특성의 수가 다른 것에 대해 관심을 가지면서 요인의 수가 다른 것은 여러 연구자가 진행한 요인분석 모델들이 다르기 때문에 발생한 것임을 알게 되었다. "다양한 평정자나 비평정자를 대상으로 6개의 자료를 동일한 요인분석법으로 재분석하여 대응하는 5요인을 추출 하였다"(박아청, 2006). 그 외, 많은 검사에서 자료를 모은 자기보고 척도를 분석한 연구도 많은데, "성격 전체를 측정하려는 척도를 모아 다시 분석하여 반드시 5요인이 추출 된다"고 하는 일반성이 명확하게 되었다(Digman & Inouye, 1986, 박아청, 2006 재인용).

이렇게 명료하게 정리가 된 모델을 코스타(Kosta)와 맥크래이(McCrae)는 기본 5요인과 각 요인의 하위특성 6개를 측정하는 240개 항목의 질문지법 성격검사, NEO 성격목록의 표준화 및 개정판(NEO=PI=R)을 만들었다. 그들은 피연구자 층을 광범위하게 넓혀 자기보고와 타인평정에서뿐 아니라 종단적 자료와 횡단적 자료에서도 여러 가지 요인분석법을 적용하여 그네들의 검사와 평가는 안정되어 있음을 보여주었다(Costa & McCrae, 1995, 박아청, 2006, 권석만, 2017).

5요인 모델의 5대 특성 요인이 다른 문화에서도 미국인의 성격 특성과 일치 계수가 매우 높거나 높게 나왔다(McCree & Costa, 1997). 문화가 다른 여러 지역에서도 이 5요인 모델이 효과있게 사용되고 있고 신뢰도와 타당도가 높은 연구결과로 받아들여지고 있다. 이는 세계의 여러 민족들의 성격의 기본요인 또는 핵심 요인이 거의 같다는 것을 보여주는 면에서 의미가 있다. 그것은 지금까지 방대한 자료에 근거하여 과학적인 연구를 해왔기 때문일 것이다. 한국에서는 최효창 교수가 번안한 것을 사용하였다가, 최근에는 안현의와 안창규가 번안한 5요인 모델 NEO 검사지를 학지사에서 보급하고 있다.

안현의와 안창규의 NEO 성격검사지는 "NEO 성격검사는 기질적 성격구조를 파악함과 동시에 불안, 공격성, 우울 등의 임상적 성격특징을 파악함으로서 예방적 및 치료적 상담의 효율성을 높이는 데 목적이 있다. 이 검사의 기질적 정보는 한 개인의 대인관계의 스타일, 창의적인 특성, 진로선택의 보조적 정보를 제공해 주며, 특히 여러 가지 행동장애들, 즉 불안, 공격성, 우울, 사회적 위축, 정서적 충격, 반사회적 행동 등의 예측과 예방적 지도 및 치료적 상담의 효율성을 위한 훌륭한 정보를 제공해준다. 본 검사의 특징은 성격병리를 측정하는 검사가 아니라 일반적인 정상인의 성격 구조를 측정하는 도구이지만 신경성 요인이 포함되어 있어 임상군과 비임상군에서 폭넓게 실시할 수 있다."라고 소개하고 있다. 이 검사지는 또한 어떤 환경에서 어떻게 적응과 부적응을 나타내는지에 관해서도 측정을 해주고 있다.

1) 5요인 모델(Five Factor Model)의 기본 개념

5대 요인 모델을 만든 코스타와 매크레이는 성격 전체를 구성하는 5가지 기본적 특성차원(요인)을 ① 외향성 ② 우호성 ③ 성실성 ④ 신경증(정서안정성) ⑤ 개방성으로 보았다. 그리고 5요인 하부에 각각 6개의 하위 특성을 발견하여 배치하였고, 240개의 문항을 만들어 질문지법 검사인 NEO-PI-R(The Revised NEO-Personality Inventory)을 만들었다. 이 검사지는 신뢰도와 타당도가 높은 것으로 입증되었다. 5요인을 간단하게 아래에 소개한다.

① 외향성(extraversion): '사교성'이나 '자기주장성' 또는 '흥분추구', '정적 정서'와 같은 특성으로 대표되고, 대인관계에서 활발하게 활동 적극성에 관한 요인이다.

② 우호성/동조성(agreeableness): '신뢰', '솔직함', '이타성', '공감성'이나 '사려성'으로 대표되는 대인관계와 관련된 요인인데, 주위 사람들에게 동조하기 쉽고 자신의 의지가 없는 것 같은 부정적인 측면도 포함된다. 이 요인의 본질을 '애착'으로 보는 것을 고려한다면 더 흥미로운 연구가 될 것이다.

③ 성실성(또는 신중성, conscientiousness): '유능함'이나 '주의 깊음' 또는 '의무감'으로 대표되는 요인이다. 그러나 박아청(2006)에 의하면, 우리나라에서는 '성실'이나 '양심적'이라고 하는 특성은 대인적인 의미를 포함하고 있으며 개인내의 특성인 이 요인과 적절하지 않는 경우가 있다.

④ 정서안정성(또는 신경과민성/신경증, neuroticism): 코스타와 매그레이는 신경증(neuroticism)이라는 단어를 쓰는데 여기서는 정서안정성과 혼용하기로 한다. 이 요인은 정서안정성과 정서 불안정성을 대비하여 구성된다. '불안'이나 스트레스에 반응정도에 따라서 정서적으로 안정을 유지하는지, 불안정하는지에 관한 것이다. 이 요인은 5요인 모델이 등장하기 이전부터 많은 연구가 수행된 대표적인 특성차원이다.

⑤ 개방성(openness to experience): 새로운 생각이나 경험을 받아들이는 것을 가리킨다. 호기심과 창조성, 진취성, 미적 감수성, 환성이라는 특성으로 대표

되는 요인이다. 이 성격특성에는 지적 측면을 포함하지 않고 자기 밖에 있는 대상에 대한 호기심이나 창조성에 무게를 두고 있다.

코스타와 매크레이가 만든 5요인과 해당 척도를 아래에 소개한다. 이수연 외(2013) 〈성격이해와 상담〉에서 재인용한다.

〈표 4-1〉 5요인과 해당 척도

특질요인	상세 설명	높은 점수	낮은 점수
신경과민성/ 신경증(N) 정서 안정성	적응 대 정서적 불안정을 측정, 심리적 스트레스에 취약하고, 비현실적으로 사고하고, 지나치게 갈망하거나 요구하고, 비적응적인 대처 반응을 하는지를 측정	염려가 많은 예민한 감정적인 불안정한 부적절한 우울한	침착한 이완된 감정적인 아닌 강인한 안정된 자족적인
외향성(E)	대인관계에서의 상호작용 정도와 강도를 측정. 즉, 활동수준, 자극에 대한 욕구, 기뻐할 수 있는 역량 등을 측정	사교적 적극적 말하기를 좋아하는 낙천적인 사람 중심적인 다정다감한, 재미있는	위축된 냉정한 말수가 적은 담담한 과제 지향적인 은둔하는 조용한
개방성(O)	자신의 경험을 주도적으로 추구하고 평가하는지의 여부를 측정. 즉, 낯선 것에 대한 인내와 탐색 정도를 측정	호기심 많은 창의적인 흥미가 다양한 상상력이 풍부한 관습에 얽매이지 않는	관습적인 현실적인 흥미가 좁은 예술적 감각이 없는 분석적이지 않는
우호성(A)	사고, 감정, 행동에서 동정심부터 적대감까지의 연속선상을 따라 개인의 대인관계 지향성이 어느 위치에 있는지를 측정	온유한 성격이 좋은 믿음직한 잘 돕는 아량이 넓은, 솔직한	냉소적인 무례한 의심 많은 비협조적인 복수심에 불타는 성마른 무정한

특질요인	상세 설명	높은 점수	낮은 점수
성실성(C)	목표 지향적 행동을 조직하고, 지속적으로 유지하며, 목표 지향적 행동에 동기를 부여하는 정도를 측정	조직화된 믿을 만한 열심인, 절제된 어김없는, 깔끔한 양심적인, 야망 있는	목표 없는, 믿지 못함 게으른, 부주의한 느슨한 의지가 약한 쾌락 추구적인

출처: Costa & McCrae(1992), 이수연 외(2013, 재인용)

특성 전체가 계층구조로 되어 있는 것으로 가정하면 이 5대 요인을 기본요인으로 하고 각각 아래에 하위특성으로 나누어지는 체계로서 제시할 수 있다. 박아청(2006)에 의하면, "5개 요인만으로 '성격 전체를 개관할 수 있다'는 것이 이 모델의 강점이다. 또 다른 많은 특성이나 심리학적 구성개념을 자리매김을 하고 이해하기 위한 공통적인 개념구조로서도 매우 유용한 모델이라고 할 수 있다."

〈표 4-2〉 5요인과 각각의 하위요인

5요인 특질에 해당되는 NEO-PL-R의 하위척도	
신경증	불안, 분노를 수반하는 적대감, 우울, 자의식, 충동성, 상처받기 쉬움
외향성	따뜻함, 사교성, 자기주장성, 활동성, 흥분 추구, 정적 정서
개방성	환성, 미적 감수성, 감정, 행위, 관념, 가치
우호성	신뢰, 솔직함, 이타성, 순종성, 겸손, 온유함
성실성	유능감, 질서, 의무감, 성취 노력, 자기 절제, 신중함

출처: Pervin & John(2001), 이수연 외(2013)

〈표 4-3〉 5대요인의 본질과 특징

명칭	본질	일반적 특징	병리적 현상
정서 안정성 또는 신경증	정동	민감성/정서가 안정된	신경증/감정마비, 우울
외향성	의지	적극적/준비자세	무모/의기소침・연약한 마음
개방성	활동	적극적/준비	이탈
동조성/우호성	관계	친화적/자주독립적	집단이몰/적대감・자폐성
성실성	의지	목적합리적/있는 그대로	일중독/태만・게으름

출처: 박아청(2006)

3. 한국형 5요인 모델

2012년에 출판된 김효창 교수가 개발하고 학지사 심리검사연구소에서 출판한 종합 아동 청소년(아동용, 청소년용) 성격 검사는 성격척도, 생활적응척도와 타당도 척도로 구성되어 있다. 성격척도는 "외향성, 우호성, 성실성, 경험에 대한 개방성, 정서적 불안정성 요인으로 구성되어 있으며, 이들 검사요인들은 다시 각각의 하위 요인들로 구성되어 있다. 생활적응척도는 자기 존중감, 교우관계 만족도, 가족관계 만족도, 스트레스, 공격성, 비행행동, 자살관념으로 구성되어 있다." 타당도 척도는 검사 결과의 신뢰성을 측정하기 위한 것으로 구성은 동일 문항의 10개의 쌍으로 이루어져 있다.

본 검사의 척도의 구분, 그리고 검사요인과 하위 요인별 문항 수는 아래와 같다.

검사의 척도는 성격척도와 생활적응 척도로 구별된다. 성격 척도와 문항수는 외향성(25문항), 우호성(15문항), 성실성(20문항), 경험에 대한 개방성(10문항), 정서적 불안정성(27문항)으로 구분된다.

외향성의 하위척도는 사교성, 지배성, 자극 추구성으로 구성된다. 우호성의 하위척도는 신뢰성, 관용성, 이타성으로 구성되어 있다. 성실성의 하위척도는 유능감, 조직성, 동조성, 책임감으로 구성되어 있다. 경험에 대한 개방성의 하위척도는 창의성과 지적 호기심으로 구성되어 있다. 정서적 불안정성의 하위척도는 불안감, 우울감, 충동성으로 구성되어 있다.

생활적응척도(30문항)는 자기 존중감, 교유관계 만족도, 가족관계 만족도, 스트레스, 공격성으로 구성되어 있다. 그리고 타당성 척도 10문항으로 구성되어 있다.

김효창(2012)이 소개한 기본요인과 하위요인을 인용하거나 요약하여 아래에 소개한다.[1)]

---

1) 김효창 교수의 허락을 받아 독자에게 소개한다.

1) 성격척도

(1) 외향성

외향성은 다른 사람과 교류하는 관계적 자극을 추구하는 성향을 나타내는 것이다. 외향성과 내향성은 선택의 기로에서 판단의 기준점을 주체(subject)에 두느냐, 객체(object)에 두느냐에 따라 구분된다. "외향성은 외부에 기준을 두는 경향을 말하며, 내향성은 내부에 그 기준점을 두는 경향을 말한다. 외향성 점수가 높은 학생들의 감정 표출이 자유롭고 활발하며 명랑하다. 또 적극적이며 리더십이 높다. 융통성이 있어 환경변화에 잘 적응하고 결단력이 있다. 자기 의견을 고집하지 않고 남의 의견도 잘 들으며 사교적이고 개방적이다. 그러나 수다스럽고, 자기비판이 결여되어 있으며, 충동적으로 행동하기도 한다. 또한 모든 일에 지나치게 낙관적이고, 편의 주의적 사고를 하는 경향이 있다. 반면 외향성 점수가 낮은(내향성 점수가 높은) 학생들은 자신의 감정을 중시하며 타인과 어울리기보다는 혼자 고독을 즐기는 경향이 있다. 매사에 신중하며, 분석력이 뛰어나고, 논리적이며, 사려 깊은 판단을 한다. 조용하고, 겸손하고, 지적이며, 상상력이 풍부하다. 그러나 타인들 앞에 서는 것에 대해 부담스러워하며, 소극적이고, 부정적인 사고를 많이 하고, 우울하고, 열등감에 빠질 가능성이 있다. 외향적 요인을 측정하기 위한 하위 요인으로 사교성, 지배성, 자극 추구성 요인이 있다."

① 사교성

사람들과 함께 지내는 것을 얼마나 좋아하는지 그리고 주위 사람들과 얼마나 잘 어울리는지의 정도를 나타낸다. "한편 수줍은 성격으로 인해 타인과의 교류에 어려움을 겪는 학생에게는 주위 학생들과 교류할 수 있는 기회를 제공하고, 효과적으로 교류할 때 즉각적인 칭찬을 해줌으로써 자신감을 높여주는 것이 바람직하다."

② 지배성

"다른 사람보다 우월하다는 것을 인정받고자 하며, 다른 사람에게 더 많은 영향력을 미치고, 타인의 행동을 통제하고자 하는 바람의 정도를 나타낸다. 지배성이 높은 학생은 리더가 되고자 하는 욕구가 강하고, 자기주장을 잘 하며, 결과에 대해 스스로가 책임을 지고자 하는 경향이 높게 나타난다. 반면 지배성이 낮은 학생은 다른 사람에게 의지하고, 순종하고, 복종하고자 하는 경향이 있다. 전반적으로 지배성의 점수가 낮은 것보다는 높은 것이 바람직하다고 볼 수 있지만 개인이 가진 콤플렉스나 성공과 출세를 지나치게 강조하는 가정환경 때문에 높은 지배성을 갖게 된 경우에는 자신의 성공을 위해 수단과 방법을 가리지 않기 때문에 오히려 문제가 된다."

③ 자극 추구성

"외부의 자극을 적극적으로 찾아나서는 정도를 나타낸다. 자극 추구성이 높은 학생은 새로운 경험에 대해 개방적이고, 위험을 두려워하지 않으며, 에너지가 풍부하고, 단순한 것을 싫어하고 복잡한 것을 즐기는 특성을 보인다. 또한 스트레스에 대한 저항력이 강하기 때문에 웬만한 일로는 스트레스를 받지 않는다." 위험한 일을 마다하지 않는 성격 특성이 있다.

(2) 우호성

우호성은 타인과 편안하고 조화로운 관계를 유지하고자 하는 바람의 정도를 나타낸다. 우호성 점수가 높은 학생들은 예의가 바르고, 협조적이고, 양보심과 인내심이 많을 뿐만 아니라 배려심이 많은 이타적인 특성을 갖는다. 반면 우호성 점수가 낮은 학생들은 타인에 대해 적대적이고, 냉소적이며, 무관심하고, 무례하고, 의심이 많다. 또한 자기중심적이고, 질투심이 많은 특성을 갖는다.

① 신뢰성

주위 사람들을 정직하고 선량하다고 여기고 타인을 있는 그대로 받아들이는 정도를 나타낸다. 신뢰성이 낮은 학생들을 다른 사람들을 믿지 못하며, 무엇이든지 의심하는 경향이 있다. 또한 주위 사람들이 자신을 비난한다고 생각하며 정서적으로 불안정한 특성을 보이기도 한다. 고집이 세고, 자신의 실수를 인정하지 않는 경향이 있으며, 자신의 잘못을 다른 사람에게 전가하기 때문에 주위에 있는 사람들과 자주 갈등을 겪기도 한다. 반면 신뢰성 점수가 높은 학생들은 주위 사람들을 신뢰하며, 우호적이고, 낙천적이며, 경쟁을 피하려는 경향이 있다. 신뢰성이 낮은 것은 양육과정에서 충분한 사랑을 받지 못하기 때문이다. 신뢰성이 낮은 학생들의 신뢰성을 높이기 위해서는 본인이 주위 사람들로부터 충분히 사랑을 받고 있다는 느낌을 갖도록 해주는 것이 바람직하다.

② 관용성

다른 사람의 잘못을 너그럽게 용서하고 대립적 관계를 피하려는 정도를 나타낸다. 관용성이 높은 학생은 자신이 무조건 옳다는 생각 보다는 주위 사람들의 이야기에 귀를 기울인다. 주위 사람들의 주장을 수용하려는 자세를 보이며, 자신과 다른 생각을 가진 사람들과도 잘 지낸다. 반면 , 관용성이 낮은 학생은 다른 사람들의 이야기에 귀를 기울이지 않으며, 자신의 생각이 옳다는 확고한 신념을 가지고 있기 때문에 자신과 다른 생각을 가지고 있는 사람들을 인정하지 않으려는 경향이 있다. 관용성이 낮은 학생들에게는 인간은 불완전한 존재이기 때문에 누구나 실수를 범할 수 있으며, 자기 자신의 생각도 잘못된 것일 수 있다는 사실을 이해시키는 것이 바람직하다.

③ 이타성

주위 사람들의 행복에 대해 관심을 가지며, 주위 사람들을 배려하고, 필요한 경우 도움을 주고자 하는 정도를 나타낸다. 이타성이 높은 학생은 주위에 있는 친구들에게 많은 관심을 보이며, 필요한 경우 기꺼이 도움을 주는 반면, 이타성이 낮은 학생은 주위 친구들에게 별 관심을 보이지 않을뿐더러 도움을 요청받고서도 도움을 주지 않으려는 경향이 있다. 이타성은 타인의 고통을 함께 느끼는 감정이입과정이 매우 중요하다. 따라서 이타성을 높이기 위해서는 상대방의 입장에서 생각하고 느낄 수 있도록 지도하는 것이 바람직하다. 또한 반사회적 행동에 대해서는 부정적 결과를 경험하게 하고, 반면 이타적 행동에 대해서는 즉각적인 보상을 받을 수 있도록 해 주는 것이 좋다.

(3) 성실성

성실성은 책임감이 강한 성취 지향적인 성향을 가리키며 자기 조절을 잘하는 특성을 말한다. 성실성 점수가 높은 학생들을 "성취 욕구가 높고, 자기 절제와 통제력이 강하며, 야심적이고 추진력과 끈기가 있다. 책임감이 강해 주변 사람들로부터 신뢰가 간다는 평가를 받는다. 반면 성실성 점수가 낮은 학생들은 목적의식이 없고, 신뢰감이 결여된 경우가 많다. 게으르고, 덜렁대며, 재미와 흥미만을 좇는 특성을 갖는다. 성실성 요인을 측정하기 위한 하위 요인으로는 유능감, 조직성, 동조성, 책임감이 있다."

① 유능감

유능감은 특정 상황에서 적절한 행동을 할 수 있다는 기대와 신념의 정도를 나타낸다. 즉 유능감은 주어진 과제를 성공적으로 해결할 수 있는 능력을 자신이 얼마나 가지고 있다고 생각하는지의 정도를 나타낸다. 유능감이 높은 학생은 항상 자신감에 차 있으며 어려움에 직면했을 때 더 많은 노력을 기울이고, 과제에 더 끈기있게 매달리는 경향이 있다. 반면 유능감이 낮은 학생은 자신감이 결여되어 있으며 걱정과 두려움 때문에 과제를 회피하거나 무력감을 느낀다. 아무리 객관적으로 뛰어난 실력을 가지고 있다고 하더라도 스스로가 느끼는 유능감이 낮으면 걱정과 두려움에 휩싸여 과제를 회피하게 된다. 따라서 본인 스스로가 능력이 있다는 느낌을 가질 수 있도록 격려를 해 주는 것이 바람직하다.

② 조직성

조직성은 주위 환경을 잘 정리 정돈하는지, 일을 처리함에 있어 계획적으로 처리하는지의 정도를 나타낸다. 조직성 점수가 높은 학생은 교실이나 공부방이 항상 청결하고 정리 정돈이 잘 되어 있으며, 일 처리에 있어서도 충분한 계획을 세워 처리하는 경향이 있다. 반면, 조직성 점수가 낮은 학생은 책상이나 공부방이 지저분하고 정리 정돈이 되어있지 않다. 일을 처리함에 있어서도 즉흥적이고, 충동적이며, 산만한 특성을 보인다. 조직성 점수가 낮은 학생들에게는 주위를 말끔하게 정리 정돈하도록 하고, 작은 일이라도 계획을 세우고, 자신이 세운 계획을 잘 검토한 후 행동으로 옮기고 일이 끝난 후에 자신의 행동에 대해 반성의 시간을 갖도록 유도하는 것이 바람직하다.

③ 동조성

기성 사회의 가치와 관습을 존중하고 따르며, 법과 규칙을 준수하고자 하는 정도를 나타낸다. 동조성 점수가 높은 학생들은 집단이 정한 규칙에 따라 사고하고 행동하려는 경향이 높다. 친절하고, 동정심이 많고, 주위 사람들을 잘 도와주며, 사려 깊고, 신뢰감이 높을 뿐만 아니라 협조적인 특성을 갖지만 한편으로는 지나치게 순종적이고, 타인을 모방하며, 보수적인 특성을 보이기도 한다. 한편 동조성이 낮은 학생들은 일탈적, 반항적, 이기적인 특성을 보이며, 때로는 확신적, 개방적, 모험적, 독자적, 개성적, 창의적, 개인주의적인 특성을 보이기도 한다.

④ 책임감

자신이 해야 할 의무를 충실하게 이행하고자 하는 정도를 나타낸다. 책임감 점수가 높은 학생들은 법과 질서를 존중하며 주어진 일을 정확하게 해내려고 노력하며, 실패를 경험하더라도 그 원인과 결과를 세밀하게 분석하여 반복적인 실수를 하지 않으려고 한다. 책임감은 주어진 일을 이루어내려는 적극적인 의지와 자기 역할에 대한 자각의 결합에 의해 이루어진다. 책임감 점수가 낮은 학생들에게는 스스로 선택을 할 수 있는 기회를 많이 주는 것이 좋고, 자기가 한 일을 평가하고 최종적인 책임이 본인에게 있음을 인식시키는 것이 좋다. 사람들이 책임감을 갖지 않는 것은 실수에 대한 책망을 받기 때문이다. 따라서 학생들이 실수를 하거나 그릇된 행동을 하더라도 지나친 책망보다는 실패를 통해 배울 수 있는 기회를 제공해 주는 것이 좋다.

(4) 경험에 대한 개방성

경험에 대한 개방성은 호기심이 많은가와 다양한 경험과 가치에 대한 열린 정도를 나타낸다. 경험에 대한 개방성 점수가 높은 사람들은 “타문화에 대해 지적 호기심과 체험욕구가 강하다. 이들은 상상력과 교양이 풍부하고, 창의적이며, 호기심이 많고, 새로운 것에 개방적이고, 지적으로 민감한 특성을 갖는다. 반면, 경험에 대한 개방적 점수가 낮은 사람들은 보수적이고, 융통성이 결여되어 있다. 경험에 대한 개방성 요인을 측정하기 위한 하위 요인으로는 창의성과 지적 호기심이 있다."

① 창의성

창의성은 새로운 생각이나 개념을 찾아내거나 기존에 있던 생각이나 개념들을 새롭게 조합해 내는 것과 관련된 정신적인 과정을 나타낸다. 창의성과 관련된 능력을 창의력 또는 창조력이라고 한다. 창의성이 높은 학생은 상상력이 풍부하고 실험정신은 강하지만 자기중심적이고 다른 사람과 교제하기 보다는 사색하는 것을 좋아하는 특징을 보인다. 반면, 창의성이 낮은 학생은 유연성이 부족하고 새로운 방법을 시도하기 보다는 확실한 방식을 고수하는 경향이 있다. 창의성을 신장시키기 위한 방법으로는, 브레인스토밍을 활용하는 것이 좋은 방안이 될 수 있다.

② 지적 호기심

지적 호기심이 강한 사람은 수레바퀴처럼 틀에 박혀 돌아가는 일상생활을 싫어하며, 모험을 좋아하기 때문에 항상 새로운 무언가를 찾아다닌다. 지적 호기심이 높을수록 학업성취가 높기 때문에 학생들의 지적 호기심을 높이는 것이 바람직하다. 학생들의 지적 호기심을 높이기 위해서는 다소 엉뚱해 보일지라도 수업 중에 학생들의 의견을 적극적으로 수용하는 것이 좋다. 학생들의 수업 내용을 실생활과 연관하여 상상하면서 자유롭게 생각의 가지를 뻗어나가는 마인드 맵핑 등을 통해 다양한 범위로 사고의 영역을 확장하도록 하는 것이 좋다. 또한 독서도 지적 호기심을 향상시키는데 많은 도움이 된다. 책을 선정할 때는 학교 지정 도서나 신문, 잡지에서 추천하는 책을 고르는 것이 좋다.

(5) 정서적 불안전성

정서적 불안전성은 정서적으로 얼마나 안정되어 있는지에 대한 정도와, 그리고 스트레스 자극을 스스로가 세상을 얼마나 잘 통제할 수 있다고 여기는지의 정도를 나타낸다. 정서적 불안정성 점수가 높은 사람들은 "걱정이 많고, 긴장되어 있고, 의기소침하기 때문에 스트레스에 적절하게 대처하지 못한다. 화를 잘 내고, 비현실적인 생각을 많이 하고, 도가 지나친 갈망이나 욕구를 가지고 있는 경우가 많고 좌절 경험에 대한 인내력이 약하다." 반면, 정서적으로 안정된 사람들은 "충돌 조절 능력이 뛰어나고, 스트레스 상황에도 잘 대처한다. 정서적 불안정성을 측정하기 위한 하위요인으로는 불안감, 우울감, 충동성이 있다."

① 불안감

불안감은 일상생활 속에서 느끼는 두려움과 걱정의 정도를 나타낸다. 불안감이 높은 학생은 늘 초조하고 긴장되어 있으며, 두려움과 걱정을 많이 하는 특성을 보인다. 불안으로 인해 집중력이 떨어지며, 불면증과 악몽에 시달리기도 한다. 때로는 다양한 신체적 증상이 나타나는데, 땀을 자주 흘리고, 얼굴이 붉어지며, 손을 떨기도 한다. 두통을 호소하고, 설사나 구토를 동반하는 복통을 일으키기도 하고, 소변을 자주 보기도 한다. 불안을 유발하는 원인은 다양한데, 그 중 가장 큰 원인은 실패에 대한 공포이다. 따라서 불안을 극복하는 가장 높은 방법은 실패에 대해 보다 너그러운 태도를 갖는 것이다. 이를 위해 인간의 불완전성을 인정하는 것, 나의 생각과 다른 사람의 생각이 다를 수 있음을 이해하는 것, 부분의 잘못이 전체의 파멸이 아님을 이해하는 것, 마음을 터놓을 수 있는 친구를 만드는 것, 불안감이 들 때 현실을 부정하기 보다는 자신의 불안을 인정하는 것, 스스로 자신감을 갖도록 노력하는 것 등이 좋은 해결 방안이 될 수 있다.

② 우울감

우울감은 기분이 몹시 침체되거나 무슨 일에도 흥미를 가질 수 없게 되고 귀찮기도 하고, 왠지 모르게 나른하고 강한 고통을 느껴 일상생활에 지장을 초래하는 상태를 말한다. 우울감이 높은 학생은 삶에 대한 흥미와 관심이 없고, 매사에 무기력하며, 쉽게 포기하는 경향이 있다. 슬픔, 죄책감, 외로움을 자주 느끼며, 수면장애와 위장장애 등과 같은 신체 증상을 보인다. 대인관계에서 지나치게 민감하게 반응하기도 하며, 사교성이 떨어진다. 학업에 관심을 보이지 않아 학업 성취가 낮으며, 외톨이로 혼자 보내는 시간이 많고, 식욕감소로 인해 체중 저하가 나타나는 것이 특징이다. 우울감이 높은 학생은 자기 스스로가 아무런 가치가 없다는 무가치감과 혼자 힘으로 아무 일도 해내지 못한다는 무기력감에 빠져 있기 때문에 작은 일이지만 성공과 성취감을 느끼도록 해 주는 것이 좋다. 또한 신체적 활동이 우울감을 상당히 낮출 수 있기 때문에 걷기, 조깅, 수영 등 본인이 쉽게 접할 수 있는 운동을 자주 할 수 있도록 유도하는 것이 바람직하다.

③ 충동성

주의가 산만하여 한 가지 일에 오랫동안 집중하지 못하며, 자신의 행동을 통제하는 힘이 부족해 자주 후회하는 경향이 있다. 신중하지 못해 결과를 생각하지 않고 행동하기도 한다. 충동성이 높은 학생은 수업시간에 선생님의 질문에 엉터리 같은 대답을 끊임없이 하며, 위험한 행동을 자주하고, 순서를 기다리는 것에 익숙하지 못하다. 감정 조절이 잘 되지 않아 화를 자주 내고 자기 입장만 내세우며 자기 뜻대로만 행동하려고 한다. 이 때문에 친구들과 불필요한 갈등을 자주 일으키게 되어 결국 분노가 쌓이고 적대감과 피해의식, 반항심이 생기게 된다. 충동성을 낮추기 위해서는 끊임없는 관심을 가지고 지속적으로 대화를 하는 것이 좋은 방안이 될 수 있으며, 학생의 말에 귀를 기울여 주는 것이 좋다.

2) 생활적응척도

(1) 자기 존중감

자기 존중감은 자기 자신과 자신이 하는 일에 느끼는 자부심의 정도를 나타낸다. 자기 존중감이 낮은 사람은 쉽게 좌절하고, 공격적이며, 화를 잘 내고, 부정적이다. 만성적인 무력감에 시달리며, 약물 중독이나 비행행동을 보이기도 한다. 자기 존중감이 높은 사람은 성격이 밝고 명랑하며, 자신감이 있다. 자신의 장점과 능력, 특징을 잘 알고 있으며, 새로운 환경에 잘 적응한다. 문제에 부딪혔을 때 끝까지 매달려 해결하려고 노력한다. 책임감이 강하고, 타인에 대한 사랑과 배려심이 있다. 아동들의 자기존중감은 자신의 역할을 얼마나 성공적으로 수행하는가에 대한 자기 평가의 결과와 타인들의 동의여부에 의해 형성된다. 자기 존중감을 향상시키기 위해서 우선 자기 자신에 대한 부정적인 생각을 바로잡아 주어야 한다. '나는 아무것도 할 수 없다'라는 생각에서 '나도 할 수 있다'라는 생각으로 전환을 시켜주어야 한다. 또한 정서적 지지와 사회적 인정을 많이 제공함으로써 자신감을 갖도록 도와주는 것이 좋다. 마지막으로 곤란한 문제에 정면으로 대응하는 자세를 갖도록 지도하는 것이 좋다.

(2) 교우 관계 만족도

교우 관계 만족도는 친구와의 관계에 대해 얼마나 만족하고 있는지의 정도를 나타낸다. 아동기에 접어들면 또래 집단과의 활동이 늘어나면서 부모의 영향력은 서서히 줄어들고 또래 집단의 영향력이 확대되기 시작한다. 원만한 교우관계는 아동들의 심리적 성장과 사회적 성숙을 이룰 수 있도록 하는 중요한 매개체가 된다. 또한 집단과의 건전한 관계를 통해 아동들은 사회적 기술을 습득하고 사회에 적응하며 살아갈 수 있게 된다. 교우 관계 만족도에서 높은 점수를 받은 아동들은 건전한 정서발달과 원만한 인격형성이 이루어진다. 또한 아동기의 교우관계는 비단 아동기뿐만 아니라 청소년기와 성인기의 심리사회적 적응까지 영향을 미치는 매우 중요한 요인이 된다. 원만한 교우관계를 맺고 유지하기 위해서는 '친구의 좋은 점만 생각해 보도록', '말을 조심해서 내뱉도록', '한번쯤은 친구 입장에서 생각해 보고 말하도록', '친구들을 차별하지 않도록', '친구들의 비밀을 떠벌리지 않도록' 지도하는 것이 바람직하다.

(3) 가족 관계 만족도

가족 관계 만족도는 가족 구성원과의 관계에 대해 얼마나 만족하고 있는지의 정도를 나타낸다. 아동들은 부모의 절대적인 영향력으로부터 벗어나 서서히 자율성과 독립성을 획득하고자 하기 때문에 부모나 다른 가족 구성원들의 관심을 부담스럽게 느끼며, 가능한 한 교우 관계나 자신의 세계에 머물고자 한다. 부모의 지나친 관심은 반항심을 불러일으킬 수 있으며, 부모의 방임적인 태도는 아동들의 비행위험성을 증가시킨다. 가족 관계 만족도를 높이기 위해서는 잦은 대화의 시간을 갖는 것이 무엇보다 중요하다. 평소 부모와 많은 시간을 함께 보내고, 자유롭게 대화를 나누는 아동들은 부모와의 갈등을 겪지 않는다. 또한, 아동이 점차 독립적인 인격체로 성장할 수 있도록 도와주고, 아동기의 특징에 대한 충분한 이해를 토대로 새로운 가족관계를 형성하는 것이 바람직하다.

(4) 스트레스

스트레스는 현재 경험하고 있는 생활상의 스트레스 정도를 나타낸다. 아동들은 다양한 이유로 스트레스를 겪는다. 부모와의 갈등이나 신체적 학대와 같은 가족 문제, 동성이나 이성 친구와의 갈등, 학내 폭력, 학습 부진 등으로 인해 스트레스를 겪기도 한다. 과도한 스트레스는 수면장애, 식욕부진, 만성피로, 위장장애, 소화장애와 같은 신체적 질환을 일으키기도 하고, 악몽, 무가치한 느낌, 실패감, 냉담, 과도한 불안, 부정적인 감정, 타인에 대한 열등감, 신경질이 많아지는 등의 정서적 문제와 싸움, 도벽, 잦은 결석, 술과 약물의 사용 등의 행동적 특성을 보이기도 한다. 아동들이 경험하는 스트레스 수준을 낮추기 위해서는 대화를 통해 아동들이 겪고 있는 스트레스의 주된 원인이 무엇인지를 찾고 이를 해결할 수 있도록 시도하는 것이 바람직하며, 함께 등산이나 운동을 하는 것도 스트레스의 해소에 도움이 될 수 있다.

(5) 공격성

공격성은 누군가에게 물리적으로나 심리적으로 해를 끼치고자 하는 의도가 있는 반사회성 행위를 뜻한다. 흔히 공격성이라고 하면 폭력적인 행동만을 떠올리는데, 공격성에는 다양한 유형이 있다. 고집, 억지, 무관심, 불러도 대답을 하지 않는 것, 시키는 일에 미적대는 것, 뼈아픈 농담, 시니컬한 비판 등도 모두 공격성의 범주에 포함된다. 즉, 상대방의 마음을 상하게 하고, 힘들게 하고, 궁지에 몰아넣는 모든 행동이 공격성 행동에 포함된다. 아동들의 공격성을 낮추기 위해서는 아동 스스로가 자신의 감정 통제력을 높일 수 있도록 지도하고, 타인의 감정과 의도를 이해하고, 갈등 상황 속에서 비공격적인 해결책을 찾을 수 있도록 돕는 것이 좋다. 공격적인 행동을 통해 얻을 수 있는 보상은 차단하고, 친사회적 행동을 했을 때 즉각적인 보상이 주어질 수 있도록 환경을 조성하는 것도 아동의 공격성을 낮추는데 도움이 된다.

(6) 비행행동

비행행동은 타인의 권리를 침해하거나 사회적 규범이나 규칙을 위반하는 행동을 말한다. 도둑질, 강도, 방화, 무단결석, 기물파손, 폭력 등과 같은 행동이 비행행동의 범주에 포함된다. 주변 사람들을 조정하고, 지배하고자 하며, 거짓말을 자주 한다. 또한 신체적 활동량이 많다. 책임감과 타인의 감정에 대한 이해가 부족하며 내적인 긴장감을 잘 견디지 못한다. 심리적으로 독립적이지도 의존적이지도 않다. 학습능력이 떨어지고 행동 결과에 대해 잘 기억을 하지 못할 가능성이 높습니다. 청소년 비행은 한 가지 원인에 의해서 발생하지 않는다. 심리적 내적 갈등에 의해서 유발될 수도 있고, 사회 경제적 불균형과 사회 갈등에 의해서 비행행동이 나타날 수도 있다. 또한 잘못된 친구들을 사귀면서 그들의 행동을 모방하여 비행행동을 하기도 한다. 비행행동을 보이는 청소년들은 누구보다 자신의 행동에 대해서 괴로워하고 도움 받기를 원할 수도 있다. 청소년들의 비행행동을 감소시키기 위해서는 무엇보다도 열린 마음으로 청소년을 대하고, 자신이 충분히 사랑 받을 자격이 있다는 사실을 주지시켜주는 것이 좋다.

(7) 자살관념

자살관념은 자살에 대한 생각, 계획 등과 같은 자살사고를 말한다. 자살관념 점수가 높은 학생들 중에는 부모와의 이별이나 보호자가 바뀌는 등 생활환경에서의 변화가 수반된 경우가 많다. 특히 청소년기에는 사회적으로 많은 기대와 책임을 요구받는데, 주변 기대가 자신의 발달 수준이나 능력보다 높을 때에는 실패와 사회적 불인정을 경험하게 될 가능성이 높고 이로 인해 자살관념이 높아지게 된다. 또한, 부모-자녀 간에 갈등이 심하거나 부모가 우울, 약물, 알코올 등과 같은 문제를 가지고 있는 경우, 가족 구성원 중에서 자살 경력이 있는 경우, 학업 실패, 이성친구와의 갈등 또는 이별, 부모의 처벌과 같은 부정적 경험에 의해서도 자살관념은 높아진다. 자살관념을 낮추기 위해서는 애정과 관심을 가지고 대화를 많이 나누는 것이 좋고, 심각한 스트레스 상황에 직면하지 않도록 세심한 배려가 필요하다. 자살을 하겠다는 위협은 도움을 받고 싶다는 마지막 메시지일 가능성이 있으므로 무시하지 말고 진지하게 받아들이며, 행동이 의심스러우면 전문가에게 도움을 요청하는 것이 좋다.

최근 학지사의 인싸이트(Insight of psychology)에서 5요인 모델(Neo 검사지)을 안현의와 안창규가 번안한 모델은 김효창 교수가 번안한 것과의 차이점은 초등용과 청소년용뿐만이 아니라 대학생과 성인이 사용할 수 있는 대학생성인용이 새로이 만들어졌다는 것이다. 김효창 교수가 만든 이 검사지는 필자에게 아동과 청소년의 학교와 가정생활 부적응의 문제를 상담하고 코칭하는 데 많은 도움이 되었다. 특히 정서적 부적응의 문제를 코칭하고 상담하는 데에 있어서 많은 도움이 되었다. 성인용이 없어서 아쉬웠는데 최근에 성인용이 출판되어서 기대가 된다.

4. 5요인의 하위요인, 불안 요인에 대한 이해

성격의 5요인 모델을 가지고 성격검사를 활용하여 상담할 때 고려할 것이 있다. 상담자에게 온 많은 분들이 정서적으로 부적응을 경험할 때 온다는 점이다. 그런 면에서 상담자는 5요인 모델을 상담에 적용하여 활용할 때 정서적인 부적응성에 초점을 둔다면 좋은 성과를 높일 경우가 많다고 볼 수 있을 것이다. 5요인 모델의 정서적 불안정성 요인은 부적응적 정서에 속한다. 정서적 부적응성과 관련하여 5요인 모델에서 살펴보아야 하는 것은 불안과 스트레스이다라고 필자는 이해한다. 임상현장에서 상황에 부적응적인 내담자를 만날 때 그들이 가진 문제의 저변에는 불안 지수가 높고, 스트레스 정도가 높기 때문이다.

불안은 정서적 불안정성과 어떤 연관이 있을까? 개인이 불안한 상태에 이르게 되면 정서적 각성 상태에 이르게 된다. 정서적 각성의 정도는 수행의 정도에 어떤 영향을 줄까? 정서적 각성이 매우 낮거나 없을 때는 수행에 거의 영향을 주지 못하여 수행이 빈곤하다. 정서적 각성이 아주 높을 때는 수행 능력과 판단 능력이 현저하게 떨어진다. 가장 효과적으로 수행할 수 있을 때는 압도되지 않는 정도의 정서적 각성이 있을 때, 즉 적절한 각성이 있을 때이다.

성격 특성이론 개발에 초기 공헌자인 케텔(Raymond Cattell)과 스피엘버거(Spielberger)는 불안을 크게 상태불안(state anxiety)과 특성불안(trait anxiety)으로 구분하였다.

- **상태불안(state anxiety)**은 각 개인이 어떤 상황이나 조건에서 의식적으로 지각하는 것에 따라 올라오는 긴장과 걱정의 느낌을 특징으로 한다. 일시적인 정서 상태 혹은 유기체적인 조건으로 교감신경계의 활동이 각성된 상태이다. 그 반응을 일으킨 자극 조건에 따라서 특정한 불안 상태 반응의 기간과 강도는 달라진다. 이 자극 조건에 해당하는 것은 스트레스(stress), 위협 등이다(Spielberger, 1972).
- **특성불안**은 불안 성향에서 나타나는 비교적 안정적인 개인차를 가리킨다. 혹은 상태불안의 강도가 올라갈 때 위협적인 상황에 반응하는 정서적 경향의 개인 차이를 말한다. 이는 과거에 상태불안을 표출한 강도와 빈도의 개인차를 나타낸다. 또 미래에 상태 불안 반응을 나타낼 확률의 차이를 가리키기도 한다. 특성불안이 강한 사람일수록 그러한 정서적 상태를 경험할 가능성도 높다. 어떤 사람이 아주 높은 특성 불안을 가지고 있을 때, 그 사람은 **불안장애(anxiety disorder)**를 가지고 있는 것이다(Spielberger, 1972).

1) 상태불안과 특성불안에 대한 기본적 가정

상태불안과 특성불안에 관해 Spielberger(1972)는 기본적 가정 6가지를 소개한다.

- 개인이 어떤 상황을 위협으로 평가할 때 상태불안 반응이 일어난다. 감각 및 인지 피드백 기제(feedback mechanism)를 통하여 높은 수준의 상태불안은 불쾌함으로 경험된다.
- 그 상황이 개인에게 위협을 주는 정도에 따라서 상태불안 반응의 강도는 비례한다.
- 상태불안 반응의 기간은 개인이 그 상황을 얼마나 오래 위협으로 해석하는가에 달려 있다.
- 특성불안이 높은 사람들은 특성불안이 낮은 사람들에 비하여 실패하거나 자존심이 상한다고 생각되는 상황에서 더 큰 위협을 받는다.
- 상태불안의 상승은 자극과 충동적 속성을 가지고 있다. 따라서 행동으로 직접 나타나거나 과거에 상태불안을 감소시키는 데 효과가 있었던 심리적 방어로 나타난다.
- 자주 부딪치게 되는 스트레스 상황에 대해 사람들은 자기만의 방법으로 다루려고 한다. 상태 불안을 감소시키기 위해 각 개인은 특정한 대처 반응(coping responses)이나 심리적 방어기제를 발달시키게 된다.

내담자의 상태불안의 정도를 탐색하기 위해서 상담자가 할 수 있는 것은 무엇이 있을까? 쉽게 사용할 수 있는 것은 내담자의 정서 상태에 민감하게 따라가면서 불안 정서를 내담자가 표현할 수 있도록 하고, 지각할 수 있도록 돕는 것이다. 두 번째는 피부전기 반응(GSR, 생리적 반응)을 측정할 수 있는 의학적인 도구를 사용하는 것이다. 북미에서는 전기 자극을 통한 생리적 반응, 신경계의 반응을 측정하며 내담자로 하여금 조절된 상태를 경험할 수 있도록 돕는 새로운 상담 접근이 부분적으로 사용되고 있다.

결어

5요인 모델은 성격검사의 완결판이라고 볼 수 있을 정도로 완성도가 높다. 상담을 공부하고 상담현장에 있는 상담대학원생들과 상담가들은 5요인 모델을 가지고 학교 부적응 학생을 상담할 때 많은 도움을 얻을 것으로 보인다. 성인들의 성격상담을 하는데도 기본적으로 중요한 성격상담 자료로 이용될 수 있을 것이다. 상담가는 불안 요인에 대한 이해를 높이고 내담자의 정서적 불안정성을 알아차리고 적절하게 반영해준다면 내담자는 훨씬 편안하게 상담에 임하며 적절한 상담효과를 경험할 수 있을 것이다.

얼마 전부터 5요인 모델을 직무수행, 진로와 직업, 환자 치료 등에 응용한 연구가 있다. "베릭크와 마운트(Barrick & Mount, 1991)가 231개의 기준관련타당도 연구를 메타분석하여 5대 요인과 직무수행도, 훈련숙달도, 직종 등과의 관련을 밝혔다. 또 밀러(Miller, 1991)는 임상가가 환자의 성격을 이해하고 치료방침을 결정하는데 이 5대 요인이 유효하다는 것을 시사하였다"(박아청, 2006). 한국사회에 진로와 직업체험에 대한 지도가 필요한데, 5요인 모델을 이 필요에 적용하여 새롭게 번안할 필요가 요청된다.

자신의 성격 특성요인들을 파악하는 것은 자기 자신을 인간관계 속에서 적응적으로 행동하며, 성장하도록 돕는 데에 있어서 매우 중요하다.

참고문헌

권석만(2017). 인간이해를 위한 성격심리학. 학지사.

김효창(2012). 종합 청소년 성격검사(아동용, 청소년용). 학지사 심리검사연구소.

안현의, 안창규(2016). NEO 성격검사(초등용, 청소년용, 대학성인용). 인싸이트.

이수연 외(2013). 성격이해와 상담. 학지사.

McCrae, R.R., & Costa, P. T.91995). Positive and negative valence within the five factor model. *Research in Personality*, 29.

Spielberger, C. D.(1972). *Anxiety: Current trends in theory and research*. New York: Academic Press.

반추 및 토의질문

1. 5요인 모델의 개념에 대해서 진술해보세요.

2. 5요인 모델이 생성되는 과정의 역사를 진술해보세요.

3. 5요인 모델 검사지(Neo 검사지)를 가지고 아동이나 청소년, 또는 성인을 성격 검사를 하고 성격상담을 해주고 난후에 이 상담 경험에 대해 서로 이야기해보세요? 무엇을 배울 수 있었나요?

4. 5요인 모델 검사지를 가지고 아동이나 청소년을 상담을 할 때 어떤 점에 주목해서 상담을 할 계획인가요?

CHAPTER

05

정신분석적 성격이해

과정이론

성격이 어떻게 형성되고, 그 형성된 성격이 어떤 의미를 갖는지 설명하려는 측면에서 이루어진 연구를 말한다. 크게 정신분석이론, 행동주의이론, 인간주의이론 등이 있다. 본 장에서는 성격이해의 가장 기본이 되는 정신분석적 성격이해만을 다루기로 한다.

1. 정신분석적 성격이해(정신분석이론)

오스트리아 의사 프로이트(Freud)는 19세기 말 비엔나에서 개업한 신경과의사였다. 이때 환자를 만나면서 신체부분 마비, 청각상실과 같은 신체적인 증상에 대해 치료하는 경험을 하였다. 그는 신경과 의사 수련 중에 정서적 혼란이 이러한 신체증상을 일으킨다는 것을 알게 되었다.

정신분석이론은 기본적으로 네 가지 가정에 기초하고 있다. 첫째는 심리적 결정론이다. 이는 개인의 모든 행동은 원인이 있다는 것을 말한다. 심리적 원인에 의해 모든 행동이 발생한다고 주장한다. 둘째는 무의식이다. 개인의 모든 행동은 '의식적 요인보다 무의식적 요인에 의해 더 많이 영향을 받는다.'라고 프로이트는 주장한다. 인간의 심리적 세계에는 자각되지 않는 무의식적 현상이 있다. 개인이 이해하기 어려운 수없는 행동과 현상은 이 무의식적 현상에서 기인한 것이다. 셋째는 성적 추동이다. 무의식의 주된 내용을 구성하는 것이 성적추동이며, 성적추동은 개인의 가장 기본적 욕구이다. 이 기본적 욕구는 개인 심리의 저변에 편만하게 깔려있다고 이해했다. 넷째는 어린 시절 부모와의 상호작용의 경험이 개인의 성격형성에 매우 중요하다. 프로이트는 부모와의 상호작용 경험이 개인의 성격형성의 근간을 이룬다고 보았다. 그는 성격의 기본구조가 만 5세 이전에 형성된다고 이해했다. 내담자의 현재 문제행동을 이해하기 위해서는 과거의 어린 시절의 경험과 연결해서 탐색해야 한다고 주장한다.

한편, 프로이트가 죽은 지 70년 이상이 지나가지만 그의 정신분석이론은 21세기에 심리학, 문학, 교육 등 여러 분야에서 강력한 영향력을 발휘하고 있다. 정신분석 이론을 확장하거나 비판하면서 생성된 신정신분석적(neopsychoanalytic) 성격이론들도 오늘날 우리들에게 많은 영향력을 행사하고 있다. 또한 인간 이해를 좀 더 깊게 할 수 있도록 기여하고 있다. 21세기에도 우리에게 그의 영향력이 대단하다는 것을 '타임지(Times)'의 기사와 사진이 말해주고 있다. '타임'지는 20세기에 가장 영향력이 컸던 과학자와 사상가에 프로이트를 포함시켜 발표하면서 그의 사진을 표지에 게재하였다. 인간의 무의식을 기반으로 성격평가를 하기 위해서 개발된 로르샤흐 잉크반점 검사, 주제통각검사 등의 투사검사는 현재도 여전히 많이 사용되고 있다. 프로이트의 정신분석적 이해는 인간의 성격을 기술하고 있는 많은 책에서 매우 중요하게 다루어지고 있다.

2. 정신분석에서 성격의 구조적 이해

우리 각 개인은 자기의 행동에 대해서 왜곡 없이 있는 그대로 볼 수 있을까? 우리들 대다수는 우리의 행동에 대해서 왜 그렇게 하는지를 잘 알고 있고 내가 무엇을 하고 있는지를 정확하게 알고 있다고 생각한다. 이런 우리의 생각에 반박하는 성격이론이 있다. 그것이 바로 정신분석적 성격이해이다.

프로이트는 성격심리학에 큰 영향을 끼쳤다. 성격에 관한 다른 관점이 출현하기도 전에 그의 성격심리학은 세상에 널리 알려지기 시작했었다. 그래서 사람들은 그를 **성격심리학의 아버지**라 불렀다. 그의 견해는 행동과학과 비슷한 시점에 출현되었다.

첫째, 정신분석적인 관점에서 보면, 우리 내부에 우리가 보지 못하는 어떤 추동하는 힘이 있는데, 이 힘이 각 개인의 행동에 강한 영향을 미치는 동인이다.

프로이트는 영유아기의 부모와의 관계경험이 청소년이나 성인의 성격형성에 결정적으로 중요하다고 주장한다. 영유아기를 걸쳐 아동기 초기에 성격의 틀이 완성된다고 본다. 그의 성격이론은 심리성적 욕구에 기반한다. 심리성적 욕구는 인간 내면에 있는 성적 추동(drive)을 말한다. 영아기, 유아기에 있어서 심리성적 욕구를 어떻게 만족시키는가와 관련하여 고유한 인격(성격)이 형성되어간다고 이해했다.

둘째, 프로이트는 성격을 원초아, 자아, 초자아라는 역동적 개념을 도입하여 성격형성을 설명하려 했으며, 이는 불안의 개념과 관련이 있다. 불안은 프로이트의 성격이론에서 매우 중요한 핵심개념이다.

셋째, 정신분석적 입장에서는 의식, 무의식, 전의식으로 구성된 세 가지의 마음의 세계 또한 인간의 성격을 이해하는 중요한 차원이다.

1) 성격의 3원 구조

프로이트는 성격을 원초아, 자아, 초자아의 세 가지 영역으로 이루어지는 구조로 구분하고 행동은 세 구조가 상호작용하여 나타나는 결과라고 보았다. 프로이트는 이 세 가지 영역이 각기 다른 기능을 하면서 상호작용하고 있으며, 자아에 의해 통합되어 하나의 성격을 형성하게 된다고 보았다(박아청, 2008).

원초아 (id)	'본능적 에너지의 원천'이라는 뜻을 가지고 있는 원초아는 성격의 무의식적, 원시적인 측면을 포함한다. 정신적 에너지의 저장소로 성격의 원초적이며 본능적인 욕구 충족을 추구한다. 원초아는 행동의 힘을 부여하는 근원적인 생물학적 충동(먹고, 자고, 싸고, 성관계를 갖는 것)을 저장하고 있다. 원초아는 생물학적 충동을 지연시키지 않고 즉각적으로 만족시키려고 하는 쾌락원리(pleasure principle)의 지배를 받는다. 자기중심적이고 비현실적이며 비논리적인 원시적 사고과정을 나타내는 초기의 가장 기본적인 심리적 과정(process)이라는 의미에서 일차과정(primary process)이라 부른다.
자아 (ego)	환경에 대한 현실적인 적응을 담당하는 심리적 기능을 가리킨다. 성격의 의식적, 지성적 측면에 해당하고, <u>현실원리에 따라 작동하는 성격의 의사결정 요소</u>이다. 현실원리를 중요하게 여기는 자아는 즉각적인 만족을 추구하려는 원초아와 현실을 중재하는 역할을 한다. 자아는 사회규범, 규칙, 관습과 같은 사회적 현실을 고려해서 행동을 결정한다. 자아는 원초아의 충동을 적절히 만족시킬 수 있는 상황을 발견할 때까지 욕구충족을 지연하며 행동을 통제하는 현실원리에 따른다. 그러는 과정에서 자아는 불쾌감(불안이나 갈등에 의해 야기된)을 피하기 위해서 여러 가지 방어기제를 이용하고, 한번 성공한 방어기제(예: 회피, 억압)는 상습적으로 사용되어지는 경우가 많기에 그 사람의 성격의 일부가 된다. 일차적 과정에 이어서 현실을 따르며 이성적인 사고과정을 준수하려는 움직임을 이차과정(secondary process)이라 부른다.

초자아 (superego)	자아가 현실을 고려한다면, 초자아는 양심과 도덕적 기준의 틀에 근거해서 무엇이 옳고 그른가에 대한 사회적 기준에 대한 목소리를 내는 성격의 요소이다. 대부분의 인간은 아동기 동안 부모의 가치관, 선과 악, 도덕적 개념과 같은 사회적 규범을 내면화한다. 초자아는 도덕성을 추구한다. 그러나 그 요구가 지나치게 되면 그는 죄책감이나 수치감에 시달리게 된다. 이때 자아는 지나친 도덕적 요구를 적절하게 조율해야 건강하게 기능할 수 있게 된다.

위의 성격의 구조의 세 가지 요소가 어떻게 상호작용하는지를 아는 것은 개인의 성격이해에서 중요하다. 개인의 원초아, 자아, 초자아가 어떻게 서로 영향을 미쳐서 그의 행동을 결정하는지를 살펴 볼 수 있다면, 그 사람은 자기 이해가 높은 사람이다. 자아, 초자아, 원초아 중 어떤 것의 힘이 강하게 작용하느냐에 따라서 각 개인의 행동은 달라지게 된다. 그 행동이 일정한 패턴으로 형성되어서 자주 나타나게 되면 그것은 그 사람의 성격이다.

2) 마음의 지형학적 차원(topographical level)

프로이트는 1990년에 발표한 〈꿈의 해석〉에서 사람의 마음의 세계를 의식, 무의식, 전의식으로 구분하여 진술하였다.

정신분석적 입장에서 보면 이 세 가지의 마음의 세계 또한 인간의 성격을 이해하는 중요한 차원이다.

- **의식**: 항상 자각하고 있는 지각, 사고, 정서 경험을 포함한다. 책을 보고 있는 지금 이 순간의 의식은 책의 내용에 대한 사고의 흐름, 눈이 피곤하고 배고프기 시작한다는 것을 포함한다.
- **전의식**: 조금만 노력하면 쉽게 떠올릴 수 있는 의식의 표면 밑에 있는 부분을 가리킨다. 어제 낮에 무엇을 먹었고 '친구와 이야기한 것 중에 중요한 것이 있었는데, 그게 뭘까!' 등이 이에 해당된다. 전의식은 무의식의 내용을 의식으로 연결하는 교량역할을 한다.
- **무의식**: 의식적 인식이 어렵지만 행동에 큰 영향력을 발휘하는 기본적인 욕구,

아동기의 외상(trauma), 부모로부터 인정받고 싶은 숨겨진 욕구, 사랑받고 싶은 숨겨진 욕구, 부모에 대한 감추어진 적대감, 억압된 공격성이나 수용하기 어려운 성적 욕구 등이 포함된다.

프로이트는 인간이 가지고 있는 임상적 장애나 인간 행동의 대부분이 무의식에 숨겨진 심리적 요인에 의해서 발생한다고 이해했고 주장을 했다. 그의 치료의 핵심은 무의식에 억압되어 있는 것들을 의식의 수준으로 끌어올려 바라보게 하는 것이다. 무의식의 바램과 갈등을 의식의 수준으로 올려서 바라보는 것이 정신분석치료의 핵심이다.

3) 성격형성의 근간인 성적 추동

정신분석적 입장에서 보면, 인간의 성격은 심리성적 욕구에 기반한다. 정신분석적 입장에선 치료사나 학자들은 영아기, 유아기에 있어서 심리성적 욕구를 어떻게 만족시키는가와 관련하여 고유한 인격(성격)이 형성되어간다고 이해했다.

프로이트는 인간의 마음을 움직이는 가장 중요한 동력을 성욕이라 이해했다. 프로이트와 정신분석가들은 인간이 나타내는 행동은 그냥 일어나지 않는다고 주장한다. 사람들이 하는 대부분의 행동은 성적인 욕구, 성적인 추동에 의해서 일어나며, 그것은 인간사회 속에서 수용되는 모습으로 변형되어 나타난다고 주장한다.

3. 성격의 발달: 심리성적 발달을 중심으로

프로이트는 "아이는 어른의 아버지다(The child is father to the man)"라고 믿었다. 이런 그의 믿음은 다음과 같은 그의 주장에 대한 명제적 표현이다: 개인의 성격은 5세경에 이미 그 토대가 형성된다. 그는 무의식에 쌓여 있는 어린 시절의 경험이 이후 아동기와 청소년기, 그리고 성인기의 삶에 지대한 영향력을 행사한다고 보았다. 그래서 프로이트는 유아의 발달과정에 관심이 많았다. 특히 가장 강력하고 근원적인 성적 추동의 에너지가 어떻게 아기의 성장과정에 발현되는지에 대한 관심이 많았다. 프로이트에게 있어서 성욕은 단순히 성적 욕구만을 의미하지 않는다. 사람과의 관계 속에서 애정을 충족시키고 쾌락적인 흥분을 느끼고자 하는 심리성적 욕구를 말한다. 프로이트가 심리성적 욕구와 관계하여 관심을 갖고 있었던 인간의 신체 부위는 감각과 쾌감을 느낄 수 있는 입, 항문, 성기이다. 이 신체 부위는 부모와의 상호작용에서 아이가 만족감과 흥분 또는 쾌감을 느낄 수 있는 부분이다. 프로이트는 이런 부위를 통한 심리적 성적 욕구 충족 경험이 어떠하느냐에 따라서 성격이 적응적이기도 하고 부적응적 성향을 갖기도 한다고 보았다. 이런 접근은 심리성적발달이론(theory of psychosexual development)이라 불린다.

프로이트의 사람에 대한 성격이해는 심리성적 발달단계와 맞물려 있다. 그에 의하면, 심리성적 발달은 심리정서적 에너지인 리비도(libido, 원초아가 갖는 생물학적 본능 에너지)가 신체 어느 부위에 집중되느냐에 따라 다섯 단계로 구분된다. 그 신체부위는 입, 항문, 성기를 말한다.

그의 발달이론을 심리성적 단계이론이라고 하는 이유는 각 발달단계에 특징적인 성적 충동이 이후의 성격형성에 영향을 미치기 때문이다. 사람이 태어나서 이런 다섯 단계에 따라 성격을 형성하는데, 이 과정에서 가장 문제가 되는 것이 고착이다. 고착은 한 단계에서 다음 단계로 진행하지 못하고 심리적으로 머물러 있는 것을 말한다. 발달단계에서 욕구가 지나치게 만족되거나 좌절될 때 **고착**이 발생한다. 일반적으로 고착이 발생하면 고착된 발달단계의 심리성적 욕구가 지나치게 표출되어지는 경향이 있다(노안영, 강영신, 2005). 고착이 발생한 단계와 관련하여 아동은 성인이 된 후에도 그 고착된 단계의 만족을 추구하는 성격특성을 보이게 된다.

정신분석적 입장에서는, 아이가 양육자와 상호 관계 속에서 경험하는 욕구의 지나친 만족과 쓰라린 좌절 경험으로 인한 고착 현상은 성격형성에 매우 중요한 영향력을 미친다.

성격이해는 심리성적 발달단계와 맞물려 있다.

심리성적 발달 다섯 단계를 간단하게 살펴보자[심리성욕발달(psychosexual development) 단계].

1) 구강기 0~1세(oral stage)

주로 입을 통해 깨물기나 빨기와 같은 구강욕구를 충족시킨다. 이 단계의 수유 경험은 후기 발달에 중요한 역할을 한다. 구강기에 고착되면 손가락 빠는 행동과 관련하여 강박적인 흡연습관과 같은 행동으로 발전할 수 있다.

구강기의 욕구가 지나치게 충족될 때, 타인을 잘 믿고 의존적이며 요구가 지나친 성격이 형성된다. 이를 구강기 수용 성격(oral receptive personality)이라 한다. 반면에 아이가 구강기 욕구의 지나친 좌절을 경험할 때, 입을 통해 깨물고 씹고 내뱉는 행동을 하는 구강기 공격 성격(oral aggressive personality) 형성에 영향을 받는다.

이 시기에 이 구강기 욕구가 적절하게 충족되면 아이는 자신감이 있는 행위를 보이며, 타인과의 관계에서 신뢰감과 여유를 갖는 안정되고 건강한 성격을 갖게 된다.

2) 항문기 1~3세(anal stage)

흥분이나 쾌락을 추구하는 부위가 아이의 입에서 항문으로 이동한다. 이 때, 아이는 배설이나 배설의 보유와 같은 내장 운동을 통해 긴장이나 배출의 쾌감을 경험하게 된다. 이 단계에서 배변훈련을 통해 처음 사회적 통제를 경험한다. 용변 훈련이 지나치게 엄격하면 여러 부정적인 결과가 나타날 수 있다. 지나친 처벌은 어머니에 대한 적대감을 유발하여 다른 여성에 대해서도 적대감을 일반화할 수 있다. 부모가 지나치게 처벌적인 방법으로 배변훈련을 시키면 아동은 생식기에 대한 관심과 처벌 간에 관련이 있다고 학습할 수 있으며, 후기 발달단계와 관련하여 불안이 생길 수 있다.

이 때 주요하게 발달시키는 감정은 불안과 수치심이다. 또한 아이는 이 배변훈련을 통해 자율성과 자기 통제력을 발달시키는 경험을 한다.

항문기의 욕구가 지나치게 충족될 때, 아이는 감정을 조절하지 못하고 충동적이며 무질서한 성격을 형성할 수 있다. 반면에 항문기 욕구가 지나치게 좌절될 때, 아이는 질서나 청결에 지나친 집착을 보이거나 완벽주의적 성향을 발달시킬 수 있다. 그러나 욕구가 적절히 충족될 때, 아이는 자기주장이 있으면서도 적절하게 협력적인 성향으로 발전하게 될 수 있다.

3) 남근기 4~6세(3~6세) (phallic stage)

흥분이나 쾌락을 추구하는 부위가 아이의 항문에서 성기로 이동한다. 남자 아이는 어머니의 애정을 독점하려하고, 아버지를 경쟁상대로 보는 갈등을 경험하기도 한다. 이때 남자 아이는 아버지에 대한 적대감, 경쟁심, 두려움, 사랑받고 싶음, 존경심 등이 복잡하게 어우러지는 갈등을 경험하기도 한다. 여자아이는 이성인 아버지에 대해 특별한 관심을 기울이고 남자 아이와 자신의 성기가 다르다는 것을 알고 부러워하는 남근선망(penis envy)을 경험하게 된다.

권석만(2017)은 남근기를 통해서 아이가 경험하는 애정의 욕구를 만족시키려는 표현에 대해 부모가 유연하게 대해준다면 아이는 건강한 성역할을 익히게 되고, 건강하고 유연한 성격을 가진 아동 청소년으로 성장하게 될 것이라고 진술하고 있다. 아이의 행동에 대해 "부모가 유연하게 대응하면, 아동이 세대의 구분을 이해하게 되면서 어머니에 대한 유혹적 행동이 줄어들고 아버지에 대한 동일시를 통해서 남자의 성역할을 학습하게 된다. 오이디푸스 콤플렉스의 원만한 해결은 건강한 성정체감의 형성, 자아와 초자아의 발달, 삼각관계의 수용과 더불어 건강한 이성관계를 맺을 수 있는 능력의 발달이라는 긍정적인 결과를 낳게 된다. 그러나 오이디푸스 콤플렉스가 잘 해결되지 못하면 이후의 적응과 성격형성에 문제를 초래할 수 있다. 예컨대, 권위적 인물에 과도한 두려움과 복종적 태도를 나타내거나 지나치게 경쟁적인 성격특성을 나타낼 수 있다. 여자 아동의 경우에는 아버지의 애정을 독점하려하면서 어머니를 경쟁자로 인식하게 되는 유사한 현상이 나타나는데, 이는 엘렉트라 콤플렉스(Electra complex)라고 불린다." 권석만(2017)은 이 시기의 콤플렉스와 연결하여 프로이트의 주장을 들어서 다음과 같이 진술하고 있다. "Freud는 오이디푸스 콤플렉스와 관련된 고통스러운 경험들이 나중에 성인기의 신경증을 유발하는 주요한 원인이라고 보았다."

우리는 어떻게 이 시기의 아이들을 대해야 할까?

이 시기의 아이들이 갖는 성적 호기심이나 과도한 애정의 욕구 이상하게 보이는 성적 표현들을 적절하게 수용하고 표현하도록 하며 적절하게 안내하는 개입이 중요하다고 볼 수 있다. 이처럼 건강하게 반응을 한 부모나 성인들이 가까이에 있는 아이들은 오이디푸스 콤플렉스를 건강하게 극복하고, 성인기의 신경증에 쉽게 빠지지 않게 될 것이다.

4) 잠복기 7~12세(latent stage)

성적인 본능이나 이성을 향한 애정의 욕구가 줄어들어 보이고, 아동은 친구에 대한 관심이나 운동, 학교생활에 관심을 쏟게 된다. 자아와 초자아가 성숙하게 되는 시기로서 또래 친구와 관계적 적응, 성취해야 될 것들에 대한 성취감과 유능감의 경험이 중요하다. 이 시기에 이런 적응 능력과 성취 능력의 개발이 늦어지게 되면 아동은 소극적이고 회피적인 성격성향을 형성하게 되고 열등감이 주된 감정으로 남아있게 될 수도 있다.

5) 성기기 13세 이후(genital stage)

이 시기는 성 에너지의 급격한 증가로 성적인 욕구가 현저하게 증가하며, 관심의 방향이 이성에게로 집중되고 성 욕구를 충족시키고자 자기도 모르게 몰입하게 된다. 이때 마스터베이션을 경험하게 된다. 이수연 외(2013)에 의하면, 이 시기는 자기애적인 성적 욕망에서 출발하여 사회화로 이어지는 것이 특징이라 했다. "이 기간은 성욕 발산을 지향하는 것이 특징이며, 처음에는 자기애적 행동으로 출발하여 점차 사회화 한다. 즉, 이성에 대해 매력을 느끼며 입맞춤, 포옹 및 성교 행위

등을 통해 성기기 이전부터 있었던 성적 충동을 만족시킨다. 프로이트는 이 기간이 사춘기로부터 노인기까지 연장되는 것으로 보았다." 어떤 아동 청소년은 제2의 오이디푸스 콤플렉스를 경험하기도 한다. 프로이트에 의하면, 이 시기는 성격형성이 완결되는 때이다.

4. 방어기제와 성격형성

방어기제란 **불안이나 죄책감과 같은 불쾌한 정서** 상태에서 자신을 보호하기 위한 자아(ego)의 무의식적 반응을 말한다. 무의식적 반응이 나타나는 방어기제는 성격을 결정하는 중요한 심리 행동적 요인이 된다(권석만, 2017). 개인이 불안을 경험하고, 그 불안이 위협으로 다가올 때 방어기제를 사용하게 된다. 반복적으로 사용하는 방어기제는 고정된 방어기제로 굳어지게 되고, 이것은 조직화된 성격이 된다. McWilliams(1994)는 조직화된 성격들은 성격장애 진단명이고, 그것은 개인의 습관적인 방어 패턴을 간략히 줄인 말이라고 주장했다. 좀 더 부연설명을 하면, 성격장애는 부적응적인 심리와 행동패턴에 더 초점이 가 있기에, 방어기제를 통해 반복적으로 나타난, 부적응적으로 조직화된 방어적 성격은 성격장애라고 볼 수 있는 것이다. 이런 면에서 상담을 공부하는 사람들은 방어기제를 볼 때 성격형성과 굳어진 부적응적 성격이란 면을 고려할 필요가 있다.

방어기제는 일차적 방어와 이차적 방어로 구분된다. 일차적 방어는 미성숙하여 '하위 방어'라고 불리기도 하고, 자기와 자기 밖의 세계 간의 경계를 포함한다. 이차적 방어는 "진보, 상위라는 말로 수식되는 방어들로서 내적 경계, 즉 자아－초자아와 이드(원초아), 혹은 관찰 자아와 경험 자아 간의 경계 문제를 포함한다"(이수연 외, 2013).

1) 불안과 방어기제

주로 사회적 도덕적인 기준에서 용납이 안되는 성적 충동, 공격적 욕구, 미움,

원한 등은 하나의 위험으로 간주되어 갈등이나 불안을 일으킨다. 불안으로 인한 대부분의 내적 갈등은 해결할 수 있으나 어떤 갈등은 쉽게 해결하기 어렵고 아주 오랫동안 지속되어 내적 긴장을 유발한다. 프로이트에 의하면, 오래 지속되는 대부분의 갈등은 성적, 공격적 충동이다. 이러한 성적, 공격적 충동으로 인한 내적 갈등은 무의식에서 진행되면서 의식의 차원에서 인식되지 않지만 불안을 유발한다. 불안은 원초아(원본능, id)가 자아(ego)의 통제를 벗어나 부정적인 결과를 가져올 행동을 하거나 초자아가 통제력을 상실하여 실제적 · 상상적인 것에 대해 어찌할 수 없는 감정을 느낄 때 발생한다.

불안은 프로이트의 성격이론에서 아주 중요한 개념이다. 불안은 불쾌한 정서 상태이므로 유기체적인 개인은 불안을 느끼면 어떤 방법을 동원해서라도 제거하려고 한다. 불안을 방지하기 위한 주요한 방법은 방어기제를 사용하는 것이다. 그 방어기제는 대부분이 무의식적인 것이다. 한번 성공한 방어기제(예: 억압, 회피)는 상습적으로 사용되어지는 경우가 많기에 그 사람의 성격의 일부가 된다. **방어기제**란 불안이나 죄책감과 같은 불쾌한 정서 상태에서 자신을 보호하기 위한 무의식적 반응을 말한다. 따라서 방어기제는 자기도 모르게 성격을 형성하는 중요한 요인이 된다.

방어기제는 성숙도에 따라서 네 가지로 분류된다(Villant, 1971, 1992, 권석만, 2017 재인용). 방어기제는 그 성숙도에 따라 성숙한 방어, 신경증적 방어, 미성숙한 방어, 자기애적 방어로 구분된다. 성숙한 방어는 승화, 이타주의, 유머 등을 포함하고, 신경증적 방어는 억압, 반동형성, 대치, 합리화를 포함한다. 미성숙한 방어는 퇴행, 신체화, 동일시, 행동화 등을 포함한다. 자기애적 방어는 부정, 분리, 투사 등을 포함한다. 성숙한 방어를 제외한 다른 방어들은 과도하게 사용될 때 부적응적인 결과를 초래한다.

프로이트는 억압, 부인, 투사 등과 같은 기본적인 방어기제만을 임상 속에서 발표했고, 그의 딸인 Anna Freud가 〈자아와 방어기제〉를 통해서 다양한 방어기제를 진술했다.

		방어기제
1	억압 repression	너무 고통스럽고 불쾌하거나 위협적인 경험이어서 무의식 속으로 보내 버리는 것을 말한다. 사람들은 죄책감을 야기하는 욕구, 불안을 유발하는 갈등, 고통스러운 기억 등을 억압하는 경향이 있다. 가장 기본적이며 사람들이 가장 많이 사용하는 방어기제이다. 억압은 '동기화된 망각'이라고 하며, 치과에 가야 할 사람이 약속시간을 잊어버리거나 싫어하는 사람의 이름을 잘 기억하지 못하는 것은 억압의 결과이다. 억압은 다른 방어기제나 신경증적 증상의 기초가 되기도 한다. 구별이 필요한 것은 억제와 억압이다. **억제**는 의식적으로 생각과 감정을 눌러 버리는 것을 가리킨다.
2	부인 denial	현실에서 일어났던 위협적이거나 외상적인 사건의 경험을 사고의 왜곡을 통해서 받아들이지 않고 거절하는 것이다.
3	투사 projection	자기가 수용하기 힘든 자신의 감정이나 욕구 등의 덩어리를 다른 사람에게 던지는 것이다. 예를 들면, 여자 동료에게 성적 충동을 느낀 남성은 그로 인해 죄책감을 느낄 것이고, 이러한 죄책감을 없애기 위해 오히려 그 여자 동료가 자신을 유혹한다고 믿을 수 있다. 자신의 성적 충동을 동료에게 투사한 결과이다.
4	전치/대치 displacement	원래의 상대에게 올라오는 감정을 발산할 수 없을 때에 그 정서적 에너지를 다른 사람이나 대상에게 쏟아내는 것을 말한다. '종로에서 뺨 맞고 한강에 가서 눈 흘긴다.'는 속담은 전치를 설명하는 말이다. 직장 상사에게 굽실거리고 기를 펴지 못하는 남자 사원이 집에 가서 자녀나 아내에게 큰 소리를 치는데 이런 현상은 원래의 대상과는 무관한 사람에게 감정을 표출하는 것이다.
5	반동형성 reaction formation	받아들이기 어려운 자신의 실제 감정과 상반되게 행동함으로써 불안을 회피하는 것이다. 성적 욕구에 대한 죄책감 때문에 반동형성이 작용할 수 있다. 사랑의 얼굴로 증오를 가리거나, 상대방에게 좋지 않게 보이는 감정을 숨기려고 과도하게 고개를 숙이는 것 등을 말한다.
6	퇴행 regression	유치하고 미숙한 행동양식으로 되돌아가는 것을 말한다. 대변과 소변을 잘 가리던 아이가 동생이 태어나자 사랑을 빼앗길까봐 불안을 느껴 다시 대소변을 지리게 되는 경우가 퇴행에 속한다.
7	동일시 identification	타인이 가지고 있는 어떤 좋은 것이 부러워 그 사람처럼 행동하는 것을 말한다. 예를 들어 멋지고 강한 장군의 행동을 따라하면서 마치 자신이 그 장군처럼 강인하고 멋진 존재인 것으로 느끼는 경우를 말한다.
8	합리화 rationalization	수용할 수 없는 성과나 실패를 그럴 듯한 변명으로 정당화함으로써 불안을 회피하는 것을 말한다. 금메달을 운동선수가 금메달을 따고 싶었으나 실패했을 때 금메달 자체는 진정한 가치가 있는 것이 아니야라고 자신을 위로하는 행위를 말한다.

5. 불안에 대한 이해

불안은 모든 개인의 심리적 정서행동장애의 기저에서 중요한 차원이다. 이 불안 또는 스트레스를 어떻게 대처하는가를 탐색하는 것은 자기의 성장에 있어서 매우 중요한 점이다. 또한 이 불안에 대해 어떻게 반응하느냐에 따라, 그가 속해있는 기관이나 사회적 구조에 적응적인지 부적응적인지를 파악할 수 있다. 그리고 불안의 정도는 기관이나 가족구조의 상태를 파악하는 데 도움이 되는 요인이고, 불안에 대한 대처 능력은 그 시스템(가족, 기관, 공동체)이 순기능적인지 역기능적인지를 파악할 수 있는 점이 된다.

불안에 대한 정의는 다양하다. 정신분석에서는 수용할 수 없는 원초아의 본능이나 충동들이 의식으로 떠오를 때 느끼는 감정을 말한다.

불안의 종류와 불안의 구성 요소

정신분석에서는 불안을 세 가지로 나누고 있다.

- **현실적 불안**은 두려움과 같은 의미를 포함하는 것으로, 현실 세계에서 오는 실제적 위협에 대한 반응을 말한다.
- **신경증적 불안**은 원초아(id)의 충동이 밖으로 분출되어 나올 것이라는 위협에 대한 반응을 가리킨다.
- **도덕적 불안**은 마음속에 내면화된 부모의 가치관에 해당하는 초자아의 처벌에 대한 위협감으로 죄책감이나 수치심으로 표현된다(홍숙기 역, 1987).

각 사람마다 위협으로 느끼는 상황이 다양하기 때문에 불안을 경험하는 내용은 무궁무진하다. 그리고 불안은 출생 외상에서 죽음까지, 현실적 불안이나 두려움에서 신경증적 불안까지 넓은 범위를 가진다.

Maher(1966)는 **불안한 사람에게는 발견되는 3가지 요소**를 아래와 같이 진술하였다.

① 두려움이나 위험에 대한 느낌: 보통은 이러한 감정을 설명하거나 감정에 감

정 이름(예, 두려움, 수치심)을 붙이는 것을 할 수 없다. 이런 상태를 말한다.

② 생리적 각성과 신체적 고통의 양식: 오랫동안 발생하는 불안에 대한 신체적 반응은 심장혈관, 호흡기 및 위장 장기, 등근육, 뇌 등의 신체적 그리고 신경계 체계에 만성적으로 영향을 미칠 수 있다. 이러한 정서적 반응을 말한다.

③ 효과적인 문제 해결과 인지적 통제의 붕괴 또는 혼란: 소위 말하는 인지적인 면에서 "멘붕 현상"이 와서 환경이나 상황적 요구를 분명히 이해하지 못함으로, 정서적 동요(poignancy)와 효과적으로 대응하지 못하는 심리정서적 어려움이 포함된다.

성격의 5요인 모델의 정서적 불안정성(또는 신경증)의 하위 요인인 불안에 대해 상담자가 명료하게 이해하고 상담에 적용하는 것은 21세기의 상담현장에 매우 중요하다. 이에 대해서는 다른 장에서도 계속해서 조금씩 살펴보기로 한다.

6. 상담에의 적용

정신분석적 관점에서 성격형성에 대해 살펴보았다. 성장과정 중에서 발생하는 불안이나 욕구 불만족을 어떻게 다루느냐는 상담에서 매우 중요하다는 통찰을 정신분석적 성격이해는 우리에게 주고 있다. 또한 올라오는 감정을 어떻게 다루느냐도 중요한 것임을 보여주고 있다. 이런 통찰을 통해서 상담자가 상담에 적용하면 좋은 것은 무엇이 있을까? 첫째, 내담자로 하여금 부적응적 감정을 잘 다룰 수 있도록 돕는 것이다. 둘째, 상담자에게 있어서 중요한 점은 어떤 욕구가 접촉되지 않았는지를 파악하는 것이다. 그 욕구를 파악하여 그 욕구가 충분히 해소될 수 있도록 돕는 것이 매우 중요하다. 그 방법론을 찾는 것은 내담자의 욕구의 문제를 해결하고 건강한 성격으로 건강한 삶을 살아가도록 도울 수 있는 길을 제시하는 것과 같다. 셋째, 불안으로 인해 올라오는 방어기제를 잘 다루어 주는 것은 "성격상담"에서 중요한 과제가 된다. 방어기제는 단단한 시멘트와도 같은 것이기에 그것을 공격하기 보다는 방어기제에 대한 적절한 인정과 배려와 함께 방어가 풀릴 수 있을 방안을 함께 찾아가는 것이 필요하다.

우리는 불안한 시대 속에서 살고 있다. 어둡고 무슨 일이 일어날 줄 모르는 세상에서 살고 있다. 상담자는 유능한 상담치료사가 되기 위해서 현재 느끼는 불안에 대해 다룰 줄 아는 능력이 필요하다. 또한 상담자는 성장과정 중에서 발생하는 불안이나 욕구 불만족을 효과적으로 접촉해줄 수 있는 훈련이 필요하다. 정신역동적 접근과 정서중심적인 심리치료 기법은 이것을 훈련하기 좋은 치료 기술이다.

참고문헌

권석만(2017). 인간이해를 위한 성격심리학. 학지사.

노안영, 강영신(2005). 성격심리학. 학지사.

이수연 외(2013). 성격이해와 상담. 학지사.

홍숙기 역(1987). 성격심리학. 박영사.

Maher, B. A.(1966). *Principles of psychotherapy: An experimental approach*. New York: McGraw-Hill.

McWilliams, Nancy(1994). *Psychoanalytic Diagnosis: Understanding Personality Structure in the Clinical Process*. Guilford Publications.

반추 및 토의질문

1. 영유아기나 어린 시절의 경험 속에서 갖게 된 감정과 정서적 욕구 등을 찾아보세요. 여러 개의 단편적인 경험들을 가지고 작업을 감정과 정서적 욕구들을 찾아보는 탐색작업을 해보세요. 그리고 그 경험이 당신의 성격형성에 어떤 영향을 주었는지를 살펴보세요.

2. 어머니로부터 젖을 공급받는 경험이 기억이 나는가? 난다면, 그 때의 느낌은 어떠했는가? 성인이 된 지금은 어머니의 품에 대해 어떤 감정이나 생각이 떠오를 때가 있었는가? 있다면 그것에 대해 이야기를 해보세요.

3. 오이디푸스 콤플렉스와 엘렉트라 콤플렉스에 대하여 진술하고 이 개념이 문제점이 있을 수 있다면 그것에 대한 당신의 생각을 표현해보세요.

4. 동성의 부모와 같은 사람이 되고 싶은가 아니면 전혀 다른 사람이 되고 싶은가? 어떤 이성을 배우자와 만나서 살고 싶은가? 이성의 부모와 같은 사람을 원하는가? 지금 그런 사람을 만나서 살고 있다면 당신의 삶은 어떠한가? 원하는 것을 얻었는가?

5. 방어기제로 인해 부적응적이고 굳어져버린 성격을 형성한 내담자를 적응적이고 유연한 성품을 가진 사람으로 변화시킬 방안이 있다면 이야기해보세요.

CHAPTER

06

성격장애와 치료 1

1. 성격장애 서론

1) 성격장애의 정의

성격=기질+환경.

사람은 누구나 자신만의 고유한 성격을 지닌다. 우리는 타인을 만나면서 성격으로 인해 매력을 느끼기도 하고 혹은 타인의 독특한 성격으로 인해 갈등과 고통을 겪기도 한다. **성격**(Personality)이란, 자기 자신과 주위 환경에 대해 인지, 정서, 행동적인 측면에서 개인의 고유하고 지속적인 반응들이 패턴화 되어 나타나는 특성들의 합을 의미한다. 개인의 성격 특성이 대인 관계를 비롯한 사회적 상황에서 부적응적인 모습을 보일 때 성격의 문제를 의심하게 된다. 이러한 성격의 부적응성을 성격장애(Personality Disorder)라 부른다. DSM-5(2013) 에서의 성격장애는 "내적 경험과 행동의 지속적인 유형이 개인이 속한 문화에서 기대되는 바로부터 현저하게 편향되어 있는 지속적인 유형을 의미하며, 만연하고 경직되어 있고, 청소년기나 성인기 초기에 발병하여 시간이 지나도 변함이 없이 유지되며 고통이나 손상을 초래하는 특징"을 보인다. 권석만(2017)은 "어린 시절부터 서서히 발전하여 성인기에 개인의 성격으로 굳이진 심리적 특성이 부적응적 양상을 나타나는 경우"로 정의하고 있다. 다시 말하면, **성격장애**란 자기 자신에 대한 지각과 주변과의 관계 맺는 방식이 경직되어 있거나, 부적응적인 상태를 보이는 것을 말한다.[1] **성격장애자들**은 심리적으로 위축되어지고 사회적 가치나 기준에서 벗어나 사회규범에 어긋나는 행동을 하는 등 부적응 상태를 보이며, 주관적인 고통을 유발하기도 한다.

성격장애를 바라보는 시각은 역사적으로 크게 두 개의 관점으로 나누어지는데 하나는 개인의 성격특성이 통계적으로 정상 범위를 벗어난 비정상적인 편향성을 지닌 것으로 보는 관점과 일상 생활에 지장을 주는 병리적 기질적 성격특성이 있다고 보는 관점이다(대한신경정신의학회, 2017). 병리적 관점의 대표적 인물로 지그문트 프로이드(Sigmund Freud, 1856-1939)를 들 수 있는데 프로이드는 성격장애

1) 남명자는 성격장애자를 "부적응 현상의 성격성향을 지닌 사람"이라고 언급하고 있다. 남명자(2005), 〈부모의 양육태도와 아동의 성격장애〉 학지사, 169.

를 "정신내적, 혹은 대인관계 기능에 중요한 문제를 일으키기에 충분한 수준의 비정상적 혹은 병리적 특성의 집합"으로 이해하였다. 독일의 정신병리학자 컬트 쉬나이더(Kurt Schneider, 1887~1967)는 정상심리의 관점에서 성격을 분류하여 우울성, 예민성 성격장애등 10개의 성격장애를 소개하였고 이는 1962년 DSM-I에 반영 되었다. 현재 널리 사용되고 있는 2013년에 발간된 DSM-5의 성격장애의 진단, 및 분류체계는 범주와 차원 측면을 통합한 하이브리드형 모델로 병리적 특성과 함께 비정상적인 편향적 성격 특성을 종합적으로 포함하고 있다(대한신경의학회, 2017).

대체로 일반 인구의 10~20%가 1개 이상의 성격장애의 진단 기준에 해당된다는 추정보고가 있다. 물론 정신과적 장애를 가진 사람에게 성격장애가 있을 확률이 훨씬 높으며 대개 성인기 초기 전에 나타나고 장기간 지속된다.

성격장애에 대한 이해와 판단은 개인이 속한 민족적, 사회적, 문화적, 환경적 요소를 고려한 신중한 접근이 요구되고 사회 문화적으로 공인된 관습이나 종교적, 정치적 관점과 구별 되어야 하며 약물 남용이나 다른 정신 질환으로 인한 것이 아닌지 엄밀한 구분이 필요하다.

2) 성격장애의 일반적 특징과 진단적 기준

(1) 성격장애의 일반적 특성

- 자신에 대해 지나치게 집착하고 자기 중심적이다.
- 대인관계나 사회적인 관계에서 상처 받기 쉽고 부적응을 보인다.
- 가족을 포함한 다른 사람을 괴롭히는 경향이 있다.
- 왜곡된 시각, 관계에서 균형을 잃어 버리기 쉽고, 융통성이 부족하다.
- 일하고 사랑하는 능력이 부족하다(일하고 사랑하는 능력은 성숙의 척도이며, 행복감의 하위요소이다).

(2) 진단적 기준

DSM-5(2013)에서 나오는 일반적 성격장애의 진단 기준

- A: 내적 경험과 행동의 지속적인 유형이 개인이 속한 문화에서 기대되는 바로부터 현저하게 편향되어 있다. 이러한 형태는 다음 중 2가지(또는 그 이상)에서 나타난다. 1. 인지, 2. 정동, 3. 대인관계 기능, 4. 충동조절.
- B: 지속적인 유형이 개인의 사회 상황의 전 범위에서 경직되어 있고 전반적으로 나타난다.
- C: 사회적, 직업적, 혹은 다른 중요한 기능 영역에서 임상적으로 심각한 고통이나 장해를 초래한다.
- D: 유형은 안정적이고 오랜 기간 있어 왔으며, 최소한 청년기 혹은 성인기 초기부터 시작된다.
- E: 지속적인 유형이 다른 정신질환의 현상이나 결과로 더 잘 설명되지 않는다.
- F: 지속적인 유형이 물질(예: 남용 약물, 치료 약물)의 생리적 효과나 다른 의학적 상태(예: 두부 손상)로 인한 것이 아니다.

성격장애의 진단은 개인의 장기적인 기능 양식을 평가해야 하는데, 특정한 성격양상이 성인기 초기까지는 나타나 있는 것이어야 한다. 또한 이들 장애를 특징짓는 성격특성은 특정한 상황적 스트레스에 대한 반응이거나, 일시적인 정신상태(예: 기분 또는 불안 장애, 물질 중독에 의한 상태)로 나타나는 특성과 구별되어야 한다. 임상가는 성격 특성이 세월이 흘러도 변하지 않고, 상황에 따라서도 변하지 않는 안정성을 지니고 있는가를 평가해야 한다.

3) 성격성향과 관계하여 생각하여 볼 것들

성격성향이란 행동과 내면 경험의 추상적인 집약이다.

성격성향이란, 올포트에 의하면, 특정한 방법으로 행동을 하고자 하는 선유경향이다. 선유경향이란 사람들이 특정사실에 대하여 미리 갖고 있는 선입견. 이 선유경향은 욕구, 태도, 관심, 기호, 경험이라고 하는 내적 특성을 포함한다. 남명자

교수(2005)는 올포트가 주장하는 '성격성향'과 '성향'에 대하여 다음과 같이 정리하고 있다.

(1) 성격성향

'판단의 불일치에 대한 이면과 잘못과 실수의 경험적인 관찰을 떠나서 지속적으로 행동을 하고자 하는 각 성격의 독특한 정신적인 구조'이다. 정신적 구조라는 뜻에는 동기, 목적, 그리고 욕구 등이 다른 내면의 경험과 함께 포함되어 있다.

(2) 성향

① 가치관, 바라는 것, 좋아하는 것, 만족 등등 사람의 의식적인 내면의 경험을 반영한다는 것이다.

② 언제나 어느 정도의 교차하는 상황에서 지속성을 갖는다.

③ 성향으로 간주되는 행동은 설령 그 행동이 다방면의 표현방법으로 나타난다 할지라도 한 곳으로 응집되는 의미를 갖는다.

④ 어떤 한 성향을 가진 사람은 익숙한 상황이나 특정하고 새로운 상황에서나 표현하는 것이 같다.

올포트에 의하면 여러 성격성향을 다음처럼 정리할 수 있다. 사교적인 성향은 친구를 원하고, 자기주장적인 성향은 다른 사람에게 영향력을 행사하기를 원하고, 의존적인 성향은 다른 사람의 돌봄을 원하고, 부끄러워하는 성향은 안전을 원하고, 자기애적인 성향은 다른 사람에게 존경받기를 원한다(남명자, 2005).

4) 성격장애의 종류

성격장애는 증상의 유사성에 따라 DSM-5(2013)에서 3개의 군집으로 구분된다.

- **A군**: 괴상하고 한쪽으로 편향된 경향을 보이고 사회적으로 고립된 특징을 지

니다. A군에는 타인에 대한 의심과 경계, 불신에 사로잡혀 있는 편집성 성격장애, 일생동안 사회로부터 고립되어 있어서 대인관계 형성 능력에 심각한 장애를 갖게 되는 분열성 성격장애, 관계망상, 인지 및 지각의 왜곡, 그리고 괴이한 행동을 보이는 분열형 성격장애가 포함된다.

- **B군**은 극적이고 감정적이며 정서적 불안정과 변덕스러움이 특징이고 미성숙한 행동을 보인다. 주의를 끌기 위해서 과장된 행동을 보이는 연극성(히스테리성) 성격장애, 자기 과장과 특권의식에 사로 잡혀 있고, 공감능력의 결핍을 보이는 자기애적 성격장애, 죄의식 없이 타인의 안전과 재산에 피해를 입히고 사회적 규범을 위반하는 반사회적 성격장애, 그리고 정서 및 대인 관계의 불안정성과 주체성의 혼란으로 충동적 행동과 분노, 공격성을 표출하는 경계선 성격장애가 있다.
- **C군**은 불안과 두려움의 정서적 특징과 소심한 행동을 보인다. 자신에 대해 부적절한 존재라는 부정적 자아상을 가지고 있으며, 거절에 대해서 극도로 과민한 반응을 보이는 회피성 성격장애, 자신감이 결여되어 자신의 욕구를 타인의 욕구에 종속시키며, 보살핌을 받고자하는 과도한 욕구가 있는 의존성 성격장애, 정리정돈, 완벽성, 정확성, 그리고 마음의 통제와 대인관계의 통제에 대한 과도한 집착을 보이는 강박성 성격장애가 있다.

성격장애와 우울,불안, 강박장애의 비교(대한신경정신의학회, 2017)

1: **불안, 우울, 강박장애** – 자신을 고통스럽게 한다(자아 이질적ego-dystonic).
치료와 변화를 위해 노력한다(자기 변형적autoplastic).
일시적이며 일상 생활이 가능하다.

2: **성격장애** – 자신이 괴롭기 보다 대개 타인을 고통스럽게 한다(ego-syntonic).
치료에 무관심하다(환경변형적 allopalstic).
지속적이고 일상 생할에 제한이 많다.

2. 성격장애와 치료(성격장애에 대한 임상적 특징과 치료)

성격장애 A 군: 조현성, 조현형, 편집성

1) 조현성 성격장애(Schizoid Personality Disorder)

(1) 주요증상과 임상적 특징

이 성격장애의 핵심 특징은 "사회적 고립, 제한된 정동"을 갖고 있고 인지적, 지각적 왜곡이 없으며 사회적 친밀감의 욕구가 부족한 양상을 보인다(DSM-5). 이 성격장애자는 홀로 있기를 좋아하며. 혼자 있을 때가 가장 편하다. 누군가에게 애착을 보이는 것도 없다. 이들은 독신으로 사는 것을 좋아한다. 남자가 여자보다 더 결혼이 어렵다. 일상적 삶으로부터 분리(detachment) 때문에 "분열성 성격장애가 있는 남성은 거의 결혼을 하지 못한다. 여성의 경우 아마도 배우자를 찾기보다는 구혼을 받아들임으로 해서 결혼을 하기가 보다 쉬울 것이다."(사라손, 326) 미네소타 대학에 한 리서치를 하는 교수님이 계셨는데, 이 분은 결혼을 하지 않으셨다. 이 분은 전기세 가스비 등의 영수증 처리 등을 싫어하셔서 개인의 집이 없이 지내며, 학교에서 숙식을 하시면서 지낸다. 사람 만나는 것도 싫어하시며, 성적인 면에도 관심이 없으시고, 연구실에서 거의 대부분의 시간을 보낸다.

① 정서적 반응

이 성격장애의 또 다른 필수증상은 "대인관계 상황에서의 제한된 감정표현이 전반적으로 나타난다."(DSM-5, 2013) 조현성 성격장애를 지닌 사람의 정서적 반응은 무미건조해보이고 냉담해 보인다. 감정의 담담함이 이 성격의 주요한 특징 중의 하나이다. 이는 욕망이 결여되어 있는데서 오는 것처럼 보인다. 이들은 성적 욕망이 결여 되어 있으며, 물질적 욕구와도 거리가 멀다. 세속적 욕구에 관심이 없어 탈 속적인 분위기가 나며, 생존경쟁에서 떠나고 싶어 한다.

② 관심

물질적 욕구가 없는 반면에 내면세계에 관심이 있다. 그래서 이들은 고독을 즐기며 자연과 친하게 지내기를 즐긴다. 이들은 "말 수가 적어 사색적이며 종교적인 영성이나 예술적 감성을 지니고 있을 때가 많다." 내면세계가 풍부해서 말이 통하는 친한 한 두 사람에게는 즐거운 말 상대가 될 수도 있다. 물질에 대한 탐심이 없고 세속적인 것에 관심이 없어서 수도승 같은 삶을 살거나 홈리스로서 살아가는 사람들도 있다. 고독을 즐기는 이들은 자기세계가 침해당하는 것을 두려워한다. 가까이 다가오면 부담스러워 한다.

③ 적합한 직업

이들에게 맞는 직종은 타인과 접촉이 거의 없는 분야이다. "쓸데없는 인간관계에 시간이나 에너지를 쓰지 않는 만큼 자기 일에 집중할 수 있어 지식이나 정보에서 뛰어나다. 컴퓨터 관계 직종에 이런 유형이 많고 잘 어울린다."(타카시, 143)

이들이 좋아하는 노래는, "평화 평화로다." 이들은 "양순한 평화주의자"이다. 무슨 일이라도 묵묵히 해내는 평화주의자이다. 다만 부당하게 취급을 당할 때는 제외된다. 이들은 산소와도 같은 사람이나, "다만 부당하게 추궁당하면 뜻밖의 반격을 하기도 한다."(타카시, 143) 남을 험담하는 것에는 재미를 느끼지 못한다. 이는 타인의 일에 또는 이웃과의 관계에 관심이 없기 때문이다.

④ 사랑의 스타일

이들이 즐기는 사랑의 스타일은 플라토닉한 연애다. 이들의 사랑에는 질척거리는 부대낌과는 거리가 먼 청정함이 엿보인다. 실제하는 대상을 사랑하는 것이 아니라 상상속의 대상을 사랑한다. 실상이 아니라 허상을 쫓으며 어느 정도 거리를 두어야만 자기 속에 일어나는 감정을 느낄 수가 있고 유지할 수 있다. 이들의 내면세계는 매우 섬세하고 자아는 깨지기 쉬워서 어느 정도 거리를 둘 때 안전감을 갖는다. 이런 플라토닉한 사랑의 대표적인 인물 중의 한 사람은 실존주의 선구자인 키에르케고르이다. 그의 청년시절 연인인 레기네 올센과의 사랑에서 이런 모습이 잘 나타나고 있다. 타카시는 키에르케고르와 레기네의 사랑을 다음처럼 표현하고 있다. "키에르케고르는 청년시절 연인인 레기네 올센과 파혼한다. 파혼의 이유는 레기네가 싫어져서가 아니라 오히려 정반대의 이유에서였다. 키에르케고르는 파혼한 후 평생을 독신으로 살면서 레기네를 잊지 못했다. 그가 사랑하는 사람은 살아서 숨쉬는 레기네가 아니라 영원한 존재인 레기네였다(타카시, 2006, 145-146)." 이런 사람은 이데아적 연애를 하는 사람이다.[2] 이런 사람들은 사랑하는 연인을 사랑하기에 떠나보내는 자들이다.

⑤ 조현성 성격장애의 임상적 진단기준(DSM-5, 2013))

A. 다양한 형태의 사회적 유대로부터 반복적으로 유리되고, 대인관계에서 제한된 범위의 감정표현이 전반적으로 나타나며, 이러한 양상이 성인기 초기에 시작되며, 여러 상황에서 나타나고 다음 4가지 이상에 해당된다.

1. 가족과의 관계를 포함해서 친밀한 관계를 바라지도 않고, 즐기지도 않는다.
2. 항상 혼자서 하는 행동을 선택한다.
3. 다른 사람과 성적 경험에 대한 관심이 거의 없다.
4. 거의 모든 분야에서 즐거움을 취하려 하지 않는다.
5. 일차 친족 외에 친한 친구가 거의 없다.
6. 다른 사람의 비난이나 칭찬에 무관심하다.
7. 감정적 냉담, 유리 혹은 단조로운 정동의 표현을 보인다.

B. 단 조현병, 정신병적 양상을 동반한 양극성 장애 또는 우울장애, 다른 정신병적 장애 혹은 자폐스펙트럼장애의 경과 중 발생한 것은 조현성 성격장애로 진단하지 않으며, 다른 의학적 상태의 생리적 효과로 인한 것이 아니다.

---

2) 이데아적이란 "일반적으로 사상이나 관념 형태의 내용을 순수하게 내면적으로 이해하는 방법을 이데아적 견해라 한다." 이에 반하여 관념형태를 본인의 사회적 기반과 관련시켜 그 이해를 반영하는 사고를 이데올로기적 견해라 한다.

(2) 부수적 특징 및 장애, 가계 양상

이 성격장애를 지난 사람은 마치 감정이 없는 사람처럼 억울한 상황에서도 분노를 잘 표현하지도 못 하고 소극적으로 반응한다. 그들은 종종 삶의 목적을 잃어버린 사람처럼 보이기도 한다. 사회적 관계 형성 능력과 성적 욕구가 부족하여 주변에 친구가 별로 없으나 혼자서 하는 일은 잘 해내기도 한다. 이 성격장애와 함께 나타나는 성격장애는 조현형, 편집성(망상성, Paranoid), 그리고 회피성 성격장애이다. 이 조현성 성격장애를 가지고 있는 개인은 주요 우울 장애(Major Depressive Disorder)를 때때로 일으키는 경우가 있다(DSM-5, 2013).

이 성격장애는 조현형 성격장애나 정신 분열증 환자의 친척들 중에 더 많이 나타난다.

(3) 감별 진단

이 조현성 성격장애는 망상성 장애, 조현병, 그리고 정신증적 양상이 있는 우울장애, 양극성 장애등 기분장애와 증상의 유사성 때문에 혼동되는 면들이 있다. 이 장애들은 모두 다 "어느 기간 동안 지속되는 정신증적 증상(예: 망상, 환각)을 보이기" 때문이다. 조현성 성격장애로 진단하기 위해서는 정신증적 증상이 나타나기 전에 성격장애가 나타나야 하고 정신증적 증상이 사라진 후에도 성격장애는 지속되어야 한다. 조현형 성격장애에는 인지적, 지각적 왜곡이 나타나지만 조현성 성격장애에서는 나타나지 않는다는 점에서 구별된다(대한신경정신의학회, 2017). 심하지 않은 자폐 스펙트럼 장애와 아스퍼거 장애[3]는 조현성 성격장애와 구별이 매우 힘들다. 자폐 스펙트럼 장애의 경우 사회적 상호작용에 있어서 성격 장애에

---

3) 아스퍼거 장애는 전반적인 발달 장애(pervasive developmental disorder)의 특별한 타입 중의 하나이다. 특징은 사회적 기술의 발달과 행동에 문제를 소유하고 있다. 이 장애를 가진 사람은 자폐증을 가진 사람과 비슷한 점이 있으나, 주요한 차이점이 있다. 아스퍼거 장애는 자폐증을 가진 사람에 비해 높은 기능 수준을 보인다. 예를 들어, 아스퍼거 장애자는 정상적인 지능을 갖고 있다. 이들의 인간관계 특징은 친구를 사귀는데 어려움을 보인다. 혼자 지내는 것을 좋아하여 분열성 성격장애자와 구별하기가 힘들다. 이들은 정상적 사회활동은 하나 주변 사람의 마음을 배려하지 않으며, 힘들게 하고서도 힘들게 한 것인지를 지각하지 못한다. 매우 자기 중심적이다.

비해 손상이 더 크고 행동과 흥미에 대한 집착이 더 강한 편이다. 사회적 고립이라는 점에서 회피성 성격 장애와 조현성 성격장애가 비슷하나 근본적으로 사회적 상호작용의 기피 이유와 배경이 다르다 DSM-5(2013)는 그 공통적인 양상이나 차이점을 다음처럼 묘사하고 있다.

"조현성 인격장애의 사회적 고립은 회피성 성격장애와 감별이 되는데, 회피성 성격장애 환자는 당혹스러운 일을 하거나 무능함이 드러날 것과 거절에 대한 과도한 걱정 때문에 고립된다. 하지만 조현성 성격장애 환자는 좀 더 만연한 사회적 유리와 사회적 친밀감에 대해 아주 제한적 욕구가 있을 뿐이다."

(4) 조현성 성격장애의 원인

정신분석적 입장에서 보면, 이들의 성격적인 결함은 유아기에 양육되는 과정에서 부모로부터 충분히 수용되지 못하거나 거절당함으로 인한 자기 자신에 대한 부적절감에서 기인한다(권석만, 2003, 312). 또한 이들의 결함은 "자기표상이 통합되지 못한 채 쪼개져 있는 분열성"에서 기인한다고 볼 수 있다.

인지적 입장에서 보면, "부정적 자기 개념과 대인관계 회피에 관한 사고가 분열성 성격장애의 특성을 초래한다."(권석만, 2003, 312) 부정적 자기 개념에 대한 예를 들면, "나는 이 그룹에 끼어들기에는 부적절한 사람이다." "나는 혼자 있는 것이 낫다." 등이다. 대인 관계 회피에 대한 생각을 예로 들면, "아무도 나를 간섭하지 않았으면 좋겠다." "다른 사람들과 관계를 맺으면 문제만 일어난다." "다른 사람들로부터 거리를 유지하는 것이 낫다."를 포함한다.

조현성 성격장애를 가지고 있는 사람들의 주된 신념은 "타인과 그들의 반응이 중요하지 않으며 무시해도 된다는 것인데, 적대적 형태가 아니라 '상관하지 말라. 내버려 두라'는 것으로서 다른 사람들과 거리를 유지하려는 행동으로 나타나게 된다."(Beck & Freeman, 1990, 조성호, 2000)

(5) 조현성 성격장애의 치료

상담자나 주위의 돌보는 사람이 저들의 사소한 감정이나 침묵까지도 수용해주며 공감해주면서 이들이 마음을 조금씩이라도 열 수 있도록 돕는 것이 좋은 치료적 접근이다. 단 이들은 너무 가까이 가면 침범당한다고 느끼기에 그들이 생각하는 경계선을 존중해주는 선에서 수용하며 공감해주는 것이 중요하다. 또한 "성격특징이 어떻게 문제를 야기시킬 수 있는지에 대한 인지적 자각[지각]"을 높여주고, 이들의 주변에 있는 사람들은 이들의 특성을 잘 알아서 이들에게 맞는 일들을 하도록 격려할 필요가 있다. 타인이 자기의 공간을 침범하지 않았다고 느낄만한 공간을 주어야 한다. 고독한 환경 속에서 어떤 의미 있는 일들을 발견한다면 이들은 자기의 자아를 충족시킬 수가 있을 것이다(김청송, 2002, 486). 아프리카의 동식물 연구의 대가인 제인 구달(Jane Goodall)이 바로 그런 사람이다. 그의 말을 아래에 인용한다.

"나는 밀림 속의 생물들에게 완전히 마음을 빼겼다. 번잡스런 속세를 떠나서 살기에 이보다 더 좋은 환경은 이 세상 어디에도 없었다. 존재의 의미나 자기 역할에 대해서 명상하기에 완벽한 환경이었다...동식물, 산과 들에 젖어들수록 나 자신의 핵심에 다가가 내 주변에 있는 충만한 영적인 힘을 느낄 수가 있었다."(타카시, 2006, 148-149, 재인용)

2) 조현형 성격장애(Schizotypal Personality Disorder)

(1) 주요 증상과 임상적 특징

조현형 성격장애자들은 기묘한 생각과 지각, 대화, 행동을 한다. 아무 생각도 안하고 있는 것처럼 보이나 머릿속의 생각은 매우 왕성해서 자기 자신과의 대화(self-talk)를 많이 한다. 자기와의 대화가 "혼잣말 또는 웃음으로 나오기도 한다." 이러한 행위는 주변 사람을 당혹케 하기도 한다. 하지만 이러한 일탈 행위는 정신분열증 환자에게서 보여지는 만큼 극단적이지는 않다.

DSM-5에 의하면, 이 성격장애자가 조현성 성격장애자와 공통점은 고립되어 있고, 정서적으로 깊이가 없으며, 사회적 기술이 결여되어 있는 것이다. 분열성 성격장애자와 차이점은 분열성 성격장애자에게 없는, 말이 괴상하다는 점이다. 이들은 엉뚱한 단어와 문장을 사용하거나 단어를 이상한 방식으로 사용하여 때때로 이해하기 힘들 때가 있다. 이들의 또 다른 차이점들은 생각을 명확하게 표현하지 못하는 때가 많다는 것이다. 또한 스트레스를 받으면 사고가 악화되어 망상적으로 보이는 사고를 표현할 때도 있다. 망상적 사고란 다음과 같다. "우연한 사건과 외부사건이 특히 자신에게 특별하고 이상한 의미가 있다고 잘못 해석한다(DSM-5, 822)."

오카다 타카시에 의하면, 이들이 갖고 있는 이러한 특징들이 긍정적인 성취를 얻게 하기도 한다. 예를 들면, "상식적인 사고에 얽매이지 않고 직감이나 창의성이 뛰어나 학자나 연구가로서 획기적인 업적을 쌓기도 한다." 이들이 가지고 있는 특성은 또한 정신세계에서 일하는 직업에 해당하는 목회자나 승려, 철학자로서 성공하도록 이끌기도 한다. 왜냐하면 그들은 내면세계 또는 정신세계로의 여행을 하는 데에 삶의 에너지를 많이 쓰기 때문이다.

칼 융은 정신세계에 에너지를 많이 쓰는 사람이었다. 심령현상에 심취해서 젊은 시절을 보낸 경험이 있으며, 직관력이 매우 뛰어나 배우자가 될 사람을 한 눈에 알아보기도 했다. 타카시에 의하면, 이러한 예리한 직관은 분열형의 사람들에게서 자주 보이는 경향이 있다고 언급한다.

이들은 남의 시선을 신경 쓰는 것이 쓸데없는 짓이라고 여긴다. 이러한 태도는 다른 이들과 팀을 이루어 일을 하는 데에 마이너스 요인이 된다. 타인의 간섭을 받는 것을 매우 싫어하여 '마이 페이스'로 살아간다. 이들에게는 독립적으로 일하는 직업이 적성에 맞는다.

이들의 생각이 독창적이며 뛰어난 면이 있기 때문에 이들이 가지고 있는 강점을 객관화 시킬 수 있으면 사회에 대단한 영향력을 미칠 수 있다. 그들은 그들의 강점을 현실에서 살릴 수 있도록 도와주는 도우미들이 필요하다. 하지만 이들은 "능력을 살릴 수 있는 환경이 제공되지 못하면 고립이나 자폐 등으로 점차 현실과 동떨어지기도 한다(타카시, 2006, 130)."

이들에게는 같은 환경에 오랫 동안 머무는 것이 힘들다. 가끔 새로운 곳에서 자기의 영혼을 소성시킬 필요가 있다. 새로운 "신선한 신천지가 분열형에게는 자양분 많은 옥토가 된다(타카시, 2006)."

이 성격장애의 명칭은 "정신 분열증을 유발하기 쉬운 성격적 특성을 의미하는 'schizotypy'이라는 용어에서 유래한다."(권석만, 2019, 314) 일반 인구의 약 3%가 이 장애를 가지고 있다. 남자에게 더 많이 있는 장애이다.

조현형 성격장애의 임상적 진단 기준(DSM-5, 2013, 715)

A. 친분 관계를 급작스럽게 불편해 하고 그럴 능력의 감퇴 및 인지 및 지각의 왜곡, 행동의 괴이성으로 구별되는 사회적 및 대인관계의 결함의 광범위한 형태로 이는 성인기 초기에 시작되며 여러 상황에서 나타나고 다음 중 다섯 가지 또는 그 이상으로 나타난다.

① 관계 사고(부적절한 관계 개념으로 다른 사람의 말, 미소, 기타 다른 행동들이 자기 자신과 관련이 있다고 생각함)
② 행동에 영향을 주며, 소문화권의 기준에 맞지 않는 이상한 믿음이나 마술적인 사고를 가지고 있음(예: 미신, 천리안, 텔레파시 또는 육감 등에 대한 믿음, 다른 사람들이 내 느낌을 알 수 있다고 함. 아동이나 청소년에서는 기이한 공상이나 생각에 몰두하는 것)
③ 신체적 착각 등을 포함한 이상한 지각 경험
④ 이상한 생각이나 말을 함(예, 모호하고 우회적, 은유적 과정적으로 수식된, 또는 상동적인)
⑤ 의심하거나 편집성적 사고
⑥ 부적절하고 제한된 정동
⑦ 기이하거나 편향되거나 괴이한 행동이나 외모
⑧ 일차 가족 이외에 친한 친구나 측근이 없음
⑨ 친하다고 해서 불안이 감소되지 않으며 자신에 대한 부정적인 판단보다도 편집증적인 공포와 관계되어 있는 과도한 사회적 불안

B. 조현병, 정신병적 양상을 동반한 양극성장애 또는 우울장애, 다른 정신병적 장애 혹은 자폐스펙트럼장애의 경과 중 발생한 것은 여기에 포함시키지 않는다.

(2) 부수적 특징 및 장애(DSM-5를 참조)

부수적 특징은 "불안, 우울, 또 다른 불쾌감이 나타나는 증상"을 보이는데, 이것 때문에 치료를 받으러 온다. 스트레스를 심하게 받았을 때, 몇 분에서 몇 시간 동안에 해당하는 일과성의 정신증적 삽화(episode)를 경험하기는 한다. 그러나 이것이 단기 정신증적 장애(Brief Psychotic Disorder)나 조현형 장애(Schizophreniform Disorder)와 같은 진단을 내리기에는 시간이 너무 짧다. 이들 중에 반 수 이상이 주요 우울증 삽화(episode)를 경험한다. 이 조현형 성격장애로 진단 받는 사람들 중에는 "30~50%가 임상장면에 입원했을 때 주요 우울 장애의 진단을 함께 받는다." 이 조현형 성격장애와 함께 나타나는 성격장애는 조현성, 편집성, 회피성, 경계선 성격장애이다.

(3) 가계 양상

조현병 환자의 직계 가족 가운데 많이 나타나고 있다. 이 조현형 성격장애를 가진 사람들의 친척 중에서 조현병과 기타 정신증적 장애가 다소 상승되고 있다(DSM-5, 2013, 717).

(4) 감별 진단(DSM-5, 2013)

이 성격장애를 망상성 장애, 조현병, 그리고 정신증적 양상이 있는 기분장애와 혼동되는 면들이 있다. 그러나 이들과 구별할 수 있는 것은 이 장애들은 모두다 "어느 기간 동안 지속되는 정신증적 증상(예: 망상, 환각)을 보이기" 때문이다. 이 성격장애와 구별하기가 매우 어려운 장애들은 "가벼운 자폐성 장애나 아스퍼거 장애, 표현성 언어장애, 혼재 수용-표현성 언어장애의 소아들"이다. 가벼운 자폐성 장애나 아스퍼거 장애와 이 성격장애를 구별하기 위해서는 자폐아나 아스퍼거 장애를 가지고 있는 이들에게 나타나는 "사회인식 능력과 감정의 상호 교류의 결핍, 상동증적 행동과 관심"에 대해서 주의 깊게 살펴 볼 필요가 있다.[4]

이 조현형 성격장애와 공통적 요소를 갖고 있는 다른 성격장애들이 있다. 편집성, 조현성, 회피성, 자기애성, 경계선 성격장애가 이에 해당한다. 이 장애들과 조현형 성격장애의 공통된 특징이나 차이점은 DSM-5(2013)에서 잘 설명해주고 있다.

편집성 성격장애와 조현성 성격장애가 모두 사회적인 고립과 제한된 정동이 특징이지만, 조현형 성격장애는 인지적, 지각적 왜곡과 심한 엉뚱함이나 괴상함이 있다는 현에서 두 장애와 구별될 수 있다. 친밀한 관계는 조현형 성격장애와 회피성 성격장애 모두에서 어렵다. 그러나 회피성 성격장애에서는 대인관계에 대한 능동적인 요구가 있지만 거절에 대한 두려움 때문에 억제되는 반면, 조현형 성격장애에 있어서는 대인관계에 대한 욕구가 부족하고 지속적으로 고립된다는 점이 특징이다. 자기애성 성격장애를 지닌 개인들도 의심, 사회적 위축, 고립을 보일 수 있으나, 자기애성 성격장애에 있어서는 이러한 특징이 일차적으로 자신들의 불완전함이나 결점이 나타나지 않을까 하는 두려움에서 비롯된 것이다.[5]

(5) 원인과 치료

이 장애는 유전적 요인이 비교적 커서 조현병 환자의 직계 가족에서 유병률이 높다. 성격장애의 임상치료의 권위자인 교토대 오카다 타카시 박사에 의하면, 이 조현형 장애는 조현병의 유전적 소질을 가지고 있다고 한다. 조현형 성격장애는 "정신 분열병에 가까운 유전적 소질을 지녔으면서도 환경적 인자나 발병을 억제하는 다른 요인에 의해 정신분열병으로 발전하지 않은 상태로 보는 것이 일반적이다."(타카시, 2006, 129) 이 유전적 소인과 관련된 조현병 성향의 연속선상에서 이해되어져야 한다는 주장도 있다. 정신분열 성향은 크게 3가지 요소, 즉 대인관계로부터의 철수, 인지적-지각적 왜곡, 사고와 행동의 혼란으로 나타나는데 그 심각

---

4) 상동증적 행동(stereotyped behavior)이란 무의미한 행위를 반복 계속하는 병적 현상이다. 예를 들면, 자폐증을 가지고 있는 어린이가 물 컵 두 개를 가지고 물을 이 컵에서 저 컵으로 저 컵에서 이 컵으로 따는 행위를 수업이 끝날 때까지 계속하는 행동에서 볼 수 있다.
5) DSM-5, 718.

도는 장애마다 다양하게 나타날 수 있다. 즉 정신분열 성향이 경미한 형태로 나타난 것이 조현성 성격장애이고 그 다음이 조현형 성격장애인 반면, 가장 부적응적인 형태로 나타난 것이 조현병이라는 주장이다."(권석만, 2003, 315) 또 다른 원인은 유아기에 부모와의 견고한 애착(solid attachment)이 필수적인데, 이 견고한 애착이 실패해서 생긴 것이라는 연구가 있다. 이 주장은 머레이 보웬이 수많은 정신분열증환자를 치료하면서 발견한 것이다.

조현형 성격장의 치료는 약물치료와 인지행동치료가 도움이 된다. 구체적인 사회적 기술 훈련에 의해서 적응상태가 개선되었다고 보고하는 이가 있다(권석만, 2003, 316).

3) 조현병(Schizophrenia, or Schizophrenic disorder)

DSM-5의 축 I(임상적 장애)에 해당하는 장애 정신분열성향이 경미한 형태로 나타난 것이 조현성 성격장애이고 그 다음이 조현형 성격장애이며, 가장 부적응적인 형태로 나타난 것이 조현병이라는 주장에 근거하여 이 세 장애를 연결해서 살펴본다. 조현병에 대해서는 간략하게 살펴본다.

(1) 조현병(schizophrenia)의 진단 기준(DSM-5에서 인용)

① 특징적 증상: 다음 증상 가운데 2개 이상이 있어야 하며, 1개월 동안은 존재해야 한다.

- 망상
- 환각
- 와해된 언어(예, 빈번한 탈선 또는 지리멸렬)
- 심하게 와해된 행동이나 긴장증적 행동
- 음성 증상, 즉 정서적 둔마, 무논리증 또는 무욕증

주의할 점: 만약 망상이 기괴하거나, 환각이 계속적으로 행동이나 생각에 대해 간섭하는 목소리이거나, 둘 또는 그 이상이 서로 대화하는 목소리일

경우에는 한 개 증상만 있어도 된다(DSM-5).

② 사회적, 직업적 기능부전

③ 기간: 장애의 증상이 적어도 6개월 이상 지속되어야 한다.

④ 분열정동장애와 기분장애의 배제

⑤ 물질 및 일반적인 의학적 상태의 배제

⑥ 광범위성 발달장애와의 관계: 만약 자폐성 장애나 다른 광범위성 발달장애의 과거력이 있을 때는 현저한 망상이나 환각이 적어도 한 달 이상 지속될 경우에만 추가로 정신분열병 진단을 붙인다.

(2) 조현병의 주요 하위 유형

DSM-5(2013)에서는 정신분열증을 환자가 나타내는 주요한 증상에 따라 망상형, 긴장형, 해체형, 감별불능형, 잔류형의 하위 유형으로 구분하고 있다.

- **망상형**(paranoid type): 하나 이상의 분명한 망상을 가지고 있으며 환청경험을 자주 한다. 환각은 망상의 내용과 관련된 것이 많다.
- **긴장형**(catatonic type): 긴장된 자세나 고정된 자세로 오랜 시간 움직이지 않는 증상을 보인다. 반향언어, 반향동작, 똑같은 행동을 반복하는 행동 등을 포함한다.
- **해체형**(disorganized type): 와해된 언어, 와해된 행동, 정서적 둔감 또는 무감각, 부적절한 반응 등과 같은 음성증상을 주로 나타낸다. 인지적 기능이 손상을 입은 경우이며, 일상생활 수행에 큰 어려움을 보인다.
- **감별불능형**(undifferentiated type): 혼합형으로 불리는 유형으로서 다른 어떤 유형들에도 속하지 않는 유형을 가리킨다.
- **잔류형**(residual type): 분열증 증상이 약화된 상태로 지속되고 있는 경우를 가리킨다.

(3) 조현병의 원인

① 생물학적 요인

② 심리적 요인

③ 가족 관계 및 사회 환경적 요인: 정신분열증은 간단하게 표현했을 때 뇌의 문제와 가족역학의 짬뽕이라고 할 수 있다. 이중 메시지가 들려질 때 문제가 발생하는 것이다. 예를 들면, "육사를 가라"와 "너의 춤을 춰라." "의대에 가라"와 "너의 춤을 춰라." 이런 이중 메시지가 들릴 때 '또라이' 짓을 하게 된다. 그래서 정신분열증을 또라이 증후군이라 한다. 청소년기 때 유병률이 가장 높은 때, 이때에 가족역학이 이중 메시지가 들려질 때, 이고가 제대로 발달되어지지 않았을 때 환청과 환시를 실제로 느낀다("그분이 오셨습니다").

용어 설명

- **망상**: 통상적으로 잘못 해석된 지각이나 경험을 포함하는 잘못된 믿음이다. 분명한 반증이 있더라도 변하지 않는 잘못 해석된 강한 신념을 망상이라고 한다. 망상의 유형은 그 내용에 따라서 피해망상, 과대 망상, 애정망상, 관계망상, 신체망상 등으로 분류된다. 관계망상은 "어떤 동작이나 말, 노래가사, 책에 있는 글들이 자기에게 특별한 의도를 가지고 있다고 믿는 것"으로서, 다른 망상과 함께 나타나는 경우가 흔하다. 과대망상은 자기가 매우 중요한 능력과 임무를 가지고 있는 특별한 존재(예를 들어, 천재 또는 예수)라는 믿음을 갖고 있는 것을 가리킨다.
- **환각**: "현저하게 왜곡된 비현실적 지각"을 가리킨다. "외부 자극이 없음에도 불구하고 어떤 소리나 형상을 지각하거나, 또는 외부 자극에 대해서 현저하게 왜곡된 지각을 하는 경우"를 말한다(권석만). "내적 충동과 경험을 외부세계의 지각심상으로 투사한 것이다."(사르손) 현실을 있는 그대로 지각할 수 없는 왜곡된 자아세계의 표출로서, 병적과정의 결과로서 일어난 것이다(김현진). 환각은 다른 장애에서도 나타나는데, 정신분열증에서만 의식이 뚜렷한 상태에서 이 환각이 일어난다.

환각의 종류는 감각의 종류에 따라서 환청, 환시(visual hallucination), 환후(olfactory hallucination), 환미(tasteful hallucination), 환촉(tactile hallucination)으로 구분된다. 이중에서 조현병(정신분열증)에서 가장 흔하게 나타나는 것이 환청(auditory hallucination)이다.

4) 편집성 성격장애(Paranoid Personality Disorder)

편집증이란 극도로 의심이 많아지는 정신학적 증상으로 영어로는 파라노이아(paranoia)라고 하는데 원래 그리스어의 para(beside)와 nous(mind)에 뿌리를 둔 것으로 "마음이 비뚤어진, 제정신을 잃은" 의미를 가지고 있다.

편집성 성격장애란 마음에 문제가 있어 다른 사람에 대해 불신과 의심이 많은 특징을 보이며, 또는 망상신념으로 인해 사회적 부적응을 나타내는 성격장애를 말한다. 이 성격장애의 필수 증상은 "타인의 동기가 악의에 찬 것이라고 해석하는 등 타인에 대한 불신과 의심이 생활 전반에 광범위하게 퍼져 있는 것이다."(DSM-5, 2013)

(1) 주요증상과 임상적 특징

이 유형은 배신당할까봐 더 이상 친밀해지지 못한다. 사라손 부부에 의하면, "이런 사람들은 항상 배신당할 것을 기대하기 때문에 다른 사람들과 친밀한 관계를 맺기가 어렵다." 그리고 고립되어 있다. 이 편집성 성격장애는 분열성 성격장애와 분열형 성격장애와 더불어 사회적으로 고립되어 있고 기이한 성격특성을 보이는 A군 성격장애에 속한다(DSM-IV, 1995).

이 유형은 앞서서 설명한 성인아이 특징들 중에 하나인 "신뢰의 문제"가 있는 사람을 가리킨다.

편집성 성격장애(망상성 PD)자들 중에는, 타카시(2006)에 의하면, "부친 살해라는 테마에 시달리는 사람이 많다. 그중에는 아버지를 죽이겠다고 노골적으로 말하는 사람도 있지만 대개의 경우 한층 교묘히 승화시켜 권력자나 박해자와의 투쟁으로 전이된다." 스탈린은 아버지에게 무지막지하게 두들겨 맞으며 자라면서, 그가 애독했던 책은 아이러니컬하게도 〈부친살해〉라는 책이었다. 부친살해라는 책속에 나오는 "주인공의 이름 코바는 후에 스탈린이 혁명가로 활약할 당시에 사용했던 이름"이기도 하다. 이런 면에서, 스탈린은 부친살해라는 테마에 죽을 때까지 시달리며 살아갔던 망상성 성격장애라고 볼 수 있다. 히틀러 또한 편집성 성격장애를 보여주는 역사적으로 유명한 인물이다. 그는 편집성 성격장애의 특징에 해당하는 비밀주의와 시기심에 사로잡혀 사는 인물이었다. "히틀러 역시 극도의 비밀주의와 시기심에 사로잡혀 자신에 대해 지나치게 많이 알고 있다고 여겨지는 자를 가차 없이 숙청하였다."(타카시, 2006)) 수백만 명의 유대인을 살해하였던 것은 편집성 성격장애자가 가지고 있는 망상(delusion) 신념에 의해서 기인한 것이라고 추정할 수 있다(타카시, 2006).

편집성 성격장애의 임상적 진단 기준(DSM-5, 2013)

다른 사람의 동기를 악의가 있는 것으로 해석하는 등 타인에 대한 전반적인 불신과 의심이 있으며, 이는 성인기 초기에 시작되어 여러 가지 상황에서 나타나며 다음 중 4개(또는 그 이상) 항목을 충족시킨다.

① 충분한 근거 없이도 타인들이 자신을 착취하고 해를 주거나 속인다고 의심한다.
② 친구나 동료의 성실성이나 신용에 대한 부당한 의심에 집착되어 있다.
③ 정보가 자신에게 악의적으로 사용될 것이라는 부당한 공포 때문에 터놓고 얘기하기를 꺼린다.
④ 사소한 말이나 사건 속에서 자기의 품위를 손상시키려 하거나 위협적인 숨겨진 의도를 해석한다.
⑤ 원한을 오랫동안 풀지 않는다. 예를 들면, 모욕, 상해, 혹은 경멸을 용서하지 않는다.
⑥ 타인들에게는 그렇게 보이지 않지만 자신의 성격이나 명성이 공격당했다고 느끼고 즉시 화를 내거나 반격한다.
⑦ 이유 없이 배우자나 성적 상대자의 정절에 대해 자꾸 의심한다.

편집성(망상성) 성격장애는 이러한 행동 양식이 정신분열증, 정신증적 양상을 보이는 기분장애, 기타 정신증적 장애의 경과 중에만 일어나는 증상의 일부이거나, 신경학적 원인(예: 측두엽간질)이나 다른 일반적인 의학적 상태의 직접적인 생리적 효과로 인한 것일 때는 진단을 내려서는 안 된다(진단기준 B).

- **유병률**: 편집성 성격장애는 일반 인구에서 0.5~2.5%, 정신과 입원 환자에서 10~30%, 외래 환자에서 2~10%의 유병률을 보인다(권석만, 2019).

(2) 부수적 특징 및 장애

이 성격장애를 가지고 있는 사람들은 "스트레스를 받으면 단기 정신병적 삽화(몇 분에서 몇 시간 지속)를 경험하기도 한다. 몇몇 경우에는 편집성 성격장애는 망상장애나 조현병의 병전 과거력(permorbid antecedent, 또는 전구기 증상)으로 나타나기도 한다. 편집성 성격장애 환자는 주요 우울 장애가 발병하거나 광장공포증이나 강박장애 발병 위험도가 증가하기도 한다. 알코올이나 다른 물질 사용 장애도 흔하게 동반된다. 가장 흔하게 발병하는 성격장애는 조현형, 조현성, 자기애성 성격장애, 회피성 성격장애, 그리고 경계선 성격장애이다(DSM-5, 2013, 710)."

(3) 감별진단

"편집성 성격장애는 망상성 장애, 피해형 망상장애, 조현병, 정신병적 양상을 동반한 양극성 장애 또는 우울장애"와 구별이 가능하다. 그리고 정신증적 양상이 있는 기분장애는 모두 일정 기간 지속되는 정신증적 증상(예: 망상과 환청)이 특징이라는 점에 의해 편집성 성격장애와 구별된다(DSM-5, 2013).

(4) 원인

① 발달 과정에 요인이 있다는 입장

보편적인 동의가 이루어진 설명은 다음과 같다. 편집성 성격장애를 가진 사람들은 생후 첫 2년 동안에 지나친 긴장과 불안감을 느꼈을 때 안정감있는 피부접촉이나 불안한 마음을 달래주는 따스한 목소리(soothing-voice)를 듣지 못했다. 안전한 보호막이 없었다. 이것은 수십 년의 임상연구에 기초하여 내린 나름대로의 결론이다. 달리 표현하면 이들은 유아기에 기본적 신뢰감(basic trust sense)을 발달시키지 못한 것이다. Erickson은 인간 발달에서 유아기의 기본 이슈를 기본적 신뢰 VS 기본적 불신으로 보았다. 발달과정을 중요시하는 사람들에 의하면, 편집성 성격장애를 가진 사람들은 이 유아기의 발달단계에서 "신뢰"의 문제를 가진 사람인 것이다. 편집성 성격장애를 가졌던 후삼국 시대의 후고구려를 건국한 왕, 궁예는 이 유아기에 신뢰의 문제를 가진 사람이었을 것이다.[6)]

② 인지적 입장

인지적 입장에서 접근하는 상담치료사들은 편집성 성격장애자들의 사고과정과 신념에 초점을 두어 설명하고 있다.

Beck과 Freeman은 편집성 성격장애자들이 갖고 있는 **3가지 기본적 신념**을 다음처럼 진술하고 있다(이훈진, 이명원, 2000). ㉠ 사람들은 악의적이고 기만적이다.

6) 궁예 왕은 스스로를 미륵불(彌勒佛)이라 칭하는 과대망상에, 잔인한 성격으로 폭정을 일삼았던 사람으로 알려져 있다. 그러나 이는 새 왕조를 새롭게 건국한 고려의 관점에서 그려진 것이라 전적으로 바른 정보를 기록했다고 보기가 어렵다는 역사학자들의 시각이 있다. 궁예의 심리에 대해 조금 더 살펴보자. 그럼에도 불구하고 궁예는 폭력적인 성격들이 나타났었다. 예를 들면, 후고구려를 세울 당시 부석사(浮石寺) 벽에 붙어 있는 신라왕의 초상을 칼로 내리쳐 훼손했다는 역사의 기록이 있다. 신라에서 쫓겨난 신라의 왕자, 궁예는 후에 신라를 '멸도(滅都)'라고 부르며 반신라 정서를 노골적으로 드러냈다. 신라의 왕실로부터 버려진 궁예는 10세가 될 때까지 숨어서 유모의 손에서 성장했다. 이를 보건대, 그는 "신뢰의 문제"를 가지고 성장하게 되어 편집성 성격성향을 갖게 되었을 것이라 볼 수 있을 것이다. 성격심리학적인 면에서 볼 때 궁예는 편집성 성격장애를 가진 문제적 왕이었을 것이다. 그는 어린 시절 버림받음 속에서 형성된 자아 분열로 인해 고통을 당하면서 성인이 되어 엄청난 퇴행 속에서 무의식적 환상들과 갈등들이 유아기 수준에서 재활성화 되었을 것이다. 재활성화된 환상에 이끌리어 현실을 분별하지 못하고 가상의 적들을 만들며 심리 정서적 덩어리들을 투사하였을 것이다.

㉡ 그들은 기회만 있으면 나를 공격할 것이다. ㉢ 긴장하고 경계해야만 나에게 피해가 없을 것이다.

위의 3가지 기본적 신념에는 문제에 대한 귀인(탓)이 다른 사람에게 있고, 나에게는 없다. 이런 사고방식은 "매사에 경계와 두꺼운 벽만이 나의 생존을 유지할 수 있어"라는 믿음으로 굳어진다.

이들의 **조건 형성된 신념**은 다음과 같다(이훈진, 이명원, 2000). 1) 내가 조심하지 않으면 사람들은 나를 조종하고, 학대하고, 이용할 것이다. 2) 사람들이 나에게 다정하게 구는 것은 나를 이용하려는 의도가 있기 때문이다. 3) 사람들이 내게서 떨어져 있다면, 그것은 그들이 다정하지 않다는 것을 증명하는 것이다.

이들이 가지고 있는 자기 지시적 신념은 다음과 같은 것들이다. 1) 경계해라. 2) 아무도 믿지 마라. 3) 숨겨진 동기를 찾아라. 4) 들어오지 못하게 하라(이훈진, 이명원, 2000).

③ 정신역동적 입장

이훈진과 이명원(2000)은, 정신역동적 입장에 의하면, 다음과 같은 기제들이 편집성 성격장애를 일으킨다고 보고 있다.

㉠ 분리

이 편집성 성격장애를 가진 사람은 "동일한 대상에 대해 애정과 증오를 동시에 느낄 경우, 둘을 통합하지 않고 완전히 분리시킨 후 모든 악한 것을 외부에 **투사**함으로써 **자신은 항상 희생자 역할을 하고** 내적인 긴장을 완화시킬 수 있다. 이런 완화된 긴장 상태를 유지하기 위하여 이들은 경직된 사고와 방어를 유지하게 된다. 경험을 이런 식으로 조직화하는 경우 **분리가 중심방어기제가 된다**. …이들에게는 분리된 감정을 통합하는 것은 극히 어려운 것이다. 통합을 시도하다가는 증오가 사랑의 감정을 억누르고 파괴시키리라는 공포가 밀려와 견딜 수 없는 불안이 나타난다." 따라서 "편집성 사람들이 정서적으로 안정을 유지하고 살아가려면 자신의 모든 '나쁜 부분', 즉 부적응적인 감정의 덩어리를 떼어내어서 그것을 타인에게 던져야 한다."(이훈진 외, 2000)

㉡ 분열된 자기 기능으로 인한 불균형

이 성격장애자들은 자기의 삶 속에서 경험에 대한 "지각과 감정, 사고" 사이를 중재해 주는 자기(self)의 기능이 흔들리고 불균형을 이루어 자신의 주관적인 지각과 감정 그 자체를 마치 실제인 것처럼 받아들이고 세상에 대해 삐뚤어진 해석을 한다. 이들은 심리적인 불안과 좌절 속에서 형성된 분열된 자기(self)로 인해 무의식적 환상과 갈등들이 의식의 수면위로 올라오면서 저 마음 속 바닥에 갇혀있던 감정의 덩어리는 화산폭발처럼 솟아오르게 된다. 이를 정신분석가들은 투사 현상이라 한다. 투사적 동일시를 통해서 내부에 있는 위협감을 외재화할 뿐 아니라 사람들을 아주 병리적인 방법으로 조정하고 속박함으로써 통제한다.

㉢ 신뢰감을 줄 수 있는 내적 표상 형성의 실패

이들은 성장과정에서 사랑을 주고 받는 관계 구조 속에서 신뢰감을 줄 수 있는 내적 표상 형성에 실패했기 때문에 사랑을 주고 받는 관계가 불안정하고 매우 위험한 것이라고 믿게 되어 그런 관계로부터 완전하게 철수하거나 혹은 자신만의 환상을 만들어 낸다.

㉣ 편집을 유발하는 경험

자기의 불안과 긴장을 타인에게 투사하지 않고는 살 수 없는 편집성 성격장애자는 애착 단계에서 버림받은 경험이 있다. 사랑의 욕구 충족이 강렬한 애착단계에서 한 아이가 심리적으로 소외당하고 버림받음으로 고통을 겪었다면 그는 그 고통을 단절시키는 것을 자기도 모르게 연습했을 것이다(김현진).

성인이 되어 의심과 불안, 좌절이 한계선을 넘어서면, "그 상황에서 도피해 자신 내부로 들어가게 되며 혼자서 반추를 계속한다. 그렇게 되면 자아분열로 고통을 당하고 깊고 엄청난 퇴행을 겪어 **무의식적 환상들**과 갈등들이 유아기 수준에서 재활성화 된다. 이러한 환상과 갈등은 방어에 실패하여 억압을 뚫고 전의식과 의식적 표현들을 향해 올라온다. 결국 성숙한 억압 방어 구조는 무너지고 투사와 부인이 방어적 기능들을 대신하게 된다. 이렇게 되면 편집성 갈등, 환상, 원초적인 방어들과 과민성이 뚜렷한 증상들로 나타난다(이훈진 외, 2000)."

편집증을 유발하는 상황과 촉진 요인

이훈진과 이명원(2000)이 주장하는 정신역동적인 입장에서 볼 때, 편집증상은 정서적인 만족의 주요 대상이나 원천의 상실, 또는 상실의 위협감을 느끼거나, 성적 혹은 적대적 본능의 힘이 증가하고 현실을 이끄는 자아(ego)의 힘을 능하게 될 때 발생한다.

상담치료자는 편집 증상을 유발하는 촉진 요인들에 대해서 관심이 많다. 이 촉진 요인들을 알면 편집성 성격장애자들과 함께 사는 사람들에게 좀 더 나은 도움을 줄 수 있다. 그런 면에서 이 촉진 요인을 아는 것은 중요한 일이 된다.

이훈진과 이명원은 편집성 반응을 일으키는 특징적인 요인들을 다음과 같이 소개한다.

- 학대 받으리라는 만성적 예상을 적중시킴으로써 보복할 태세를 증가시키도록 만드는 상황이나 사건
- 의심과 불신을 증가시킴으로써 기만과 배신에 대한 평소의 예상을 확인해주는 상황이나 사건
- 경계를 증가시키고 동시에 다른 사람들과의 사회적 교류로부터 고립시키는 상황이나 사건
- 시기와 질투를 증가시킴으로써 분개심과 미움과 열등감을 일으키는 상황이나 사건
- 자존감을 낮춤으로써 초자아가 공격받게 하고 격렬한 부인과 투사가 필연적으로 일어나게 하는 상황이나 사건
- 다른 사람들에게서 자신의 결점들을 보게 함으로써 불안을 증가시키고 그것을 극복하기 위해 부인과 투사를 더 많이 하게 만드는 사건이나 상황
- 게으름과 고립이 결합되어 타당한 현실 검증을 불가능하게 만드는 상황이나 사건

이런 촉진 요인들의 조합으로 인해 불안과 좌절이 극심하여 한계치에 이를 때 편집과 관련된 심리적 과정을 통해 뚜렷한 편집 증상은 발생한다.

(5) 치료

내적 갈등의 해결

내담자가 정서와 현실을 구분할 수 있도록 도와주어야 한다. 전체 치료 과정에서 치료자는 내담자의 감정을 안아주어야 한다. 이로써 내담자에게 새로운 대상관계

속에서 안전감을 느낄 수 있도록 도움을 주어야 한다. 내담자는 시간이 지남에 따라 이것을 내면화하게 된다.

편집 성격을 가진 내담자는 "치료자를, 자신을 박해하는 나쁜 사람으로 인식하고 대한다. 치료자가 이런 내담자의 태도에 대해 방어적이 되고 내담자의 투사를 다시 내담자에게 되돌리는 해석을 시도하게 되면, 내담자는 자기가 공격받고 오해받고 기만당했다고 느끼게 된다. 이러한 악순환을 피하려면 치료자는 내담자가 정서적 생존의 수단으로 투사를 사용한다는 점을 공감해야 한다. 치료자는 미움과 악함과 무기력과 절망의 감정들을 기꺼이 수용해야만 한다"(이훈진 외, 2000). 이런 불쾌한 감정들까지도 품을 수 있다는 것은 참 힘든 일이다. 이런 정도의 감정들을 품을 수 있는 마음의 그릇이 필요하다. 이런 마음의 그릇은 매우 크고 바다와 같이 고요하고 깊은 그릇일 것이다. 의심과 투사, 투사적 동일시를 하는 내담자를 치료적 경험으로 이끄는 것은 참으로 어려운 일이다. 컴패션 중심치료(Compassion Focused Therapy)나 정서중심치료(EFT)가 도움이 될 것이다.

참고문헌

권석만(2019). 현대이상심리학. 학지사.
김청송(2002). 정신장애 사례연구. 학지사.
오카다 타카시(2006). 나만 모르는 내 성격. 모멘토.
이훈진 & 이명원(2000). 편집성 성격장애. 학지사.
조성호(2000). 분열성 성격장애와 분열형 성격장애. 학지사.
American Psychiatric Association(2013). 정신장애의 진단 및 통계 편람(DSM-5). 하나의학사.

반추 및 토의질문

1. 조현성, 조현형 성격장애의 임상적 특징들에 대해서 이야기해보세요.

2. 조현성, 조현형 성격성향을 가진 사람과 함께 일할 수 있는 방안을 이야기해보세요,

3. 편집성 성격장애가 형성되는 요인을 설명해보세요.

4. 편집증을 유발하는 상황과 촉진 요인들에 대해서 진술해보세요.

5. 대인 관계에서 반복적으로 나타나는 나의 약점에 해당하는 성격적 요인은 무엇인지 아는가? 안다면 이야기해보세요? 그리고 그 약점을 극복할 수 있는 방안이 있는가?

CHAPTER

07

성격장애와 치료 2

성격장애 B군: 경계성, 연극성, 자기애성, 반사회성

1. 경계성 성격장애(Boderline Personality Disorder)

1) 주요 증상과 임상적 특징

경계성 성격장애는 경계선 성격장애라 불리기도 하는데 이는 정신증과 신경증의 경계에 있다는 의미이다. 경계성 성격장애의 특징은 감정의 기복이 극과 극을 오갈 정도로 크고 불안정하다. 충동 조절이 어렵고 반복적인 자살 충동에 시달리기도 하고 대인 관계가 매우 불안정하다. 그리고 자신에 대해 '이상화'와 '혐오'를 오가는 자기 이미지 왜곡이 심하고 만성적인 공허감과 우울감을 느끼기도 한다. 타인과 자신에 대해 극단적인 양가감정을 가지고 있으며, 모 아니면 도라는 흑백논리의 이분법적 사고에 갇혀 있기도 한다. 자신을 해치는 자해 행동을 벌이기도 하며, 만성적으로 자신은 버림받을 것이라는 두려움을 가지고 있다. 이 버림받을 것이라는 두려움에 사로 잡혀 인간관계에 매달리게 되고, 매달리는 인간관계에 매우 집착한다. 상대와 친밀한 관계일 때는 관계가 멀어질까봐 자신의 솔직한 감정을 억누르고 상대의 의견에 전적으로 따르는 의존적인 모습을 보이다가 상대가 자신을 떠나거나 멀어질 것 같으면 돌변하며 공격성과 분노를 표출하기도 한다(대한신경정신의학회, 2017). 애인과 교제하면서 데이트 폭력을 행사할 경우 가해자와 경계성 성격장애자의 상관성이 높다는 연구 들이 보고 되고 있다(홍영오, 2017, 유보윤, 2020).

경계성 성격장애의 임상적 진단 기준(DSM-5, 2013, p.723) (9개 항목 중 5개 이상일 때)

대인관계, 자아상 및 정동의 불안정성과 현저한 충동성의 광범위한 형태로 성인기 초기에 시작되며 여러 상황에서 나타나고, 5가지를 충족한다.

① 실제 혹은 상상 속에서 버림받지 않기 위해 미친 듯이 노력한다(주의점: 5번 진단기준에 있는 자살 행동이나 자해 행동은 포함하지 않음).
② 과대이상화와 과소평가의 극단 사이를 반복하는 것을 특징으로 하는 불안정하고 격렬한 대인관계의 양상이 나타난다.

③ 정체성 장애: 자기 이미지 또는 자신에 대한 느낌의 현저하고 지속적인 불안정성을 보인다.
④ 자신을 손상할 가능성이 있는 최소한 2가지 이상의 경우에서 충동성을 보인다(예, 무분별한 소비, 물질 남용, 좀도둑질, 부주의한 운전, 과식 등).
⑤ 반복적인 자살행동, 제스처, 위협 혹은 자해 행동을 한다.
⑥ 현저한 기분의 반응성으로 정동의 불안정(예: 강렬한 삽화적 불쾌감, 과민성 또는 불안이 보통 수 시간 동안 지속되며 아주 드물게 수일간 지속된다)
⑦ 만성적인 공허감
⑧ 부적절하고 심하게 화를 내거나 화를 조절하지 못함(예: 자주 울화통을 터뜨리거나 늘 화를 내거나, 자주 신체적 싸움을 함)
⑨ 일시적이고 스트레스와 연관된 피해적 사고 혹은 심한 해리적 증상.

2) 경계성 성격장애의 사례

영화 '얼굴없는 미녀'(2004)의 김혜수

주인공 지수는 자살소동으로 정신과 병동에 입원하는 장면이 나타납니다. 자축파티에 아무도 오지 않은 것이 원인이었다. 모두로부터 버림받았다는 영혼의 텅 빈 공허감이 세상 어느 것보다 더 강렬하고 견딜 수 없어서 손목 동맥을 자르게 되었다. 영화 속의 이런 모습은 경계성 성격장애자에게서 자주 볼 수 있다.

3) 경계성 성격장애의 원인

(1) 애착 욕구 박탈

애정을 주고받는 것에 문제가 있을 경우, 즉 사랑의 욕구 충족이 필요한 어린 아이에게 관심, 맑은 시선과 사랑이 담긴 허깅(hugging)이나 스킨십(touching) 등이 절대적으로 필요하다. 즉 이 세 가지가 제대로 이루어지지 않으면 미러링 헝거 셀프(굶주린 거울반응 자기)가 형성이 된다. 이런 부적응적이고 공허하고 불안한 자기의 형성은 건강한 애착 욕구를 충족시키는 것을 박탈당한 것이다. 이처럼 애착 욕구를 충족시키지 못하면 접촉되지 않으면 거기에서 따르는 마음의 상처는 후기 성격 형성에 매우 중요한 영향을 미친다. 이는 자기와 이웃에 대한 지각이나 느낌이 병리적으로 형성이 되고, 부적응적 병리적 대처 패턴이 형성된다. 이럴 때 경계선 성격장애가 찾아오는 것이다.

(2) 외상 경험

외상은 외상적 사건에 의해 그 고통을 견딜 수 없을 때 발생한다. 외상적 사건은 한 개인이 다루어 정리할 수 없는 스트레스 사건을 말한다. 아동기에 경험하는 외상적 사건의 경험이 내면의 자기가 수용하고 견딜 수 없는 자극으로 다가올 때 내면의 성격 변화에 큰 영향을 미치게 된다. 많은 학자들은 사고나 질병으로 인하여 생긴 외상은 내부의 성격 변화에 매우 큰 영향을 미치는 것으로 나타난다고 보고하고 있다. 이는 또한 경계선 성격장애의 발달로 이어지는 경우가 많다(Marziali, 1992).

외상에는 흔치 않게 일어나는 가족의 신체의 학대나 성적 확대 등 가학적인 요소들도 많은데 이러한 요소들은 내면의 분노를 쌓아 경계심, 적개심 등이 외부로 표출 된다. 이러한 현상이 오래가면 자신에게 학대를 가한 사람뿐만 아니라 다른 중립적인 대상들에게까지 전이가 되어 모든 대상들에게 적개심과 경계심이 더욱 심해진다(조성호, 2000).

아동기 외상 경험에는 신체적 학대와 성적 학대뿐만 아니라 중요한 타인들로부터 정서적인 철수를 포함한 무시, 사랑하는 대상과의 사별이나 이별 등과 같은 상실 경험, 그리고 부모의 방관으로 인한 자기감의 상실 등을 포함한다.

(3) 불확실성의 시대의 영향

조성호(2000)에 의하면, 경계선 성격장애의 핵심특징 중의 하나인 불확실성과 불안정성은 성격 발달에 있어서 중요한 역할을 하는 가정뿐만이 아니라, 개인이

몸담고 있는 사회의 특성에 의한 것이다. 현대사회의 핵심적인 특징이 불확실성이다. 이 불확실성이라는 사회의 특성이 개인의 심리체계를 더욱 불안하고 불확실하게 이끄는 요인이 된다.

4) 경계성 성격장애의 치료

정서중심적 치료

내담자가 정서적으로 매우 불안정하고 초기 민감기 때 애착 관계 형성에 실패했기에 정서적인 접근이 도움이 될 것이다. 따라서 상담치료자는 내담자의 불안정한 감정을 거울반영해주고, 건강한 정서적 접촉이 상담치료자와 내담자 사이에 일어날 수 있도록 한다.

심한 스트레스를 견디지 못해 그것으로부터 탈피하기 위한 무의식적인 몸부림, 생존의 몸부림을 한다. 이것이 경계성 성격장애자의 방어기제이다. 이 방어기제가 무엇인지를 빨리 발견하여 불안한 현재의 정서를 바로 잡아 주어 현실 생활에 빨리 적응할 수 있도록 돕는 것이 정서중심치료이다.

① 잘못을 지적하지 말라(공감과 지지)

경계성 성격장애를 겪고 있는 내담자에게 무엇보다 필요한 것은 지지와 공감적 반영이다. 이들이 가지고 있는 정서적인 문제는 큰 불안감이다. 이것은 자기 존재의 상실감이다. "상대의 의중에 자신이 존재하는가에 대한 불안감이 늘 그들을 사로잡고 있다. 내게 무엇이 잘못이 있는지 나의 문제가 무엇인지 항상 불안해한다."

이렇게 불안이 내면을 정복해버린 경계선 성격장애인에게 잘못된 것을 알려주어 고쳐보겠다는 시도는 결국 그를 심리적으로 죽이는 것이다.

② 자기감을 발달시키는 기회들을 자주 가져라

경계성 성격장애를 가진 사람은 불안한 정체성을 가지고 있다. 자기 정체성(self-identity)이란 "나 자신이 어떤 존재인가?"라는 물음에 대한 자기 자신의 대답이다. 자기 정체성의 가장 핵심적인 면은 자기 가치감이다. 이것을 다른 말로 표현하면,

"자기감"이다. 자기감을 회복하기 위해서 가장 시급한 것은 아주 기본적인 면에서 "내가 좋아하는 것과 싫어하는 것이 무엇인가? 또는 내가 원하는 것과 원하지 않는 것이 무엇인가?"에 대한 자각으로 돌아가는 것이다. 내담자에게 가장 하고 싶은 것들을 적게 한다. 예를 들면, 버킷 리스트 50가지 적기를 해본다. 그리고 당신이 원하는 것들을 어떤 것들이 있는지, 또는 "관계 속에서 당신이 경험해보고 싶은 것들은 어떤 것들이 있나요?"라고 질문해보라.

③ 상처를 치유하는 것

경계성 성격장애자들에게는 비참한 어린 시절의 사연이 있다. 부모와의 애착관계가 이루어지지 못했거나 신체적, 정신적 또는 성적인 학대를 받았던 경험이 있거나 어머니의 모호하고 양가적인 양육태도 등이 이런 성격장애로의 성장을 가져오게 한다. 이렇게 성장한 아이들이 진정한 자아의 성장이 불가능하게 되어 성숙하지 못한 자신을 자학하는 등의 손상된 인생을 살게 되는 것이다. 세상에 태어나서 3세가 되는 기간 동안 어린아이에게 신체적으로나 정신적으로 버려짐의 아픔을 겪지 않게 하며 안정된 애착관계를 형성하게 하는 것이 부모의 필연적인 의무이다. 상담자는 이 점을 고려하여 상처 입은 정서적 부분을 치료하는 것을 상담목표 중 하나로 선택하고 애착능력을 회복할 수 있도록 도울 필요가 있다.

④ 한계를 분명히 정하라

경계성 성격장애자를 도와주기 힘든 까닭은 도움이 도움을 불러들이기 때문이다. 도움을 주는 사람을 탈진케 만드는 경향이 있다. 그래서 한계를 분명히 그으면서 도와주는 것이 지혜롭다. "경계선 성격장애자는 그가 안고 있는 애정결핍을 채워주려고 하면 할수록 더욱더 애정을 갈구하는 특성을 갖고 있다."(타카시, 35) 따라서 상담치료자는 어느 선까지는 경계선(boundary)을 그을 필요가 있다. 이는 밧줄 위에서 외줄타기를 하는 것처럼 쉬운 일은 아니다. 이 경계선을 적절하게 조율하는 것은 상담치료자의 감각이 중요하다.

2. 연극성 / 히스테리성 성격장애 (Histrionic Personality Disorder) B군

1) 주요 증상과 임상적 특징

연극성 성격장애는 타인을 매료하지 못하면 자기의 존재 가치가 무가치하다고 믿는다. 이러한 믿음 때문에 타인을 매료시키기 위해 무슨 일이든지 불사한다. 권석만 교수(2019)에 의하면 이들의 주된 특징은 "타인의 애정과 관심을 끌기 위한 지나친 노력과 과도한 감정표현"이다. 과도한 감정의 표현과 타인의 관심을 끌려는 행동이 생활 전반에 나타난다.

이들은 연극배우처럼 자신의 경험과 감정을 극적으로 표현하는 것을 배우게 되는데, 이러한 행동들은 단지 연기이거나 거짓 또는 과장에 불과하다. "희노애락의 감정기복이 심하며 표현된 감정이 깊이가 없고 피상적인 것이라고 느껴진다." 타인을 매료하기 위해서 화려한 외모에 치중하며 성적매력을 풍기기 위해 노력한다.

이들의 마음 깊은 곳에는 타인의 마음을 붙잡아 그들에게 사랑받고 싶고 인정을 받고 싶은 욕구가 강렬하다.

타인이 관심을 주지 않으면, 그들이 자신을 싫어하는 것으로 지각하고 힘들어하거나 우울해지는 경향이 있다. 관심의 대상이 되는 타인이 관심이나 애정을 표현하지 않으면 분노, 시기와 질투 등을 느낀다. 이럴 때 이들이 느끼는 분노는 이들의 관심을 끌기 위한 노력과 행동이 에로스에 기초하기 때문이다. 에로스는 나의 내면성을 투사하는 것이다. 나를 받아주지 않으면 분노가 치밀어 오르는 것이다.

이들의 내면에는 거절에 대한 두려움이 있으며, 자신의 요구가 관철될 수 있도록 타인을 조정하는 기술이 있다. 이러한 기술들은 생존을 위해서 어릴 적부터 익히게 된다.

이들의 유병률은 일반인구의 2~3%이며, 정신과에 오는 환자 중에는 10~15% 정도가 된다고 한다(권석만, 2019).

연극성 성격장애의 임상적 진단 기준(DSM-5, 2013)

지나친 감정표현과 관심 끌기의 행동이 생활전반에 나타난다. 이러한 특성이 성인기 초기에 시작되며 다음의 특성 중 5개 이상의 항목을 충족시켜야 한다.

① 자신이 관심의 초점이 되지 못하는 상황에서 불편감을 느낀다.
② 다른 사람과의 관계에서 흔히 상황에 어울리지 않게 성적으로 유혹적이거나 도발적인 행동들을 특징적으로 나타낸다.
③ 감정의 빠른 변화와 피상적 감정표현을 보인다.
④ 자기에게 관심을 끌기 위해서 지속적으로 육체적 외모를 활용한다.
⑤ 지나치게 인상적으로 말하지만 구체적 내용이 없는 대화양식을 가지고 있다.
⑥ 자기 연극화, 연극조, 과장된 감정표현을 나타낸다.
⑦ 타인이나 환경에 의해 쉽게 영향을 받는 피암시성이 높다.
⑧ 대인관계를 실제보다 더 친밀한 것으로 생각한다.

2) 원인과 치료

연극성 성격장애이 원인은 채워지지 않은 애정이다. “대개의 경우 어머니와의 관계에 문제가 있다”(타카시, 79). 이들에게는 경계성 성격장애자와 자기애성 성격장애자와 마찬가지로 미충족된 사랑의 욕구가 있다. 이들 중에는 자기애의 상처를 교묘히 자극해서 타인의 마음을 움직이게 하는 기술을 어린 날에 터득하는 이들도 있다. 예를 들면 찰리 채플린이 그와 같은 사람이다. 권석만 교수(2019)도 연극성 성격장애자의 원인을 엄마의 애정부족을 들고 있다. “연극성 성격장애를 지닌 여성의 경우, 엄마의 애정부족에 실망을 느끼고 자신의 욕구를 충족시켜 줄 대상으로서 아빠에게 집착하며 아빠의 주의를 얻기 위해 애교스럽고 유혹적이며 과장된 감정표현 양식을 습득하게 된다. 그러나 이들이 궁극적으로 추구하는 것은 어머니의 젖가슴으로 상징되는 어머니의 따뜻한 보살핌이며 “젖가슴과 남근의 동일시”를 통해 성장한 후에 남자들로부터 애정과 사랑을 얻기 위해 유혹적인 행동을 나타내게 된다." 권석만 교수(2019)는 남성의 경우도 어머니에게 사랑을 얻지 못한 것이 연극성 성격장애의 원인이 된다고 언급한다. 아버지가 없을 경우, "어머니와의 동일시를 통해서 수동적이고 여성적인 정체감을 발달시키거나, 여성성에 대한 불안을 회피하기 위해 과도한 남성성을 나타낼 수 있다."

인지적 입장에서는 이 성격장애자의 사랑과 관계된 왜곡된 신념과 사고방식에 주의를 집중한다.

이들이 겹쳐서 나타나는 장애들은 자기애성 성격장애와 반사회성 성격장애이다. 타카시(2006)에 의하면, "칭찬과 관심을 구한다는 점에서" 자기애성 성격장애자에 가까워서 연극성 성격장애자 중에는 자기애성 성격장애자들이 많다. 또한 연극성 성격장애자의 65%가 반사회성 성격장애자에 속한다고 보고하고 있다(권석만, 2019, Lilienfed et al). 연극성 성격장애 환자들은 자신의 생각, 정서, 행동에 대한 성찰과 인식 수준을 높이는데 치료적 초점을 맞출 필요가 있고, 특별히 연극성 성격장애자들의 정서 경험을 명료화 하는 작업은 이들의 치료적 과정에서 꼭 필요한 과정이다.

3. 자기애성(narcissistic) 성격장애 B군

'왕자병' 또는 '공주병'을 가진 사람들이 이 부류에 속한다. 자기애성 성격장애자(Narcissist)란 그리스 신화 Narcissus에서 유래되었는데, Narcissus가 우물에 비친 자신의 그림자에 반하는 것처럼, 백설 공주에 나오는 여왕처럼 자신이 제일 잘났다고 여기는 사람을 가리킨다. 이들은 '스스로 뻑가는' 사람들이다.

1) 자기애성 성격장애의 주요 특성

심각한 공감부족과 이기심으로 주위사람을 놀라게 하는 사람, 매우 자기 중심적인 사람, 마이크를 잡으면 놓기를 싫어하는 사람, 자기과시적인 오만한 행동을 나타내어 주변 사람들과 관계하는데 어려움을 갖는 사람을 자기애성 성격장애라고 한다. 이들은 자기가 이루어낸 성취나 자기의 재능에 자랑을 하지 않고는 못 견디는 사람들이다. 이러한 자기 자랑은 그의 교만에 뿌리가 있다. 그의 교만 이면에는 수치심이 또아리를 틀고 있다. 이 사람은 비판을 견디지 못한다. 자기는 특별한 사람이기에 특별대우를 받는 것은 당연하다고 생각한다. 자기의 특별함에 도전하는 자는 비난과 제거의 대상이 된다.

타인의 욕구에 대해서는 민감하지 못하다. 누가 보아도 공감능력이 매우 떨어진다. 진정한 정서적 개입은 거의 이루어지지 않는다.

이들은 타인에 대해 경멸하는 성향이 강하나(예, 그 사람 사실은 별것도 아니야), 그 이면에는 질투와 시기심을 자주 느낀다. 그 이유는 타인이 가지고 있는 성공이나 좋은 것이 자기에게 더 잘 어울리는 것이고 자기가 가져야 마땅한 것이라는 생각이 이 사람의 무의식의 깊은 곳에 자리 잡고 있기 때문이다.

가면 뒤에는 수치심이 자리잡고 있다. 자기애성 성격장애자에게는 수치심이란 도저히 참을 수 없는 감정이기에, 가면 뒤에 숨는 회피된 수치심으로 표출되는 것이다. 이들 존재의 속 깊은 곳에 자리 잡고 있는 것은 수치심이다.

자신의 목적을 달성하기 위해서 타인을 이용한다. 경계선을 침범하는 이기심이 이들에게는 있다. 항상 뭔가를 요구하여 주위 사람을 불쾌하게 만드는 일이 종종 있다.

권력에 대한 욕구나 성공에 대한 갈망이 지나치게 강하며, 여러 가지 방법으로 자신의 우월성을 나타내고자 분투한다.

자신을 스스로를 높이 평가하고, 타인들도 자기를 높이 평가해주기를 기대하고 있어서, 자신에 대한 지지를 받고자 하는 갈망이 강렬하다. 올드햄과 모리스(Oldham & Morris, 2008)에 의하면, 이들은 자신을 최우선시하고 과장하는 경향 때문에 판단력이 흐려지고 균형 잡힌 시각을 유지하지 못한다.

이들이 자기가 가지고 있는 **자기 개념**은 매우 긍정적인 것으로 차 있고, 자존감도 높으나, 이들의 내면 깊숙한 곳을 들여다 보면 그 곳에는 불안과 수치심 등 부정적인 정서로 가득 차 있다. 그렇기 때문에 실상은 매우 상처받기 쉽고 깨지기 쉬운 존재들이다. 이들의 높은 자존감은 자기 생각 속에 자존감이지, 실제하는 자존감은 아니다. 이들의 자존감은 방어적인 성격을 띤다(권석만, 한수정, 2000, 샌디 호치키스, 2005).

권석만(2003)과 권석만, 한수정(2000)에 의하면, 방어적 자존감이란, "'나는 괜찮은 사람이야'라는 느낌을 애써 유지하려는 무의식적 노력에 의해 생기는 자존감을 뜻하는 것이다." 대인관계의 특징은 강렬하고 불안한 느낌을 주어 타인에게 부담감을 주는 스타일로 다가온다.

자기애성 성격장애의 임상적 진단기준(DSM-5, 2013, 730-731)

과대성, 숭배에의 요구, 감정이입의 부족이 광범위한 양상으로 있고 이는 청년기에 시작되며 여러 상황에서 나타나고, 다음 중 5가지 또는 그 이상으로 나타난다.

① 자신의 중요성에 대한 과대한 느낌을 가짐(성취와 능력에 대해 과장한다. 적절한 성취 없이 특별대우 받기를 기대한다)
② 무한한 성공, 권력, 명석함, 이상적인 사랑과 같은 공상에 몰두함.
③ 자신의 문제는 특별하고 특이해서 다른 특별한 높은 지위의 사람만이 그것을 이해할 수 있고 또는 관련해야 한다는 믿음.
④ 과도한 찬사를 요구한다.
⑤ 특권의식을 가진다.
⑥ 대인관계가 착취적이다. 자신의 목적을 위해서 다른 사람들을 이용한다.
⑦ 감정이입 능력 결여되어 있다.
⑧ 자주 타인들을 질투하거나 타인들이 자신에 대해 질투하고 있다고 믿는다.
⑨ 거만하고 방자한 행동이나 태도를 보인다.

나르시시즘의 일곱 가지 죄악

샌디 호치키스(2005)는 자기애성 성격장애 분야에서 최고의 임상 전문가 중 한 사람이다. 샌디 호치키스가 말하는 자기애성 성격의 일곱 가지 죄악은 다음과 같다.

① 환상속의 그대: 현실을 왜곡하는 마법적 사고
② 세상에서 가장 우월한 나: 터지기 쉬운 자아의 보호벽, 오만
③ 그 사람, 사실 별것도 아니야: 경멸 뒤에 감춘 시기심
④ 부끄러움을 모르는 철면피: 가면 뒤의 수치심
⑤ 어떻게 감히 네까짓게...: 제멋대로 자격 부여하기
⑥ 영원히 나를 사랑해줘: 타인에 대한 끝없는 착취
⑦ 내 것은 내 것, 네 것도 내 것: 경계를 침범하는 이기심.

2) 자기애성 성격장애의 유형

일반적으로 외현적 자기애와 내현적 자기애로 구분한다(권석만, 한수정, 2000).

외현적 자기애와 내현적 자기애

- **외현적 자기애**: 여왕처럼 왕처럼 군림하려는 모습을 볼 수 있는 사람들이 외현적 자기애를 가지고 있다. DSM-5에서 제시된 진단 기준에 맞는다.
- **내현적 자기애**: 타인의 반응에 지나치게 민감하며, 수줍음을 많이 타며, 자신에게 관심이 집중되는 것을 피하는 모습이 보여진다. 이렇게 행동하는 이유는 속으로는 타인이 나를 어떻게 보아줄지, 즉 좋게 보아주는 것에 대해 전전긍긍하기 때문이다. 이들의 내면적인 심리적인 구조나 심적인 역동체계가 자기애적이다.

권석만과 한수정(2000)에 의하면, 외현적 자기애자는 타인을 “나의 위대함을 인정하고 칭찬해주는 존재”로 인식하고 있다면, 내현적 자기애자는 타인을 “나를 받아들여 주고 좋아해 주는 존재”로 인식하고 있다. 이 표현은 이 두 유형 모두 다

매우 "자기"에만 관심이 가있고 "자기애"적임을 보여주고 있다. 좀 더 부연설명을 하면, 이들은 타인의 마음을 진심으로 이해하고 반영해주는 공감적인 반응 능력이 현저하게 떨어지는 사람들이다. 타인을 자기와 다른 존재, "독립된 인격체"로 인식하지 못한다.

두 유형은 심리적 균형을 유지해나가는 방식에 있어서 현저한 차이가 존재한다. 권석만과 한수정은 그 점을 다음과 같이 진술해주고 있는데 그 설명이 명료하다.

외현적 자기애자들은 적어도 의식 수준에서 자존감은 매우 높다. 이들은 자신의 성취나 재능, 업적 등을 자랑하고 과시하며, 이에 대해 칭찬과 인정을 받음으로써 자존감을 계속 높이 유지하고자 한다. 또 다른 사람의 비판이나 거절에 대해서 분노 반응을 보이거나 그 사람을 나쁜 사람 혹은 문제 있는 사람으로 생각하며 자존감을 유지한다.

반면 내현적 자기애자들이 자존감을 유지하는 방략은, 자존감에 손상을 입거나 위협이 될 만한 상황을 일찌감치 회피하는 것이다. 그들은 자신이 잘못할 수 있는 상황인지 아닌지, 이 상황에서 어떻게 행동하면 좋을지를 알아내기 위해서 자신의 일거수 일투족에 대한 다른 사람의 반응과 표정 등을 유심히 살피게 된다.

3) 자기애성 성격장애의 원인

자기 심리학의 선구자인 코헛(Kohut)과 대상관계이론의 중요한 인물인 컨버그(kenberg)가 이 자기애성의 원인에 대해 비교적 설득력이 있는 설명을 하고 있다.

정신역동적 접근

자기애 주머니가 가득 사랑으로 차지 못했을 때와 적절한 좌절 경험이 없이 과대자기가 형성되었을 때 자기애에 문제가 생긴다. 자기만 중요하고 자기 사랑만 중요한 사람이 된다.

Freud는 일차적 자기애에 깊이 빠져서 헤어 나오지 못하는 고착의 과정과 이유를 설명하지 못했으나 코헛과 컨버그가 그것을 잘 설명해주고 있다. 이들이 자기애성의 원인을 설명하는 것을 아래에 진술한다.

- **코헛(Kohut),** 아이가 자라면서 '유아적 자기애'를 현실적으로 교정할 수 있는 '좌절 체험'을 '적절하게' 경험하지 못할 경우에 자기애성 성격장애로 발달할 수 있다고 보았다. 여기서 좌절체험을 적절하게 경험한다는 표현이 매우 중요하다. 유아적 자기애의 좌절경험이 결여된 경우와 지나치게 충격적으로 좌절경험을 하는 것, 이 두 가지 경우 모두가 자기애성 성격장애의 원인이 될 수 있다(권석만, 한수정, 2000).
- **컨버그(Kenberg),** 어린아이가 엄마(주 양육자)로부터 지속적으로 이해와 공감을 받지 못하고, 냉정하고 애정결핍적인 양육을 받게 되면 자기애적 사람으로 성장하게 된다고 설명한다. 이 책의 후반부에 나오는 **"9장. 성인아이에 대한 이해와 치료"**에서 브래드쇼(John Bradshaw, 2004)가 자기애성 성격장애의 원인에 대해서 진술하고 있는 것도 컨버그의 주장을 동의하고 있다. 대상관계 이론의 관점에서 보는 성격형성에 있어서 어린 시절 부모, 특히 엄마와의 상호작용에 의해 형성되는 자기표상과 타인에 대한 표상은 매우 중요하다. 엄마가 칭찬해주는 자신의 모습, 이상적인 자기의 모습, 이상적인 엄마의 모습, 이 세 가지 표상에 대한 분명한 구분이 이루어지지 않은 채 서로 융합되어 자기상(self- image)을 형성하게 된다. 어린아이가 어쩌다 특별대우를 받거나 엄마가 칭찬해주는 자신의 긍정적인 부분을 부풀려서 자신의 이상적인 자기상을 만들어 그 이미지에 집착을 보이는 것은 자기 내면의 불안한 감정을 외면하기 위해서이다. 이런 외면하는 심리적 과정은 무의식적으로 진행된다. 이상적인 자기상, 그리고 자신을 칭찬해주고 특별한 대우를 해주며 헌신적인 사랑을 베풀어주는 이상적인 어머니상(실제는 그렇지 않음)이 혼합되어 '웅대한 자기상(grandiosed self-image)'을 지니게 된다. 이렇게 웅대한 자기상을 형성하게 된 이들은 '실제의 자기'와는 지나치게 차이가 나는 '과장된 자기상', 즉 환상 속에 자기상을 갖게 되며, "나는 특별한 존재"라고 의식적으로 스스로 생각하게 된다(권석만, 한수정, 2000).

컨버그가 자기애성 성격장애가 형성되는 원인에 대해 기본적으로 강조하는 것은 엄마의 양육태도이다. 어린 아이를 양육하는 엄마가 지속적인 정서적인 접촉과 공감을 제공하지 않고 냉정하게 대했을 때 아이는 애정결핍을 경험하게 되고, 이것이 자기애적 성격장애의 근원적 요인으로 작용한다.

4) 자기애성 성격장애의 치료

정서중심적 치료

자기애성 성격장애의 근원이 애정결핍이라는 점에서 애정 결핍의 문제를 정서적으로 접근 해주는 정서중심적인 치료는 매우 적절한 치료 접근이다. 정서중심적 접근에서는 자기애성 성격장애자들이 초기 민감기에 자기애를 적절하게 충족시키지 못한 점에 착안하여 자기애 욕구의 충족을 위한 갈망의 목소리가 들려지게 하고, 이것을 수용해주고 공감적으로 반영해준다. 그리고 자기 자신에 대한 새로운 인식과 더불어 새로운 내러티브를 써내려가도록 지원한다. 코헛(Kohut, 1971)의 치료적 접근에 대한 요약적인 설명은 권석만, 한수정(2000)의 〈자기애성 성격장애〉에 나타나 있다.

나르시스트 권력자에 대처하는 방법

전략 1. 분노를 제어할 전략을 개발하라.
전략 2. 권력의 함정에 빠지지 말라.
전략 3. 가면을 쓰고 배우처럼 행동하라.
전략 4. 건강한 인간관계를 회복하라.

5) 사례

자기애성 성격인 사람들은 대단한 성공, 권력이나 무엇인가 훌륭한 것에 집착하여 예술적이나 학문적 성취, 능력 등에 목숨을 거는 경향이 있다.

사르트르(Jean Paul Sartre)는 자신의 어린 시절에 할아버지, 할머니 그리고 어머니가 그의 막 시작하려는 자아발달을 알아차리지 못하고 이를 부적절하게 이상화시킴으로써 그를 잘못 인도하여 심하게 손상된 자아, 즉 자기애성적인 성격장애(Narcissistic Personality Disorder)를 갖게 되었다고 회고하고 있다.

"나는 거짓된 아이였다. (중략) 나는 나의 행동이 극적으로 변하는 것을 느낄 수 있었다. 연극과 같은 나의 행동이 참된 세상과 사람을 나에게서 빼앗아 갔다. 나에게는 '나 자신만의' 인생이 없었고 그들이 하라고 지시하는 대로 성장하였다. (중략) 내가 존재해야 하는 나 자신만의 이유는 없었다. 나는 갑자기 나 자신이 실제로 나 자신으로서 인정받지 못한다는 것을 알게 되었고 이토록 질서정연한 세상에서 나의 불필요한 존재에 대하여 수치심을 느꼈다."

사르트르의 자아의 발달은 자기애성의 성격장애의 덫에 걸렸다. 당당하고 능력이 있는 것과 같은 가식의 자아가 약하고 텅 비고 아무 것도 아닌 것과 같은 손상된 자아에 의해 자신이 아무것도 아니라고 느낄 때에는 그는 어머니와 조부모를 마음속에 투사하여 자신과 동일시하였다. 그들이 그에게 원하는 자기애성인 반응을 보임으로써 자신에게는 어떠한 대가를 치르게 되더라도 그는 그들에게 완벽한 손자의 역할을 하였다(권석만, 한수정, 2000 인용).

4. 반사회성 성격장애(APD: Antisocial Personality Disorder)

1) 반사회성 성격장애의 주요 특징

반사회성 성격장애는 청소년이나 성인에게 사회적 요구되는 사회적 규칙, 규범, 법규 등을 지키지 못하는 행동 양식을 보이는 성격 문제를 의미한다. 타인의 생명과 재산, 안전에 관한 권리를 침해하고 무시하는 무책임한 행동을 반복하는 성격 특성을 지닌다(대한신경정신의학회, 2017). 타인을 잘 속이고, 거짓말을 잘 하며 충동적이고 폭력적인 행동으로 사회적 부적응을 초래하기도 하고 폭력, 사기, 절도 등 범법행위에 연루되기도 한다. 대인 관계가 피상적이고 자기 중심적이고 착취적이어서 가족부양의 소홀, 채무 불이행, 약물 남용, 성적 문란 등 주변 사람들과 사회에 심각한 피해를 야기한다. 자신의 행동에 대한 반성, 죄책감, 후회를 하지 않으며 사회적 책임감과 공감능력이 부족하며 15세 이전에 품행장애의 과거력을 지니고 있다(권석만 2019).

반사회성 성격장애의 임상적 진단기준(DSM-5, 2013)

(1) 15세 이후에 전반적으로 나타내며 다음 중 최소한 세 가지 이상의 증상을 보여야 한다.

① 구금, 체포될 수 있는 위법적 행동과 관련되어 사회적 규범을 지키지 못함
② 사적 이익 또는 쾌락을 위해 반복적인 거짓말, 가명을 사용하거나 남을 속임.
③ 미리 계획을 세우지 못하고 충동적임.
④ 신체적 싸움이나 폭력이 반복적으로 나타나는 불안정성과 공격성
⑤ 자신이나 다른 사람의 안전을 무시하고 고려하지 않음
⑥ 일정한 직업의 부재 혹인 재정적 책임을 지지 않는 지속적인 무책임성
⑦ 다른 사람들을 해치거나 학대하거나 다른 사람의 물건을 도둑질하고도 냉담하며 잘못을 합리화하는 등 뉘우침이 없다.

(2) 현재의 연령이 최소 18세 이상일 것.
(3) 15세 이전에 품행장애의 증거가 있을 것.
(4) 정신분열증이나 조울증의 경과 중에만 반사회성 행동이 발생 되지는 않는다.

2) 반사회성 성격장애의 원인

(1) 유전적 요인

유전적 요인이 관계되어 있음이 연구들을 통하여 밝혀지고 있다. 범죄 행위의 일치성에서 일란성 쌍생아가 이란성 쌍생아보다 범죄 일치율이 두세 배 높은 것으로 나타났다. 입양아를 연구대상으로 삼은 연구에 의하면, 입양아의 범죄는 친부모가 양부모보다 더 높은 상관이 있음을 밝히고 있으며, 양부모 또한 범죄자일 경우에는 더 상관성이 높아졌다. 여성의 반사회적 성향과 범죄성향은 남성에 비해 유전

적 소인이 훨씬 강하다는 연구결과가 있다(Sigvardsson et al, 1982, 권석만, 2003, 319 인용).

(2) 신경학적 요인과 뇌의 문제

자율신경계와 중추 신경계의 각성이 저하되어 있는 경우에, 이러한 특성이 범죄 성향이나 폭력행동과 관련이 있다는 연구결과가 있다. 또한 반사회성 성격장애자들에게는 뇌파에 이상이 있다는 연구보고에 의하면, "1500명의 반사회성 성격장애자들에 대한 연구에서 이들 중 30~50%가 비정상적으로 느린 뇌파를 보이는 뇌파이상을 나타냈다."(권석만, 2003, 319)

어떤 반사회성 성격장애자들에게는 느린 뇌파가 없는 경우도 많이 있다. 따라서 이 연구 결과는 반사회성 성격장애의 원인에 대한 충분조건이 성립이 되는 것은 아니다.

(3) 환경적 요인

어린시절의 양육환경이 반사회성 성격장애를 형성하는 데에 중요한 영향을 미친다는 연구가 있다. Robins(1981)에 의하면, "부모의 방임적 양육태도와 입양아의 삶 그리고 도시 빈민의 삶과 같은 어려운 환경이 반사회성 성격장애를 만드는데 밀접한 관련이 있다고 주장을 한다. 이밖에도 교사로부터 낙인 경험, 어린시절 신체적 학대를 경험한 것, 그리고 부모간의 심한 갈등이 반사회적 성격특성을 발전시킨다는 주장이 있다."(Farrington & West, 1990, 권석만, 2003 재인용)

권석만(2003)은 반사회성 성격장애의 원인에 대한 두 가지 입장을 아래와 같이 잘 소개하고 있다.

(4) 정신분석적 입장에서 보는 원인

정신분석입장에서 보면, 반사회성 성격은 "어머니와 유아 간의 관계형성의 문제에 기인한다." "기본적 신뢰가 형성되지 못하여 폭력적이고 파괴적인 방법으로 타인과 관계를 맺으려는 시도가 반사회성 성격으로 나타난다." 불신으로 인해 초자아가 발달하지 못해 도덕성이 결여되고 타인에 대한 배려가 현저하게 떨어진다.

(5) 인지적 입장에서 보는 원인

인지적 입장에서 보면, 이들은 독특한 신념체계가 있다. 즉 "우리는 정글에 살고 있고, 세상에는 믿을 놈이 하나도 없고 내가 강해야만이 살아남는다." "들키지 않는 한 거짓말을 하거나 속여도 상관이 없다." "내가 원하는 것을 이루기 위해서는 어떠한 행동도 정당화 될 수 있다." "내가 먼저 공격하지 않으면 다른 사람이 나를 공격할 것이다." "다른 사람이 나를 어떻게 생각하는가는 중요하지 않다. 나의 생각과 나의 삶만이 중요하다."(Beck & Freeman, 1990)

3) 반사회성 성격장애의 치료

일반적으로 반사회성 성격장애자들에 대한 치료는 매우 어려운 것으로 알려져 있다. 이들은 자발적으로 상담을 신청하거나 치료자를 잘 찾아 오지 않는다. 법원의 강제 명령에 의해 또는 교정시설의 프로그램에 비자발적인 참여가 대부분이어서 치료에 대한 열망이나 동기가 미약하기 때문에 치료적 효과를 얻기가 어렵다

반사회성 성격장애자들은 권위자에 대한 저항적인 성향을 지니고 있기에 치료자의 중립적이고 수용적인 태도를 지니고 신뢰적인 치료관계를 형성하는 것이 중요하고 치료자가 역전이 상황에 대한 인식과 범죄 행위에 대한 정당화에 빠지지 않도록 주의해야 한다. 반사회성 성격장애자들은 자신의 현실적인 이득을 위해서 치료에 임할 수 있다(권석만, 2019). 반사회성 성격장애자들은 정신분석적 치료보다 부적응적인 행동을 변화시키는 행동주의 치료접근이 더 효과적이라는 연구들이 있다. 예를 들면, 폭력행동 예방 훈련과 사회성 훈련 등이 효과적이다. 폭력적인 대인관계를 수정하고 정서 조절하는 방법은 코칭, 모델링, 피드백, 자기표현훈련, 역할연습, 상처 입은 경험에 대한 스토리텔링하기에 대한 공감적 반영 등을 포함한다.

반사회성 성격장애가 형성되기 전에 가족치료와 부부치료를 하는 것은 지혜로운 접근이다. 권석만(2019)의 다음 주장은 매우 중요하다. “반사회성 성격장애는 일단 형성되면 근본적인 치료가 매우 어려운 것으로 알려져 있다. 그러므로 반사회성 성격장애로 발전하지 않도록 문제아동이나 비행청소년에 대한 조기개입과 부모교육을 통해 예방적인 노력을 기울이는 것이 중요하다.”

부모의 양육태도나 문제행동으로 인해 이해를 받지 못하고 문제아 취급을 받으며 거절을 수없이 당했던 경우, 변화를 경험할 수 있는 것은 수용되고 인정받는 경험을 통해 신뢰할 수 있는 인간관계를 맺을 때이다(참조, 오카다 타카시, 2006, 103). 타카시의 임상경험에 의한 주장은 정서중심치료의 치료적 접근을 지지하고 있다. 정서중심치료의 치료적 접근에서 중요한 것은 내담자의 감정과 정서적 욕구를 수용하고 공감적으로 반영해주고, 지지해주는 것이다. 하나의 사례를 소개하고자 한다.

사례 한 어린 소년이 보육원에서 자라나고, 보육원에서 보낸 학교에 다니다가 학교 선생님들까지도 보육원 선생님까지도 이 소년을 포기하고 마음속에서 버리는 일까지 발생을 하였다. 너무 힘들게 방황하며 외로움과 세상에 대한 증오와 불신 속에 살아가는 이 소년에게 어느 날 한 수녀가 그 앞에 나타나서 하는 한 마디 말이 그를 붙잡은 일이 있었다. 이 소년이 그 때 수녀에게 들은 말은 이 말이었다. “너의 부모가 너를 버리고, 세상이 모두 너를 버릴지라도 아버지 하나님은 너를 버리지 않으신단다.” 이 소년에게 이 말은 매우 충격적인 말이었다. 아무도 자기를 수용하지 않는데 나를 받아주는 사람이 있다는 사실이 매우 충격적이었다. 그는 그날부터 화장실에 가서도 수녀를 통하여 들려진 그 말씀을 백 번이고 이백 번이고 자기 자신에게 이야기를 해주었다. 때로는 자기 귀에 들리게 이야기 해주었다. 그런 그가 나중에 사람이 변했고 도미노 피자 회사의 회장님이 되었다는 이야기로 신문기사를 통하여 전해진 일이 있었다.

4) 사례 이야기 해보기

어린 시절에 호박에 말뚝 박고, 남의 검은 색 세단 차에 밑줄 길게 긋고, 남의 차 백미러 꺾어놓고 즐거움을 느끼는 녀석들이 있다. 이들은 커서 반사회성 행동을 할 확률이 높다. 다문화 가족의 자녀들 중에 상당수가 부모로부터 건강하고 안정적인 정서적 접촉이 유지되는 양육을 경험하지 못하고 심리적 공허감이나 박탈감을 경험하고 있다. 이런 현상은 앞으로 반사회성 성격성향으로 발전하는 데 기여할 가능성이 상당히 있다고 다문화 지원센터의 상담사들은 이야기하고 있다. 그리고 ADHD 아동들을 치료하지 않았을 때 반사회성 성격성향을 가진 청소년으로 자라는 경우들이 있다.

구체적인 사례를 예로 들어보세요.

참고문헌

권석만(2019). 현대이상심리학. 학지사.

권석만, 한수정(2000). 자기애성 성격장애. 학지사.

권석만(2017). 인간이해를 위한 성격심리학. 학지사.

남명자(2005). 부모의 양육태도와 아동의 성격장애. 학지사.

대한신경정신의학회 (2017), 신경정신의학 3판, 아이엠이즈컴페니.

신희천, 신은향(2000). 반사회성 성격장애. 학지사.

샌디 호치키스(2005). 사랑과 착취의 심리. 교양인.

아윈 사라손. 김은정 외 역(2001). 이상심리학. 학지사.

오카다 타카시(2006). 나만 모르는 내 성격. 모멘토.

알란 카바이올라, 닐 라벤더(2009). 성격을 읽는 기술. 비즈니스맵.

조성호(2000). 경계선 성격장애. 학지사

American Psychiatric Association(2013). 정신장애의 진단 및 통계 편람(DSM-5). 학지사.

Marziali(1992). The etiology of boderline personality disorder: developmental factors. In J. F. Clarkin, E. Marziali & H. Munroe-Blum(Eds.), *Borderline personality Disorder*. New York: Guilford Press.

반추 및 토의질문

1. 경계성 성격장애가 형성되는 요인들과 치료방안에 대해서 이야기해보세요.

2. 경계성 성격장애를 정서중심치료 관점에서 치료적으로 접근한다면 어떻게 할 수 있을까요?

3. 자기애성 성격장애의 두 가지 유형의 차이점과 공통점에 대해서 이야기해보세요.

4. 오토 컨버그의 관점에서 자기애성 성격장애의 형성과정을 진술하시오.

5. 불안한 감정이나 다른 부적응적인 감정이 올라올 때 어떤 말을 하게 되는가? 어떤 행동을 하게 되는가? 이것에 대해서 지각한다면 당신은 어떤 선택을 할 것인가? 이런 정서적 반응과 행위적 반응이 반복적으로 발생하고 있다면 당신은 이것을 어떻게 처리하고 싶은가?

CHAPTER

08

성격장애와 치료 3

성격장애 C군: 의존성, 회피성, 강박성

1. 의존성 성격장애(Dependent Personality Disorder) C군

타인에게 너무 의존해서 스스로 자기 일을 선택하거나 결정하지 못하고, 타인의 강요나 요청에 복종하는 성격이 나타나는 심리정서적 장애를 의존성 성격장애라고 한다.

의존이란 아주 흔히 쓰이는 용어이며, 인간 존재 모두가 다 지니고 있는 보편성이 있는 심리적 개념이다. 인간은 어머니 뱃속에서부터 의존적 존재였다. 어머니와 절대적 의존관계를 시작으로 해서 어느 시점에 의존의 대상으로부터 분리를 경험함으로 개체화가 이루어져야 하는 시기가 있다. 그러나 개체화 또는 개별화를 이루어야 하는 때에 장애물이 나타나서 주저앉아 버린 아이들이 있다. 이들이 의존성 성격장애를 갖게 된다.

1) 주요증상과 임상적 특징

이 성격장애의 필수증상은 자기의 주체성이 없이 무엇이든 타인에게 의존한다는 것이다. 이는 "돌봄을 받고자 하는, 광범위하고 지나친 욕구"에 기인한다(DSM-5, 2013, 737). 달리 말하면, 이들은 자신감이 없고, 자기 스스로는 기능할 수 없다고 느끼기 때문에 자신의 삶에서 모든 중요한 결정을 다른 사람이 내리도록 허용한다. 이들이 이처럼 의존적인 위치를 상실하지 않으려고 하는 이유는 이별이나 버림받는 것을 두려워하며, 보호받고 싶은 지나친 욕구 때문이다. 이들이 복종적이고 달라붙는 경향을 보이는 것도 이런 '버림받음에 대한 두려움'과 보호받고 싶은 정서적 욕구 때문이다. 복종적이고 자기주장을 내세우지 못하는 이들은 자기 감정을 표현하지 못하는 심리적 어려움을 갖고 있다. 오카다 타카시(2006)에 의하면, 자기 기분을 표출하지 못하고 참는 사이에 "진정으로 자기가 원하는 바가 무엇인지, 자기가 어떤 사람인지 자신조차도 모르게 될 때가 많다." 자기가 원하는 것이 무엇인지 알지 못하는 이런 문제점을 자기감이 없다고 말한다. 이들은 자기 정체성 상실의 문제를 가지고 있기도 하다.

한편, 의존적인 위치를 상실하지 않으려고 몸부림치는 것은 건강한 생존에 필요한 "독립과 의존"이라는 양대 축이 무너졌기 때문이다.

타카시(2006)는 의존성 성격장애의 유형을 두 가지로 분류한다. 어린아이 형과 헌신 형으로 분류한다.

- **어린 아이형:** 수동적인 의존이 두드러진 경우로 "일상생활의 능력자체가 저하되어 있을 때가 많고" 무엇이든 처음부터 끝까지 타인에게 맡기려 든다. 이들을 돌보아주는 자들은 대리인 대변자 역할까지도 맡게 되는 경우들도 많다.
- **헌신형:** 능동적인 의존을 보이는 경우로 일상적인 생활을 하는 데는 능력이 있고 활동적이다. 그러나 본인이 주체가 되어서 살아가는 데 불안을 느껴 리더십이 있는 사람을 찾으려 든다. 이들은 "좋은 파트너나 리더를 만나면 바람직한 방향으로 나아가 능력을 발휘할 수 있지만 상대를 잘못 선택하면 불행한 결과를 낳는다."

이 성격장애자의 또 다른 증상은 부조화되거나 왜곡된 인간관계이다. 이들이 이러한 권력의 부조화된 왜곡된 인간관계를 맺는 이유는 이들에게는 매우 중요한 "의존 관계의 고리"를 유지하고자 하는 "정서적 욕구" 때문이다. 이들은 지나칠 정도로 자기희생을 하며, 언어적 학대, 신체적 학대, 성적 학대를 견디느라 고통을 당하기도 한다(DSM-5, 2013, 738).

의존성 성격장애자의 진단기준(DSM-5, 2013)

돌봄을 받고자 하는 광범위하고 지나친 욕구가 복종적이고 매달리는 행동과 이별 공포를 초래하며, 이는 청년기에 시작되며 여러 상황에서 나타나고 다음 중 5가지(또는 그 이상)로 나타난다.

① 다른 사람으로부터 많은 충고 또는 돌봄 없이는 일상적인 판단을 하는데 어려움을 겪는다.

② 자신의 생활 중 가장 중요한 영역까지도 떠맡길 수 있는 타인을 필요로 한다.

③ 지지와 칭찬을 잃는 것에 대한 공포 때문에 다른 사람(특히, 의지하고 있는 사람)과 의견불일치를 표현하는데 어려움을 나타낸다. 그러나 보복에 대한 현실적인 공포는 없다.

④ 동기나 에너지가 모자라서라기보다는 판단이나 능력에 있어 자신감의 결여 때문에 계획을 시작하기 어렵거나 스스로 일을 하기가 힘듭니다.

⑤ 불쾌한 일이라도 타인의 돌봄과 지지를 원하기 때문에 이를 자원할 정도로 과도하게 행동한다.

⑥ 혼자서는 자신을 돌볼 수 없다는 심한 공포 때문에 불편함과 절망감을 느낀다.

⑦ 어떤 사람과의 친밀한 관계가 끝나면 항상 자신을 돌봐주고 지지해 줄 다른 사람을 시급하게 찾는다.

⑧ 자신을 돌보기 위해 혼자 남는 것에 대한 공포에 비현실적으로 빠진다.

의존적인 성격은 "자기 자신에 대한 신뢰"와 "독립심"이 부족하여 생기는 것이다. 자신이 무슨 일을 하고 누구와 친하게 지내고 싶은지, 어디에서 살아야 하는지를 선택하는 책임을 타인에게 수동적으로 맡기는 성격을 말한다. 다른 사람에게 요구할 줄도 모르고 기존의 보호적 관계를 깨뜨리지 않기 위해 그들 자신의 요구를 억누른다. 우리나라의 경우 여자들의 복종을 미덕으로 여기게 하고 남편에게 의존하도록 만드는 조선시대의 가부장적 문화 속에서 이런 성격의 여성들이 나오기 쉽다.

성격장애 중에 가장 빈도가 높은 유형이며, 과잉보호 가운데 혼자 자라난 요즘 세대 아이들 가운데 가장 많이 볼 수 있는 성격장애이다. 마마보이, 파파걸이 이 성격장애에 속한다.

의존적 성격장애자는 직업이나 사회생활에 지장이 많다. 다른 사람에 의해서 이용당하거나 박해받기가 쉽다. 의존하던 대상이나 중요한 타인을 상실하게 되면 일반 사람들보다 더 우울장애로 이행될 위험성이 높다. 여기서 상실이라 함은 다음 4가지의 상실을 가리킨다.

① 중요한 대상의 상실: 부모와의 사별이나 부모의 이혼, 자기를 길러준 할머니가 하늘나라로 가버린 것.

② 추상적인 상실: 꿈이나 야망을 잃어 버렸을 때.

③ 변화의 상실: 이사를 가거나 전학 등을 통하여 자기가 속한 환경의 변화를 갖게 된 경우

④ 관계의 상실: 우정을 나누는 친구나 정서적 교감을 나누는 중요한 다른 이웃과 이별을 한 경우

2) 원인

어린 시절의 부모의 과잉보호가 문제가 될 수 있다(사라손, 2001, 349). 부모의 과잉보호가 아이의 자립심을 개발하지 못하게 막고, 아이를 의존적으로 만든다. 다시 말하면, 어린아이에게 "분리와 개별화"가 필요한 시기에, 부모가 과잉보호를 하면 아이는 의존적 성격장애로 성장하게 된다. 어릴 때 아이들이 어떤 일을 독자적으로 하려고 시도할 때 미묘한 방법으로 처벌하는 경우 아이들은 "개별화"를 경험하지 못하게 된다. 한 예로 어린 시절에 음악회에 가는 날 멋진 남방을 입다가 단추를 잘못 끼웠을 때 엄마가 "단추 하나도 제대로 못 끼느냐"라고 책망을 하고서 그 다음에도 계속해서 엄마가 남방이나 다른 옷을 입혀 주었다면 그 어린아이는 의존성 성격장애자로 성장하게 될 가능성이 높다.

또 어린 시절 만성 신체 질환을 앓는 사람에게서 이 장애가 발생하는 경우가 높다.

㉮ 성경에서는 38년 된 병자가 전형적인 한 예라고 할 수 있다. 이 환자는 날 때부터 다른 사람을 의존할 수밖에 없는 사람이었다. 예수님이 그에게 네가 낫기를 원하느냐고 물었지만 그의 대답은 의존적이었다. '낫기를 원하느냐'고 했을 때 그의 대답은 '낫기를 원해요'라고 하면 되었는데 그는 '아무도 자신을 물속에 넣어주는 자가 없다'고 그 상황을 탄식했을 뿐이다.

이는 자신의 문제를 다른 사람에게 돌리는 의존성 성격장애자의 모습이다(YM 가정사역 상담센터, 자료실).

어린 아이가 "분리"를 경험해야 하는 시기에 분리가 자녀와 부모 사이의 애정의 관계에 손상을 가져올 것이라는 인식을 자녀에게 주입시킬 경우, 어린 아이는 부모의 눈치를 보느라 자율적인 행동을 습득할 수가 없게 된다. 성인이 되어서도 여전히 부모의 눈치를 보는 눈치꾼으로 성장하게 될 것이다.

의존성 성격장애자들은 "독립과 의존"이라는 생존에 양대 축의 균형이 무너져버려서 생존하기 위해 더욱 의존하는 내면세계를 가지고 있다. 그것은 부모로부터 독립이 위험하다는 의미를 전달받으면서 자라난 경험을 가지고 있기 때문이다. 또한 이들은 부모에게 충성을 함으로써 상을 받고, 분리나 독립을 시도할 때에 거절당한 경험이 있다.

오랫동안 이 성격장애의 원인을 정신역동적 측면에서 고려해왔으나, 최근에는 유전생물학적 측면에서의 연구도 활발해지고 있다. 또한 발달학적 요인(developmental factors), 인격적 성숙의 속도의 차이로 인한 요인도 있다. 그러나 필자가 보기에는 사회문화적 요인(sociocultural factors)도 상당한 영향을 미친다. 이 의존성과 어느 면에서 같은 맥락을 유지하는 동반의존성(codependency)을 필자나 휫필트(Charles L. Whitfield)[1]는 성격장애로 보는데, 동반의존성 성격장애는 사회문화적 영향이 매우 크다. 이것에 대해서는 이 책의 **부록 2. 동반의존성과 상담**, 그리고 김현진, **〈성경과 목회 상담〉**의 제6장, 7장에 자세하게 진술되어 있다.

> 인생의 어느 순간 고립무원의 느낌, 아무한테도 도움을 기대할 수 없다는 느낌이 들 때가 바로 의존성이 극복되는 지점일 수 있다(김형경, 2006).

1) Charles L. Whitefield의 Co-Dependence - Healing the Human Condition은 130만 부 이상이 팔린 책이며, 휫필드는 알코올 중독과 동반의존성 회복에 있어서 세계적인 권위자이다. 그는 의사이면서 심리치료사이다.

2. 회피성 성격장애(Avoidant Personality Disorder) C군

1) 주요증상과 임상적 특징

이 성격장애의 특징은 사회적 상황에 만연된 회피, 낮은 자존감, 부정적 평가에 대한 두려움과 과민반응, 실패에 대한 부정적 생각과 두려움 등이다. 이들은 친밀감에 부적응을 가지고 있다. 다른 사람과 친밀한 관계를 갖는데 심각한 부적응이 나타난다. 이들은 다른 사람들이 자기를 거절할까 두려워서 외부세계로부터 스스로를 고립시켜버린다. 이들 속 깊은 곳에는 **거절에 대한 두려움이** 자리를 잡고 있는 것이다. 이러한 두려움은 진정한 자기의식이 없기 때문이다. 이들에게는 진짜 자기(true self)가 없는 것이다. 이들은 열등감을 갖고 있어 부정적 사고와 비합리적인 조건적 신념이 있다.

- **부정적 사고**: 부정적 생각 때문에 실패를 너무 두려워하여 시도조차 하지 않는다. 이들의 머릿속에는 이런 생각들이 있다. "나는 부적절해", "나는 열등해", "나는 자신이 없어", "사람들이 나를 어떻게 볼까?", "사람들이 나를 아는 게 창피하고 두려워", "당신이 나를 좋아해 주면 얼마나 좋을까 그러나 나는 당신이 나를 미워한다는 것을 알고 있어", "너희들에게 가까이 가보고 싶은데, 나는 갈 수가 없어, 내가 가면 너희는 나를 거부할 거잖아."
- **조건적 신념**: "만약 내가 어떤 것을 시도하게 되면 나는 실패하고 말거야", "실패하고 말 것이기 때문에 나는 어떤 것이라도 새로운 것을 시도해서는 안 돼."
- **심리적 어려움**: 자신에 대한 다른 사람의 부정적인 평가를 가장 두려워한다. 거절에 대한 두려움이 회피하는 대인관계의 원인이다. 이들이 갖고 있는 불안과 우울은 부정적인 평가를 두려워하는 것과 연결되어 있다. 남명자는 이들이 "부정적인 평가를 기대하기 때문에 종종 불안해 하고 또한 그 사람은 부정적인 평가를 지각하는 데 민감하기 때문에 종종 우울증에 걸리게 된다."라고 주장한다(남명자, 2005).

이들은 자신의 정서적 상태를 그려보라면, 긴장과 슬픔, 분노의 물결이라고 말한다. 이런 상태가 만성적으로 지속되면 거의 '정서적 마비'라는 방어기제를 쓰는 것으로 보인다. 이들은 애정이나 사랑의 욕구를 채우기 위한 시도를 아예 포기해버린다. 마음속은 사랑의 관계를 갈망하나 너무 두려워서 이내 포기해버린다.

- **대인관계**: 창피와 거절을 피하는 것이 주된 목표이기에 사회적 관계를 시작하는 것이 어렵다. 달리 말하면, 낮은 자존감과 거절에 대한 과민함 때문에 대인관계나 사회적 상황을 회피한다. 이들은 관계에 대한 욕망은 간절하지만 너무 수줍고, 억압되고, 많은 두려움과 이에 대한 불안과 불신을 가지므로 사회적으로 위축되며 철수(withdrawal)한다. 이들은 대인관계에서 "기만, 모욕, 부정적인 반응 등을 계속해서 평가한다. 그 결과 이들은 가장 미세한 냉담함이나 성가심의 흔적까지도 감지할 수 있다. 이들은 침소봉대하는 경향이 있다."(사라손, 2001).
- **자아상**: 자신을 부적절하고 무가치하며 무능력한 존재로 본다.
- **타인관**: 잠재적으로 자기를 비난하고 관심이 없고 요구적인 존재로 본다.
- **행동책략**: 사람들과 멀리 떨어져 있으면서 다른 사람들의 주의를 피하기, 새로운 책임이나 의무를 맡지 않고 피하기, 평가받을 상황을 피하기.
- **애착관계**: 자신과 타인에 대해서 부정적인 이미지를 가지고 있어 타인과의 관계가 두려운 회피적 성향을 가지고 있다(남명자, 2005).

이들은 수치와 비판받을 것을 기대하는 것으로 인해 중립적인 메시지도 지나치게 부정적으로 해석하는 경향이 있다.

회피성 성격장애의 임상적 진단기준(DSM-5, 2013, 734)

사회 관계의 억제, 부적절감, 그리고 부정적 평가에 대한 예민함이 광범위한 양상으로 나타나고 이는 청년기에 시작되며 여러 가지 상황에서 나타나며, 다음의 4개(또는 그 이상) 항목을 충족시킨다.

① 비판, 꾸중, 또는 거절이 두려워서 대인관계가 요구되는 직업 활동을 회피함
② 호감을 주고 있다는 확신이 서지 않으면 상대방과의 만남을 피한다.
③ 창피와 조롱을 당할까 두려워서 친밀한 관계를 제한한다.
④ 사회 상황에서 비난이나 버림받을 것이라는 생각에 사로잡혀 있다.
⑤ 자신이 부적절하다고 느끼기 때문에 새로운 사람과 만날 때 위축된다.
⑥ 스스로를 사회적으로 무능하고, 매력이 없으며 열등하다고 생각한다.
⑦ 쩔쩔매는 모습을 들킬까 두려워서 새로운 일이나 활동을 시작하기를 꺼린다.

2) 감별진단(DSM-5, 2013 참조)

(1) 회피성 성격장애와 자폐증

회피성 성격장애자는 **자폐증**이 나타날 때가 많다. 자폐증이 나타나기 쉬운 성격장애는 자기애성 PD, 조현성과 회피성 PD이다. 특히 장기간에 나타나는 자폐증은 이 회피성과 분열성 PD이다. 타카시(2006)에 의하면 자폐증은 다음과 같은 때 발생한다. 학교에서 창피나 비방을 당하거나, 또는 직장에서 수치감을 느끼게 되는 사건을 경험하거나 비방을 당하거나 또는 실패를 경험한 일이 계기가 되어 일어난다. 또는 본인이 앞장서서 할 입장이 되었거나 중책을 맡게 되었을 경우에 회피하고자 하는 욕구가 강해지기도 한다. 한국 경기도에서 근무하는 공무원이 계장으로 승진하면서 브리핑을 하는 것이 큰 부담이 되어 자살을 했던 경우도 있었다.

자폐증과 회피성 성격장애는 같은 것이 아니다. 모든 회피성 성격장애자가 자폐증을 동반하는 것은 아니다. 자폐증을 동반하지 않는 회피성 성격장애자도 많다.

(2) 의존성 성격장애와 차이점

의존성 성격장애자는 자신의 성취동기를 느끼기 위하여 상대방에게 의존하나,

회피성 성격장애자는 자신의 부적절함을 감추기 위해 사회적 접촉을 피한다. 두 성격장애자 모두 스스로 하는 것에 대한 자신감의 결여나 성취동기의 결여가 있다. 이 둘은 타인에 대해 생각하는 시각이 다르다. 회피성은 다른 사람이 잠재적으로 자기를 비난하고, 자기에게 관심이 없는 존재로 보나, 의존성은 나를 돌볼 수 있는 자는 다른 사람들이라고 생각한다. 다른 또 하나의 차이점은 회피성은 대인관계를 맺거나 사회 활동을 시작하는 데 어려움을 느끼는 반면에, 의존성은 다른 사람과 분리되는 데 대한 두려움과 불안이 있다. 그러나 "회피성 성경장애와 의존성 성격장애는 특히 공존하는 경우가 많다"(DSM-5, 2013).

(3) 조현성 성격장애자와 공통점과 차이점

대인관계에 소극적이라는 점은 이 두 성격장애가 같은 점이다. 차이점은 분열성은 대인관계에 무관심하나, 회피성은 속으로는 대인관계를 원하며 필요로 한다는 것이다.

이 성격장애는 악화되면 경계성 성격장애까지 동반하기도 한다. "어떤 성격장애든지 적절히 치료하지 못하면 경계성 성격장애가 되기도 한다."(타카시, 2006, 156)

3) 원인

이 성격장애자가 되는 원인은 어린이의 선택권이 존중받지 못한 것과 선택권의 상실로 인한 주체성을 키우는 기회를 얻지 못한 것이다. 그리고 거부를 당한 경험이 정신적 외상이 되는 경우에 이 성격장애의 직접적인 원인이 될 수 있다. 타카시(2006)에 의하면, 선택권을 상실하여 주체성을 키울 수 없는 것과 관계하여 회피성 성격장애자가 되는 것은 부모나 형제의 자기애성 성격장애와 완벽주의를 예로 들 수 있다. 그리고 다른 원인들에 대해선 함부로 말하는 부모, 부모의 욕구에 휘둘린 아이, 완고한 노력가형의 부모라고 진술한다.

(1) 자기애성 성격장애

이 회피성 성격장애자의 "주변에는 **자기애성 성격장애자**가 있을 때가 많다. 가족 중에 항상 관심을 끌며 칭찬받길 원하는 자기애성의 사람이 있어 그늘에 가려 성장한 경우가 적지 않다. 그들의 화려한 성공과 비교해 자기는 열등한 존재라는 그릇된 인식이 각인된 것이다."(타카시) 이들 중에는 "부모님에게 거의 칭찬받지 못했다"는 말을 하는 사람들이 많다. 이는 칭찬해주지 않고 열등한 존재라는 느낌을 갖게 하는 것은 회피형 성격장애의 하나의 원인이 된다는 것을 보여준다.

(2) 완벽주의 부모

완벽주의 부모님 밑에서 자라난 자녀들이 회피성 성격장애를 얻기가 쉽다. 지나친 완벽주의 그늘에서 자란 어린이는 실패할 것을 두려워하게 된다. 실패를 두려워하다보면 자신이 무능하다고 느끼게 되고 어떤 것을 시도하는 것을 회피하게 된다.

(3) 함부로 말하는 부모

어린 시절에 아이 또는 아동이 자라면서 부모로부터 듣는 말은 아이의 성격형성에 매우 중요하다. 수치심을 야기 시키는 말이나 실망은 아이에게 수치심을 내면화하거나, 불안감각을 심어준다. 부모가 자녀에 대해 무심코 던진 말이나 실망이 자녀의 내면에는 그림이 그려진다. 이들은 "너는 언니에 비해 좀 떨어져! 내 아들은 내가 기대하고 원했던 수준에서 너무 멀리 떨어져 있어."라는 무의식적 메시지를 내면화하기도 한다. 또는 "나는 부족해", "나는 열등해", "나는 못났어" 등과 같은 자기상(self-image)을 그리고 있다.

(4) 부모의 욕구에 휘둘린 아이

타카시(2006)는 아버지의 욕구나 뜻에 따라서 노력해야 하고 성공해야 하는 어린이에게서 이 회피성 성격장애는 흔하게 볼 수 있다고 한다. "이런 따돌림의 경험 외에 또 다른 흔한 패턴은[회피성 성격장애의 원인이 되는 패턴] 당사자의 의지와는 상관없이 부모의 희망에 따라 계속 휘둘린 것이 강제노동의 체험처럼 일종의 심리적 외상이 되고만 경우다. 이 경우는 강요되었던 것, 노력에 대해 알레르기 반응을 일으키게 된다. 이제는 지긋지긋해서 더 이상 생각하고 싶지도 않다는 거부감이 당사자를 지배한다. 이런 경우는 지속적으로 강요받은 후유증으로 무기력한 상태가 동반된다." 이렇게 자란 아이는 무기력해지고 선택의 기회와 주체성을 살릴 수 있는 기회를 박탈당하고 있는 것이다.

(5) 완고한 노력가형의 부모

이런 부모 밑에는 회피형 경향을 보이는 자녀들이 많다(타카시, 2006). 어려운 시대와 가정환경 속에서도 자수성가한 부모들은 자기세대가 노력했던 것을 자녀들에게 강요하는 경향이 있다. 이런 것은 자녀들에게 큰 부담으로 다가온다. 성공한 부모의 모습은 자녀에게 부담스럽거나 뛰어넘을 수 없는 장벽으로 다가올 수 있다. 거대한 산처럼 느껴질 수 있는 것이다.

(6) 거부당한 경험

여러 번의 거부당한 경험은 회피성 성향으로 자리니는 데에 있어서 결정적 요인이다라고 필자는 이해한다. 어린 시절 심한 **거부를 당한 경험**이 있거나, 지속적인 거부를 당하다 보면 이런 회피형 성격 유형이 되기 쉽다. 어린 시절에 친구들로부터 왕따를 당하거나, 어른이나 선생님(정신적으로 미성숙한 어른)이 따돌림을 부추기거나 정신적 학대를 하는 것은 인간관계를 회피하게 만드는 중요한 요인이 된다. 타카시에 의하면, 왕따나 인간관계에서 받은 심한 상처는 자라나는 어린이에게 회피형 성격장애의 직접적인 원인이 된다.

4) 사례 및 임상

사례 고등학교 1학년 교회 다니는 학생이 어느 날 기도제목을 가족기도제목 나눌 때 이야기했다. "올 해는 꼭 한 명의 친구를 사귀고 싶어요." 이 학생은 친구를 사귀고는 싶은데 학교 친구들에게 다가갈 수가 없었다. 어느 날 용기를 내서 친구들에게 가까이 가는 중에 다시 가던 길을 되돌아오고야 말았다. 그들이 자기를 환영하리라는 생각을 확인할 수가 없었기 때문이다. 혹시나 나를 거절하지는 않을까 하는 생각이 들어서 되돌아오고 말았다. 이 학생의 유아기 시절은 다음과 같다. 태어난 지 6개월 동안은 부모가 잘 키우다가 부부가 맞벌이를 해야 하는 상황이어서 외할머니 집에 아이를 맡겨 놓고 열심히 일을 했다. 아이를 6개월 있다가 데려온 후 몇 개월을 키우다가 다시 외할머니 집에 또 보냈다. 보낸 지 몇 개월이 되자 아이는 이상한 행동을 하기 시작했다. 그래서 부모는 이 아이를 집으로 데려와서 잘 키우다가 먹고살아야 하기에 한 번 더 외할머니 집에 보냈다. 이 때 1년여 동안 있는 동안 아이가 이상한 행동을 보여서 다시 집으로 데려와서 키운 적이 있었다. 이런 경험을 한 아이가 이후에 커서 고등학교 1학년이 되었을 때 위와 같은 기도제목을 내놓았다. 부모가 치료를 하고자 했으나 치료가 잘 되지 않았다.

5) 치료

초기단계의 회피행동이 회피성 성격장애로 발전하지 않도록 하는 예방이나 방안을 먼저 다루고 후반에 치료방안을 논의한다. 타카시(2006)의 예방 방안과 치료 방안은 상담자에게 적합한 도움을 줄 것이라 사료되어 소개한다.

(1) 스트레스 원인을 제거하라

회피는 지속적인 스트레스나 심리적 외상 경험에 대한 반응으로 나타난다. 이는 어떤 면에서 생존을 방어기제이다. 회피를 보이는 어린아이에게 스트레스를 주는 과잉행동은 만성적인 회피상태로 악화되기가 쉽다. 어린아이들이 공부를 하다가 매우 지쳐 있을 때에 계속 몰아붙이기 보다는 쉬면서 가는 방법을 익히도록 하는 것이 좋다. 여유를 즐기면서도 집중하여 학업에 열중하도록 돕는 것이 지혜로운 처사다.

(2) 여러 번 실패하지 않도록 배려하라

실패를 통해서 사람들은 배운다. 실패는 병가지상사다. 그러나 수없이 실패하는 것은 자라나는 청소년들이나 성인들에게 다시 일어설 수 없는 상처를 남길 수 있다. 너무 많은 실패가 회피성 성격장애나 자폐의 원인이 될 수 있음을 언급하고 있다. 어려운 일을 맞이했을 때 "자신을 잃고 상처를 받게 되면 무엇이든지 회피하려는 행동을 보이게 된다. 이것이 자폐다."

한두 가지를 실패했어도 다른 것은 잘 할 수 있다는 자신감을 심어주는 것이 회피행동을 예방하는 데 매우 중요하다. 다른 것은 잘 할 수 있다는 격려는 강박감을 완화시켜주거나 활기를 되찾을 수 있도록 도울 수 있다.

(3) 아이의 기분을 고려하며, 자기 의사나 감정을 표현하도록 도우라

회피성 사람이나 회피성 성격장애자는 "이래야만 한다. 또는 이것은 꼭해야만 한다"는 식의 부모의 강한 의무감에 계속 시달려 온 사람들이다. 강박성 성격의 부모는 아이의 기분이나 마음을 읽으려고 하지 않는다. 이 부모들에게 중요한 것은 자기나 자기의 자녀들이 의무를 완수하는 것이 매우 중요하다. 의무완수를 강요하고 아이의 감정을 읽어주지 않는 태도는 아이를 질리게 만든다. 질려버린 이 아이는 어느 날 무기력증을 보이거나 회피행동이 심해질 수 있다. 아이의 기분을 읽어주고 아이의 감정을 해방시켜주면 아이는 회피행동을 점차로 버리게 된다.

(4) 스스로 선택하게 하라

아이들은 스스로 무엇인가를 하도록 배려를 받을 때 아이들의 초기의 회피행동은 사라질 수 있다. 아이들에게 이래라 저래라 하는 것에서 물러나서 자기 일에 집중하고, 아이 스스로 선택하도록 배려하는 것이 아이의 회피행동으로부터 변화를 경험케 하는 약이 된다. "당사자에게 주체성을 부여해 자기 인생의 결정권과 책임을 지우는 것이 회피의 장기화라는 난관에 봉착하지 않고 자립할 수 있게 만든다.

(5) 부정적인 생각을 버리도록 도우라

회피성 성격장애자가 회피행동을 보이는 것은 머릿속의 부정적 생각 때문이다. 이 부정적 생각을 긍정적으로 바꾸어주는 것이 치료에 있어서 하나의 중요한 접근이다. 이들 머릿속의 부정적 생각, "나는 할 수 없어", "나는 부적절해", "나는 열등해", "만약 내가 어떤 것을 시도하게 되면 나는 실패하고 말거야"라는 이런 생각들을 긍정적인 생각이나 신념으로 바꾸도록 돕는 것은 이들에게 회피의 구렁텅이에서 벗어나게 한다.

(6) 아직 미발견한 장점을 찾아내도록 도우라

이 성격장애자들에게 당사자들이 아직 미발견한 장점을 발견하도록 돕는 것이 치료의 과정에서 매우 중요하다. 또는 당사자가 알고 있을지라도 크게 평가받지 못했던 장점을 찾아내서 격려해주거나 칭찬을 해주는 것이 그 동안에 누적된 좌절감이나 열등감에서 빠져나오도록 돕는 방법이다.

(7) 풍요의 환경을 제거하라

타카시에 의하면, 만성적인 회피행동이나 자폐는 그것들이 가능하게 하는 환경이 제거되었을 때 사라진 사례가 많다고 한다. 그는 본인이 회피성 성격장애가 있었는데 필요에 의해 막다른 골목에 내몰렸을 때 회피의 함정에서 탈출하는 계기가 되었다고 진술하고 있다. 자폐는 풍요의 산물이기에 그것이 제거되었을 때 자폐 증상이 사라지는 사례들이 많이 있다고 그는 진술하고 있다.

> 회피심리는 사람을 영원히 제대로 살아본 적이 없이 저편 언덕에 닿지 못하는 바다위에 끊긴 다리 위를 걷는 듯이 늘 적당한 거리를 둔 채 삶의 바깥에서 서성이게 만든다고 할 수 있다(김형경, 사람풍경).

3. 강박성 성격장애(Obsessive-Compulsive Personality Disorder) C군 자신과 주변을 통제

강박적인 성격과 **강박적인 성격장애**는 서로 같은 것은 아니다. 그러나 완전히 다른 것은 아니고, 이 두 가지는 연결선상에 있다는 표현이 더 정확한 것이다. 강박적 성격은 사회적으로 수용되고 인정받는 특성이나, 이것이 지나쳐서 극단적이고 매우 경직된 방식으로 나타나 사회에 부적응적인 모습으로 보이는 것이 강박성 성격장애이다.

1) 강박성 성격장애의 임상적 특징

내면세계에 뿌리 깊게 잠재된 양가감정(兩價感情).

강박적인 성격의 소유자들은 자기 주장적이고 자율적인 태도를 취하기를 원하지만, 다른 한편으로는 남들에게 순응하고 동조함으로써 인정과 지지를 받고 편안한 상태를 유지하고 싶은 마음이 있다.

사고의 경직성이 이 성격장애의 대표적 특징이다. 이 장애를 가진 자들은 엄격한 규칙을 좋아하고 원칙과 질서를 매우 중요시 한다. '원칙대로', '법대로 하자'. "지킬 것은 지키자"라는 말을 좋아한다. 지나치게 완벽주의적이고 세부적인 사항에 집착하며, 과도한 성취지향성과 인색함을 보인다. 이 때문에 일을 효율적으로 처리하지 못할 뿐만 아니라 자신과 주변 사람들을 고통스럽게 하는 경우가 대부분이다. 민병배, 이한주(2000)에 의하면, 이들은 정서적으로는 위축되어 있으며 태도는 쌀쌀맞고, 지극히 실용적이고 논리적인 사고에 능하다. 남의 감정보다는 완벽한 일처리와 옳은 일을 중요하게 여긴다.

강박성 성격장애를 가진 사람은 자신의 가족이나 친구들을 희생시켜 가며 자신의 일에 헌신하는 경향이 있다. 그렇다고 자신의 일을 즐기는 것이 아니며 자신의 잠재력을 완전히 발현하는 데 어려움을 겪는다.

강박성 성격장애의 여러 특성들은 소위 "A 타입 성격": 적개심, 경쟁심, 성급함,

완벽성 등의 특징과 중복된다. 그리고 이 특성을 가진 개인들은 심근경색의 위험도가 높다. 강박성 성격장애와 기분장애 및 불안장애는 연관성이 많다(민병배, 이한주, 2000, DSM-5, 2013).

강박성 성격장애의 임상적 진단 기준(DSM-5, 2013)

강박성 성격장애로 진단되려면 정리정돈, 완벽주의, 마음의 통제와 대인관계의 통제에 집착하는 행동 특성이 생활전반에 나타나야 하며, 이런 점들 때문에 효율성이나 융통성, 개방성을 상실하는 대가를 치러야 한다. 이러한 특성은 성인기 초기에 시작되고 다음 특성 중 4개 이상을 충족시켜야 한다.

① 내용의 세부, 규칙, 목록, 순서, 조직 혹은 스케줄에 집착되어 있어 활동의 중요한 부분을 놓침.
② 완벽함을 보이나 이것이 일의 완수를 방해함(예: 자신의 완벽한 기준을 만족하지 못해 계획을 완수할 수 없다).
③ 일과 생산성에만 과도하게 몰두하여 여가 활동과 우정을 희생한다(분명한 경제적 필요성에 의한 경우가 아님).
④ 도덕, 윤리, 또는 가치문제에 있어서 지나치게 양심적이고 고지식하며 융통성이 없다(문화적 또는 종교적 배경에 의해서 설명되지 않음).
⑤ 닳아빠지고 무가치한 물건을, 감상적 가치조차 없는 경우에도, 버리지 못한다.
⑥ 자신이 일하는 방식을 그대로 따르지 않으면 타인에게 일을 맡기거나 같이 일하려 하지 않는다.
⑦ 자신과 타인 모두에게 구두쇠처럼 인색하다. 돈은 미래의 재난에 대비해서 저축해 두어야 하는 것으로 생각한다.
⑧ 경직성과 완고함을 보인다.

나는 몇 가지나 해당될까?

① 지나치게 기준이 엄격하여 계획대로 일을 끝마칠 수 없다.
② 사소한 세부 사항에 집착해서 일의 본뜻을 잃어버린다.

③ 다른 사람에게 자기처럼 정확하게 일을 하도록 강요한다.

④ 다른 사람이 자기처럼 정확하게 할 수 없다고 생각해 일을 맡기지 못한다.

⑤ 여가 생활이나 친구 관계도 없이 일에만 지나치게 매달린다.

⑥ 어떤 결정을 하지 못하고 우유부단하다.

⑦ 지나치게 양심적이고 빈틈이 없다.

⑧ 애정 표현을 잘 하지 못하다.

⑨ 이득 없이 시간이나 선물을 제공하는 데 인색하다.

⑩ 가치 없는 물건들을 버리지 못한다.

나의 해당 가지 수는? (　　　　　)

2) 강박성 성격장애의 형성요인

민병배, 이한주(2000)는 강박성 성격장애가 생기는 환경적 요인을 3가지로 정리하고 있다. 강박성 성격장애가 형성되는 가족환경은 다음과 같다.

(1) 부모의 과도한 통제

아동기의 강박 성향이 나타난 아이들은 근심이 많고 지나치게 숙성한 아이늘처럼 보일지도 모른다. 또한 강박적 의심, 과도한 순응성, 승인의 추구와 함께 완벽주의적 성향도 두드러지게 나타내는 경우가 많다. 이러한 아동기의 부정적인 성격특성은 부모의 과잉통제와 완벽주의적 성격에서 비롯되는 것으로 보인다. 부모의 과잉 통제적 양육태도는 아이들을 기준과 원칙에 집착하고 늘 실패를 두려워하며 자신을 비판하고 만족감을 느끼지 못하게 한다.

완벽주의적이고 처벌적인 부모의 양육방식을 통해 인정받지 못한 것에 대한 강한 공포와 처벌에 대한 두려움을 갖게 되면 이것이 강박성 PD의 발생요인이 된다.

정리하면, 부모의 과잉 통제적인 양육태도는 처벌을 통해 행동을 통제하는 강압적 방법으로 바람직한 행동에 대한 긍정적인 보상보다 기준에 어긋나는 행동에 대한 처벌을 받고 자라게 된다. 따라서 이들은 부모에게 처벌을 받지 않고 인정을 받기 위해 자신을 통제하며 실수를 용납하지 않는 완벽주의를 추구하는 행동을 보인다.

(2) 강박적인 성격양식의 학습

민병배와 이한주는 성격 양식은 학습에 의해서 형성된다는 학습설도 개연성이 있다고 보았다. 그들은 강박적인 성격의 특징들이 다음과 같은 방식으로 학습될 수 있다고 진술하고 있다.

첫째, 아이는 부모의 기대에 순종하고 부모의 기대를 충족시킬 수 있는 어떤 행동들을 함으로써 부모의 처벌을 피할 수 있다는 것을 학습하게 된다.

둘째, 부모의 강박적 행동을 모방함으로써 학습하게 된다.

셋째, 부모의 기대에 의해 아이가 성격이 형성되고 부모라는 역할 모델을 따라 부모를 닮아가는 동안 아이는 자율적으로 선택하고 행동하는 것을 익히지 못하게 된다.

(3) 깊은 책임감을 강조하고 죄책감을 낳는 가정환경

강박성 성격장애자들이 보이는 공통적인 또 하나의 특징은 병리적으로 작용하는 깊은 책임감을 가지고 있다는 것이다. 이들 대부분이 남들에 대한 깊은 책임감을 강조하는 가정환경에서 자라났다는 것이다. 이러한 아이들은 자신의 책임을 다하지 못할 경우에 죄책감을 느끼도록 교육받아왔다.

> 가끔 망가져 보일 정도로 놀거나 쉬는 것을 허락받지 못한다. 늘 건설적이고 책임감 있고 점잖은 양반 같은 방식으로만 살아야 한다. 이게 문제를 만드는 하나의 요인이다. 사람은 원래 자유롭게 놀고 싶은 존재이다. 이것을 억압하는 구조는 아이를 숨 막히게 하고 강박적으로 살게 할 수 있는 토양이다.

참고문헌

권석만(2007). 현대이상심리학. 학지사.
김청송(2002). 정신장애 사례연구. 학지사.
김형경(2006). 사람풍경. 예담.
남명자(2005). 부모의 양육태도와 아동의 성격장애. 학지사.
민병배 & 이한주(2000). 강박성 성격장애. 학지사.
사라손(2001). 이상심리학. 학지사.
알란 카바이올라, 닐 라벤더(2009). 성격을 읽는 기술. 비즈니스맵.
오카다 타카시(2006). 나만 모르는 내성격. 모멘토.
이훈진 & 이명원(2000). 편집성 성격장애. 학지사.
조성호(2000). 분열성 성격장애와 분열형 성격장애. 학지사.
American Psychiatric Association(2013). 정신장애의 진단 및 통계 편람(DSM-5). 학지사.

반추 및 토의질문

1. 의존성 성격장애가 형성되는 원인들을 2~3인이 모여서 다면적으로 이야기해보세요.

2. 회피성 성격을 치료할 수 있는 좋은 전략들이 있는가? 있다면 이야기를 나누어보세요.

3. 당신의 자아의 구조를 구조적으로 그려보세요? 강점과 약점도 찾아서 넣어 그려보세요? 당신의 성격적 강점을 찾았다면 기록해보고, 이 강점을 더 살린다면 무슨 일이 일어날까를 이야기해보세요.

4. 강박적 성격의 특징들을 이야기해보고, 강박적 성격 형성에 영향을 주는 부모의 성격들에 대해 이야기해보세요.

5. 만일 나의 강박적 성향으로 인해(또는 나의 Stress Reaction Point로 인해) 나의 자녀가 어떤 성격적 문제가 발생했다면 그것은 무엇인가? 그 문제점을 극복할 방안을 찾을 수 있는가? 나의 스트레스 리액션 포인트는 무엇인가?

CHAPTER

09

성인아이에 대한 이해와 치료

- 정서와 행동을 중심으로 -

성인아이 특징들과 뿌리

지금까지 논의한 성격장애를 가지고 있는 사람들을 기독교 상담학이나 Pop Psychology에서는 성인아이라 한다. 영어로는 Adult Children이다. 중독자 가족의 자녀들이나 역기능가족을 다룰 때도 Adult Children이란 용어를 사용하고 있다. 몸은 성인인데 속에는 아이가 있는 사람을 성인아이라 한다. 그런 성인 속에는 아이가 들어있는데 상처입은 아이가 치료되지 않은 상태로 들어있다. 성장과정 중에 정서적으로 학대를 당하거나 짓밟힌 경험으로 인해 어느 한 부분이 정상적으로 성장하는 것이 멈추어 버린 경우들이다.

성인아이들(성격장애자들)은 인간관계 형성에 중요한 EQ(감성지수)와 RQ(관계지수)에 있어서 심각한 문제를 갖는다. 이 두 가지 지수가 낮은 사람은 다른 사람의 감정을 읽을 줄 모르며, 정상적인 관계형성이 어렵다. 정상적인 관계형성이 어려운 이유는 송신기는 작동이 되는데, 수신기는 작동이 안 되기 때문에 의사소통이 적절하게 이루어지지 않기 때문이다. 이들은 떼를 쓰고, 자기주장만 펴고, 자기만 알아달라고 하고, 다른 사람을 배려하는 마음이 없다. 또는 자기만의 세계 속으로 빠져 들어가고 유연한 인관관계가 어렵다. 이들 중에는 다른 사람의 감정을 자기를 위해서 사용하려고만 들지, 다른 사람을 위해서 배려하려고 하지 않는 이들도 많다. 이것이 성인아이들의 주된 특징이다.

어디를 가도 성인아이가 있다. 직장에 가도, 교회를 가도, 학교를 가도, 군대에 가도 성인아이들이 있다. 이들은 많은 문제를 일으킨다. 얼마 전, 군대에서 총기 난사 사건으로 몇 사람이 죽었었고, 버지니아 텍에서 총기난사 사건이 있었다. 당시 사고를 일으킨 그 사람이 바로 성인아이이다. 이런 성인 아이를 분별할 수 있다면 군대에서 또는 학교에서 일어나는 사고 중에 많은 사고를 예방할 수 있을 것이다. 교회에서도 성인아이는 점점 더 많아지고 있다.

왜 성인아이들은 치료되어져야 하는가?

① 성인아이들에게 있는 상처는 성장을 방해하기 때문이다.

② 내면과 외적인격이 통합이 안 되어 집중된 힘을 발휘하기 어렵기 때문이다.

본장에서 연구하려하는 것은 다음과 같다.

① 성인아이 특징들은 무엇들이 있는가?

② 성인아이 뿌리는 무엇인가?

③ 성인아이 부모는 자녀들에게 어떤 영향을 주는가?

④ 성인아이 치유를 위해 도움이 되는 것들은 무엇인가?

1. 성인아이 특징들

당신 안의 상처받은 내면아이가 당신의 인생을 어떻게 엉망으로 만들어 버리는가? 존 브래드쇼(John Bradshaw, 2004)는 **'contaminate'** 단어를 이용하여 이 질문에 답변하고 있다. 이것들은 성인아이 특징들이다. 다음의 내용은 주로 John Bradshaw의 『상처받은 내면 아이 치유』를 활용하였다. 그리고, 정석환 교수의 존 브래드쇼의 성인아이 특징들에 관한 강의를 참조하였다. 아래 기술된 성인아이 특징들 중에 일부는 정석환 교수의 강의로부터 도움을 얻었다.

1) C. 동반의존성, 종속의존성(Codependency)[1]

(1) 부모나 다른 식구가 정서적으로 문제가 있거나, 중독증을 가지고 있어서 그 체계 자체가 그 한사람에게 의존되어 있다. 누구에게 힘이 집중되어 있는가? 중독자이다. 중독자 한 사람에 의해 가족의 정서체계가 운영되는 것이다. 예를 들면) 아빠가 알코올 중독자 또는 게임 중독자일 때 모두 아빠 눈치만 보거나 아빠가 중독에 빠져 있을 수 있도록 돕는 역할에 빠져 들어간다. 이때 각자의 역할은 선택되는 것이 아니라 그 체계 속에서 강요된다.

(2) 일종의 자기를 잃어버린 병, 정체성 상실의 병으로 정의할 수 있다. 동반의존적 관계가 된다는 것은 사람들이 자신의 감정이나 욕구, 바람 등을 포기해야 한다는 것을 의미하기 때문이다. 중독은 상대를 자기와 함께 결박(attache)지으려고 하는 특징이 있다. 중독은 사람을 미치게 하고 건강한 선택을 할 수 있는 기회를 주지 않는다. 동반의존성이 높은 사람들은 상대방을 올가미에 묶어 놓는 경향이 있다. "오빠 나만 바라바" 이렇게 꼭꼭 묶어 놓는다. 그리고 상대방의 감정에 필요 이상으로 민감하게 반응한다.

예 갑순이는 남자 친구가 직장에서 겪고 있는 고충들에 대해 듣게 되었다. 그날 밤 그녀는 남자 친구의 문제에 대해 안타까워하고 걱정하느라 잠을

1) 동반의존성에 대한 자세한 내용은 Kim, Hyun Jin(2002), Codependency에 자세하게 진술되어 있다.

이루지 못했다. 그 이유는 그녀가 자기의 감정보다 남자 친구의 감정에 더 민감해 있고 그것에 반응하기 때문이다.

2) O. 공격적 행동(Offender Behaviors)

자기중심적인 자세로 폭력적이거나 억압적인 행동을 하는 것을 말한다. 성폭력과 가정폭력, 그리고 학교폭력 등이 이에 해당된다. 가정폭력은 신체폭력, 언어폭력, 경제적 폭력을 포함한다. 가정에서 경제적 폭력은 무값 하나도 보고하라고 하는 경우도 포함된다. 무 하나, 콩나물 값을 가지고 조종(manipulation) 하는 경우도 있다. 학교나 직장에서 왕따는 집단폭행이다. 어느 지역 사람을 등용하는 것 반대하는 풍토도 폭력에 해당된다. 묵시적인 합의가 통용되면 그것도 폭력이다. 이것을 조장시키는 리더들은 조직 폭력의 우두머리와 비유될 수 있다.

상처받은 내면아이를 안고 있는 이들은 대부분 조용하고 착하고 또 오랫동안 고통을 인내해 온 사람들로 주위 사람들에게 비쳐지곤 한다. 그러나 사실은 이 아이가 이 세상에서 벌어지고 있는 수많은 폭력과 잔인함에 대한 뿌리이다. 우리가 잘 알고 있는 히틀러의 경우를 보자. 히틀러는 어렸을 때부터 아버지에게 상습적으로 매를 맞고 자랐다. 그의 아버지는 유태인 지주의 사생아였다. 폭력적인 아버지에게서 학대받으면서 자란 이 아이는 결국 인류 역사상 죄 없는 수백만의 사람들에게 가장 극단적인 잔인성을 자행했다.

인간성을 파괴하는 주요인인 공격적 행동은 어린 시절의 폭력과 학대, 해결되지 않은 슬픔의 결과물이다. 한 때 무력하게 학대당한 아이가 자라서 가해자가 되어버린다. 한때 피해자였던 아이가 성인이 되어서 가해자가 되어버린다.

3) N. 자기애성 성격장애(Narcissistic Disorders)

건강한 자기애를 형성하지 못한 사람이다. 자기애성 성격장애를 가지고 있는 자는 자기중심적인 욕구를 제일 중요하게 생각하고 다른 사람들의 필요는 그 다음으로 제쳐 놓는다. 자기중심성에 빠진 이 사람은 '우리'라는 공동체의 의식보다는

'나'를 강조하여 자기과시에 빠진다. 맨날 자기가 높아져야 한다. 특별한 존재라고 여긴다. 특별한 존재인 자신을 위해 남들이 자신을 특별 대우해 주어야 한다고 생각한다. 그렇지 못한 공동체에서 계속 살아가는 것은 매우 어려운 일이 된다.

마이크 혼자만 잡고 있는 사람이고, 자기가 가지고 있는 환상과 현실의 갭이 너무 크다. 이상화에 의존하는 사람들이다. 이상화에 의존하는 나르시시스트들이 모두 다 자기 자신을 환상의 중심축으로 여기는 것은 아니다. 또 다른 나르시시스트가 있다. 그들은 중심축에 있는 나르시시스트를 비추는 '감춰진 나르시시스트'들이다. 이들은 "자신이 잔뜩 바람을 불어넣을 수 있는 타인을 통해 자신의 위대성과 전능함을 유지한다."(Masterson, J. F. ; 샌디 호치키스, 2005) 여왕처럼, 왕처럼 군림한다. 강압적으로 명령하고 당연히 들어줘야 한다. 사소한 지적이라도 하면 강하게 반격하며 상대를 짓밟기도 한다. 화내고 자기의 잘못을 인정하지 않는다. 자존심이 매우 강하다.

나르시시스트들의 강력한 힘의 장에 걸려들면 저항하기가 어렵다. 그 이유는 그 힘이 매우 강할 뿐만이 아니라, 유아기에 미충족된 자기애적 욕구가 강하기 때문이다. 이들은 또한 '수치심 떠넘기기(shame-dumping)'를 한다. 예를 들어, 자기의 성적 욕망 때문에 갈등하고 있는 어느 어머니가 십대 소녀인 자기 딸에게 창녀같은 계집아이라고 몰아 세운다.

샌디 호치키스(2005)는 그녀의 책 〈사랑과 착취의 심리〉에서 **나르시시스트들의 일곱 가지 특징**을 '나르시시즘의 일곱 가지 죄악'으로 언급하고 있다. 일곱 가지 죄악들은 다음과 같다.

① 현실을 왜곡하는 마법적 사고.

② 터지기 쉬운 자아의 보호벽, 오만.

③ 경멸 뒤에 감춘 시기심(그 사람, 사실은 별것도 아니야).

④ 가면 뒤의 수치심.

⑤ 제멋대로 자격 부여하기.

⑥ 타인에 대한 끝없는 착취.

⑦ 경계를 침범하는 이기심.

이중에서 제멋대로 자격 부여하기는 나르시시스트의 지극히 주관적인 관점에서 발생한다. 그 주관적인 관점은 이렇게 말하는 것이다. "내 느낌 내 욕구가 제일 중요해. 나는 무엇을 원하든 반드시 얻어내고 말거야."

타인을 이용하는 자기 이상화, 엄청난 현실 왜곡과 환상, 수치심 떠넘기기 등은 "무슨 수를 쓰든 창피만은 당하고 싶지 않다는 욕구" 때문이며, 자기가 불완전하고 무의미한 존재라는 느낌을 회피하기 위해 사용하는 전술들이다. 이러한 전술을 사용하는 이면에는 어린 시절에 충족되었어야 할 자기애적 욕구가 충족되지 않은 채로 블랙홀처럼 자리잡고 있는 것이다. 나르시시스트들의 뿌리는 미충족된 자기애적 욕구이다.

(1) 자기애성 성격장애자들("자기 중심적인 성인아이")에게서 보이는 욕구들 (John Bradshaw, 2004)

- 언제나 다른 사람과의 관계에서 실망하고, 좌절을 경험한다.
- 항상 자신의 부족함을 메워줄 수 있는 완벽한 사랑의 대상을 찾고 헤맨다.
- 무엇인가에 중독되어버린다. 중독은 마음의 공허한 빈틈을 채우려는 일종의 처절한 시도다.

  예 섹스 중독이나 관계 중독이 대표적이다.
- 물건이나 돈을 통해 자신의 존재가치를 보상받으려 한다.
- 배우나 운동선수 같은 유명인이 되고 싶어한다. 다른 사람들의 지속적인 관심과 주목, 끊임없는 칭찬을 간절히 원하기 때문이다.
- 자신들의 자기도취적인 욕구를 채우기 위해 어린 자녀들을 이용하기도 한다 (DSM-5의 6번과 같음).

자녀들이 절대로 자기 곁을 떠나지 않을 것이며 언제나 자신을 사랑하고 존경하리라는 환상을 가지고 있다. 자기 부모에게서 받지 못했던 그런 사랑과 특별한 관심을 아이들에게서 얻으려고 하는 것이다.

이러한 욕구들의 이면에는 상처받은 자기애, 또는 건강한 자기애적 욕구의 블랙홀(미충족)이 있다. 따라서 영유아기 때 제대로 충족되지 못한 욕구들의 상실을 슬퍼하는 것이야 말로 치유의 시작이다(브래드쇼, 2004).

- **자기애적 성격장애의 특징들**(참조, 앞장의 성격장애 참조, DSM-5, 1995; 오카다 타카시, 2006)

(2) 자기애적 장애의 두 가지 원인들(뿌리들)

① 미분화된 '자기애'로부터 왜곡된 발달이 일어난다.

하인즈 코헛은 "유치한 전능감에 찬 '과대 자기'를 가지고 성장할 때 '부모의 이상적인 모습'을 부모가 적절한 시기에 채워주지 못했기 때문에 그 휴우증으로 미분화된 자기애로부터 왜곡된 발달이 일어난다고 설명한다."(타카시, 51) 이는 보웬의 자아 분화가 낮은 사람과 비슷한 면이 있다.

② 애정의 왜곡, 애정의 결핍

코헛에 의하면, 자기애성 성격장애자가 어른이 되어서도 유치한 과대망상에서 벗어나지 못하는 까닭은 어머니가 자기적 현시욕구를 채워주어야 할 시기에 채워주지 못했기 때문이다(타카시, 2006, 54).

성장 초기에 무조건적 사랑을 받지 못한 사람이 자기애성 성격장애를 갖게 된다. "모든 어린아이는 적어도 성장 초기에는 무조건적인 사랑을 받아야 한다. 부모나 보호자들이 편견 없이 자신을 바라보는 경험 없이는 진정으로 자기가 누구인지 알 수 없다. 우리 모두는 "성숙한 나"라는 개체로 서기 전까진 우리이다. 그래서 우리에게는 우리 자신의 모든 부분을 비춰 줄 수 있는 그런 거울이 필요하다. 그래서 우리 자신이 얼마나 소중한 존재로서 진지하게 받아들여지고 있으며 사랑받고 환영받고 있는가를 알 필요가 있다. 그리고 양육자들의 사랑이 상황에 따라서 변하고 달라질 수도 있다는 것도 알 필요가 있다. 이런 것들이 바로 건강한 자기애적 욕구(healthy narcissistic need)이다. 그러나 만일 이런 필요들이 제대로 충족되지 않는다면 우리 자신의 나됨(I AMness)이라는 자존감은 심각한 상처를 받을 것이다."(브래드쇼, 2004) 이 건강한 자기애적 욕구가 충족되지 않았을 때 성인아이가 된다. 이들의 밑바닥에는 상처입은 자기애가 있다. 좀 더 많은 내용을 참조하기 위해서는 **7장 성격장애와 치료 2, 자기애성 성격장애를 참조하라.**

나르시시스트를 만드는 일곱 가지 육아법

① 아이에게 비현실적인 기대를 품는 부모
② 아이의 소망과 기분을 생각지 않고 아이의 생활을 하나에서 열까지 관리하는 부모
③ 아이가 곧 자기 인생의 전부인 부모
④ 자기 욕구를 채우기 위해 아이를 이용하는 부모
⑤ 자신의 두려움이나 불안을 아이에게 전염시키는 부모
⑥ 아이를 허물없는 친구처럼 여기고 할 말, 못할 말 없이 다 하는 부모
⑦ 부부 간의 갈등에 아이를 끌어들이는 부모(권석만, 한수정, 2000 인용).

4) T. 신뢰의 문제(Trust Issues)

이들은 관계 맺기나 유지의 어려움이 있다. 신뢰의 문제가 있는 성격장애는 편집성 성격장애(Paranoid PD)이다.

편집성 성격장애는 의심이 많은 성격장애이다. 대개, 다른 사람을 믿지 못하고 자신도 믿지 못해요. 궁예 콤플렉스라고도 불린다. 그는 왕이 된 후에 측근들과 아내도 못 믿어서, 처자식까지 다 죽였다. 의처증, 의부증을 가지고 끊임없이 수색하고, 탐문하고, 쫓아다니는 행동이 있다.

양육자가 신뢰할 수 없는 사람이었다면 어린 아이는 깊은 불신의 뿌리를 안은 채로 성장하게 된다. 아이에게 이 세상은 아주 위험하고 적대적이며 예측할 수 없는 곳이다. 그래서 그 아이는 항상 경계와 통제 가운데서 자신을 보호하다 결국 이렇게 믿게 될 것이다. "내가 이 모든 것을 잘 통제할 수만 있다면 아무도 날 다치게

하거나 해칠 수 없을 거야." 극단적인 통제 방식은 중독적이고 강박적 행위로 이어질 수 있다.

예 내담자 중 한 사람은 자신이 상황을 통제할 수 없는데 너무나 두려워 일주일 내내 오랜 시간을 일만 하면서 보냈다. 그는 자신 외에 어느 누구도 믿지 못했기 때문에 다른 사람에게 권한을 위임할 수도 없었다. 그가 치료자에게 왔을 때는 이미 대장의 궤양이 악화될 대로 악화 되어 병원에 입원해야 할 상황이었다.

극단적인 통제는 심각한 관계적 어려움을 만들어 낸다. 자기를 믿지 않는 사람과는 어느 누구도 친밀해질 수 있는 방법이란 없다. 친밀감이라는 것은 상대를 있는 그대로 믿고 받아들이는 것이다. 신뢰감 장애는 다른 이들을 너무 지나치게 믿는 것도 포함된다.

5) A. 표출된 행동/내면적 행동(Acting Out / Acting In Behaviors)

(1) 표출된 행동(Acting Out)

행동이 충동적인 경우(욱해서 화도 내고 충동구매도 하는 사람)를 말한다. 다른 사람에 대해서 굉장히 공격적인 행동을 보이기도 한다.

상처받은 내면아이가 어린 시절에 충족되지 못한 욕구나 해결되지 않는 감정들을 어떻게 바깥으로 표출하는가? 이러한 행동을 이해하려면 ***인생에서 가장 중요한 근본적인 힘이 감정이라는 것을 알아야만 한다.*** 감정은 우리의 기본 욕구들이 채워지도록 돕고, 우리가 스스로를 방어할 수 있도록 움직이게 하는 에너지이다. 분노는 우리가 스스로를 방어하는 쪽으로 행동하게 한다. 두려움은 위험에 직면했을 때 우리를 피할 수 있도록 만든다. 우리에게 일종의 분별력을 주는 것이다. 슬픔은 우리에게 눈물을 흘리게 한다. 눈물은 고통을 덜어 주기도 하고 정화되도록 도와주는 역할을 한다. 건강한 분노로 그리고 슬픔이 적절하게 표현되지 못할 때 비정상적인 행동으로 나타나는데 이것이 바로 표출적 행동(Acting Out)이다.

(2) 내면적 행동(Acting In)

자기 자신 안으로 침몰하거나 침잠하여 자기를 힘들게 하는 행위를 말한다. 어렸을 때 또는 현재 다른 사람에게 받았던 학대를 자기 스스로에게 표출하는 것을 내면적 행동이라고 한다. 공격적 에너지를 가해자가 아니라, 자기 내부로 향해서 자기를 괴롭히거나 굉장히 우울해지는 것을 말한다. "나는 왜 태어난 거야," "나 같은 것 살아서 뭐해," "나 같은 것 죽어 마땅해." 이들은 타인과의 적합한 관계를 단절하고 자기 동굴 속으로 숨어드는 경향을 가지고 있다. 자기만의 세계 속으로 자꾸 빠지고 자기를 학대하는 경향이 있다.

어렸을 때 다른 사람에게 받았던 학대를 받은 경험이 있는 경우에 자기 스스로에게 표출하는 사람이 있다. 사람들은 어린 시절에 벌을 받았던 방식대로 자기에게 벌을 준다. 과거의 해결되지 않은 감정들은 종종 자기 자신을 향해 적대적으로 돌아오곤 한다. 감정의 에너지가 안으로 표출이 되는 경우에는 심각한 신체적인 증상들을 일으키게 한다. 위장장애, 두통, 요통, 목의 통증, 심한 근육긴장, 관절염, 천식, 심장병 또는 암 등으로 나타나는 것이다(psychosomatism). 나아가 사고를 자주 일으키는 경향성도 내면적 행동의 또 다른 형태이다. 사고를 통해서 자기를 다치게 하고 고통을 줌으로써 결국 자신을 학대하는 것이다. 내가 학대를 당하므로 관계가 나아지는 것을 택한 것이다. 무지몽매한 심리적 행동을 따를 때 자기는 서서히 망가지는 것이다. 이들에게는 건강한 주고 받기(giving and receiving)를 배우는 경험이 회복을 위한 정말 중요한 방법이다.

6) M. 마술적인 믿음/신념(Magical Beliefs)

cf. delusive beliefs(망상적 믿음).

건강한 환상은 어린이들에게 자기 삶을 행복하게 하고, 성취도를 높이기도 한다. 예를 들면, 7살짜리 어린 남자 아이가 "제2의 손흥민이 될 거야"라고 말하면서 매일 축구연습을 하면 그 환상은 현실에 이루어질 수도 있는 건강한 환상이다. 그러나 나이가 40이 넘은 남자가 '영국 프리미어리그에서 뛰는 손흥민'이 되겠다고 매일 축구연습을 한다면 이는 망상이다.

현실 생활에 긍정적 힘을 주는 것을 환상이라고 한다. 성인아이들은 사고체계가 망상적이고 비현실적인 마술적 사고를 갖고 있다.

어린 아이들의 사고는 마술적이다. '손가락을 하늘을 향해 들고, 주문을 외우면 비의 요정이 비를 내릴거야.' "마술은 어떤 말이나 몸짓, 또는 행동이 현실을 바꿀 수 있다는 믿음이다. 역기능적인 부모(성인아이 부모)는 아이들의 이런 마술적인 생각을 더욱 강하게 만든다."

잘못된 마술적인 믿음의 예

① 내가 돈이 많아지면 행복해 질 수 있을 거야
② 남자(여자)친구가 날 떠나 버리면 죽을 것 같아 절대로 못살 거야
③ 일류대학 학위가 날 지적인 사람이 되게 해줄 거야(John Bradshaw, 44)

발달 단계에 따라 제대로 성장한 사람들은 있는 그대로의 메시지만을 읽는 내면아이의 수준을 넘어서, 사람들이 말하는 의도를 파악하고 또는 동화 속의 상징적인 의미를 찾아낼 수 있다.

7) I. 친밀감 장애(Intimacy Dysfunctions)

친밀감에 부적응을 가지고 있는 것을 말한다. 타인과 친밀한 관계를 갖는데 부적응적인 모습을 보인다.

많은 성인아이들은 혼자 버려지는 것에 대한 두려움 사이에서 방황하고 있다. 어떤 이들은 다른 사람이 그들을 거절할까 두려워 외부세계로부터 스스로를 영원히 고립시켜 버린다. 회피성 성격장애를 가진 사람이 그렇다.

예 필자의 학생의 자녀는 친구를 사귀고 싶은 것이 새해의 기도제목이었다. 새해가 되어서 용기를 내어 삼삼오오 모여 있는 친구들에게 몇 걸음 다가가기를 시도하다가 이내 돌아오고야 말았다. 그것은 그 마음속에 있는 친구들이 자기를 거절할까봐 두려워하는 마음 때문이었다.

또 어떤 이들은 혼자 남겨질까 두려워 자신이 속해 있는 파괴적인 집단을 떠나지 못한다. 상처받은 내면아이는 진정한 자기에 대한 의식이 없기 때문에 관계 속에서 친밀감을 경험하지 못하게 된다. 친밀감 장애는 성적장애에도 영향을 많이 준다. 역기능적인 가정에서 자란 아이들은 성적 발달에 어려움을 겪게 된다.

8) N. 무질서한 행동(Nondisciplined Behaviors)

교육이나 훈련받지 않고, 통제되지 않은 본능 덩어리로 행동하는 것을 말한다. 어떤 성인아이들은 자기 이기심이나 본능대로 행동하는 사람들이다. "훈련이 안된 무질서한 내면아이는 제멋대로이다."(51) 이런 행위들은 성인아이 행동에 속한다.

"훈련(discipline)이라는 말은 라틴어의 '가르침(disciplina)'이라는 단어에서 유래되었다. 훈련을 통해 우리는 아이들에게 인생을 사랑하며 성실하게 사는 법을 가르친다."(50) 버르장머리가 없고, 새치기를 일삼고. 전철 안에서 침 뱉기를 하고, 타인을 배려함이 없는 행동을 일삼는 아동청소년은 성인아이 부모에게서 영향을 받은 것으로 볼 수 있다.

9) A. 중독적 강박적 행동(Addictive / Compulsive Behaviors)

상처받은 내면아이는 각종 중독과 중독적인 행동들의 주원인이다. 중독은 삶에 위험한 결과를 가져오는 기분전환을 가져오는 감정적 대체물에 대한 병리적 관계(pathological relationship)이다. 성중독과 섭식중독(ingestive addictions)은 가장 극적인 기분변화를 가져온다. 사람들은 재미가 없으면 하루도 살기가 힘든 경우들이 있다. 즉 흥분을 일으킬 수 있는 것이 필요하다. 기분을 바꿀 수 있고 흥분할 수 있는 다른 여러 가지 방법들도 있다. 스포츠중독, 인지중독, 감정중독, 물건중독 등이 이에 해당한다.

중독적인 활동에는 일, 인터넷, 게임, 쇼핑, 도박, 섹스, 종교적인 의식 등이 있다. 인지적인 중독은 감정을 회피할 수 있는 가장 확실한 방법이다. 감정 그 자체로도 중독이 될 수 있다. 어떤 사람들은 슬픔에 중독되기도 한다. 그 외에 기쁨에도 중독될 수도 있고, 물건에도 중독될 수 있다. 대부분의 중독의 핵심요소는 상처받은 내면아이이다. 그리고 이 내면아이는 만족할 줄 모르는 욕구와 욕망의 상태 속에 있다.

강박적 행동

예 책을 키 높이대로 맞추어야만 하는 사람이 있어요. 장롱을 반지르하게 늘 닦아야 마음이 잡히는 어른이 있어요. 시험을 보러갔다가 요점정리를 해놓은 페이퍼를 두고 온 것을 알게 된 후 택시를 타고 집에 가서 그 페이퍼를 책상 옆에 두어야 안심이 되어 시험을 치를 수 있는 사람도 본적이 있다. 자기 전에 커튼을 맞추는 사람이 있어요. 양쪽을 반듯하게 맞추어야만 잠자리에 들 수 있어요. 거실에 있는 자기 신발도 자기 아내 신발과 옆에 똑바로 있어야 해요. 똑바로 있지 않으면 자다가도 일어나서 정리 후에 자요.

강박증에는 여러 종류가 있다. 세척 강박－다른 사람과 악수를 했다면 손을 씻고 또 씻는다. 악수를 하는 것이 두렵다. 어느 정치인(권정달)은 커피 마실 때 먼저 다른 사람 커피를 티스푼으로 저어 준 다음 자기 커피를 젓는다. 아래 직원들은 황송해 한다. 그런데 그 장관에게는 반드시 다른 사람의 커피를 먼저 저어야만 합니다. 왜? 티스푼의 세균을 씻어내야만 하니까. 이런 사람은 강박증을 가지고 있는 환자라고 볼 수 있다.

이런 사람이 종교를 가지면 율법주의자가 될 확률이 높다. 목사님이 설교를 하는 중에 마태복음을 말태복음으로 읽으면, 또는 성경구절 하나 잘못 읽으면 목사님이 어째서 하나님의 말씀을 틀리게 읽나 하며 설교 듣는 동안 내내 그 생각만 하는 사람이 있다. 틀린 것에 마음이 가버리는 것이다. 은혜롭고 능력 있는 좋은 말씀에는 마음이 안가고 오직 틀린 것에만 마음이 가는 사람이 있다.

William James라는 심리학자는 두 가지 신앙을 언급했다: 건강한 영혼(healthy minded)과 병든 영혼(sick soul). 성인아이들은 이 병든 영혼을 가지고 있는 것으로 볼 수 있다. 성격장애자들은 영혼이 병든 것이다. 이들이 신앙생활을 할 때에 먼저 치료가 필요하다. 이들이 신앙을 가지면 병든 신앙을 가지고 신앙생활을 할 확률이 높기 때문이다. 독사가 마시는 물은 다 독이 있기 때문이다. 이들의 영혼을 치료하면서 말씀이 들어가고, 말씀이 들어가면서 이들의 영혼이 치료된다(정석환).

10) T. 사고의 왜곡(Thought Distortions)

인지왜곡

유명한 발달심리학자인 장 피아제는 아이들을 인지적 이방인(cognitive aliens)이라고 한다. 아이들은 어른들처럼 생각하지 않기 때문이다. 아이들은 절대적 사고를 가지고 있다. 아이들의 사고 특성은 '전부 아니면 전무'(all or nothing)라는 양극적이다. 아이들은 논리적이지 못하다. 아이들은 자기중심적으로 생각한다. 사고의 왜곡에 대한 가장 보편적인 두 가지 패턴은 일반화와 상세화이다.

- **일반화**: 중고등부 전도사님이, 몇몇 학생들이 전도사님을 따르지 않는데, "아이들이 아무도 나를 좋아하지 않아"라고 말하는 경우는 너무 일반화 시킨 것이다.
- **상세화**: 이는 아주 세밀하고 철저하게 생각하는 능력인데, 이것 자체는 전혀 잘못된 것은 아니다. 그렇지만 이러한 사고방식이 "고통스러운 감정으로부터 우리를 분리시키는 데 이용된다면, 이것은 우리 인생의 현실감을 왜곡시켜 버릴 것이다. 강박적인 완벽주의 행동이 아주 좋은 예이다. 이 경우 우리는 불편한 감정을 회피하기 위한 방법으로 아주 사소한 일에까지 몰두하게 된다."

11) E. 공허감(무관심, 우울)(Emptiness, Apathy Depression)

상처받은 내면아이를 가지고 있는 성인아이는 공허감을 자주 경험한다. 가슴속이 텅 비어 있다. 마음 깊은 곳이 도넛의 빈 공간처럼 텅 비어 있다. 이러한 텅 빈 느낌은 외로움으로 또는 만성적인 우울증으로 나타난다.

우울감은 아이가 진정한 자신(true self, 진짜 자기)의 모습을 잃어버린 채, 거짓

자아(false self)에 의해 살아가고 있기 때문이다. 진짜 자기를 잃었을 때, 사람들은 자신의 진실한 감정, 욕구나 바람을 잃게 된다. 얼굴에서 빛도 사라져 가고 늘 눈치만 보거나 힘이 없게 된다. 그리고 거짓자기가 요구하는 감정들이 나타나게 된다. 거짓 자아를 갖고 있다는 것은 연기를 하고 있는 삐에로와 같다. 공허감은 또한 무관심으로 경험되기도 한다. 그들은 "인생은 무의미하며 재미가 없어."라고 불평을 하곤 한다.

속 깊은 곳이 텅 비어 있는 이런 사람들은 텅 빈 속을 채우기 위해 몸부림을 치는 경우들이 많다. 성공에 집착하는 모습을 보이거나, 술, 인터넷 서핑, 마약, 또는 게임중독에 빠지기도 한다. 또는 우울감에 빠지고 걱정 속에 살아가는 이들도 있다.

2. 성인아이의 뿌리

1) 불안한 역기능적 가족체계(family system)가 성인아이 만드는 요인이다.

성인아이는 가족체계(family system)가 오랫동안 불안의 정도가 높아 제대로 가족이 기능하기가 어려울 때 만들어진다고 볼 수 있다. 가족의 기능이 현저하게 떨어질 때 그러한 어려움을 극복하지 못하고 역기능적 대처 패턴을 반복적으로 상습적으로 쓰다가 만들어지는 것이다. 가족에는 정서적 관계가 있다. 가족체계에는 부부체계, 형제체계, 부모자녀체계 등이 있다. 부부 체계가 가장 기본이 되는 정서적체계이다. 이 기본하위체계가 갈등이 생겨 불안의 정도가 높아질 때 자녀들은 불안을 극복하기 위해 이상한 행동을 하기도 하고 정서적으로 여러 어려움을 겪는다. 기본적으로 불안하고, 표출된 행동을 하거나 수치심을 경험하기도 하는 등 정서적으로 영적으로 어려움을 겪는다.

역기능 가족구조 속에서 자란 아동들은 일반적으로 다음과 같은 경험들을 한다.

① 수치심을 갖는다. ② 경계선이 깨지고 육체적 언어적 성적 학대가 있다. ③ 부정적 메시지를 듣고 자란다. ④ 자존감이 낮고 충동적 행동을 보인다. ⑤ 동반의 존성이 발달한다. ⑥ 그래서 이들은 정서적인 어려움이나 수치심을 감추기 위해서 생존 전략을 개발한다. 그것은 분노, 무시하기, 움츠러들기, 원망, 공격, 비난, 완벽주의, 억압, 심한 의존, 속박, 변화시킬 수 없는 것에도 염려와 걱정을 많이 함, 조종 등이 포함된다.

순기능 가정(functional family)은 실수나 결점을 교정해주고 수용해주는 기능, 오락과 친교의 기능, 휴식처의 기능, 도덕교육과 사회교육을 하는 기능, 영성의 교육을 하는 기능, 이러한 가정의 기능들이 제대로 이루어진 가정을 말한다. 역기능 가정에서는 이러한 기능들이 제대로 작동되지 않는다. 이러한 기능들이 제대로 작동하지 않는 가정에서는 위에서 말한 심리적 어려움들과 아픔들을 경험하고 문제행동을 표출하게 되는 성인아이를 만드는 공장이 될 것이다.

2) 인격의 성장에 가장 중요한 3가지 자기를 견고하게 구축하는 데 실패했을 때 성인아이는 형성된다.

자기 심리학 관점에서 볼 때, 건강한 인격을 가진 성인으로 자라기 위해선 3가지 자기가 견고하게 형성되어야 한다. 3가지 자기는 다음과 같다.

① 감정적 기능을 담당하는 미러링 셀프(mirroring self)

② 나중에 자신의 건강한 이상을 추구하며 자라도록 돕는 이상화 자기(idealizing self)

③ 또래 친구들과 사회화의 과정을 통해서 건강한 경쟁과 협동을 익히는 쌍둥이 자기(twinship self).

이 셋은 중요한데 그 중에 제일은 미러링 셀프(거울반응 자기)이다. 이 3가지 자기를 건강하게 구축하는데 실패한 자를 성인아이라 한다.

미러링 셀프의 형성에서 중요한 요소는 hugging, touching, smiling이다. 이 셋

중에 제일은 hugging이다. 필자의 임상경험에 의하면, 위 세 가지에 하나가 더 있어야 건강한 자기를 구축할 수 있다고 본다. 그것은 soothing-voice이다. 어린 아이는 엄마나 아빠의 soothing-voice를 들으면서 심리적으로 어려운 경험을 할 때 극복할 수 있는 경험을 하면서 자기를 더욱 견고히 하는 것을 볼 수 있기 때문이다. 특히 아이가 정서적 자극에 의해 정서적 반응이 올라왔을 때 엄마의 달래주는 목소리(soothing-voice)는 아이가 마음을 진정시키는 면에서 매우 중요하다.

3) 초기 민감기에 실패했을 때 성인아이가 형성된다.

(1) 초기 민감기

모든 동물들은 초기 민감기가 있다. 로렌스 박사, 유명한 동물행동학자는 거위를 자기 몸에 품고 부화를 시켰다. 자기를 낳은 친엄마를 모른척하고 로렌스 박사만 쫄쫄쫄 따라다니는 것을 관찰하게 되었다. 그는 또 다른 실험을 한다. 거위엄마 품에서 태어난 갓난 새끼를 가져와 길렀더니 자기를 안 따라오는 것을 발견하게 된다. 거기서 로렌스 박사는 소위 "민감기"라고 하는 유명한 용어를 발견해내었다.

거위는 태어나는(부화되는) 순간부터 3분 이내에 냄새를 맡게 되면 그 대상이 엄마가 된다. 3분이 지나서는 아무리 품어줘도 엄마가 안된다. 태어나는 순간부터 3분 이내에 냄새를 맡아야 그게 내 엄마인 것이다. 이것이 거위의 민감기이다.

동물마다 그게 다 다르다. 연어는 태어나서 몇 개월까지가 민감기이다. 그때의 물, 온도 등이 입력되어 방류시켜도 나중에 그 냄새를 따라서 온다. 모든 동물은 생태적으로 그런 기능을 가지고 있다(거위와 진공청소기).

인간은 태어난 지 3년까지를 민감기로 보는 학자들도 있고, 어떤 이는 7세 이전까지 공교육을 받기 이전까지 민감기를 보낸다고 주장한다. 필자는 이렇게 정리해 본다. 주양육자와 초기 3년을 보내는 기간을 초기 민감기, 7세 이전까지를 민감기라 불러본다. 중고등학교나 대학에서 민감기를 보내는 것이 아닌 것이다.

(2) 초기 민감기와 애착(attachment)

성격장애자들은 초기 민감기 실패자들이 많다. 초기 민감기는 애착과 깊은 관계가 있다. 애착에 성공하면 초기 민감기가 성공한 것이다. 3세 이전에 애착이 이루어진다. 부모가 사랑을 많이 해주면, 허그와 터칭으로 접촉해주고, 눈동자를 부드럽게 마주쳐주면 견고한 애착(solid attachement)이 형성된다. 이런 아이들은 성인이 되어서도 어떤 관계든지 안정적이고 유연하게 처리할 수 있는 능력을 갖게 된다. 그래서 견고한 애착을 안정애착이라 부르기도 한다. 기초가 튼튼하기에. 뿌리 깊은 나무는 안정감있게 자라는 것이다. 어린 시절에 민감기를 건강하게 지낸 사람들은 **애착**이 건강하게 형성이 된다. 이 건강한 애착이 삶의 뿌리가 된다. 자기 인식의 뿌리가 되고, 나와 다른 사람인 타인과의 관계의 뿌리가 된다. 깊고 깊을수록 그 나무는 건강하고 잎이 풍요롭고, 열매가 많은 것처럼, 견고한 애착이 형성된 개인은 삶의 관계나 직장이나 일이 다 풍요롭고, 어려운 일을 만날 때 극복능력이 우수하다. 회복능력, 회복탄력성이 우수하다.

- **애착불안:** 애착이 불안하게 형성되는 경우들이 있다. 엄마가 말하기를 "저 왠수" "저것만 없으면 괜찮은데"라고 말하거나, 건강한 피부 접촉을 안해주었을 때 불안애착이 형성된다. 그리고 아이가 원하는 것을 알아차리지 못하고 반응을 적합하게 해주지 않았을 때 불안애착이 형성된다. 애착불안은 건강한 애착을 형성하는데 실패한 것을 가리킨다. 아이가 잘 때 음악 크게 틀어놓고 시끄럽게 하고, 아이가 깨어있을 때 자빠져서 자고. 이렇게 거꾸로 가면 애들과의 삶의 리듬을 놓쳐서 애착이 안 된다.

  애착불안이 성인기의 감정불안의 원인이 된다. 결혼을 했는데도 배우자와 정서적인 애착이 잘 안된다. 자식을 낳아도 자녀와 애착이 잘 안된다(예, 네로와 네로의 어머니). 자녀와의 관계 속에서도, 배우자와의 관계 속에서도 평소에 불안을 느낀다.[2)]

2) 애착에 대해서 자세한 내용은 김현진, 선애순, 〈애착과 아동정서중심치료〉에 있다.

3. 성인아이 부모는 자녀들에게 어떤 영향을 주는가?

성인아이 부모를 살피기 전에 부모의 양육태도에 대한 이해를 먼저하고, 성인아이 부모가 자녀들에게 주는 영향에 대해 살펴본다.

1) 부모의 양육태도

유아나 아동의 인격 또는 성격형성에 있어서 가장 큰 영향을 미치는 것은 부모의 양육태도이다. 먼저 양육태도의 개념과 양육태도의 유형에 대해서 살펴보도록 한다.

(1) 양육태도의 개념

양육태도에 대한 개념은 학자마다 진술이 다양하다. 정미선(2010)은 다양하게 언급하고 있는 것을 두 가지로 정리하고 있다.

첫째, 양육태도를 양육자의 태도 및 행동으로 보는 경우가 있다(Becker, 1964; 함정숙, 1982; 남상인, 1983; 이원영, 1984; 이동희 1995). 이는 외현적이고 내면적인 태도를 포함한다(오성심 · 이종승, 1982; 이숙, 1988; 강영주, 2008).

둘째, 양육태도를 반응양식으로 주장하는 경우이다. Sears(1965)와 Fishbein(1975)은 부모의 양육태도란 하나의 문화방식으로 부모가 자녀의 성장발달을 위해 기르고 지도하는 양태이며 행동에 대한 경향성과 반응양식이라고 주장하였다. 김재은(1983)도 양육태도란 부모의 관찰가능한 행동과 자녀의 인식에 대한 반응 형태로 나타난다고 진술하였다(김현진, 2011).

정미선(2010)은 위의 두 형태의 정의를 다음과 같이 하나로 정리했다. 부모의 양육태도란 "부모 또는 양육자가 자녀를 양육함에 있어서 일반적이고 보편적으로 나타나는 태도 및 행동과 반응양식"이다. 조결자와 이명희(2010)도 최근 연구에서 정미선과 같은 맥락에서 양육태도를 정의하고 있다. 양육태도는 "부모가 자녀의 성장발달을 위해 기르고 가르치는 태도로서 자녀에 의하여 지각되고 행동으로 나타나는 반응양식"이다(김현진, 2011).

(2) 양육태도의 접근들: 유형론적 접근과 차원론적 접근

양육태도는 크게 유형론적 접근과 차원론적 접근이 있다. 양육의 보편적인 유형별로 정리하는 유형론적 접근이 있고, 서로 다른 양육태도의 측면들을 측정하고 분석하여 양육태도의 주요 요인이나 구조가 독립적으로 어떻게 결합되는지에 관심을 두는 차원론적 접근이 있다(Sternberg,et als, 1994; 정미선, 2010, 김현진, 2011).

첫째, **유형론적인 접근의 대표적인 양육태도의 유형**은 Baumrind(1996)가 처음으로 구분한 것으로, 권위적인 부모(authoritative parent), 권위주의적인 부모(authoritarian parent), 허용적인 부모(permissive parent), 무관심한 부모(neglecting/ rejecting parent)의 네 가지로 구분된다. 권위적인 부모가 나머지 세 유형의 부모보다 이상적이라고 주장하였다(정미선, 2010, 김현진, 2011 재인용). 남명자(2006)도 부모양육태도를 유형론적으로 정리했다. 자기애성 부모, 전제적인 부모, 소유욕이 강한 부모, 버리는 부모, 중독성의 부모, 근친상간의 부모로 분류했다.

둘째, **차원론적인 접근의 대표적인 경우들**은 다음과 같다. 수용(acceptance)－거부(rejection) 차원과 지배(dominance)－복종(submission)의 두 차원으로 구분하는 Symonds의 구분이 있고, 애정(love)－적대/거부(hostility/rejection), 자율(autonomy)－통제(control) 두 양극적 차원으로 나눈 Schaefer의 구분이 있다(김현진, 2011).

2) 성인아이 부모가 자녀에게 미치는 영향

남명자의 유형론적인 접근에 나오는 부모들은 성인아이 부모들만 등장한다. 이들이 어떻게 자녀의 성격형성에 영향을 주는지를 살펴보자. 남명자 교수(2005)의 글을 참조하면서 인용하거나, 자녀의 성장에서 가장 기본이 되는 감정을 주고 받는 것과 정서적 욕구 중에 애정의 욕구를 어떻게 주고받는지에 초점을 두며 정리해본다.

(1) 자기애성의 부모

아동기에 기본적인 욕구를 채우지 못하면 자기중심적, 자기도취 자기 과시하는 성격을 형성한 성인으로 성장하게 된다. 자기애성 부모는 대체로 자신이 성장할 때 자신의 부모에게서 키워진 방식을 다음세대에 전수하기에 자녀의 성격 형성과 가치관은 부모의 부모 또 그 부모로부터 물려진 것이라서 부모의 양육태도가 자녀의 성격 형성과 성격장애에 영향을 미친다.

자기애성 성격장애를 가진 부모가 아이에게 미치는 영향

① 자녀들은 어린 시절의 기본욕구(음식, 주거 환경, 애착의 욕구, 인정의 욕구, 관심)를 채우지 못한다.

② 부모로부터 기본적인 정서적 욕구를 충족 받지 못한 자녀는 가장 원초적인 '애정의 욕구(사랑을 주고 받는 욕구)'를 비정상적으로 표출하게 된다. 타인을 힘들게 하면서 그 욕구를 채우고자 하는 성인아이로 자라게 된다.

③ 욕구의 미충족으로 인해, 불만과 분노가 부모에게 향하거나 우울증이 발생한다.

④ 자녀들은 억압된 분노로 인해 부적응적 감정을 가지게 된다. 부적응적 감정은 자신을 파멸하려는 방향으로 표출하며, 부모가 보여 준 부적절한 모습으로 나타난다.

⑤ 어떤 경우에는 지적으로 또는 사회적으로 성공했으나, 내면세계는 자기중심적인 사고방식을 지녀 사회성이 부족하고 적절하게 관계 맺기가 어려워 진정한 친구가 없고, 많은 심리적 고통을 느낀다.

⑥ 자기애성 부모가 우리 다음 세대 문화의 어두운 면을 만든다. 그것들은 다음과 같다: 이혼으로 인해 헤메이는 아동청소년들, 심리적으로 버려진 아이들, 학대를 피해 길거리를 헤매는 아이들, 임신과 출산을 거부하는 젊은이들, 10대의 미혼모들, 자신의 못마땅한 것을 타인에게 책임 전가하는 청년들.

⑦ 자녀들에게 그림자를 만든다. 자기애성 부모는 자녀들의 내면세계에 숨겨져 있어 잘 보이지 않는 수치심을 생산해낸다. 수치심을 깊숙이 가지고 살아가

는 아동 청소년들은 자기애성 성격을 가진 성인으로 성장하게 된다.

⑧ 부모의 조력과 건강한 사랑, 자녀에 대한 지지와 격려가 자녀의 건강한 자아 성장에 매우 중요한데, 자기애성 부모는 자기 중심적으로 아이들에게 반응하기 때문에 자녀들은 건강한 자아 성장이 어려워, 자기의 성장이 왜곡된다.

⑨ 자기애성 부모는 자신들을 최고의 자리에 배치해두고 제왕적 아버지, 궁전의 여왕인 어머니가 되어 자기중심적인 욕구를 제일 중요하게 생각하고, 우리라는 가족 공동체 보다는 나를 강조하기 때문에 아이들의 영혼은 피폐해져만 간다. 부모의 자기중심적인 욕구는 아이가 어릴수록 내면적 갈등이 심각하다.

(2) 전제적인 부모

전제적인 부모는 Baumrind(1996)가 분류한 부모의 유형 중에 권위주의적인 부모(authoritarian parent)에 속한다. 권위주의적인 부모는 자녀에게 부모의 권위를 너무 앞세워 아이를 숨막히게 할 수 있다는 면에서 권위적인 부모(authoritative parent)와는 구별된다. 권위적인 부모는 권위를 중요시하나 자녀의 생각, 감정, 욕구 등도 중요시 여긴다. 또한 전제적인 부모는 자기애성 부모나 공격적인 성향의 부모이기도 하다.

전제적인 부모는 '아이는 미숙하다'는 생각으로 인해 자신들이 아이들을 이끌어주고 훈육해야 한다고 생각한다. 그러나 아이는 어릴지라도 그들의 의지와 통찰에 민감하고 정확하여 부모보다 더 올바른 길을 선택할 수 있다(남명자, 2005).

① 전제적인 부모의 특징

남명자(2005)는 전제적인 부모를 언덕위의 황제라고도 부른다. 남명자 교수의 글을 참고하여 전제적인 부모의 특징에 대해서 아래와 같이 소개한다.

- 전제적인 부모의 특징은 잔인함, 비융통성, 화를 잘 내는 형태로 아이들을 다룬다.

- 전제적인 부모는 자신들은 잘못을 저질러도 용납하는 위선적인 성격을 지닌 반면 아이들은 모든 것을 완벽하게하기 바라는 융통성 없는 성향을 지닌다.
- 그의 기분은 예측불허하게 움직이며 가족들 모두 그에게 복종하고 그의 요구를 들어 주어야 한다.
- 자녀들은 아버지는 언덕 위의 제왕, 어머니는 여왕이라 생각한다.
- 그들은 자기중심적인 성격장애를 가지고 있고 가족 성원들을 교란시켜 보상을 받으려 한다.
- 지배적인 부모는 가정에서 전제적인 분위기를 조성하며 자녀에게 명령적이며 자녀의 문제에는 무관심하며 자녀가 행복 이외의 조건을 표현할 수도 나눌 수 없이 제한하여 자녀의 내면적 욕구와 세계에 대해 공감하고 감정이 이입되는 것을 원치 않는다.
- 전제적인 부모는 자기 혼자서만 일한다는 생각에 집안 분위기를 무겁게 만들며 아이들이 일할 것을 강요하며, 자주 불평을 한다. 이런 가정의 자녀에게는 책임만 주어지지 자신의 인생을 위해 발전해야 하는 동기 유발이나 권리는 주어지지 않는다.
- 이들은 심리적인 망상 병에 시달리거나 공격적인 성격장애를 가지고 있어 자신의 욕구나 욕구불만을 아이들을 때리는 방법으로 표현하는 사람이거나 종교의 맹신자 혹은 내면이 혼란해 폭력적인 행동을 통제하지 못한다.

② 전제적인 부모가 자녀에게 미치는 영향

전제적인 부모 또는 권위주의적인 부모는 자녀의 생각과 감정을 중요시하지 않아서 자녀의 정서적 성장에 많은 문제를 일으키고, 이는 행동적인 문제와 관계적인 어려운 문제를 생산해낸다. 그 영향들을 정리해본다.

- 자녀들은 부모의 배려와 존중 속에서 건강한 인격체로 성장하게 되는데, 전제적인 부모는 가정은 자신을 중심으로 자신의 뜻대로 움직여야 한다고 생각한다. 이런 가정에서 자라나는 아이들은 불신과 두려움의 감정을 가지고 성장하게 된다.

- 잦은 신체적인 폭력과 "너 이렇게 해서 되겠어, 또 틀렸잖아" 등과 같은 폭언으로 인해 아이들은 그의 안전에 위험을 느끼며 두려움으로 인해 눈치만 보고 성장할 수 있다. 너무 권위적인 부모 밑에서 자란 자녀는 그 속에 있는 아이가 눈치만 보는 아이로 자란다. 자기 목소리를 내지 못하는 내면의 어린아이가 있다. 내면에서 슬피 울며 지내는 아이가 있으나 성인은 울지 못하고 있다. 눈치꾼 어린아이가 속에 있는 경우에, 너무 위압적으로 윽박지르면, 애들한테는 부모의 코드가 각인된다. 이것을 어느 목회상담가, 기독교 상담가는 devil's voice라고 한다. 그 목소리는 다음과 같다: 너는 안돼, 너는 니 애비 닮아서, 너는 더러운 놈이야, 공부 못하면 너는 장가도 못간다, 이놈아.
- 신체적, 심리적 정서적 학대를 받은 아이들은 부모에 대한 분노와 욕구 불만을 오랫동안 마음에 품는다.
- 전제적인 부모가 자녀들의 외모에 대해 수용하지 못하고 부정하면 자신의 성을 느끼고 수용하는데 어려움을 겪으면서 자기비하를 하는 사람으로 성장할 수 있다.
- 전제적인 부모는 융통성이 없는데, 융통성의 부재는 자녀 스스로 아버지가 원하는 자식이 아니라는 죄책감을 가져다 줄 수 있다. 또한 자신의 문제를 아버지와 의논하지 못하는 '아버지 없는 자식'으로 살도록 이끌 수 있다.
- 전제적인 아버지와의 불안정한 인간관계는 자녀에게 두려움을 느끼게 한다. 그 두려움을 공감적으로 접촉해주지 않았을 때 그 자녀의 이차 감정은 적개심으로 드러낸다.
- 전제적인 부모 밑에서 성장하는 아이는 심리적으로나 신체적으로 깊은 상처를 입으며 자신이 받았던 저주를 다음세대에 세습하거나, 자기도 모르게 자기 부모와 비슷한 공격적이고 폭력적인 사람에게서 사랑과 애정을 찾아 헤매고 그런 사람을 만날 확률이 높다.[3)]
- 부모가 힘으로 아이들을 학대하는 것은 아이들 스스로 방어할 수 없다는 문제를 가지고 있고, 학대의 대가는 다음 세대로 대물림 하는 것이 큰 문제이다.

3) 김현진, 이마고 정서코칭상담 강의안은 이 점을 자세하게 진술하고 있다.

부모에게 애정의 욕구를 충족받지 못한 자녀는 그 결핍에 대한 보상으로 가족 성원에게 전제적인 군주로 군림할 수 있다.

(3) 소유욕이 강한 부모

소유욕이 강한 부모는 타인을 배려하는 마음이 없고 자기 중심적인 탐욕스런 사람이다. 남명자 교수(2006)에 의하면, 탐욕스런 부모는 소유욕이 강해 아이들의 사랑과 관심을 갈망하여 자신들은 크게 희생하고 부양의 책임을 과하게 지면서 아이들의 인생과 마음이 자신에게 되돌려지기를 바라는 과한 투자를 한다. 이들은 주로 규칙과 강요, 과보호의 사랑과 죄의식으로 아이들의 가능성을 묶어 독자적으로 독립된 인생을 살기 위해 걸리는 성장의 과정을 허용치 않는다. 소유욕이 강한 부모는 자녀를 질식시키는 부모이며 자녀의 독립을 무의식적으로 반대하고 있는 부모이다.

① 소유욕이 강한 부모의 특징

- 소유욕이 강한 부모의 특징은 자녀가 부모로부터 독립하는 것을 원치 않으며 아이의 잠재력 또한 제한시킨다.
- 자녀를 친구로 간주해 자신을 위로해주거나 자신의 편이 되어줄 것을 요구한다. 이는 정서적인 학대와 같다.
- 소유욕이 강한 부모는 아이들이 떠날 수 있다는 사실에 공황적인 두려움을 갖고 있어서 자녀의 독립을 용납하지 못한다.
- 부모가 인생을 관리해주는 방향으로 자녀들이 살아가기를 원하며 아이가 세상에 대해 새로운 것을 시도하거나 선택하는 것을 원치 않고 오히려 그것을 위험한 것으로 여기도록 주입한다.
- 아이들을 이끌어주는 것을 중요하게 생각하며 자녀들의 생각을 인정하지 않고 자기의 생각을 강요하는 경향이 있다.
- 관리인 타입의 소유욕이 강한 부모는 아이들에게 지속적으로 제안, 명령을 하며 항상 몇 단계 앞서나가 판단하며 결정해 자녀를 자신의 통제 하에 둔다.

- 소유욕이 강한 집착하는 부모는 부모의 권리로써 자녀의 정서적, 신체적인 문제들을 부모가 원하는 대로 개방할 것을 요구해도 된다고 생각해 그들의 사생활, 소유물, 비밀, 편지, 신체 등에 대해 존중하지 않는다.
- 이들은 감시하는 특성도 가지고 있다. 이들은 자기의 감시하는 행동을 자기의 자녀가 문제에 휘말리지 않게 하기 위해 한 행동으로 이를 정당화한다.
- 이들이 과보호를 하는 이유 중 하나는 실제로 자신들이 어렸을 때 당했던 문제들을 자신의 아이들에게 경험시키고 싶지 않기 때문이다. 그러나 이는 자녀들에게 좋지 않은 영향을 준다.

② 소유욕이 강한 부모가 자녀에게 미치는 영향

- 어머니나 아버지의 소유물로 성장한 아이는 성격장애가 발생하기도 한다.
- 부모가 아이들의 인생을 걱정하는 것은 자녀들이 세상을 살아가는 데 필요한 자신감이나 성취감, 유능감을 빼앗아버린다. 과보호는 자녀들에게 무능감을 선물한다.
- 위험한 일로부터 부모가 과보호를 하게 되면 아이들은 잠재력을 개발시키지 못하여 보통 이하의 성취자가 되기 쉽다.
- 과보호를 하는 부모들은 자녀들에게 불필요한 모험은 하지 못하게 하며, 이는 자녀들의 성장에 필수적인 선택할 수 있는 기회를 박탈하여 결정을 못하는 장애를 가지도록 초래한다.
- 과보호 밑에서는 사회적인 관계에서 소외를 경험하게 된다. 이는 자녀는 자신감 저하 및 인생에서 도전하고 싶은 마음을 상실한 체 자라도록 이끌 수 있다.
- 과보호를 받는 아이들은 자신의 에너지를 부모가 움켜쥐고 있다는 생각에 부모의 지배로부터 탈출의 욕구를 강하게 느끼기도 한다.
- 때론 아이들에게 역설적 메시지를 전달해 아이들이 독립적으로 성장하기를 바라지만 한편으로는 독립적이 될 수 있는 기회를 주지 않는다.
- 소유욕이 강한 관리인의 부모를 둔 자녀들은 부모의 생각과는 달리 자해, 자기파괴 가학적인 행동으로 인해 문제아 취급을 받게 된다. 혹은 거식증 환자가

되어 결사적으로 부모의 관리로부터 빠져 나오려 한다.

- 이 유형의 부모들은 자식들의 성공과 성취에 대해 초조하기 때문에 자녀들이 반대급부의 성향을 보여 현재 이루고 있는 일들에 대해 중도 탈락하는 일들이 생긴다.
- 계속적인 감시체계로 사생활을 침해 받은 자녀는 거짓말쟁이가 되기도 한다.

(4) 버리는 부모

버리는 부모(abandonment parent)는 Baumrind(1996)가 분류한 부모의 유형 중에 무관심한 부모 또는 거절하는 부모(neglecting/rejecting parent)이다. 그리고 차원론적인 접근에서 보면, 수용(acceptance)－거부(rejection) 차원에서 거부의 차원에 해당하는 부모이다(김현진, 2011). 아이를 버린다는 것은 물리적으로 버린다는 것을 의미하기도 하지만 또한 심리적으로 아이를 버리는 경우까지 포함하는 표현이다. 버린다는 것은 이혼, 자살 또는 심리적인 문제 등으로 아이들을 버리고 떠나는 것을 포함한다. 그리고 자신의 아이들을 거부하거나 심하게 방임하는 부모는 여러 가지 방법, 즉 술, 마약, 잠, 무관심 등의 태도로 신체적 또는 정신적으로 자신을 피폐하게 만들어 아이들을 힘들게 한다. 버리는 부모의 버리는 행위는 아이들을 돌보는 책임으로부터 자유롭고 싶다는 의도가 내포되었으며, 자신의 아이를 다른 가족구성원이나 양육기관에 맡기면서 나름대로의 최선을 다했다는 생각으로 자신을 방어하는 경우도 있다. 이런 불상사는 자신의 인생에 만족을 하지 못했을 때와 자기애성인 장애를 가졌을 때 빈번히 일어난다(남명자, 2005).

버리는 부모가 자녀에게 미치는 영향

- 별거를 하는 가정의 아이들은 자신의 불확실한 위치에 상당히 민감하고 가정에서 추방당하지나 않을까 하는 위협적인 생각을 가진다.
- 이혼이나 별거로 인해, 부모로부터 사랑받는 자라는 의식이 없는 자녀들은 자기들이 버려질 수 있다는 두려움에 사로잡힌다.
- 부모가 자살을 했을 때 아이들은 공황적인 두려움을 느끼고 영원한 죄의식

속에 살아간다. 자살은 책임을 회피하는 것뿐만이 아니라 고통과 죄의식을 아이들에게 상속하는 것이다.

- 부모의 부재로 다른 가족 구성원에게 자라게 될 경우, 그 자녀의 마음속 빈 공간은 텅 빈 채로 동그라지고, 정서적으로 고통을 느낀다.
- 가족, 학교, 또는 이웃과 같은 사회적인 인간관계에서 문제가 일어날 때 극복할 능력이 약하여 충동적으로 반응할 확률이 높다. 무의식적으로 자신의 부모가 예전에 행했던 자녀를 버리는 일을 답습하기도 한다.

(5) 중독성의 부모

현대사회에서 중독증은 다양한 사회적 문제 가족폭력의 문제를 낳고 있다. 그것은 범죄 및 폭력, 여성폭력, 아동학대, 정신건강문제, 임신 중인 여성의 위험, 성적 피해 위험, 치명상 등을 포함한다. 서구에서는 국가에서 중독자를 치료하기 위한 예산을 많이 쓰고 있다. 세금 부담이 많아지는 것이다.

① 중독성의 부모의 특징

여기서는 중독에 대해 살펴보고 중독적인 부모의 특성을 간단하게 살펴보고자 한다.

술이나 흥분을 일으키는 물질에 의존하는 것과 남용하는 것을 중독이라 한다. 물질 의존(substance dependency)은 물질의 종류에 관계없이 "12개월 동안 아무 때나 다음 중의 세 가지(또는 그 이상) 증상으로 나타나는 임상적으로 중요한 장애나 고통으로 향하는 물질사용의 부적응적인 패턴이다"(DSM-5-TR, APA, 2013). DSM-5-TR에 진술된 물질 의존의 기준은 여섯 가지이다.

- 내성(원하는 효과를 얻기 위해 점점 더 증가된 양을 사용해야 하는 상태)
- 금단 증상(술이 안들어가 있는 동안, 갑자기 식은 땀이 나거나, 손을 떤다거나, 일시적인 환각, 환시를 경험하기도 하며 심하면 발작 및 호흡 마비로 고통하는 것을 말한다.)

- 문제의 의도보다 더 많은 물질을 사용한다.
- 물질 사용을 줄이거나 중단하려는 욕구나 노력이 성공하지 못한다.
- 물질을 구하거나 사용 또는 물질의 효과에서 벗어나기 위한 시간과 시도가 많다.
- 지속되고 반복되는 부정적인 신체적 또는 심리적 결과를 알고 있음에도 불구하고 계속된 사용을 한다. 물질사용과 직접적으로 관련되어 사회적, 직업적 및 여가 활동에서의 부정적 결과가 나타난다(신성만, 김성재, 김선민 외, 2013).

물질 남용의 기준 또한 물질 의존의 기준과 비슷하여 이곳에서는 생략을 한다. 자세한 것은 신성만 외(2013), 〈중독상담〉을 참조할 수 있다.

중독성의 부모는 강박 또는 중독적인 행동을 가지고 있다. 중독과 강박적인 행동의 중심을 이루는 요소 중에 하나는 부인과 망상이다. 부인은 자신과 남에게 해롭게 작용한다. 망상이란 현실에서는 일어나지 않는 일을 일어난다고 믿는 것을 말한다.

중독적인 부모는 자신들이 모든 것을 다 안다는 식으로 비판하고 통제하며 남의 탓으로 돌리고 강제성을 띄면서 자신이 마치 대단한 힘을 가진 사람처럼 행동한다.

알코올 중독 가정에서 볼 수 있는 전형적인 양상은 분노이다. 분노는 그 자체의 중독성을 가지고 있으며 알코올 중독자인 아버지가 제대로 기능을 수행하지 못할 때 이를 무마시키는 목적으로 잘 나타난다.

알코올(술)은 생각과 표현에 조절기능을 상실하게 만들기 때문에 알코올 중독의 부모는 신체적, 성적, 또한 정서적으로 심하게 망가지는 것이 보통이다.

미국의 PBS TV에서 '가족'이라는 시리즈의 호스트를 해 왔고 상담자, 신학자, 로만 카톨릭의 신부이기도 했던 브레드 쇼(John Bradshaw)는 한동안 알코올 중독과 일중독으로 고생했다. 그는 다음과 같이 말을 하였다.

> 아버지는 알코올 중독자였는데 내가 알코올 중독자가 되리라고는 꿈도 꾸지 못했다. 나는 알코올 중독을 끔찍이 싫어했고 알코올 중독이라면 어떤 짓을 해서라도 이를 막고 싶었다. 알코올 중독을 고치려 자발 적으로 입원도 하였지만 그것은 쉽지만은 않았다.

나의 흥분에 대한 중독증, 사람들을 즐겁게 하면서 인정을 받으려는 성향, 나의 지나친 책임감 등 내 성격이 이상하기 때문에 나타나는 성향이라고 생각했다. 이러한 행동이 어려서 알코올 중독증의 집에서 자라 온 사람들의 전형적인 성격이라는 것을 꿈에도 생각 못했다. 내 강박적인 삶의 태도는 내 인생에 손상을 입히는 결과를 초래하였고 알코올 중독으로부터 회복하는 단계에 있었음에도 불구하고 심한 강박성향이었다. 이러한 중독적인 성향 때문에 비롯되었다는 것을 알게 되었다.

② 중독적인 부모가 자녀에게 미치는 영향

이러한 현상과 관련하여 중독성의 부모(addictive parent)가 자녀에게 어떤 영향을 미치며 중독증이 인간의 성격형성에 어떠한 영향을 미치는지에 대하여 진술해 본다.

- 알코올 중독증 가정의 아이들은 술에 대한 반응보다는 분노, 통제의 문제, 중독에 대한 감정의 부재현상 등에 대하여 반응을 하는 것이다.
- 중독 가족의 구성원들은 만성적으로 불안과 걱정이 많다.
- 중독적인 부모로 인하여 자녀들은 심리적인 버림받음을 경험한다. 심리적인 유기는 자녀들이 마치 존재하지 않는 것과 같은 무시를 당하는 것이다.
- 만약에 아버지가 알코올 중독이고 어머니가 아버지한테 중독이 되어 있다면 어머니와 아버지는 서로 동반의존관계 속에 빠져 있다. 중독자 가족구조에서는 자녀들도 동반의존적인 관계 속에 빠져들게 된다. 동반의존 관계의 문제점은 자녀들에게 심한 심리정서적인 문제점을 갖게 만든다. 이런 경우 자녀들 또한 어머니와 마찬가지로 동반의존자가 된다. 동반의존자의 심리적 관계적 어려움은 강박적 충동에 의해 이끌리며, 자기 상실의 병에 걸리게 된다. 자세한 내용은 본 책의 부록을 참조하라.
- 중독적인 부모 밑에서 자란 자녀들은 임상 통계적으로 볼 때 중독자가 될 확률이 높다. 그들은 강박적이고 충동적이다. 그들의 강박은 어린 시절 자라면서 그들의 감정이나 필요들에 대해 돌봄을 받지 못한 것에서 기인한다. 그 필요들과 욕구들을 채우기 위해서 자기도 모르게 강박적 행동을 하는 것이다. 모든

중독의 중심에는 강박이 있다.

- 중독자 부모에게서 자란 자녀들은 자신을 보호하려는 본능에서 자기중심적으로 되기 쉽다.
- 자녀들은 엄격한 역할 속에 빠져든다. 예를 들면, 구원자, 영웅, 희생양, 외로운 아이, 마스코트 등이다.
- 강박증과 중독증은 기분을 정상적으로 흘러가게 하는 것이 아니라, 왜곡하여 조정하려(manipulation) 한다. 이는 수치감과 버려진 감정을 느끼는 것으로부터의 느낌을 변화시켜 더 이상 외롭다거나 텅 빈 것 같은 느낌을 받지 않도록 해주는 역할을 한다.

③ 알코올 중독증의 가정에서 자란 사람의 공통점

- 중독증, 강박증의 행동을 하며 결혼도 중독증에 빠진 사람과 한다.
- 환상을 가지며 부정적이다.
- 자신과 타인을 가차 없이 비판한다.
- 타인과 자신과 경계선을 갖는 능력이 부족하다.
- 부적절한 행동에 대한 인내심이 없다.
- 남에게 지속적으로 인정을 구한다.
- 남과의 가까운 관계를 갖기가 힘들다.
- 자신을 위해 권리를 주장할 때마다 죄의식을 갖는다.
- 진실을 쉽게 말할 수 있는 데도 거짓을 얘기한다.
- 의지력이 약하다.
- 행동하기보다는 반응을 한다.
- 실패에 지나치게 당당하다.
- 감각이 마비된다.
- 통제할 수 없는 변화에 지나치게 반응한다.
- 다른 사람과 다르게 느낀다.
- 불안해하고 지나치게 경계한다.

- 낮은 자존감과 부끄러움이 내면화되어 있다.
- 사랑과 동정을 혼돈한다.
- 일을 잘 끝마치지 못한다.
- 너무 심각하다.
- 지나치게 의존적이고, 버려짐에 대하여 지나치게 두려워한다.
- 희생자로서의 삶을 산다(희생자 역할).
- 분노와 개인적인 비판에 두려워한다.
- 통제력이 부족한 것에 두려움을 느낀다.
- 지나치게 책임감이 높거나 아니면 책임감이 없다.

지금까지 성인아이 부모(성격장애가 있는 부모)가 자녀들에게 어떤 영향을 주는지를 살펴보았다. 성인아이 부모들의 양육태도 또는 자녀들의 경험에 대한 반응이 자녀들에게 심리적으로 정서적으로 많은 문제를 안겨주는 것을 보았고, 행동적인 문제도 생산해내는 것을 보았다. 좀 더 깊이 살펴본다면, 심리 영적인 문제도 고찰되어야 할 것이다. 병든 영혼의 문제도 고려해볼 필요가 있을 것이다. 성인아이 부모에 대한 영적인 접근도 고찰한다면 성인아이 가족구조의 변화에 대한 결정적 도움을 줄 수 있을 수도 있다.

성인아이를 고백한 정태기 교수님의 글을 소개한다.

"태기, 나는 자네를 더 이상 지도할 수 없네. 이론 학문을 공부하든지, 차라리 공부를 그만두고 한국으로 돌아가는 게 어떻겠나?"

'학업을 포기하고 한국으로 돌아가라니....'

"오케이." 분노에 떨면서 나는 이렇게 말하고 그 교수의 연구실을 뛰쳐나왔습니다. … 어찌나 세차게 닫았던지… .

'이제는 모든 것이 물거품이 되고 말았구나! 내 인생은 이제 끝장이야.' 나는 절해고도에 홀로 남겨진 것 같은 느낌이 들었습니다. 완전히 버림받았다는 생각만 날 뿐이었습니다. ... 간신히 난간을 붙들고 아래층으로 내려가고 있는데, 등 뒤에서 다정하게 어깨를 잡는 사람이 있었습니다.

"태기, 자네 이제 나와 함께 공부할 수 있는 기미가 조금 보이네."...

"자네, 미국에 뭐 하러 왔지? 상담 기술을 배우러 왔나? 상담기술이라면 내가 책명을 적어줄 테니 도서관에 가서 그 책들을 읽도록 하게. 아마 다섯 권 정도면 충분할 걸세. 그 책 속에 자네가 원하는 모든 상담 기술들이 다 들어 있을거야. 그러니 자네가 이곳까지 와서 그렇게 고생할 필요가 없다는 애기야. 태기 군, 나는 상담 기술을 가르쳐주는 사람이 아니야. 지금까지 자네에게서 진실을 끄집어내려고 애를 써보았지만 자네는 꼼짝도 하지 않더군. 하지만 계속해서 자네를 건드리는 나를 미워하기 시작했지. 그런데도 자네는 나를 만날 때마다 내게 미소를 지어보였네. 마음속으로는 주먹질을 해대면서 말이야. 그것은 이중성격일세. 6년 동안이나 계속해서 겉 다르고 속 다르게 행동하는 사람이 어떻게 다른 사람의 아픔을 치유해줄 수 있겠나? 그런데 오늘, 비록 부정적이기는 하지만 처음으로 자네가 겉과 속이 일치하는 모습을 보여주었네. 이제 자네는 공부할 수 있는 자세가 된 걸세."(내면세계의 치유, 정태기, 98-100)

Q. 정태기 교수의 이야기를 볼 때 그는 성인아이의 어떤 특징을 보여주고 있다고 생각되는가? 혹시 당신에게 성인아이 특징이 있다면 어떤 것들이 있는가? 그것은 당신의 인생에 어떤 영향을 미쳐왔는가?

성인아이 부모들 밑에서 자란 성격장애자들의 육체적 증상들

일반적으로 약물 의존, 끝임 없는 식생활 장애(포식, 폭식), 또 사고를 당하기 쉽고(늘 불안하기 때문에), 사고내기도 쉽고, 그리고 만성적인 고통 증상들을 갖고 있고, 긴장, 편두통, 삶이 불편으로 가득한 경우도 있고, 호흡기 장애, 대장염, 수면장애, 위궤양, 소화 장애 변비, 근육긴장 등으로 고생한다. 이런 것들을 심인성 신체장애/증상(psychosomatism)이라 한다.

4. 성인아이 치유를 위해 도움이 되는 것들은 무엇인가?

1) 심리영적(psyhospiritcal) 접근

(1) 문제점이 무엇인지를 파악하도록 도우라

성인아이 판단 기준을 보고 본인에게 해당되는 것을 표시(마크)하도록 한다. 예를 들면 다음과 같은 심리적 문제점이나 문제 행동이 표시될 것이다.

중독적 행동, 강박적 사고나 행동, 동반의존성(codependency), 인간관계를 적절하게 유지하는 것을 어려워함, 깊은 공허감이나 좌절감, 지속적인 불안 증세, 우울증, 거절감, 사고의 왜곡, 낮은 자존감, 수치심, 거짓 자아(false self), 완벽주의, 충동적인 분노의 표출, 열등감, 계속되는 죄책감 등이다.

(2) 위의 문제점이 어디서 왔는가를 파악하라

발달단계에서 미해결 과제(unfinished business)가 있다. 유아기(초기 민감기)를 거치는 동안 아이들은 건강한 또는 견고한 애착(solid attachment)이 필요하다. 견고한 애착에 실패한 아이들은 성인아이로 자라갈 가능성이 많다. "성인아이는 발달의 빚(developmental debts)을 가지고 있다."

내담자의 문제, 성인아이 또는 성격장애의 문제가 어디에서 왔는가?

원가족 작업(family of origin)을 하라. 원가족 작업은 자신의 문제 또는 상처가 어디에서 왔는지를 발견하도록 도와준다. 가족의 역동을 파악할 수 있도록 도와주어, 가족 구성원들 사이에 존재하는 문제들을 지각하고 해결할 수 있는 실마리를 제공한다. 어떤 가정에서 자랐는지, 어린시절에 상처받은 경험이 있는지를 알아야 자기 자신 안에 있는 상처의 원인을 알 수 있다. 『성경과 목회상담』 부록, "원가족 작업과 치유"를 참조하라.

① 원가족 작업을 통하여 얻을 수 있는 유익들은 다음과 같다.

- 오늘의 심리적 문제나 문제 행동이 과거의 어느 사건과 관계가 있는지를 파악할 수 있도록 도와준다.
- 내담자의 죄성의 원인을 지각하도록 돕는다. 원가족 작업을 통하여 파악할 수 있는 죄 문제는 불신앙, 권위에 대한 거역 또는 반항, 게으름, 탐욕이나 중독, 교만과 열등감, 구부러진 자기애 등이다. 이들 중에 몇 가지는 7가지 대죄에 속한 것들이 있다(이는 〈성경과 목회상담〉 68쪽을 참조하라). 내담자를 치료하는 데는 내담자의 심리적 문제뿐만이 아니라, 죄의 문제를 파악하는 것도 중요하다. 성인아이 치료는 심리적 문제뿐만이 아니라 죄의 문제도 다루어주어야 할 필요가 있다.
- 세대적인 유형을 파악하도록 돕는다.
- 수치심, 죄책감, 억압된 분노, 거절감, 열등감의 뿌리를 찾을 수 있다.

② 원가족 작업을 통하여 해야 되는 질문들이 몇 가지가 있다.

몇 째인가? 어떤 역할을 하며 컸는가? 사랑을 주고 받는 것은 어떠했는가? 애착형성은 어땠는가?(애착형성은 정서중심치료와 정서중심부부치료에서 심리적 건강이나 문제행동의 가장 중요한 요인으로 본다.) 사랑 표현은 어떻게 하며 지냈는가?(예를 들면, "사랑은 말로 표현하는 것이 아니다.") 가장 기억에 남는 어린시절의 경험은 무엇인가? 그것이 자랑의 이야기인가 상처의 이야기인가? 수치심을 가져다 준 경험인가? 분노를 자아내는 이야기인가, 거절감을 느끼게 하는 이야기인가? 어떤 불안을 갖고 살았는가? 이런 것들은 자기의 문제가 어디에서 왔는가를 파악하는 굉장히 중요한 요소들이다.

과거의 상처나 결핍의 요소가 현재의 엉뚱한 문제를 일으킨다. 과거의 결핍이 지금 일어나고 있는 문제의 원인을 이룬다. 어디에서 왔는가? 예를 들면, 편모슬하에서 아버지의 사랑에 굶주린 바로 이 애정의 결핍이 현재의 문제를 일으킨 것이다. 어린시절에 할머니와 할아버지 집에서 성장했던 성인이 성인아이 문제행동을 자주 보인다면, 부모의 사랑에 대한 결핍이 오늘의 문제 행동이나 상처의 원인이 될 수 있다.

(3) 내담자가 통찰하도록 도와주라

상담이나 치료는 통찰을 하도록 도와주는 것이다.

"설득한다고, 설교한다고 교훈한다고 해서 이 문제가 풀릴까? 단지 문제가 되는 것을 알려준다고 해서 치료가 되는 것은 아니다." 그 사람으로 하여금 자기 문제를 스스로 통찰하게 하고, 스스로 깨닫고 인정하게 해야 하는 것이다. 자기문제를 스스로 알고 있다고 다 되는 것은 아니다. 지적인 통찰에서 정서적인 통찰에 이를 수 있도록 이끌어 주어야 한다.

(4) 내담자로 하여금 자기 내면의 이야기를 말하게 하라

치료작업에서 중요한 것은 가르치는 것보다 내담자가 자기의 내면의 이야기들을 말하는 것이다. 내면의 경험들을 스토리텔링하면서 자기의 문제점들을 자기도 모르게 알아가게 된다. 억압되어 있는 상태를 그대로 두고서는 문제점을 알아차리지 못한다. 억압된 감정이 이성을 제대로 작동을 못하게 하는 것이다. 상처 입은 감정이 이성을 제대로 작동하지 못하게 한다. 성인아이는 상처입은 내면의 존재이다. 어린시절의 상처와 관계되어 있다. 어린시절부터 희노애락의 감정을 그때 그때 표출하는 사람은 건강한 사람이다. 자기감정의 주인이 된 사람이다. 진짜 자기(true self)를 가지고 있는 사람이다(Murray Bowen). 행복한 사람은 희노애락을 자유롭게 표현할 수 있는 사람이다. 성인아이는 이런 감정표현이 차단(blocking)되었다. 누구에 의해서? 부모에 의해서, 집안의 권위 있는 자에 의해 자기 감정과 정서적 욕구는 억압되고, 차단되고 저냉동 지하실로 던져졌다.

부모나 권위자의 눈치에 맞추어 가면서 삶을 살아가다 보면 나중에 자기 안에 있는 것은 진짜 자기가 아니라, 거짓자기(false self)이다. 마스크를 쓰게 된다. 이것을 페르조나라 한다.

라틴어 페르조나라는 단어에서 personality(성격)라는 단어가 만들어졌다. 교수는 교수의 페르조나가 있고, 배우는 배우의 페르조나가 있고, 성직자는 성직자의 페르조나가 있다. 남성은 남자의 페르조나가 있다. 한국남자의 페르조나는 웃지 않고 울지 않는 것이다. "절대로 안 웃어."(길거리나 아파트 거리에서), "남자는 눈물을 보이면 안 된다."

자기의 감정을 표현하지도 알아차리지도 못하고, 조절하지 못하는 사람은 감정에 의해서 조종(control)을 당한다. 상담의 장에서 EFT관점에서 도움을 준다는 것은 상담을 하는 동안에 내담자가 자기의 감정을 충분히 표현하도록 돕고, 내담자의 감정과 정서적 욕구를 수용해주고, 공감적으로 반응해주어 충분히 말하고 느끼고 알아차릴 수 있도록, 그리고 그 억눌린 감정을 조절할 수 있도록 도와주는 것이다.

(5) 미래의 이야기를 갖도록 도와주라

현재의 이야기는 과거의 경험과 현재의 상황, 미래의 비전과 꿈이 들어와 있다. 내일이 없는 과거의 이야기만 있어서는 내담자가 치료적 경험을 하고 새로운 미래로 들어갈 수 없다. 미래의 이야기를 가질 수 있도록 도와주는 것이 상담이나 치료의 작업이다. 성인아이 내담자의 스토리에 긍정적 자원이나 새로운 무언가를 삽입하여 새로운 미래적 이야기를 설계할 수 있도록 돕는 것은 그 영혼을 살리는 매우 중요한 일이다.

(6) 섀도우와 콤플렉스를 파악하도록 돕는다

내 속에 있는 그림자, 마음 안에 있는 어두운 측면을 파악하도록 도우라. 그리하여 통합된 인격체로 살아가도록 도우라. '어두운 나'가 따로 돌아다니게 해서는 안된다. 통합되어 진짜 내가 살아가도록 도우라. 도플갱어. 지킬박사와 하이드를 참조하라.

콤플렉스가 많은 사람과는 이야기를 할게 없다. 이야기를 하면 폭발하기가 쉽기 때문이다. 성인아이들에게는 섀도우와 콤플렉스가 유난히 많다. 콤플렉스가 많은 사람은 새도우, 지뢰밭이 많다. 자기 안에 있는 새도우와 콤플렉스를 파악하면 본인도 편하고, 콤플렉스에 사로잡히는 행동을 줄일 수 있다.

콤플렉스를 치료할 수 있는 정서중심치료작업을 하는 것은 치료에 도움을 줄 수 있다.[4)]

(7) 자기의 분명한 정체성을 갖도록 도우라. true self

성인아이는 정체성 상실의 질병을 가지고 있다. 정체성 상실은 자기감을 잃어버린 것과 같다. 자기감을 회복하는 첫 걸음은 내가 무엇을 좋아하고 무엇을 싫어하는지를 알고, 좋아하는 것은 예스라 말하고 싫어하는 것은 '아니오'라고 말하는 것이다.

자기 자신을 찾아가기 위해서는 다음과 같이 자기 표현하는 대화법을 익히고 실천하는 것이 도움이 된다. 마음 아픈 일이 있으면 ① 내가 겪은 일을 상대에게 말하고, ② 내 느낌을 말하고, ③ 내가 진정 바라는 것을 말하고, ④ 상대방에게 부탁할 것을 말한다. 이런 것을 잘 가르쳐 주고 있는 것은 고든 맥도날드의 Parent Effective Training(PET), 그리고 사춘기 아이들에게 이런 대화법을 가르쳐주는 책이 있다. 이민식의 『아빠, 내 마음이 왜 그래?』가 바로 그 책이다.

(8) 정서중심코칭을 통한 관계의 기술을 갖게 한다

정서중심코칭의 관계 기술의 핵심은 마음 알아주기이다. 성인아이는 누군가가 그의/그녀의 감정과 정서적 욕구를 알아주어야 한다. 치료는 거기서부터 일어난다. 성인아이가 이것을 처음에는 스스로 못하니, 상담치료사가 이것을 도와주어야 한다.

---

4) 정서중심치료에 대한 자세한 내용은 정서중심치료의 창시자요 개발자인 그린버그의 저술을 참조하는 것이 좋다. Greenberg(2010). Emotion-Focused Therapy. 김현진(2015) 역. 정서중심치료. 교육과학사.

(9) 정서중심 성장 집단 모임에 초대해야 한다

정서중심놀이치료 집단에 참여하여 여러 사람이 치유되고 행복해하는 것을 볼 수 있었다. 다문화 가족에서도 볼 수 있었고, 문제아이들이 이 집단에 참여하여 적응적인 아동청소년으로 성장해가는 것을 교육부 정서행동모델링 프로젝트를 통해서도 볼 수 있었다.

(10) 봉사하는 경험을 통해 그 기쁨과 필요성을 느끼게 한다

성인아이 또 다른 특징 중에 하나는 자기중심적이다. 자기 중심적인 사고를 극복하게 돕는 길 중에 하나는 타인을 위해 봉사하는 실천을 하는 것이다. 봉사를 통해서 자기중심성을 벗어나 타인의 마음을 읽을 수 있는 기회를 갖게 되는 것을 우리는 볼 수 있다.

(11) 다른 사람들의 공간과 경계선(space+boundary)을 인정해줄 수 있도록 한다

성인아이는 자기의 경계선이 없고, 타인의 경계선을 인정하지 않는 경우가 많다. 이들은 타인의 경계선을 인정하라고 하면 성질부터 낸다. 이것은 자기를 망치는 길일 뿐 아니라, 이웃을 괴롭히는 것이다. 또한 성경의 계명 중에 가장 중요한 두 계명 중의 하나인 이웃사랑을 거부하는 것이다. 이웃사랑의 시작점은 타인의 경계선을 존중하는 것이다.

(12) 상처받는 것에 대해 너무 두려워 말라

성인아이들은 상처받는 것을 두려워 한다. 치료의 과정에서 반드시 극복해야 하는 것이 상처받는 것에 대한 두려움이다.

“사랑한다는 것은 상처받을 수 있는 위험에 자신을 노출시키는 행위입니다. 무엇이든 사랑해보십시오. 여러분의 마음은 분명 아픔을 느낄 것이며, 어쩌면 부서져

버릴 수도 있습니다. 마음을 아무 손상없이 고스란히 간직하고 싶다면, 누구에게도 −심지어 동물에게도− 마음을 주어서는 안됩니다. 그것을 취미와 작은 사치로 조심스럽게 감싸 두십시오. 또 모든 얽히는 관계를 피하십시오. 마음을 당신의 이기심이라는 작은 상자 안에만 넣어 안전하게 잠가 두십시오."(루이스, 네 가지 사랑, 207)

인간관계는 나에게 잘해주는 사람뿐만이 아니라 상처를 주는 사람도 함께 있다는 사실을 인정해야 하는 것이다.

(13) 긍휼과 치료

긍휼(compassion)은 헬라어 스프랑카에서 온 단어이다. 스프랑카의 의미는 영어 spring처럼 마음 중심이 창자처럼 돌고 도는 것을 가리킨다. 긍휼은 세상에서 성인아이의 상한 영혼을 치료하는 가장 강력한 치료약이다. 상담자는 성인아이를 만나서 대화를 나눌 때 성인아이 속에 있는 상한 마음을 긍휼히 여기는 마음이 중요하다. 성인아이가 가장 강력하게 마음과 행동의 변화를 받아 새로워지는 것은 긍휼이 여김을 받을 때이기 때문이다. 성경에 나오는 탕자는 성인아이이다. 이 성인아이를 새롭게 변화시킨 것은 탕자의 아버지의 기다리는 사랑이었다. 마음속에서 집나간 성인아이와 같은 자식을 마음속에서 배속에서 돌고 돌아 그를 품고 기다리던 긍휼이 그 탕자를 변화시킨 것이다.

(14) 영적훈련이 사랑의 감정을 성장하게 한다. 이 사랑이 치료약이다

"최근 나는 환자에 대한 긍정적인 감정이 치료과정에서 생겨날 때 치료에 커다란 효과가 더해진다는 것을 이해하게 되었다. 나 자신의 영적이해가 깊어졌을 때 나의 자비로운 감정의 성장이 직접적으로 자라나게 되었음을 확신하였기 때문에 중요한 치유인자로서 이 점을 인식해야만 이 책은 치료적 정직성이나 완전성을 갖추게 될 것이다. 내가 하는 영적 수행이 나에게 사랑하는 것을 지니게 해주고, 나를 자비롭고 또 공감되게 유지해주는 어떤 수준에 이르면 그 수준에서 치료는 가장 효과적으로 진행된다는 것이다."

(자아초월적 정신치료: 사례분석집, Transpersonal Psychotherapy, Seymour Boorstein저, 정성덕 Luke C. Kim 옮김, 하나의학사. 29)

2) 공동체적 접근

(1) 사랑, 용서, 신뢰, 인정의 욕구 충족을 경험하게 도우라

성인아이들은 심리적으로 고착되어 있다. 자기상처에 고착되어 있는 사람들은 새로운 정보가 들어가는 것이 쉽지 않다. 사랑과 용서 등을 제대로 받아본 적이 거의 없는 사람들이다. 나는 버림받을까봐, 벌을 받을까봐 염려하는 두려움이 크다. 그리고 사랑과 용서 등을 받아본 경험이 없거나 매우 적기 때문에 마음속에는 분노의 냄비 그릇이 있다. 언제 그 그릇이 쏟아질지 모를 일이다.

이들은 사랑을 주고 받는 것을 제대로 경험해 본적이 거의 없다. 이런 사람들에게는 새로운 대상과 사랑을 주고 받는 경험이 매우 중요하다. 이들은 사랑을 주고 받는 것에 대한 두려움과 저항이 있다. 이들에게 사랑받는 경험을 할 수 있도록 지혜롭게 부드럽게 접근하는 것이 중요한 일이다. 사랑을 받는 경험, 사랑을 주는 경험을 하도록 지지하고 이끌어주는 안내자가 중요한 것이다. 이런 경험들이 이들을 변화시켜 주는 길이다. 그리고 이들은 자기가 신뢰를 받고 있다는 것을 경험하는 것이 또한 치유의 길로 들어서게 한다. 인정받는 욕구가 이들은 누구보다 강한데, 이 욕구를 충족시켜주는 것 또한 치유의 길이다.

필자는 이런 치유가 일어나는 이야기를 교회 사역자와 교회 장로님 사이의 이야기 속에서 보게 되었다. 이야기는 아래와 같다.

어느 장로님께서 사업에 실패를 하고 가정은 파탄이 날 쯤에 담임 목사님을 찾아가 넋두리를 7시간가량을 했는데 그 목사님이 관심을 가지고 다 들어주었다고 한다. 며칠 후 김장로님께서 새 마음을 갖고 다시 도전하겠다고 말하기 위해서 목사님을 찾아오셨다. 저는 이 이야기를 듣고서 무엇이 김장로님의 마음과 삶을 변화시키어 회복시켰을까를 생각해보았다. 목사님은 들으면서 싫어하는 기색하지 않고 몇 마디 했을 뿐이다라고 말씀한다. 바로 이 점이 중요하다. 목사님의 이런 태도에서 그 장로님은 자기가 신뢰를 받고 있다고 느끼셨을 거라고 보인다. 누구에게도 이런 신뢰를 받지 못한 그 장로님은 담임 목사님의 믿어주는 태도에 힘을 얻고 다시 일어서게 된 것이다. 그 때 장로를 인내하면서 믿어주지 않고 비판만 했다면 무슨 일이 일어났을까?

여러분들의 경험 속에서 2~3시간 동안 듣기만 해주었고 관심을 표현해주기만 했는데, 그 아파하는 자의 마음이 치유를 경험하는 것을 본 적들이 있을 거예요. 그 이유는 저들에게 필요한 것이 사랑(무조건적 사랑), 믿어주는 것이기 때문이다. 그들이 갈망하는 것은 아버지의 인정/신뢰입니다. "너를 믿어." "너는 해낼 수 있을 거야." "너는 내 아들이잖니, 넌 해낼 수 있을 거야."

그들이 갈망하는 것은 엄마의 품과 같은 가슴의 품이다. 무엇을 좀 잘못했어도 넓고 넓은 품으로 안아주시는 품을 갈망한다. 성경에 나오는 탕자의 아버지가 돌아오는 탕자를 먼발치에서 기다리다가 달려와서 품에 안으시는 그 품에 의해 그들은 새로운 경험을 하게 된다. 나도 사랑받고 있다고 느끼게 되지요. 마돈나의 갈망 속에서 이런 갈망이 잘 나타난다.

> "효과가 엄청나요. 제가 받지 못했던, 그래서 늘 동경하던 것이 바로 어머니가 주는 무조건적인 사랑이었어요. 내게 딸이 있다는 것이 바로 그런 것이더군요. 처음으로 느낀 진짜 순수한 무조건적 사랑이 아닌가 싶어요. 적어도 제 의식 속에서는 처음 있는 일이에요---."
>
> (TV Guide, "Madonna Confidential"; 묵상에서 재인용, 169)

마돈나가 이 말을 하기 이전 이야기를 좀 더 인용해본다.

> 인터뷰하는 기자: "당신은 정말 모든 것을 다 가진 여자입니다. 가수에 배우에 책까지 썼지요. 돈에 명예에....세계적인 인물정도가 아니라 세계적인 힘이라고나 할까요." "이 모든 것을 다 포기하고서라도 얻고 싶은 것이 혹시 있습니까?"

갑자기 얼굴은 경직되고 두 눈가에 눈물이 흘러내리며 떨리는 입술로 그녀는 대답을 했다.

마돈나: "엄마가 있었으면,"(묵상, 167)
마돈나는 지금 유대교의 한 분파에 들어가 잃어버린 사랑 찾기에 나섰다. 그녀가 찾고 있는 것은 "하나님의 사랑이라고 나는 믿는다."(켄 가이어, 170)

- 성인아이들이 갈망하는 것은? ________________
- 이들에게 꼭 필요한 것은? ________________

(2) 힐링 커뮤니티와 관계를 맺으라

성인아이의 자기(self)는 취약하고 깨지기 쉬운 연약한 그릇과 같다. 사랑받고 사랑하는 것을 유연하고 상대방이 수용할 수 있는 방식으로 하는 것이 어렵다. 이들이 변화의 과정의 길목에 들어서기 위해서는 누군가로부터 사랑 받는 경험을 하는 것이 필요하다. 그에게 있었던 역기능적 가족구조나 그를 무시하고 멀리하려는 기관과는 달리, 사랑을 주고받는 경험을 새롭게 할 수 있는 기회가 필요하다. 이 새로운 경험을 줄 수 있는 커뮤니티가 힐링 커뮤니티이다. 힐링 커뮤니티는 변화를 줄 수 있다.

김현진(2007)은 "생태학의 관점에서 볼 때, 한 개인의 삶은 그가 속한 커뮤니티의 문화에 의해 영향을 많이 받는다. 한 개인이 새로운 작은 커뮤니티 안에서 큰 변화를 경험한 사례들을 우리는 가끔 볼 수 있다. 따라서 힐링 커뮤니티는 억압자에 대한 학대적 사이클을 끊어 버릴 수 있는 능력 있는 작용자(agent)가 될 수 있다."라고 주장한다.

(3) 치료하는 혀

성인아이를 대할 때 주의할 점은 사실을 직면한다고 하면서 마음속에 있는 분노를 쏟아버리며 직면하는 것이다. 이것은 성인아이를 변화시키는 것이 아니라 성인아이 남편, 성인아이 아내를 변화시킬 수 있는 방법이 절대 아니다. 지혜롭게 혀를 사용하는 것이 함께 살아가는 좋은 전략이다. 그것은 성인아이를 변화시킬 수 있는 중요한 전략이 될 수 있다. 성인아이와 같이 살아가고 있는 가정, 기관이나 공동체는 혀를 지혜롭게 사용을 하는 것이 필요하다.

3) 이무석 교수의 치유방안

이무석 교수의 30년 만의 휴식이라는 책은 지금까지 우리가 이야기해왔던 성인아이에 관한 지혜를 우리에게 들려준다. 내면의 어린아이, 성인아이를 어떻게 극복하고 마음의 짐을 벗을 수 있을까를 알려주는 지혜의 글을 소개한다. 그가 우리에게 들려주는 것은 내면아이 치유를 위해서는 '**나를 만나라, 즉 자기를 만나서 인정해주고 사랑해주어라. 그리고 나를 인정하고 사랑해주는 존재를 만나라.**'라는 것이다 이렇게 되면 대부분의 문제가 해결된다고 한다.

(1) 나 스스로를 만나고 변화를 시도해보라

① **마음의 이야기를 들어보자.** 먼저 내 마음에 집중해 보아야 한다. 내 안의 상한 마음을 심리적인 문제로 보고 접근해야 한다. 이때 중요한 것은 고통 자체의 제거가 아니다. 고통은 제거할 수 없다. 다만 아플 만큼만 아프자는 것이다. 있는 그대로의 나의 아픈 이야기를 들어보자. 때론 그것만으로도 치유가 일어난다.

② **나를 이해해야 한다.** 특별한 상황에서 불거지는 나의 특별하고 반복적 반응패턴을 유심있게 보라 그리고 그렇게 행동하는 나에게 질문해 보라 나는 왜 이렇게 반응하는가? 나는 무엇에 기쁨을 느끼고 슬픔을 느끼는가? 나는 나를 좋아하는가? 나는 무엇을 좋아하는가? 등의 질문을 통해 내안의 나의 모습을 만나야 한다. 또 한가지, 꿈을 통해 나를 이해할 수 있다. 꿈은 무의식의 반영이기 때문이다.

③ **현실을 인정해야 한다.** 인생의 고통은 현실을 회피하는 데서 시작된다. 반면

많은 인생의 고통은 현실을 인정할 때 극복된다. 아무리 고통스러워도 현실을 받아들여야 한다. 인정할 때 실마리가 풀린다. 상대와 나를 인정하고 있는 그대로의 모습을 볼 수 있을 때 치유는 시작된다.

④ **내가 마음의 주인임을 기억하자.** 판단과 선택의 주체가 남이 아닌 나이다. 유년기의 아이가 마음속에 나를 지배하도록 놔두지 말라 유사자기(false self)가 아닌 진정한 자기(true self)의 모습으로 살라.

⑤ **좋은 반사대상을 만들라.** 나에게 좋은 반응을 줄 수 있는 사람을 찾으라. 엄마, 배우자, 친구나 멘토들이다. 나의 존재감은 상당 부분 그들의 평가에 의해 좌우된다. 격려해주고 칭찬해 주고 용기 줄 수 있는 사람을 찾으라.

⑥ **내가 먼저 손을 내밀 때 회복이 빠르다.** 문제를 자기에게서 발견하고 자기 자신이 먼저 고치려고 할 때 문제 해결이 쉽다. 먼저 용서를 할 때 나의 감정에서 자유로울 수 있다.

세상을 움직이는 것은 보이지 않는 자기의 내면이다. 이무석 교수는 그의 임상에 근거해서, "우리의 문제는 환경적 불행보다 내적, 심리 정서적 불행이다"라고 말한다. 더 구체적으로 '무의식에 살고 있는 아이가 인간 불행의 진짜 이유이다.'라고 말한다. 이 아이를 극복해 낼 수 있는 진정한 나(true self)가 있다. 그가 목소리를 내게 하라.

(2) 나를 만드는 관계를 소중히 여기라

그가 소개한 **"나를 만드는 관계"**는 상처입은 어린 아이를 치유해 줄 수 있는 관계망이다. 이것 또한 치유에 도움이 되리라.

① **엄마와의 관계:** 태어나서 최초로 맺는 관계이며 가장 중요하다. 여기에서 사랑을 잘 받지 못할 경우 대인관계에서 정을 느끼지 못한다. 또한 엄마로부터 욕구나 갈망 충족이 잘 되지 않으면 평생 욕구부족으로 산다. 따라서 애착관계의 일차적 대상인 엄마의 역할이 매우 중요한다. 특히 아이기 3세 때까지는

엄마의 절대적 사랑이 필요하다.

② **부부관계가 아이에게 영향을 미친다.**: 아이가 행복을 느끼는 제일 좋은 토양은 좋은 부부관계이다. 무엇보다 엄마가 행복해야 아이가 행복하다. 부모에게 안정감을 누려야 아이들이 나중에 부모에게서 독립할 힘이 있다. 부모는 아이에 대한 믿음을 가지고 합리적으로 대해야 한다. 합리성이란 일관성을 의미한다.

③ **친구나 선생님을 통해서 변화될 수 있다.**: 비록 엄마에게 사랑을 받지 못했더라도 친구나 선생님과의 만남을 통해 내적 결핍이 채워지는 경우가 있다. 이 경우 친구와 선생님의 무한한 인내와 사랑, 신뢰가 필요하다. 좋은 친구나 선생님, 스승을 적극적으로 만나서 인생에 대해서 배우고 사랑을 배워라.

④ **배우자를 통해 변화될 수 있다.**: 좋은 배우자를 만나면 60퍼센트까지 치유될 수 있다. 좋은 배우자는 이 땅에서 만날 수 있는 인생의 최고의 치료자이다.

⑤ **절대자 하나님을 통해 변화될 수 있다.**: 절대자 하나님의 조건 없는 무한한 사랑은 사랑에 목마른 내면의 어린아이를 치료한다. 좋은 배우자도 치료할 수 없는 근원적인 면에서 단 한분의 치료자이다. 하나님은 우리에게 "나는 너를 치료하는 자니라."라고 말씀하신다.

참고문헌

김현진(2011). "부모의 양육태도와 자녀의 성격형성에 관한 연구", 광신논단. Vol. 20.

김현진(2016). 이마고 정서코칭상담강의안. 광신대학교 정서코칭상담교육원.

김현진(2007). 성경과 목회상담. 솔로몬출판사.

남명자(2005). 부모의 양육태도와 아동의 성격장애. 학지사.

샌디 호치키스(2002). 이세진 역(2005). 사랑과 착취의 심리. 교양인.

이무석(2006). 30년만의 휴식. 비전과 리더십.

정태기(2000). 내면 세계의 치유. 규장문화사.

죤 브래드쇼(2004). 상처받은 내면아이 치유. 학지사.

켄 가이어. 윤종석 역(2011). **묵상하는 삶**. 두란노.

Boorstein, Seymour. Transpersonal Psychotherapy. 정성덕 & Luke C. Kim(2005). 자아초월적 정신치료: 사례분석집. 하나의학사.

Capuzzi, David & Stauffer, Mark D(2008). *Foundations of Addictions Counseling*. 신성만, 김성재, 김선민, 서경현, 전영민, 권정옥, 이은경, 박상규, 김원호, 박지훈, 손슬기 공역(2013). **중독상담**. 박학사.

Lewis, C. S. (1960). *The Four Loves*. 이종태 역(2006). **네 가지 사랑**. 홍성사.

반추 및 토의질문

1. 상처받은 내면아이가 어른이 된 당신의 삶에 어떠한 영향을 주고 있는가?

2. 성인아이는 왜 치료되어야 하고, 치료되면 그는 무엇을 경험하게 되는가?

3. 성인아이 뿌리는 무엇인가?

4. 성인아이 부모는 자녀들에게 어떤 영향을 주는가?
   부모의 양육태도가 자녀들의 성격형성에 어떤 영향을 주고 있는가? (부모의 양육태도의 유형에 따라 진술해보세요.)

5. 성인아이 치료에 도움이 되는 것들이 있다면 이야기해보세요.

6. 애착형성의 요인은 어떤 것들이 있는가?

CHAPTER

10

성격과 정서

- 정서와 동기를 중심으로 -

성격과 정서

인간은 정서적 존재이다. 인간의 정서적인 면은 성격의 구성요소 중에 내적인 체계에 있어서 그 성격을 결정하는 결정적인 면이라고 볼 수 있다. 1장에서 진술되었던 구성개념[1]으로서 성격에 의하면, '개인을 특징을 보여주고 있는 행동과 사고를 결정하는 것은 정서적 체계이다.' 개인의 정서가 움직여야 그 사람의 행동도 자연스럽게 따라온다. 심리학에서 인간의 행동을 추진하는 심리적 요인을 동기(motives)라고 한다. 바로 앞 두 가지 진술을 함께 묶어 정리하면, 인간의 마음이 행동으로 나타나는 심리적 요인을 좀 더 넓게 보면 정서가 그 요인이고, 좁게 보면 동기가 그 요인이라고 볼 수 있다. 심리학에서는 동기와 욕구를 혼용하여 쓴다. 정서중심치료에서는 인간의 정서적인 구조를 언급할 때, 인간의 감정은 정서적 욕구와 짝을 이룬다. 나타난 감정이면에는 정서적 욕구가 있다.

인간은 근본적으로 정서적 존재로 지음을 받았기 때문에 자극적인 상황에서 자기나 타인의 정서적 반응을 이해하고, 평상시에 개인의 정서적 흐름을 지각하는 것은 성격이해에서 결정적으로 중요한 점이다. 어떤 사람은 자기의 감정을 보이지 않는 사람이 있는가 하면, 어떤 사람은 사소한 것에도 너무 민감하게 신경질적으로 반응한다. 어떤 사람은 늘 걱정하며 사는가 하면, 어떤 사람은 걱정과 불안이 별로 없다. 어떤 사람은 자주 화를 내지만, 어떤 사람은 화를 낼 때가 있지만 때를 따라 적절하게 조율하여 표현한다.

1. 정서란 무엇인가

1) 정서는 우리 몸 안에 존재하지만 자극과 짝을 이루어서 유발된다

정서는 자극에 의해 발생된다. 자극이 주어지면 정서적 반응이 따라온다. 그

1) **구성개념**이란 어떤 성격이 존재하는가를 직접적으로 관찰하는 것은 불가능하더라도 다양한 자극을 줌으로써 거기에 수반하는 반응과의 관계에서 존재를 추정할 수 있는 것을 말한다.

자극이 개인의 관심사에 중요한 것으로 평가되거나 욕구와 목표에 관계되는 것이라면 반드시 정서적 반응은 따라오게 되어있다. 자극의 종류는 외부적 자극과 내부적 자극이 있다. 우리가 경험하는 정서는 주로 외부적 자극에 의해서 유발되나 때때로 내부적 자극에 의해서 발생되기도 한다. 내부적 자극은 어떤 기억, 상상, 경험에 대한 생각, 떠오르는 생각 등을 포함한다.

2) 정서는 근본적으로 적응적이다

그리고 정서는 우리의 웰빙(wellbeing)에 대해 개인이 처한 상황을 빠르고 자동적으로 평가하고, 우리의 필요를 맞추어 주려는 행동 경향성을 만들어 낸다(그린버그, 2010, 김현진 역, 2015). 이 모든 것은 정서의 기본적인 정보처리 과정 모드 속에서 이루어진다. 정서적 과정의 도움을 받아 모든 개인들은 들려지는 소리, 눈에 보이는 것, 후각을 통해 얻게 되는 냄새에, 그리고 다른 비언어적 신호들(signs)에 자동적으로 반응을 한다(react). "두려움에 의한 도주는 안전으로 이끌고, 혐오감은 해로운 침입을 떨쳐내고, 슬픔가운데 있는 이는 잃어버린 사람을 향해 부르짖는다. 자동적으로, 사람들은 자신의 환경에서 새로움, 편안함, 상실, 또는 굴욕을 가리키는 신호들의 패턴(patterns of cues)에 정서적으로 반응한다"(김현진 역, 2015).

3) 정서는 치료적 나침반 역할을 한다

적응적이니 정서 처리 과정은 개인에게 치료적 나침반으로 활용되어 건강한 생활을 할 수 있도록 돕는 중요한 역할을 한다. 정서는 "내담자에게 무엇이 중요한지를 내담자와 치료사에게 안내해주고 어떤 필요들이 채워지고 있는지를 (또는 채워지지 않고 있는지를) 안내해준다"(김현진 역, 2015). 정서들은 내담자의 욕구들, 바램들, 또는 목표들을 알게 해주고, 그리고 이것들과 연관된 행동 경향성들을 알게 해준다. 그래서, "모든 느낌은 욕구가 있고, 모든 정서도식 활성화는 행동을 위한 방향을 제공하며, 이는 욕구 만족을 위한 행동으로 이어진다"(김현진 역,

2015). 어떤 개인이 슬픈 감정을 지각했을 때, 그는 자기가 어떤 중요한 것을 상실하여 위로가 필요하고, 아마도 타인과 연결을 갈망하여 눈물을 흘리게 되는 행동으로 이어질 수 있다.

4) 정서는 사고 기능과는 매우 다른 뇌의 체계 속에 속한다

인간의 뇌는 두 가지 체계로 구성되어 있다. 그 두 가지는 지적인 체계와 정서적 체계를 말한다. 정서적 체계는 사고를 담당하는 지적인 체계와는 완전히 다른 기능에 해당한다.

정서는 그 자체의 신경화학적이며 신체적인 토대를 갖고 있으며, 독특한 언어이다. "모든 포유류들이 갖고 있는 뇌의 한 부분인 변연계(the limbic system)는 기본적인 정서 반응들을 관장하고 있다. 변연계는 몸의 많은 신체적 과정들을 다스림으로 인하여 신체적 건강, 면역체계, 가장 중요한 장기들에 영향을 미친다"(김현진 역, 2015). 조셉 루드(Joseph E. Ledoux)에 의하면, 정서는 두 개의 다른 길들(통로들)을 통해 발생한다. 하나의 길은 더 짧고 더 빠른 편도체(amygdala) 통로이고 또 다른 길은 더 길고 더 느린 신피질(neocortex) 통로이다. "첫 번째 편도체 통로는 뇌와 몸에 자동화된 비상 신호들을 보내어 근성 있는 반응들을 만들어 내고, 두 번째 통로인 신피질은 생각에 의해 중재된 감정들을 만들어 낸다"(김현진 역, 2015).

5) 정서는 개인을 행동화하도록 조직화한다

정서는 개인이 지향해야 할 목표의 우선 순위를 설정하게 하며, 특별한 행위를 하게끔 조직화하는 기능을 한다(Frijda, 1986, 이흥표 역, 2008). 예를 들어 두려움은 도피라는 목표를 설정하고 도망하도록 이끈다. 또한 우리는 어떤 감정을 느끼게 되면 어떤 행동을 하도록 압박을 받는 경우들을 많이 볼 수 있다. 예를 들면, 어떤 사안에 대해 분노를 느끼면 상대방을 혼내는 행동을 준비하게 된다. 이는 발생한 사건에 대한 적응적인 대처를 시도한다는 면에서 정서의 중요한 기능이라고 심리학자들과 정서중심치료사들은 주장한다.

정서는 정동(affect)을 개인 행위의 핵심적인 결정인자로 끌어올려 인지와 행동 충동이 지향하는 목표를 설정하게 한다. 최근 신경과학에 따르면, 정서적 처리는 인지 작용보다 먼저 발생한다. 인지작용보다 앞서 단순한 감각을 받아들이는 처리 과정의 초기부터 일어나 행동을 이끄는 것은 정서적 처리이다. "뇌에 입력된 자극은 외부 세계의 사물이나 사건을 처리하는 신피질에 도달하기에 앞서 정서를 다루는 피질하 부위(편도체와 시상)에 먼저 도달한다"(이흥표 역, 2008). 레 도욱스(Le Doux)는 이런 정서적 처리 과정이 '선인지적 혹은 인지에 앞서 일어난다.'는 것을 뇌과학을 통해 파악하게 되었다.

6) 정서는 기억과 결정과정에 영향을 미친다

감정과 정서는 생각 체계에 강한 영향을 미친다. 정서가 생각 체계에 영향을 미치는 것을 우리는 자주 볼 수 있다. 예를 들면, 개인이 어떤 사람을 가까이 지내고 싶은 사람으로 선택하는 과정은 정서적 평가에 의해서 이루어진다. 정서적 체계 속에는 직감(gut)이라는 것이 있다. 직감은 개인이 가야 하고 지향할 것, 선택할 것에 대한 결정적 선택을 하도록 이끈다.

7) 정서는 동기적이다

동기를 이해하는 것은 매우 중요하다. 동기부여가 되면 아동 청소년들은 어떤 목표를 새롭게 설정하기도 하고 목표를 이루기 위한 수많은 훈련들을 감내하며 원하는 목적을 이룰 수 있게 되는 것을 우리는 운동경기나 학습에 있어서 자주 볼 수 있다. 동기란, Henry Murray(1893~1988)에 의하면, 욕구와 행동 사이를 매개하는 심리적 상태이다. 동기는 욕구가 구체적 행동에 다다를 수 있도록 열중한 심리적 상태를 말한다.

8) 정서는 의사소통의 기본적 요소이다

정서는 발생한 상황에 대해 우리에게 무언가를 알려준다. 정서는 자극적인 사건에 대한 감정이 발생할 때, 그 이면에 역동적으로 일어나는 욕구를 포함한다. 이 욕구는 개인의 목표와 관심사가 무엇인지 알려준다. 이러한 정서적 과정에 의한 인식은 다른 사람에게 반응할 수 있도록 준비시켜주고, 자신의 감정이나 욕구에 대해 분명하게 표현할 수 있도록 도와주는 역할을 한다. 예를 들면, 어떤 개인에게 친구가 친밀하게 반응을 해주는 것을 경험하면서 따스함이 속에서부터 올라오는 것을 지각하게 되었을 때, 그 개인은 자기의 친밀한 교류에 대한 정서적 욕구가 충족되는 것을 느끼면서 상대에게 "고마워요. 나를 따스하게 받아주어 좋아요."라고 의사소통을 할 수 있게 된다.

2. 정서의 유형

개인이 경험하는 정서는 기본 정서와 복합 정서로 구분된다. 혹자는 기본 정서와 유사 정서로 구분한다. 에크만(Ekman, 1993)은 모든 개인은 태어날 때부터 가지고 태어나는 기본 정서(basic emotions)가 있다고 주장한다. 그 기본 정서는 6개이며, 분노, 혐오, 공포, 행복, 슬픔, 놀람이다.

이제 정서의 4가지 유형을 간단히 살펴보자. 정서 유형들을 살펴보는 것은 치료적 개입을 안내하기 위해서 정서적 경험과 정서 표현의 다른 형태들을 구별하는 것은 이론적으로 임상적으로 중요하기 때문이다.

네 가지 각기 다른 정서의 유형은 적응적인 일차적 정서, 부적응적인 일차적 정서, 이차적 정서, 도구적 정서가 있다. 적응적 일차적 정서는 순기능적 정서이며, 나머지 세 가지 타입은 역기능적이다.

1) 적응적인 일차적 정서(primary adaptive emotion)

즉시적인 상황과 일치하는 직접적인 반응으로 올라오는 감정을 말한다. 이 일차적 정서 반응은 개인이 적절한 행동을 취할 수 있도록 돕는다. 예를 들면, "만일 어떤 사람이 당신의 아이를 위협하여 상하게 하려 한다면, 그 때 올라오는 분노는 적응적 정서 반응이다. 왜냐하면, 이 감정은 당신이 단호한 (또는 필요하면, 공격적) 행동을 하게 하여 위협을 물리칠 수 있기 때문이다. 두려움은 위험에 대한 적응적 정서 반응이다. 두려움은 굳어 있으면서 관찰하고, 또는 만일 필요하다면 도망감으로 우리가 피하거나 위험을 줄일 수 있는 행동을 취하도록 준비하게 한다. 수치심은, 한편, 우리가 부적절하게 행동했다는 것이 드러나서 다른 이들에 의해서 판단 받거나 거절을 당하게 되는 위험에 처했다는 것을 알려준다. 따라서 이 감정은 우리로 하여금 행동을 교정하거나 숨도록 하여 우리의 사회적 지위와 관계를 보호하게 한다. 이런 즉각적이고 자동적인 반응은 우리 조상들이 생존할 수 있게 도움을 주었다"(김현진 역, 2015). 이러한 행동적 반응들은 빨리 이루어져야 생존과 적응에 도움이 된다.

2) 부적응적인 일차적(초기) 정서(maladaptive primary emotions)

상황에 대한 직접적인 반응이라는 면에서 일차적 정서이다. 그 사람이 그것을 불러일으킨 상황에 구조적으로 잘 대처할 수 있게 더 이상 돕지 못하게 하고, 효과적인 기능을 방해하기까지 한다. 이런 일차적 정서를 부적응적인 일차적 정서라 한다. 이러한 정서 반응은 일반적으로 기존의, 심지어 심한 충격적인 경험에 기초한 과잉 학습된 반응이다. 예를 들면, "심리적으로 유약한 내담자의 경우, 그녀의 성장과정에서 가까움 또는 친밀함에 일반적으로 신체적 또는 성적 폭력이 동반됨은 학습 해왔을 수 있다. 그렇기 때문에, 그녀는 자동적으로 돌봄이나 가까움(친밀함)을 폭력이 잠재해 있는 것으로 보고 분노와 거부로 반응할 수 있다"(김현진 역, 2015).

3) 이차적 정서(secondary emotions)

이차적 정서는 일차적인 반응, 즉 처음 반응으로부터 나온다. 이차적 반응정서는 두 번째로 올라오는 정서이다. "사람들은 종종 자기의 최초의 일차적 적응적인 정서에 정서적으로 반응을 하여, 그 일차적 정서를 이차적 정서로 대체하게 된다" (김현진 역, 2015). 이런 "반응에 대한 반응(reaction to the reaction)"은 원래의 감정을 모호하게 하거나 변형시켜 현재 상황에 적합하지 않은 행동을 하기도 한다. "예를 들면, 거절(rejection)을 경험한 한 남자가 슬픔을 느끼거나 두려움을 갖게 되었을 때, 거절에 대해 화를 내거나(외적으로 초점을 맞추는) 두려워하는 자기 자신에 대해 화가 나기도 한다(자기에게 초점을 맞추는 self-focused). 심지어 화내는 것이 순기능적이지 않을 때 또는 적응적이지 않을 때도 그렇게 한다. 많은 이차적 정서는 고통스러운 일차적 정서에 반하여 방어하거나 그 일차적 정서를 모호하게 한다. 만일 그 사람이 그의 두려움을 수치스럽다고 느끼면 그는 이차적 수치심을 경험하는 것이다. 사람들은 자신의 분노에 대해서 두려움을 느끼거나 죄책감을 느낄 수 있고, 자신의 슬픔에 대해서 수치심을 느낄 수도 있고, 또는 자신의 불안에 대해 슬픔을 느낄 수 있다. 이차적 정서는 또한 중간에 끼어드는 생각들에 대한 반응일 수도 있다. 다른 말로 하면, 생각에 대한 정서, 즉 이차적인 정서를 말한다 (예, 거절을 기대한 것 때문에 일어나는 불안감). 어떤 감정들(정서들)은 생각에 따라오는 것일 수 있다. 그러나, 이것이 증상적인 정서이며, 그 생각 자체는 부적응적 정서 도식(아마도 거절에 대한 두려움)으로 인해 시작된 우선적인 처리 방식으로부터 오는 것임을 주목하는 것은 [치료적 작업에서] 중요한 일이다. 생각이 정서를 생기게 할 수 있지만, 모든 정서가 생각에 의해 생기는 것은 아니다"(김현진 역, 2015).

4) 수단적 정서(instrumental emotions)

수단적 정서는 의도적으로 타인에게 영향을 주거나 조종하기(control) 위해 표현된 감정이다. 예를 들면, "악어 눈물은 지지를 얻어내기 위해서, 분노는 지배하기 위해서 표현될 수 있고, 수치심은 그 사람이 사회적으로 적합한 존재인 것을 보이기 위해서 종종 의도적으로 표현된다." 수단적 정서의 표현은 상황에 대한 그 사람의 원래의 정서적 반응과는 다르다. 이러한 정서들은 '조종하는 또는 공갈 느낌(manipulative or racket feelings)'이라 불린다(김현진 역, 2015).

3. 정서와 동기

성격심리학자들은 개인이 특정한 행동을 하는 원인에 대한 관심이 많다. 어떤 상황에서 특정한 행동을 하는 이유는 무엇인가? 심리학자들과 상담심리학자들은 특정한 행동으로 이끄는 동인을 동기라 한다. Henry Murray(1893~1988)는 동기에 대한 깊은 관심을 지닌 대표적인 심리학자이다. 그는 그의 책, 〈성격의 탐색〉에서 인간의 행동을 이끄는 정서적 움직임을 세 가지(욕구, 동기, 압력)로 구분하여서 진술하고 있다.

Murray(1938)에 의하면, **욕구(need)**란 "현재의 불만스런 상황을 변화시키기 위해서 지각, 사고, 의지, 행위 등을 어떤 특정한 반양으로 조직하는 힘"이라고 이해했다. 욕구는 접근과 회피라는 두 가지 측면을 지닌다. 욕구는 행동의 강도에 영향을 끼친다. 카버와 쉐이어(Carver & Scheier, 2004)에 의하면, 욕구가 강렬할수록 특정한 행동을 하려는 강도가 세진다.

동기(motives)란 욕구와 행동 사이를 매개하는 심리적 상태이다. 동기는 욕구가 구체적 행동에 다다를 수 있도록 열중한 심리적 상태를 말한다. 동기는 욕구에 인지적 요소와 정서적 요소가 가미된 특정한 생각과 갈망을 의미한다. 권석만(2017)에 의하면, 동기는 "추구하는 것을 좀 더 구체적으로 의식한 상태로서 특정한 행동을 하고자 하는 내면적 상태를 의미한다." 포드(Ford, 1992)는 동기에는 세 가지 기능이 있다고 진술한다(권석만, 2017). 첫째, 동기는 목표 지향적 행동을 유발한다. 목표 달성을 위해서 특정한 행동을 하도록 구체적 방향을 설정한다. 둘째, 동기는 목표 지향적 행동을 계속하도록 돕는 에너지, 추진력을 제공한다.

예를 들면, 고시공부를 계속하도록 돕는 에너지를 제공하는 경우를 말한다. 셋째, 동기는 목표 지향적 행동을 조절하는 기능을 한다.

그린버그에 의하면, 동기부여에는 정동조절이 필요하다. 정동조절은 동기의 핵심요소이다(그린버그, 김현진역, 2015)

압력(press)은 무언가를 행하도록 하거나 피하도록 이끄는 동기를 만들어 내는 외부적 조건을 말한다. 북한이 핵무기로 무장하고 있을 때 북한이 핵무기로 세계에 미치는 영향력을 제어하고자 하는 동기가 생긴다. 북한의 핵무기 무장은 대한민국과 미국에게는 핵무기를 제어하고자 하는 동기를 만들어내는 외부적 조건이 된다.

> 정서중심치료(EFT)는 동기(motives)에 대한 통합적인 관점을 가지고 있으며, 다수의 힘들이(forces) 경험과 행위를 이끈다는 입장을 가진다. 동기는 밀고 당기는 요소를 둘 다 포함한다. 미는 것은 갈망과 욕구의 형태로, 당김은 자극 및 결과 또는 보상에 의해서 움직여지는(driven) 것으로 나타난다.
>
> 정동조절은 동기의 핵심 요소이다. 사람들은 자신이 원하는 정서를 느끼며 원하지 않는 정서를 느끼지 않도록 유도(motivated)되며 이러한 경향이 생존과 성장을 돕는다. 따라서 많은 활동과 상호작용은 느껴지는 만족에 의해서 움직여진다. 느껴지는 만족은 관계를 통해 우리의 욕구가 충족되거나 우리가 목표를 달성할 때 경험하는 흥분과 기쁨 같은 것이며, 또는 느껴지는 불만족은 관계가 실패할 때 경험되는 수치, 불안, 외로움과 같은 것이다(김현진 역, 2015).

4. 욕구의 종류

욕구는 정서중심적 접근(Emotion Focused Therapy)에서 볼 때 정서적 체계 속에 포함된다. 정서를 처리하는 정서체계의 과정에서 욕구는 정서적 흐름의 중요한 한 축을 담당하고 있는 것이다. 욕구 이론을 살펴보면서 욕구에 대해서 서술하고자 한다.

1) Murray의 욕구 이론

Murray(1938)는 인간의 욕구는 원천에 따라 두 가지로 구분할 수 있다고 한다. 그 두 가지 욕구는 생리적 욕구와 심리적 욕구이다. 생리적 욕구를 선천적 욕구라고 이해하면서 일차적 욕구(primary needs)라 하고, 심리적 욕구를 이차적 욕구(secondary needs) 또는 심인성 욕구(psychogenic needs)라 불렀다.

생리적 욕구는 인간의 신체적 조건에 의해서 일어나는 것을 말한다. 이 욕구는 개인의 생존과 종족의 보존에 기여한다. 이 욕구는 식욕, 수면 욕구, 휴식의 욕구, 성적 욕구, 좋은 공기와 햇살에 대한 욕구 등을 포함한다.

심리적 욕구는, 머리(Murray)에 의하면, 선천적인 조건보다 후천적인 경험과 학습에 의해서 더 강력한 영향을 받는 욕구들을 의미한다. 이러한 욕구에는 애정의 욕구, 성취의 욕구, 권력에의 욕구, 친밀감 욕구, 자기 존중감의 욕구 등이 포함된다.

필자는 머리(Murray)의 주장과 좀 다르다. 인간은 만들어질 때, 이미 생리적 욕구뿐만이 아니라 심리적 욕구를 가진 정서적 프로그램이 구성된 존재로 구성되어 있기 때문이다.

인간의 이런 생리적 욕구와 심리적 욕구는 개개인의 행동에 지대한 영향을 미친다. 사람마다 각각의 심리적 욕구의 중요도나 생리적 욕구의 중요도가 다를 수 있고, 또한 이런 욕구를 충족시키는 방법이 다르다. 이런 차이 또는 독특성은 **성격의 개인차**를 구성하는 중요한 요소에 해당된다.

머리(Murray)가 제시하는 개인의 행동에 영향을 미치는 심리적 욕구는 아래와 같다.

〈표 10-1〉 Murray가 제시한 심리적 욕구의 목록들

영역	욕구	대표적 행동들
무생물에 관한 것	획득	사물을 자신의 소유로 만들기
	질서	사물을 질서정연하게 정돈하기
	보존	사물을 저장하기
	건설	무언가를 만들어 내기

영역	욕구	대표적 행동들
애정에 관한 것	친애 거부 양육 의존 유희	타인과 함께 시간 보내기 타인을 무시하기 누군가를 돌보기 타인의 도움을 받기 재미있는 일을 통해서 기분전환하기
권력에 관한 것	지배 복종 자율 공격 굴욕 비난회피	타인의 행동을 지시하기 누군가에게 협력하거나 복종하기 외부적 강요에 저항하기 타인을 공격하거나 헐뜯기 사죄하거나 자백하기 비난받을 만한 충동을 억제하기
지위방어에 관한 것	굴욕회피 방어 대응행동	불리한 점이나 실패를 숨기기 해명이나 변명을 하기 공격이나 비난에 대항하기
야망에 관한 것	성취 인정 과시	장애물 극복하기 자신의 업적에 대해서 이야기하기 타인을 놀라게 하거나 감동시키기
정보교환에 관한 것	인식 설명	타인에게 질문하기 타인에게 정보를 전달하기

출처: 권석만(2017)

2) Maslow의 욕구 위계이론

미국의 심리학자인 매슬로(Abraham Harold Maslow)는 인간에게는 생리적 욕구, 안전 욕구, 애정 및 소속 욕구, 존중감의 욕구, 자기실현의 욕구가 있다고 주장을 한다. 이런 다양한 욕구들은 그에 의하면, 일정한 위계가 있다고 주장을 한다. 매슬로에 의하면, 인간의 욕구는 다섯 계층으로 이루어지며 하위 욕구로부터 상위 욕구로 전개된다. 그는 낮은 단계의 욕구가 충족되지 않으면 높은 단계의 욕구는 행동으로 연결되지 않는다고 보았다. 이미 충족된 욕구는 인간의 행동을 유발시키는 동기 부여의 기능을 갖지 못한다고 주장하였다.

- 1단계(생리적 욕구): 인간의 가장 낮은 단계에 있는 욕구이다. 기본적인 욕구

이면서도 강력한 욕구를 의미한다. 생존을 위해 가장 필수적인 요소로 식욕, 성욕, 수면 욕구, 배설 욕구 등과 같은 인간의 생존과 종족 보존에 꼭 필요한 본능적인 욕구를 말한다.

- 2단계(안전의 욕구): 신체적 · 정서적으로 안전을 추구하고자 하는 욕구를 말한다. 즉 생리적 욕구가 어느 정도 충족되면, 개인적으로 재정적 어려움, 사고나 질병으로부터 위험을 회피하고 안전한 상태를 갈구하는 욕구를 뜻한다.
- 3단계(애정 및 소속 욕구): 생리적 욕구와 안전의 욕구가 충족되면 대인 관계로부터 오는 애정과 소속의 욕구가 나타난다. 인간은 다른 사람과 사랑을 주고받으며 살고자 하는 강력한 욕구가 있다. 그리고 집단에 소속하고자 하는 욕구가 기본적으로 있다.
- 4단계(자기존중의 욕구): 다른 사람들로부터 좋은 평가와 존경을 받고 싶어하는 욕구로, 이는 사람들에게 자신이 가치 있다고 느끼거나 자신이 무언가에 기여하고 있다는 느낌을 갖게 해 준다.
- 5단계(자아실현의 욕구): 자기의 잠재적 역량을 최대한 발휘하여 창조적인 인간이 되고자 하는 것으로, 최고 수준의 욕구를 말한다.

[그림 10-1] Maslow의 욕구 위계이론

경우에 따라 1~2단계를 물질적 욕구, 3~5단계를 정신적 욕구로 분류하기도 하고, 1~4단계를 결핍욕구, 5단계를 성장욕구로 분류하기도 한다.

매슬로의 욕구 이론은 사람이 어떻게 동기를 갖고 목표를 실현시키려는 힘을 갖게 되는지에 대한 적절한 설명을 제공했다는 평들을 받고 있다. 욕구에 위계가 있다는 예를 들면, 어떤 사람이든지 수면의 욕구를 거절하고 소속의 욕구 또는 자기실현과 같은 더 높은 차원의 욕구에 몰입하는 경우는 있을 수 없다.

매슬로의 욕구 위계 이론은 ERG이론을 만든 클레이턴 폴 앨더퍼(Clayton Paul Alderfer, 1940~2015)에 의해 비판을 받기도 하였다. 미국의 심리학자인 그는 1969년 〈인간 욕구에 대한 새로운 이론의 실험적 연구〉(An Empirical Test of a New Theory of Human Need)란 논문에서 ERG 이론을 발표하였다. ERG이론은 매슬로의 5단계 욕구위계를 3단계로 축소하여 만든 이론이다. ERG 3단계는 욕구 이론은 3단계 욕구에 해당하는 생존 욕구(existence needs), 관계 욕구(relatedness needs), 성장욕구(growth needs)의 영어 단어의 첫 스펠링으로 구성하여 만든 것이다. 앨더퍼가 한 질문은 다음과 같다: 과연 실제로 모든 사람들에게 욕구가 5가지 계층의 형태로 나타난다고 봐야 하는가? 인간의 욕구위계에 대한 이 계층화는 방법론적으로 실증적이라기보다는 임의적인 것이 아닌가? 욕구가 충족되었다 하더라도 과연 그것이 동기유발 유인으로서의 역할을 완전하게 상실하게 하는가?

앨더퍼는 각 욕구는 동시에 일어날 수 있으며 중요성은 개인에 따라 다르다고 이해했다. 어느 개인에게는 욕구의 순서가 다른 경우를 볼 수 있다. 빅터 프랭클과 같은 사람에게는 안전의 욕구보다 자기 영혼의 선택을 중요시하는 욕구가 더 강렬했다.

그럼에도 불구하고 보편적으로는 매슬로의 위계설이 맞다.

5. 일화적 욕구와 만성적 욕구 그리고 욕구 충족방식의 차이

앨더퍼(Alderfer, 1972)는 욕구를 일화적 욕구와 만성적 욕구로 구분한다. 둘의 차이는 지속성에 있다. 사람마다 가지고 있는 욕구를 모두 다 충족시키지는 못한다. 지속적으로 미충된 욕구는 욕구 충족과 관련된 목표를 향한 일련의 행동을 지속적으로 유발한다. 심리학자들은 이런 오랫동안 지속되는 욕구를 "만성적 욕구"라 한다. **만성적 욕구**(chronic desire)는 일시적으로 나타났다 사라지는 **일화적 욕구**(episodic desire)와는 다르게 대인관계 방식과 개인의 행동에 중요한 영향을 끼치게 된다. 이런 대인관계방식과 행동의 차이는 성격의 차이에 해당된다. 권석만(2017)에 의하면, 성격과 행동양식이 개인마다 다른 이유는 충족시키고자 하는 만성적 욕구의 차이 때문이다.

포드와 니콜스(Ford & Nichols, 1987)는 욕구 충족 방식의 개인차를 설명하는 3가지 차원을 진술했다. 이들에 의하면, 개인마다 주요한 욕구가 다르며, 욕구를 충족시키는 방법 또한 다르다(권석만, 2017).

첫째, 능동성-수동성 차원이다. 능동성은 자신의 욕구를 만족시키기 위해 스스로 계획을 세우고 미리 준비하여 자기가 원하는 바를 주체적으로 성취하는 것을 말한다. 수동성은 타인에 의해 촉발된 상황에 대해서 순응적으로 반응하고 행동하는 것을 말한다.

둘째, 접근-회피의 차원이다. 어떤 사안에 대해 접근의 차원과 회피의 차원은 접근적인 태도를 취하는 것과 회피적인 태도를 취하는 것을 말한다. 접근 지향적인 개인은 행동을 통해 성취하게 될 결과의 긍정적인 면에 초점을 두고, 회피적인 개인은 결과의 부정적인 면에 더 마음을 쓰는 것을 말한다.

셋째, 유지-변화의 차원이다. 유지 지향적인 개인은 안정성을 선호하여 현재의 상태를 변화시키지 않고 지속시키려는 현상유지적인 태도를 취하고, 변화 지향적인 개인은 현재 상태에 머무르기 보다는 새로운 시도나 도전을 지속적으로 하면서 현재 상황을 변화시키려 한다.

사람마다 욕구를 충족시키거나 해소하는 방식이 위와 같이 다르다. 이런 처리방식의 차이는 유전적 요인과 후천적인 경험의 차이 두 가지를 들 수 있다. 권석만과 포드와 니콜스는 후천적인 경험의 차이가 처리 방식의 개인 차이를 더 많이 가져온다고 주장한다. 권석만에 의하면, 처리 방식과 성격의 차이는 동기의 개인차를 살펴보면 더 많이 이해될 수 있다.

사람마다 중요한 욕구가 다르다. 어떤 사람은 명예가 중요하고, 어떤 이는 권력이 중요하고, 혹자는 돈이 중요하고, 어떤 이는 미모가 중요하고, 어떤 이는 홀로서 생각 속에 무언가를 정리하는 것을 좋아하고, 어떤 이는 운동경기에서 승리하는 것을 열광하고, 어떤 이는 여행을 하면서 만족감을 느낀다. 이처럼 개인마다 삶에서 추구하는 동기가 다르다. 동기가 같더라도 욕구하는 것을 얻기 위해 드라이브하는 강도가 확연히 차이가 나기도 하고 조금 차이가 나기도 한다. 앨더퍼와 권석만은 이런 개인의 욕구의 차이 중에서 만성적 욕구에 천착했다. 그것은 만성적 욕구의 차이가 개인의 성격차이를 가져오기 때문이었다.

사람마다 여러 욕구를 충족시켜야 정신적으로 건강하게 살아갈 수 있다. 사랑의 욕구, 식욕 욕구, 성적인 욕구, 명예 욕구 등 여러 가지 욕구가 있다. 사람이 가지고 있는 욕구 중에 가장 근원적인 욕구는 사랑받고 싶은 욕구이다. 사랑을 받고 주고 싶은 욕구는 태아에서부터 죽을 때까지 영원하다. 사람의 본질이 사랑이기 때문일 것이다. 사람을 조성한 분이 사랑이기 때문에 사랑의 욕구는 가장 근원적인 욕구이다. 발달심리 차원에서 보면, 발달단계마다 충족시켜야 하는 욕구들이 있다. 어떤 특정한 단계에서 특정 욕구를 만족시키지 못하면 그 욕구를 충족시키고자 하는 강한 성향이 지속적으로 남아 만성적 욕구로 발전하게 된다. 이러한 만성적 욕구는 부적응적 성격특성을 형성하게 한다. 여기서 문제가 되는 것은 욕구 미충족뿐만 아니라 과도한 충족경험에 머물게 하는 것도 포함된다. 과도한 충족에 머물게 되는 것은 여러 사람을 힘들게 하는 부적응적 성격특성을 만들 수가 있다. 예를 들면 과잉자기애에 오랫동안 머물게 되는 사람은 자기애적 성격특성을 과도하게 갖게 되어 부적응적인 관계 속에 빠지게 된다.

6. 정서와 관련된 성격특성 요인(개인의 정서경험에 영향을 미치는 성격특성 요인 4가지)

동일한 자극 조건에서 개인마다 정서적인 반응이 다르다. 이 정서적 반응의 차이는 개인의 성격특성에 의존한다. 성격의 차이는 정서 반응의 차이를 가져온다. 권석만(2017)은 "성격은 정서경험의 개인차를 만들어 내는 주요한 요인이라고 할 수 있다."라고 주장을 한다. 개인의 정서적 반응에 영향을 주는 주요한 성격 요인들을 살펴보는 것은 성격심리학에서 의미가 있다. 권석만(2017)은 정서 경험에 영향을 끼치는 중요한 성격요인들을 아래와 같이 네 가지로 분류하여 정리하고 있다. 네 가지 중 정서지능에 대해서는 김현진과 최금순의 〈정서중심코칭 심화과정〉에서 진술되고 있는 정서지능에 관한 글을 중심으로 진술한다.

1) 신경과민성 또는 부정 정서성

신경과민성은 5요인 모델에서는 정서적 불안정성이라 불린다. 정서적 불안정성 또는 부정 정서성은 일반적으로 불쾌한 정서를 잘 느끼는 성격 특성을 가리킨다. 불쾌감에 해당되는 불안, 분노, 우울과 같은 부정 정서성을 자주 느끼는 사람을 신경과민성이 있다고 말하기도 한다. 이런 성향을 가진 사람은 사소한 실패나 좌절, 일상생활에서 정동이 일어나는 상황에 정서적으로 민감하고, 정서적으로 불안정하며 사소한 일에도 예민하게 상처를 입는 경향이 있다. 반면에 정서적으로 안정된 사람은 편안한 감정을 자주 느끼며, 기분의 변화가 적고 스트레스에 대한 정서적 반응의 강도가 낮다. 왓슨과 클라크(Watson & Clark, 1984)는 낮은 자기존중감과 부정 정서를 경험하는 것과 관련된 성격 요인으로 부정 정서성(Negative Affectivity)이라는 개념을 제시하였다.

부정정서는 대인관계에서 긍정적인 혜택을 주기도 한다. 예를 들면, 부정 정서성은 다른 사람에게 더 예의 바르고 배려적인 자세를 취하게 이끌어 준다. 자기 주장적인 접근을 하게 이끄는 긍정 정서성과는 달리, 부정 정서성은 요청을 할 때 더 세심하고 예의바른 행동을 하게 돕는 면이 있어 도움이 된다.

위와 같은 점에서 본다면, 긍정 정서성이 높은 사람은 어떤 중요한 일을 선택할 때 부정 정서성이 있는 사람의 말을 듣는 것이 도움이 될 때가 많을 것이다.

2) 정서 지능(정서적 정보처리 능력)

샐로비와 메이어(1990)는 정서지능이라는 용어를 최초로 사용했으며, 정서지능을 '정서적 정보를 처리하는 능력과 관련된 형태의 지능'으로 정의하였다. 이는 정서가 사고를 더 지능적으로 만들어 준다는 측면과 사람이 정서에 대하여 지능적으로 사고한다는 개념이 결합되어 있다. 즉, 정서지능은 정서적 정보를 처리하는 것과 관련된 지능이다. 좀 더 최근의 정서 지능의 개념을 정리하면 다음과 같다. 정서지능이란, 자신과 타인의 정서를 정확하게 규명 · 평가 · 구분하고, 정서와 사고를 통합하고, 정서를 이해하고, 정서를 조절하는 능력이다.

샐로비와 메이어(Salovey와 Mayer)의 정서지능의 구성요인에 근거하여 하위 구성요소를 5가지로 정리한다.

(1) 자기감정 인식

현재 일어나고 있는 자신의 감정 상태를 확인하고 자신의 감정과 정서적 욕구를 인식하고 표현하는 능력으로 정서지능의 기초가 된다. 자신의 정서 상태를 제대로 파악하고 있으면 진정으로 자신에게 도움이 되고 원하는 바를 선택할 수 있으므로 우리의 감정에 잘 맞는 결정을 내릴 수 있게 된다.

감정을 다루는 특징적인 스타일은 자기감정과 욕구를 인식할 줄 아는 자기 인식형, 그리고 문제가 되는 매몰형, 체념형, 무감정형으로 나눌 수 있다.

(2) 자기조절 능력

자극이 발생하였을 때, 내면에서 올라오는 자신의 정서적 반응을 적절하게 통제하고 적절한 반응을 할 수 있는 능력. 이는 자기감정 인식에 토대한 능력이다. 자신의 감정이 타인에게 미칠 영향을 고려하고 사회가 용납하는 정서 상태로 조절하는 능력 즉, 자신의 감정을 관계적 상황에 맞게 통제하고 반응할 수 있는 능력을 말한다.

정서를 조절하는 목표는 균형이지 감정의 억압은 아니다. 모든 감정은 그 자체로 가치와 의미를 지니기 때문이다. 필요한 것은 '합당한' 감정이다. 감정이 너무 미약하면 단조로움과 거리감이 생기고, 감정이 통제를 벗어나 너무 극단적이고 완강하면 끊임없는 우울, 과도한 불안, 치솟는 분노, 광적인 흥분처럼 병적 상태가 된다. 개인에게 있어서 인생을 살면서 가장 기본적인 삶의 기술은 자기를 달래는 기술이다. 자기의 정서를 달래고 안아줄 수 있는 기술이야말로 다른 어떤 것보다도 중요할 때가 자주 있다. 행복한 사람은 무엇을 잘해내는 사람이 아니라, 자기의 정서를 적절하게 조율해낼 수 있는 사람이다.

(3) 자기 동기화 능력

동기는 자신이 원하는 것을 성취하기 위한 노력과 인내를 가능하게 한다. 욕구를 성취하기 위해서 필요한 것은 동기부여이다. 자신에게 동기를 부여하는 능력은 장래 목표를 성취하기 위해 필요한 당장 만족하고 싶은 즉각적인 만족을 지연시키고 충동을 억제할 수 있는 자기 통제력, 긍정적 사고와 희망 수준, 모든 일이 잘될 것이라는 낙관주의, 몰두 및 열정의 요인을 포함한다. 자라나는 아동과 청소년들이 행복하고 성공하는 삶을 살기 위해서 꼭 필요한 것은 자기 동기화 능력이다.

만족을 유예하고 충동을 억누르는 감정적 자기 통제는 모든 종류의 성취에 기초가 되며, '몰입' 능력은 뛰어난 성취를 가능하게 해준다. 이런 능력을 지닌 사람들은 자신이 맡은 어떤 일에서나 높은 생산성을 나타내고 고도의 효율성을 발휘한다.

올림픽이나 지적 영역에서 최고 수준의 사람들을 보통에서 그치는 능력의 소유자들과 구별 짓게 하는 요소는 끊임없이 자기를 다지는 마음이다. 운동선수 중에 이런 사람들은 어릴 적에 시작해서 몇 년이고 고된 훈련을 꾸준히 하고, 지적으로 최고의 사람들은 힘들고 어려운 때에도 자기 자신을 달래며 끊임없이 계속해서 노력한다.

(4) 공감능력

타인의 정서를 이해하고 느낄 줄 아는 능력을 말한다. 공감은 자기 인식에 토대를 둔다. 타인의 정서와 욕구를 인식하기 위해서는 상대방의 목소리, 몸짓, 얼굴 표정 등의 비언어적 단서에 민감하도록 해야 한다. 자신의 감정과 정서적 욕구에 열려 있을수록 타인의 감정을 더 잘 알 수 있다. 자신이 무엇을 느끼는지 전혀 모르는 자기 "감정 불능증" 사람은 다른 사람이 무엇을 느끼는가 하는 문제에 직면하여 완전히 당황해한다.

공감능력은 인생사에서 결정적으로 중요할 때가 자주 있다. 판매와 경영, 연애와 자녀 양육, 공감과 정치 활동에 이르기까지 거대하게 펼쳐지는 인생이라는 광장에서 공감능력은 매우 중요하게 작용할 때가 자주 있다.

(5) 대인관계 기술

대인관계 기술이란 타인과의 관계를 어떻게 형성하고, 갈등이 생겼을 때 이를 얼마나 잘 인식하고 해결할 수 있는가 하는 능력이다. 이는 집단을 조직하는 능력, 사회적 문제해결을 위해 협상하는 능력, 다른 사람들과 개인적으로 유대관계를 맺는 능력, 상대방의 감정을 사회적 상황에서 분석하는 능력 등으로 구성된다.

타인과 조율하는 일은 자기 내면에 어느 정도 침착함이 있어야 가능하다. 세련된 관계를 맺게 해주는, 다른 사람의 감정을 다루는 일은 두 가지 서로 다른 감성능력인 자기관리와 공감이 성숙할 때 가능해진다. 이런 토대가 있어야 '대인관계 능력'이 원숙해진다. 이것은 타인과 거래할 때 효율성을 높여주는 사회능력이다. 이 능력이 부족하기 때문에 사회적 인간관계에서 부적당한 언행이 발생하고 개인 사이에 불행한 사태가 벌어진다. 심지어 지적으로 가장 총명한 사람조차도 인간관계에 실패하여 오만하고 밉살스럽거나 둔감한 사람이 된다.

3) 고통 감내력

고통 감내력(distress tolerance)은 주관적으로 고통스럽거나 위협적인 심리적 상태를 견디어 내는 능력을 가리킨다.

정서적 고통 감내력을 구성하는 세 가지 요소는, 권석만(2017)에 따르면, 부정 정서의 부정성이나 위협에 대한 평가, 부정 정서를 경험하는 상황에서의 대처 능력에 대한 신념, 이에 따라 결과적으로 나타나는 부정 정서를 기꺼이 경험하려는 의지이다.

시몬과 가허트(Simon & Gahert, 2005)는 고통 감내력이 낮은 사람은 "고통을 견디기 어렵고 다룰 수 없는 것으로 지각하며, 고통에 대한 수용이 부족하고, 고통스런 감정에 주의가 함몰되어 기능이 저하되며, 부정정서를 회피하려는 경향이 있다." 권석만에 의하면, 고통 감내력이 낮은 사람은 정서적 불편감이나 고통을 맞이할 경우에 회피적 대처 방안을 선택하는 경향이 강하다. 회피적 대처 방안으로는 고통이나 불편감에 대해 무관심하기, 일시적으로 고통을 감소시키는 알코올이나 약물 등을 자주 사용한다.

> 고통 감내력이 높은 대단한 인물들은 아브라함 링컨, 이순신 장군, 라틴 댄서 박지우, 그리고 리디아 라실라 등을 들 수 있다. 리디아 라실라는 2010년 동계 올림픽에서 에어리얼 스키 부분에서 금메달을 수상한 선수이다. 여성 선수로서 역사상 처음으로 공중에서 스키를 타면서 쿼드러플 트위스팅 트리플 서머솔트를 해낸 역사적인 주인공이었다. 그는 십자 인대가 파열대고 또 파열되어도 계속 재활을 하면서 올림픽에 출전했었는데 그날도 부상을 입은 상태로 시합에 나가서 끝내 고통을 참고 금메달을 걸었었다. 시합이 끝난 후 그는 혼자 걸을 수 없었었다. 병원으로 직행해서 치료를 받아야만했다.

4) 셀프 컴패션(자기 긍휼, 자기 자비)

'셀프 컴패션'(self compassion, 자기 자비)[2]은 어려움에 처했을 때 자기 자신을 안아주고 달래줄 수 있는 건강한 자기 수용이다. 박세란(2015)은 자기 자비를 자신

2) self-compassion이란 용어는 번역이 너무 어렵다. 컴패션이란 단어를 '자비'로 번역하는 것은 뉴앙스가 원래의 단어 개념과는 다르게 전달된다. 그래서 필자는 영어 발음, '셀프 컴패션'을 그대로 쓰고자 한다. compassion은 헬라어, "스프랑카"에서 나온 영어 단어이다. 스프랑카는 '스프링'이라는 영어 단어가 가지고 있는 의미처럼 오장육부가 스프링처럼 돌고 도는 마음의 정동(affect)을 말한다. 어떤 대상을 향하여 컴패션을 가지고 있다는 것은 그 대상의 연약함이나 고통을 마음의 팔로 어루만지고 달래고, 오장육부가 돌고 돌아 감싸는 것을 말한다.

이 겪는 고통에서 수용적으로 마음이 열려있는 것으로 고통을 회피하거나 그것과 단절하지 않으면서 고통을 경감시키고 스스로를 치유하려는 친절한 소망을 일으키는 것이다라고 주장한다.

네프(Neff, 2003, 권석만, 2017 재인용)에 의하면, 셀프 컴패션(자기 자비)은 세 가지 하위개념으로 구성된다. 그리고 네프와 권석만은 셀프 컴패션 성향의 개인차이를 명료하게 기술해주고 있다.

첫째, 자기 친절(self-kindness).

자기 친절은 고통과 실패를 겪을 때라도 자기를 혹독하게 몰아붙이기 보다는 자기를 달래고 관대하게 대하는 온화한 태도를 말한다.

둘째, 마음 챙김(mindfulness).

마음챙김은 고통스런 감정이나 떠오르는 생각들을 억제하거나 과장하지 않고 비판단적으로 관찰하는 것이다. 자기 자신의 정서 상태를 제대로 파악할 수 있는 자기감정과 생각에 대한 자기인식의 기본에 해당된다.

셋째, 인간보편성(common humanity).

어떤 사건이 일어날 때 그에 대한 반응으로 고통스런 감정과 취약한 감정이 올라올 때 이러한 경험을 보편적인 인간 경험의 일부로 인식하고 수용하는 것을 말한다. 예를 들면, 극한 고통을 경험했을 때, "나는 왜 이리 의지가 약하지."라고 말하기 보다는, "고통 앞에서는 강한 사람은 아무도 없어!"라고 말하는 사람은 인간보편성을 수용하는 사람이다.

셀프 컴패션 성향에는 개인차가 있다. 셀프 컴패션이 높은 사람은 학업이나 운동경기에서 실패했을 때, 셀프 컴패션이 낮은 사람에 비해 우울, 불안, 스트레스 증상의 수준이 더 낮았고, 더 긍정적인 대처를 해냈다. 또한 셀프 컴패션이 높은 사람은 삶의 만족도, 행복, 낙관성, 지혜, 호기심과 탐구심 등의 안녕감이나 성격강점과는 정적 상관을 보였다. 셀프 컴패션은 자기 비난과 달리 자신에게 따스한 태도를 접촉해주어 뇌 속의 진정-안전 시스템(soothing-safty system)을 활성화함으로써 편안하고 안정감을 느끼는 긍정 정서를 증진한다.

부정 정서성을 자주 느끼는 사람을 상담할 때, 상담치료사는 치료적 개입 기술로서 셀프 컴패션 기술을 사용하는 것은 도움이 될 것이다. Gilbert(2010)가 '컴패션 포커싱 치료'(compassion focused therapy)를 개발하였다. 이 치료기법을 배우고 익혀서 활용하는 것은 부적응적 성격을 가지고 있는 내담자를 상담할 때 매우 도움이 될 것으로 여겨진다. 많은 임상 속에서 그 효과가 검증이 되기를 소망해본다.

참고문헌

권석만(2017). 인간이해를 위한 성격심리학. 학지사.

김현진(2016). 이마고 정서코칭상담강의안. 광신대학교 정서코칭상담교육원.

김현진, 최금순. (2015) 정서중심코칭 심화과정. 사단법인 한국청소년상담교육협회.

박아청(2006). 성격발달심리의 이해. 교육과학사.

오세진 외(2010). 인간행동과 심리학. 학지사.

이수연, 권해수, 김현아, 김형수, 문은식, 서경현, 유영달, 정종진, 한숙자(2013). 성격의 이해와 상담. 학지사.

이재창, 정진선, 문미란(2008). 성격심리학. 태영출판사.

Alderfer, C. P. (1969). An empirical test of a new theory of human needs. *Organizational Behavior and Human Performance*, 4, 142-175.

Carver, Charles S. & Scheier, Michael F. (2012). *Perspectives On Personality*(7th ed.). 김교헌 역(2012). 성격심리학: 성격에 대한 관점. 학지사.

Ekman, P. (1993). Facial expression and emotion. *American Psychologist*, 48, 384-392.

Ford, M. E., & Nichols, C. W.(1987). A taxonomy of human goals and some possible applications. In M. E. Ford & D. H. Ford (Eds.), *Humans as self-constructing living systems: Putting the framework to work* (pp.289-311). Hillsdale, NJ: Lawrence Erlbaum.

Greenberg, L. S.(2011). *Emotion- Focused Therapy*. 김현진 역(2015). 정서중심치료. 교육과학사.

Greenberg, L. S. (1997). *Working With Emotions In Psychotherapy*. 이흥표 역(2008). 심리치료에서 정서를 어떻게 다룰 것인가. 학지사.

Murray, H. A. (1938). *Explorations in personality*. New York: Oxford University Press.

반추 및 토의질문

1. 정서의 특징들을 아는 대로 설명해보세요. 정서와 성격이 어떻게 관련이 되는지를 설명해보세요. 정서를 5요인 모델과 연결해서 설명해보세요.

2. Maslow 욕구이론을 설명해보세요.
   요즘 가장 잘 충족되고 있는 욕구는 무엇인가? 3인조 그룹을 지어 그것에 대해 옆 사람과 이야기를 나누어 보세요. 5가지 욕구 중에서 가장 결핍되어 힘든 것은 어느 것인가요? 그 욕구를 당신은 어떻게 충족시키려 하고 있는지를 살펴보실래요? 옆 사람과 이야기를 나누어 보실래요?

Q. 탐욕이 올라오는 것을 볼 수 있는가? 본다면 어떻게 하겠는가?

3. 나의 정서경험에 영향을 미치는 4가지의 주요한 성격요인을 나열해보고, 각각을 설명해보세요. 자신의 강점 요인과 약점 요인들을 분류해보고 옆 사람과 이야기를 나누어 보세요.

4. Murray가 정의한 동기, 욕구, 압력에 대해서 진술해보세요.

5. 감정, 정서, 정동의 차이에 대해서 옆 사람에게 이야기해보세요.

CHAPTER

11

자아 발달과 성격

1. 자아와 성격의 이해

성격특성은 선천적 기질과 후천적 경험의 복합적 작용으로 나타난다. 유전적 요인으로 대표되는 선천적 기질에 후천적 경험을 통합하고 행동과 태도를 드러내는 주요 실행자를 '자아'라고 할 수 있다. 자아는 '나' 자신을 나타내는 것으로 학문적 구분을 통해 이해는 되겠지만, 뚜렷하게 구분하기는 어렵다. 성격이론은 드러나는 현상과 관찰 가능한 성격특성에 대한 이해를 시도하지만, 개인의 특성을 명확하게 설명하기는 상당히 어렵고 위험한 일이다. 개인의 성격특성은 다양한 이론으로 설명할 수는 있지만, 실제의 성격이나 개인의 특성을 반영하는 데는 한계가 있다. 성격(personality)은 어떤 범주로 설명할 수는 있지만, 개인의 반응은 다른 사람이나 환경과 상호작용하면서 다양한 변화를 만들기 때문이다. 이와는 다른 측면에서 성격은 사회에 적응하는 과정에서 형성된 것으로 볼 수 있는데, 성격의 어원인 페르조나(persona)는 사회적 관계를 나타내는 말로 연극 무대에서 등장인물의 성격을 보여주기 위해 사용하는 가면으로 사회가 원하는 모습을 반영한다. 자아는 다양한 페르조나를 바꾸면서 사회에 적응하게 된다. 이때 페르조나 조절을 하는 주체가 자아라고 할 수 있다. 이런 점에서 내면에 무수히 많은 생각과 인격이 잠재되어 있어도, 이를 통제하고 일관성 있는 성격특성을 나타내는 것이 바로 자아의 역할과 기능이다. 따라서 한 개인의 성격은 자아의 특성에 따라 달라질 수 있으며, 일반적으로 성격이라고 부르는 것은 자아에 대한 개념과 인식의 반영이라고 할 수 있다.

자아를 설명하는 여러 이론과 주장이 있지만, 일반적으로 '나'라고 인식하는 것을 '자아'라고 한다. 결국 자아는 '나'로 대표되는 개인의 특질을 나타내는 모든 것의 중심에 있는 작동의 원리와 방식을 정리하여 개념화한 것이다(송인섭, 2013). 이론적으로 의식의 중심에 **자아**가 있으며, 무의식의 중심에는 **자기**가 있다고 하지만, 실제 사람의 성격을 나타내는 것은 무의식을 포함하여 포괄적 의미에서 자아를 중심으로 작용하게 된다. 물론 사람의 성격특성을 구조나 개념으로 설명하는 것은 필요불가결한 선택일 뿐 자아의 실체를 논하거나 전제할 수는 없다. 단지 사람의 성격적 특성을 이해하는데, 구조적이고 논리적인 설명이라는 것을 전제로 한다.

사람의 마음을 이해하고 현상으로 나타나는 개인의 성격특성은 행동주의 이론에서 정신역동 이론에 이르기까지 학문적 스펙트럼에서 설명할 수 있다. 각 이론은 개인의 성격을 설명하고 이해하는데 도움을 주지만, 정신에 대한 기본 이해가 어디에 있던지 결국 사람의 행동, 태도, 그리고 대인관계 특성을 결정하고 나타내는 주요 핵심은 '자아'로 대표되는 개인의 총체적 특성을 나타낸다. 이론적으로 자아를 넘어서는 무의식적 역동이 강하게 작용한다고 하더라도 결국 개인의 성격을 드러내고 표현하는 주체는 자아이기 때문이다(Edinger, 2016). 성격에서 자아가 중요한 것은 이런 특성 때문이라고 할 수 있다. 성격적 특성을 현상이나 유형으로 구분하여 이해한다고 할지라도, 성격을 드러내는 본질에 있는 핵심이나 표현방식은 자아에 의해 결정되기 때문이다. 사람이 살면서 서서히 자신에 대해 이해하고, 자신의 에너지를 내면화하며 살아가는데 중요한 힘의 원천을 자아라고 할 수 있다. 자아는 자신의 힘을 드러내 본질적인 자신을 완성해가는 과정의 핵심(core)이다(Kahn. 2008). 이런 점에서 자아를 중심으로 성격특성을 이해하는 것은 또 다른 하나의 이론이 가지치기해서 만들어지는 것이 아니라, 기존의 이론들을 이해하고 적용하는 원리적인 것이라고 보아야 할 것이다. 따라서 자아는 성격특성을 나타내는 실행자로 개인의 기질적 특성과 경험적 특성을 반영한 입체적이고 독창적인 것으로 나타날 수 있다.

일반적으로 심리작용은 외부의 자극에 대한 반응으로 구조화할 수 있다. 자극이 있을 때 반응이 일어난다는 것이다. 물론 자극의 강도와 정도, 그리고 종류와 선행경험에 따라 다르게 반응하게 된다. 심리는 자극이나 전달과정을 중심으로 인식하지만, 상담은 반응에 관심이 있다. 일반적으로 성격은 자극에 대한 반응, 결과, 그리고 현상을 중심으로 접근하게 된다. 이런 점에서 심리 현상은 각 상황에 대한 개인적 지각 추론의 결과로써 이 과정에서 드러난 현상이나 태도 자체로 개인의 성격을 특징지을 수는 없다. 이는 지각의 과정과 반응은 실체적이라기보다는 피상적 상호작용을 통해 나타나기 때문이다(현성용 외, 2020). 현상은 성격을 인식하는 유용한 자료지만, 그 자체를 성격이라고 할 수는 없다. 사람의 태도나 행동의 반응 양식에 대한 다양한 현상과 구조 및 체계 분석의 결과를 조절하는 자아는 성격특성을 구분하는 대표적 가늠자이다.

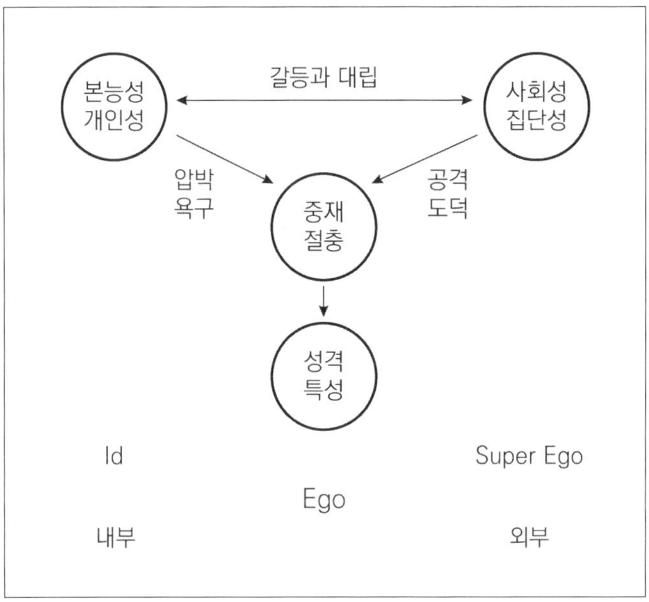

[그림 11-1] 개인의 성격구조

사람을 동물과 구분할 수 있는 가장 대표적인 특징에 자아가 있다. 자아는 생물학적인 출생에 이어 나타나는 정신적 출생의 중요한 출발점이 된다. 심리이론에서 자아는 초기부터 있던 개념은 아니었다. 자아에 대한 학문적 이해는 프로이트가 마음의 구조를 본능, 자아, 그리고 초자아로 구분하면서 구체화 되었고, 후에 자아심리학을 별도의 학문 영역으로 구분하여 발전하고 있다. 자아를 정신과 마음의 중심이라는 데에 큰 이견은 없으며, 개인의 특성을 드러내는 주체적인 성격특성이 있다고 통용된다(Chessick, 2014). 일반적으로 자아의 탄생에 대해서는 두 가지 경향성으로 인식한다. 하나는 자아의 시작을 갈등 과정에서 나타난 부차적인 것으로 보는 것과 자아는 원형적 본태성을 갖는다는 것이다. 프로이트는 마음을 이해하는 구조적 방식에서 본능의 파생물로 이루어진 본능(Id)과 부모나 가족 등의 권위가 내재화된 초자아(Super Ego), 그리고 본능과 초자아의 압력과 갈등에서 내적 및 외적 적응을 지향하는 자아(Ego)로 구분하고 있다. 타고난 선천적 특성과 사회 환경이 심리구조의 발달과 이 과정에서 나타나는 갈등적 상호작용에 중요한 역할을 한다. 프로이트는 자아를 본능과 초자아의 갈등 속에서 나타난 부차적인 것으로 보았다. 하트만은 인식이나 기억과 같은 자아가 사용하는 기제들은 본능의 좌절에서 발달한다는 프로이트의 이론과는 다르게 처음부터 독자적인 발달을 한다고 했다. 분화되지 않은 모체에서 본능과 자아가 나타난다는 프로이트의 구조이론에서는 자아가 본능에 의존하지만, 하트만의 자아심리학에서는 마음의 상당 부분은 갈등이 없는 영역에서 작용하는 것으로 자아는 독자적인 발달을 한다는 것이다(Fonagy & Target, 2014). 현대 심리학에서는 자아의 출현을 프로이트의 입장과는 달리 독자적 발달이라는 입장이 뚜렷하여 특히 초기 영아에게 나타나는 자아를 연구하기도 한다. 상호주관적 관점에서 유아들이 언어를 익히기 전에 이미 인지하고 배우는 능력(암묵적 이해)이 있다는 연구는 정신분석의 개체발생(ontogenesis)에 대한 관점에 큰 변화를 주었다(Stern, 2018). 자아에 대한 심리학적 이견에도 불구하고 실제 자아는 개인의 내면에서 다양한 방식으로 발달한다(Cooper, 2019). 이 과정을 통해 자신에 대한 인식이 뚜렷해지고, 서서히 자신에 대해 확고한 신념이 생기게 된다.

자아의 발달은 자신에 대한 이해인 자기인식(self-recognition)에서 출발하며 영유아기를 거쳐 성인기로 가면서 점차 뚜렷해진다(Edinger, 2016). 아동기의 자기인식은 자아개념과 자아존중감의 발달을 하게 된다. 아동이 자기 자신에 대한 개념을 형성하면서 자신의 속성에 대해 긍정적 또는 부정적 가치를 부여하게 된다. 이런 평가를 자아존중감이라고 한다. 자아존중감은 인간이라는 존재에 존엄성을 부여하며, 개인의 행복이나 불행에 영향을 미치는 중요한 심리적 변인이다. 자신에 대해 긍정적 감정을 가진 사람은 자신을 가치 있고 유능한 사람이라고 생각하는 반면, 자신에 대해 부정적인 감정을 가진 경우에는 자신을 보잘것 없는 사람이라고 생각하여 열등감을 갖게 된다. 성격특성은 이런 자기인식의 발달을 통해 다른 대상과 구분되는 독립된 실체로서 자신을 인식하는 것에서 시작된다. 자아개념(self-concept)은 자기인식의 과정을 통해 형성되는 자신에 대한 기본적인 이해이다. 신체적 특성, 개인적 경험과 표현양식, 특성, 가치관, 희망, 역할, 사회적 신분 등을 포함하여 자신에 대해 이해하고 깨닫는 것을 의미한다(송인섭, 2013). 자아개념은 자신의 고유한 특성으로 다른 사람과 구별되는 특성으로 후천적 경험에 대한 인식의 구조와 틀이 형성되면서 자동반응하는 습관적 성격이 만들어지는 것이다. 자아는 이런 성격특성을 반영하는 주체로서 영아기에 미분화 상태나 취약한 상태에서 점차 자아를 확립하게 된다. 이 과정에서 자신의 특성을 반영한 고유한 성격을 형성한다.

자아로 대표되는 성격특성은 외부로 나타나는 행동과 태도의 현상과 작용에 대한 방식으로 이해할 수 있다. 개인의 행동이나 태도 등 외적으로 나타나는 것을 통해 개인의 성격특성을 파악할 수 있지만, 그런 반응이나 삶의 태도를 만드는 성격의 중심은 자아이다. 자아에 대한 인식은 정체감(identity)으로 개인의 특성과 성격뿐 아니라 사회적 관계, 소속된 사회 집단 등을 통해 자아의 특성을 나타낸다. 자아의 발달은 아동이 성인이 되는 과정에서 발달의 과정을 통해 드러나고, 성인이 되면 자신의 특성을 명확히 드러내게 된다. 따라서 자아의 특성은 개인의 성격을 나타내는 핵심적 기능과 역할을 한다(Chessick, 2014). 이를 토대로 주어진 환경이나 상황에서 반응하는 특성이 나타나는 것이다.

자아는 크게 두 개의 맥락에서 성격적 특성을 나타낸다. 하나는 자아의 특질을 반영하는 정체성과 관련된 것으로, 자아개념이 확장되면서 자신의 능력을 체계적으로 만들어가고 나타내는 자아의 특성과 관련된 것이다. 자아특성이 반영된 성격은 발달의 맥락에 따라 두 축으로 구성되어 반영된다. 하나는 자아의 발달과 성장의 방향으로 일반적으로 인식 내용에 대한 처리능력이며, 다른 하나는 인식된 정보를 처리하는 방향에 대한 것으로 긍정적 수용의 정도라고 설명할 수 있다. 자아의 발달과 성장은 자아정체감 형성이라는 자아의 발달과제를 지향하며, 처리 방향에 대한 것은 자아존중감으로 설명된다. 자아존중감은 자신에 대한 자기인식의 정도와 경향성을 나타내는 것으로 자아를 유지하고 건강하게 관계하게 하는 핵심 역할을 한다(송인섭, 2013). 두 축을 중심으로 자아의 미세한 움직임에서 자아가 자기

중심성을 유지할 수 있는 능력을 통해 안정감을 갖게 된다. 자아가 자신의 성격적 특성을 나타내는 것은 견고하고 단단해서 강하다는 것만을 의미하는 것이 아니라, 강한 바람이 불 때 흔들리지 않는 것이 아니라 환경의 변화에 일시적으로 혼란을 겪고 흔들리지만, 자신을 잃어버리지 않고 자신의 자리를 지킬 수 있는 탄력성을 포함하는 총체적인 자아의 특성을 말한다. 개인의 성격적 특성은 이런 자아를 건강하게 하는 여러 요소가 반영된 상호작용의 유기적 관계로 나타난다.

2. 자아개념

자아의 발달은 개념화에서 시작한다. **자아개념**(self-concept)은 자신을 생각할 때 떠오르는 생각이나 이미지로 자기개념 발달을 통해 자신이 다른 사람과 다르게 독립적이라는 것을 이해하는 기반이 된다. 자기개념은 '나는 누구인가?'에 대한 답을 찾는 것으로 자신의 신체를 지각하는 것부터 자기만의 감정, 생각, 신념, 행동 등에 대한 자기인식이며, 자신과 세상을 평가하는 기준이 되는 모든 정신 활동이다. 자아개념은 수많은 선택의 과정을 통해서 경험되고 형성된다. 자아는 대표적인 심리특성으로 사람의 행동을 움직이는 핵심원리이자 축이다. 자아에 대한 안정성과 지속성은 개인의 장단점 및 행동과 태도 등을 나타낸다. 자아는 자신의 행동과 태도에 대해 선택과 결정을 하지만, 자아에 대해 확신없이 결과를 예측하지 못하면 긴장과 불안을 일으키기도 한다(송인섭, 2013). 자아는 개인과 개인의 상호작용과 의사소통의 기능적 가치를 갖기 때문에 자아개념이 확립되지 않으면 혼란과 갈등의 중심에 있게 된다. 자아의 핵심은 개념을 정립하는 것에서 시작한다. 자아개념을 구성하는 범주는 자신의 능력 신분, 역할에 대한 전반적 인식인 전체적 자아개념, 순간적 기분에 의해 영향을 받는 일시적 자아개념, 다른 사람이 자신을 어떻게 보느냐에 따라 자신을 평가하는 사회적 자아개념, 그리고 중요한 타자(significant others)와의 상호작용에서 형성되는 개인적 자아개념, 그리고 자신의 원함을 반영한 이상적 자아개념 등으로 구성된다. 이를 분류하면 각자가 느끼는 개념으로 신체적 자아와 정서적 자아, 그리고 학업(지)적 자아와 사회적 자아의 축으로 구성할 수 있다.

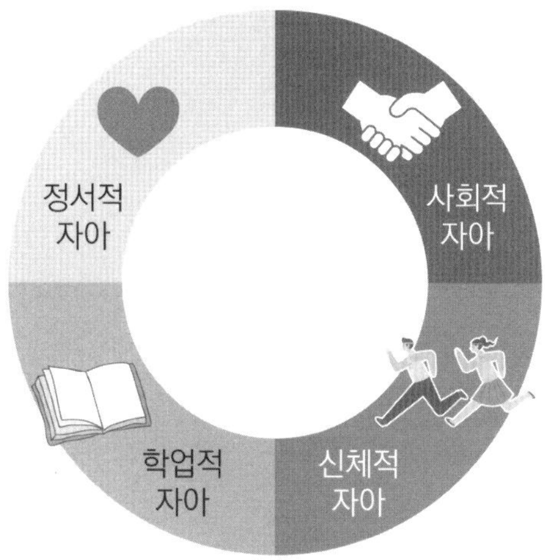

[그림 11-2] 자아개념의 구성

자아는 **자아의 구성요소**, 의식과 정서, 그리고 행동과 태도의 세 가지 축을 중심으로 이해할 수 있다. 이 축은 인식과 실행의 기능으로 작용할 수 있다. 자아를 구성하는 다양한 요소들은 개인의 내적 측면과 사회적 측면으로 구조화할 수 있다. 자아를 물질적 자아와 정신적 자아 등으로 구분하여 이해하기도 하지만, 실제로는 명확하지 않다(송인섭, 2013). 자아는 내적인 상태에서 벗어나 사회적 관계로 확장하여 주변 환경에 적응하고 다양한 모습으로 자신을 드러낸다. 주변 사람들이나 환경에 적응하면서 스스로에 대해 인식하는 것이다. 이런 과정에서 자아는 상대적으로 반응하고 작용하게 되기 때문에 뚜렷한 정체성보다는 적응적 작용이 더 두드러지게 된다. 자신에 대해 인식하게 되면 다른 사람들과의 관계에서도 원활한 상태를 만들며 사회적 관계를 유지하는 사회적 자아가 만들어진다(Santrock, 2015). 자아감을 형성하는 과정에서 자신에 대한 다양한 인식이 나타나며, 욕구를 해결하는 과정으로 작용이 나타난다. 자아개념을 통해 만들어지는 자아존중감은 관계를 통해 명확하게 정리되어 나타나게 된다. 자아개념은 만족과 불만이라는 형식으로 인식하게 된다. 자아개념을 촉진하는 것은 자아추구와 자아보존으로 설명된다.

자아개념의 다원성은 서로 다르게 작용하고 반영되는 자아 사이의 갈등과 경쟁으로 나타나기도 한다. 자아개념은 상당히 주관적이지만 궁극적으로는 자신을 객관화하는 과정에서 정립되는 자기인식이다.

개인에게 주어진 다양한 자극은 하나도 빠짐없이 반영될 수는 없다. 동시에 많은 정보나 자극을 반영할 수 없기에 특정 자극에 초점을 두게 된다. 많은 지각적 긴장이나 자극과 같은 정보는 전체적 맥락보다는 개별적 특성이나 경험을 중심으로 인식의 과정을 경험하게 한다. 지각의 방향은 자극의 상대적 가치, 과거 경험, 기대와 욕구, 그리고 기반이 되는 자아개념에 따라 반영된다. 자아발달은 다양한 자아개념을 구성하는 요소들이 통합적으로 작용하는 것이다. 발달과정에 따라 나타나는 자아는 영아기에서부터 다양한 작용을 통해 경험하고 관찰하며 인식하는 과정에서 통합된 자아상을 만들게 된다. 영아기의 자아개념 발달은 다양한 측면에서 통합된 하나의 자신을 만드는 과정이다(Santrock, 2015). 영아는 주변 환경과 다른 사람과의 상호작용을 통해 자신의 존재를 인식하고, 자신에 대한 개념을 형성한다(Stern, 2018). 자아는 본능과 습관에 의해 통제되거나 조절되기보다는 상호작용에 의해 영향을 받는다. 자아 개념은 인식과 기억을 통해 자연스럽게 형성된다. 자아는 자신을 스스로 '나'로 인식할 수 있는 총제적 개념이다. 자아는 새로운 환경에서 자기 몸을 통한 경험과 관찰을 통해 신체 자각을 하며, 자신의 모습을 알아보는 자기재인(self-recognition)의 특성이 나타난다. 이런 차이를 통해 자신을 인식하고 세상을 이해하는 태도가 형성된다(현성용 외, 2020).

자아개념은 자기 소유를 구분하고 이해하는 것을 포함하는 것으로 확장된 자아개념과 대인관계 자기개념을 통해 구분된다. 아동은 영아보다 다양한 측면에서 자신을 이해한다. 아동 초기에는 외모나 행동과 같이 외적 특징을 통해 자기를 이해하고 개념화한다. 다른 사람과 상호작용을 하지 않으므로 객관적으로 자기를 평가할 수 없으며, 현실과 비현실을 구분하는 데 어려움을 겪으며 비현실적인 낙관성을 가지기 때문에 자신의 능력을 실제보다 높게 평가하는 경향이 있다. 이때 부모의 양육방식과 같은 상호작용은 아동의 자기개념 형성에 큰 영향을 준다. 아동의 자기개념 발달은 삶에 다양한 영향을 미친다(Holmes, 2005). 아동기를 지나면서 추상적 사고가 가능해진다. 외모나 행동 등 눈에 보이는 특징뿐 아니라, 자신이 믿는 신념 혹은 성격과 같은 추상적인 내적 특징을 통해 자신을 이해하고 개념화한다(송인섭, 2013). 이 시기 아동은 학교와 같은 사회에 속하는 구성원으로서 사회문화적 맥락에서의 역할을 이해하는 개념적 자아개념이 뚜렷해진다. 사회 속에서 사람과의 상호작용을 통해 대인관계적 자기개념을 정교하게 발달시키게 된다(노안영, 2018). 다른 사람과의 비교를 통해 자신을 표현한다. 사회적 비교를 통해 아동은 이전보다 현실적 사고를 하게 되고, 자신의 능력을 객관적으로 판단하여 실제 자기와 자신이 원하는 이상적인 자아상을 구분할 수 있게 된다.

자아개념의 발달은 아동기를 지나 청소년기가 되면 남의 시선을 의식하고 다른 사람과 비교하면서 더 민감해진다. 이상적 자기 모습을 상상하고 때로는 이상적 자아상에 따라 행동하려 노력한다. 이상적 자아가 너무 낮으면 성취욕이 없고, 너무 높으면 심한 좌절과 자기 모멸에 빠지게 된다. 현실적 자아개념은 자기수용, 정신건강 등으로 이어지고, 현실적 목표를 달성하게 만든다. 청소년의 자아개념은 단순히 '자아'를 스스로 이해하는 것뿐만 아니라, 자신이 속할 사회적 지지 집단을 스스로 선택하고 이러한 집단으로부터 자기개념에 대해 피드백을 주고받는 과정을 포함한다(현성용 외, 2020). 이러한 모든 과정을 통해 통합된 자기개념을 형성하는 것이 청소년기의 대표적 과업이다. 자아개념은 청소년기를 넘어 성인기에 이르러 안정되고 강화된다. 스스로가 누구인지에 대한 정체성 형성의 핵심으로 작용한다.

3. 자아유능감

자아의 발달은 순차적 개념이라기보다는 복합적이고 상호적 작용을 통해 만들어진다. 자아가 발달한다는 것은 세상에 대한 자신의 능력을 인식하고 세상에 대해 드러나는 자신의 성격적 특성이 나타난다. **자아유능감**은 특정 과업의 달성을 위해 요구되는 활동, 동기, 인지적 자원 등을 동원할 수 있는 자기 능력에 대한 믿음이다(정옥분, 2014). 자아유능감은 개인의 특성에 대한 느낌, 판단 및 가치에 대한 주관적 인식으로 자기 능력에 대한 지각이다. 자아유능감은 개인의 객관적인 결함이나 능력치가 아니라 주관적 능력과 인식에 대한 **자기평가개념**이다. 이는 특정 과업을 성공적으로 성취할 수 있다는 능력에 대한 개인적 판단이나 자신감, 그리고 행동 변화를 중재하는 인지체계이다. 자신의 능력이나 성취에 대한 자신감이 높은 것을 의미하며 특정한 과업을 성공적으로 이뤄낼 수 있는 자신에 대한 개인적 믿음이자 인간 행동의 결정요인이다. 자아유능감은 숙달동기(mastery motivation)를 통해 강화된다. 자아유능감은 아동기에 자신의 강점을 강조하고 자기 자원을 강화하는 것으로 아동기에서 후기 청소년기에 걸쳐 발달하면서 일상생활에 대처하고 작용하는 개인 능력의 핵심으로 건강한 정서 발달에 영향을 준다(송인섭, 2013). 학령기의 자아유능감은 긍정적 자아개념을 형성하고 유지할 뿐 아니라 자아 인식에 대해 안정화를 줄 수 있다. 학령기에 형성되는 자아유능감은 학문적, 사회적, 신체적, 운동적, 행동적, 그리고 전반적 자아 가치 등을 포함한 다양한 영역을 반영하여 자아 평가적인 사고 및 일반적인 자아감으로 단순히 특정한 자기개념을 모아 놓은 것 이상의 힘을 가지게 된다.

자아유능감을 갖지 못하면 무력감이 생기게 된다. 불안이나 우울은 개인의 정서에 부정적 영향을 주는데, 자아유능감은 이런 부정적 정서가 나타나는데 상당한 작용을 한다. 자아유능감은 정신건강에 영향을 주며, 불안이나 우울 같은 정서장애를 유발하거나 시간의 경과에 따라 자신과 세계에 대한 부정적 신념을 초래하고 이러한 신념은 결국 스스로 자신을 과소평가하게 하는 악순환 구조에 있다(Pomerantz & Rudolph, 2003). 이로 인해 자신감이 약해지고 눈치를 보며 위축된다. 자신이 처한 상태에서 노력하는 것에 대한 희망이 없으면 상황개선에 대해 의욕을 잃거나 포기하게 되는 상태가 된다. 자아유능감은 자신의 노력으로 환경이나 문제에 대한 바람직한 변화를 만들 수 있다는 신념이나 예측으로 환경에 대응하고 맞설 힘을 말한다. **유능감 형성**은 자율적 태도와 다른 사람과의 긍정적 정서 교류, 그리고 기능의 숙달이나 자아 기능의 확장이 중요하다. 낯설고 새로운 일이나 어렵게 느껴지는 일을 성공적으로 수행하거나 도전하는 힘과 감정에 대한 자기 확신이다(곽금주, 2016). 자신이 존재하는 세상에 대한 자신감을 반영하고 있는 것으로 반복된 성공 경험을 통해 강화되고 학습될 수 있다. 자아유능감이 중요한 것은 새로운 일이나 환경에 대해 두려움이나 불안을 넘어서 도전하고 적응하는 기본적 태도로 자신에 대한 확신과 믿음을 형성하고 더욱 잘 할 수 있게 하는 원동력이 될 수 있기 때문이다.

출처. EBS, 밥 로스의 그림을 그립시다

'그림을 그려볼까요?,
"모두 다 잘될 거예요.",
"어때요 참 쉽죠?"라는 말로
사람들에게 용기를 준 밥 로스는 어릴 적 목공사고로 왼손 손가락의 일부를 잃었지만, 대충 그리는 것 같으면서 한 순간 뛰어난 그림을 그려 사람들에게 그림에 대해 친숙하게 해 주었다.

4. 자아효능감

자아효능감(self-efficacy)은 주어진 과제를 성공적으로 수행하고 보다 효과적으로 목표에 도달할 수 있다는 자신의 능력에 대한 자기의 평가와 신념이다. 자신의 능력에 대한 믿음인 자아효능감은 새로운 일에 대한 불안과 두려움을 감소시키며, 기존 일에 대한 자신감을 강화하여 최선의 결과를 나타내게 된다. 자기효능감은 스스로 과제 수행에 있어서 긍정적 감정을 갖게 하고, 상위과제에 도전하려는 열정을 제공한다. 이는 동기를 강화하는 요인이다. **자아유능감**이 할 수 있다는 자신감을 나타낸다면, **자아효능감**은 주어진

일에 대해 효과적으로 수행해낼 수 있다는 적극적 자신감으로 진취적인 태도가 나오게 할 수 있다(김민정, 2020). 자아효능감은 환경이나 상황에 영향을 주는 힘에 대한 신념으로 유능하게 대응하는 실제의 힘과 선택 등에 영향을 준다.

자아효능감은 반두라(Albert Bandura)가 행동주의적 관점에서 학습원리를 설명하는 과정에서 환경과의 상호작용에 대한 이해를 돕기 위해 제시하였다. 개인의 인지와 사회적 영향의 중요성을 강조한 자아효능감은 일반적 자기효능감과 특수적 자기효능감으로 구분할 수 있다. 권석만(2017)에 의하면, **일반적 자아효능감**은 자신의 능력에 대한 믿음을 의미하는 것으로 지속적이고 개인적 특성이며, **특수적 자아효능감**은 특정 영역 또는 과제에 국한되는 것으로 가변적 특성이 있다. 자기효능감은 수준, 강도, 일반성의 세 차원으로 구성된다.

수준	과제의 난이도에 따른 자신감의 정도를 말한다.
강도	각 과제에 대하여 어느 정도 자신 있게 수행할 수 있는지에 대한 자신감의 정도를 의미한다.
일반성	특정 대상에 대한 효능감이 그 상황이나 대상을 넘어 어느 정도 일반적으로 적용될 수 있는지에 관한 것이다

자기효능감은 개인의 실제 존재가치보다 능력에 관한 판단과 믿음에 대한 것으로 성공이나 실패 경험을 통해 강화되거나 약화가 된다. 자기효능감의 발달은 쉬운 과제를 통해 성공 경험을 쌓고, 점진적으로 과제난이도를 높여 강화하면서 자기효능감이 증진된다. 다른 사람이 성공하거나 실패하는 모습을 통한 대리경험도 자기효능감에 영향을 줄 수 있다. 아동기에 동화나 위인전과 같은 이야기를 통해 꿈을 만들어 주고 성공 경험을 하도록 하는 것이 효과적일 수 있다. 대리경험은 자신과 비슷한 대상이나 상황이 유사할수록 그 영향은 커진다. 신뢰할 수 있는 다른 사람을 통해 성공할 수 있다는 믿음을 가질 수 있는 언어적 설득, 불안을 유발하는 수행상황에서 정서적, 신체적 반응과 동요를 최소화하고 안정적 상태를 유지하는 것과 관련된 정서적 각성도 자기효능감 강화의 주요 기제로 작동한다(Siegle et al., 2019). 자아효능감은 자아유능감을 가지고 지속적인 훈습을 통해 발달한다.

자신의 능력에 대한 신념과 믿음을 가지고 활동하면서 긍정적 영향을 주고, 할 수 있다는 믿음에 기초하여 효과적으로 능력을 나타내는 것을 말한다. 자아유능감과 효능감은 활동에 큰 영향을 준다. 살면서 닥치는 상황이나 환경에서 어떤 경우라도 할 수 있다는 믿음을 통해 노력과 성취를 하도록 한다. 할 수 있다는 자신감은 새로운 시도에 대해 두려움을 없애고 더 나은 것을 향해 지속적인 노력을 함으로 성취를 높일 수 있다. 반두라는 개인이 자기효능감에 대한 정보를 자신의 수행 관찰, 모델의 수행 관찰, 다른 사람의 설득, 그리고 생리적 지표를 통해 얻을 수 있다고 했다(송인섭, 2013). 효능감이 떨어지면 자신이 할 수 있는 정도에서 안전한 방식을 유지하려고 해서 현재의 수준에 머물러 정체될 수 있다. 할 수 있는 정도의 수준에서 머무르기 때문에 세상의 변화에 적응하기가 어렵고, 주변 환경의 변화에 능동적으로 대처하기가 어려워진다.

자기효능감은 동기 및 성취 귀인과 밀접한 관련이 있다. 사람은 내부의 힘이나 외부 자극에 자동반응하는 존재가 아니라, 환경과의 상호작용하는 자기조절체계(self-regulatory system)를 가지고 있다. 반두라는 인간의 행동, 환경 속에서 일어나는 사건, 그리고 개인의 인지적 요인의 삼자 상호작용론(triadic reciprocality)으로 성격특성을 설명하였다. 특히 개인의 인지적 요인으로 지각과 행동 간의 관계를 중재하는 자기효능감이 성격특성을 반영하는 요인이라고 할 수 있다. 자기효능감은 특정 상황에서 얼마나 효율적으로 기능할 수 있는지에 대한 기대 또는 믿음으로 수행수준의 결정에 직접적인 영향을 미치는 동기요인이다(현성용 외, 2020). 자신에 대한 가치감 판단의 기준인 자아존중감과는 달리, 자기효능감은 특정 과제에 대한 수행에 대한 확신이다. 자기효능감은 자신에 대한 전반적인 지각을 의미하는 자기개념이나 자아존중감보다는 구체적 상황이나 과제에 국한된 능력에 대한 신념으로 특정 과제에 대한 자신의 수행예측으로 수행수준에 대한 강력한 예측 변인이다. 자기효능감이 높은 사람은 도전적 과제에 쉽게 포기하지 않고 더 많은 수고와 노력을 들인다. 실패했을 때에도 원인을 자신의 노력이나 능력 부족보다는 외부 환경이나 상황에서 원인을 찾는 귀인 경향성이 나타나기 때문에 다시 시도하려는 상황이 나타난다. 자기효능감이 낮은 사람은 어려운 과제를 대하면 쉽게 포기하거나 실패에 대해서 도전하지 않으려는 성향이 높으며, 원하는 결과가 나타나지 않으면 원인을 자신의 능력이나 노력 부족으로 내부 귀인하여 더 큰 좌절과 상처를 경험하게 되어 위축된다. 사람이 세상에 적응하고 살아가는 기본적인 특성으로 학습원리에 대해 자기효능감, 수행에 대한 물리적 보상 또는 사회적 평가에 대한 기대, 그리고 개인이 추구하는 목표 등 세 요소의 상호작용으로 나타난다는 점에서 자기효능감은 사람의 삶에서 큰 영향을 끼치게 된다(이미나 · 박경화 · 김영환, 2021). 물론 어느 한 영역에서 높은 효능감을 지녔다고 해서 다른 영역에서도 높은 효능감을 나타낸다고 할 수는 없다. 자기효능감이 높은 사람은 긍정적 자아상을 촉진하고 목표 중심적으로 행동하여 높은 성취수준에 도달하는 반면, 자기효능감이 낮은 사람은 부정적 자기평가를 함으로 자신감이 낮고 목표지향적 행동이 부족하게 나타난다. 동일한 능력이 있어도 자신의 능력에 대한 효능기대가 높은 사람은 낮은 사람보다 실제 수행수준이 높다. 성격특성이 나타나는 자아효능감은 실제로 인사 및 조직에서의 직무만족도와 조직원 관리, 교육에서의 학습전략, 임상에서의 금연치료, 재활훈련 등 다양하게 나타난다.

5. 자아정체감

자신이 누구인지에 대한 본질적인 질문에 대한 답을 가진 것이 정체감(Sense of identity)이다. **자아정체감**은 개인의 특성과 성격뿐 아니라 사회적 관계와 역할, 그리고 소속된 사회 집단의 성격과 연관이 있다. 자아정체감은 개인의 과거와 현재, 그리고 미래를 설명하는 성격특성으로 성장하면서 변화한다. 자아발달은 세상에 태어나면서 가진 선천적 요인이 환경적인 요인과 역학적 관계를 맺으면서 지속적으로 상호작용하면서 신체적, 지적, 정서적, 그리고 사회적으로 변화하는 전 과정에 걸친 상호작용이다. 자아정체감의 형성은 과거의 경험이나 인식이 반영되어 형성되고, 미래에 대한 자기인식을 만들게 된다. 자기인식은 자기개념에 대한 것으로 자기에 대해 다양한 영역에서의 인지로 생태적 자기, 대인관계적 자기, 확장된 자기, 사적 자기, 그리고 개념적 자기 등 다양한 측면에서 발달된다(권석만, 2017).

일반적으로 **자아정체감의 발달**은 아동 초기부터 본격적으로 발달하는 것으로 알려져 있다. 아동 초기에는 눈에 보이는 측면만 가지고 자기개념을 형성하고, 객관적으로 자신을 평가하지 못하는 경향이 있었다(Colarusso, 2011). 아동 중기에는 추상적인 특징으로 자신을 이해하거나 자신이 속할 사회적 지지 집단을 수립해 나간다. 자아정체감은 시간 흐름에 따라 다양한 모습으로 존재하는 나를 포괄하며 다양한 요소들이 통합된 총체적 자아로 정체감 발달은 전 생애에 걸쳐 역동적으로 나타난다. 정체감 발달은 청소년기와 중년기에 두드러진 작용이 나타난다. 청소년기는 정체성 형성을 위한 핵심과정을 경험하고, 중년기에는 자아정체성을 완성하는 시기이다. 이는 자아통합이나 자아실현이라고 불리는 특별한 의미의 성장을 통해 완성된다. 자아정체감 형성기인 청소년기의 정체감은 역할혼미(role confusion)의 갈등을 넘어 정체감을 형성하게 된다. 청소년은 자신이 누구이며 앞으로 어떤 삶을 살게 될 것인지 고민하며 꿈을 꾼다. 청소년기는 전적으로 부모를 의존하고 돌봄을 받는 아동기와 자신의 삶을 살아야 하는 성인기 사이에서 많은 과제에 직면하면서 사회에 적응하여 독립적 삶을 살기 위한 생존을 고민하기 때문이다.

청소년기에는 세상을 살아가는 기본 바탕으로써 정체감에 대한 구조와 인식이 만들어진다. 에릭슨은 청소년기를 심리사회적 유예기(psycho social moratorium)로 아동기의 안정성과 성인기의 독립성 사이로 비교적 자유롭게 다양한 사회적 역할을 경험하고 자기 성향을 탐색하게 된다고 했다. 이 시기는 정체성 형성을 위한 유예기로 개인과 개인 사이의 적절하고 안전한 거리를 통해 자신의 성격과 특성이 반영된다. 청소년기는 정체감 혼란을 겪으면서 성장하게 되는데, 이 시기에 가족이나 또래로부터 격리하거나 또래나 대중매체 등 다수의 의견에 휩쓸려 정체감을 잃기도 한다. James Marcia는 정체감의 발달을 '**위기**'와 '**관여**'에 따라 정체감 혼미, 정체감 유실, 정체감 유예, 그리고 정체감 성취로 구분하였다. 이 구분에서 위기(crisis)는 직업 선택이나 이념과 같이 개인적 정체감을 확립하기 위해 고뇌하고 끊임없이 질문하고 탐색하는 시기이고, 관여(commitment)는 확실히 하려는 것에 대한 개인적 노력을 의미한다. **정체감 혼미**(identity diffusion)는 아직 특별한 정체감을 가지지 않았으며, 위기와 관여를 경험하지 않은 상태다. 이 상태는 정체감을 찾기 위해 아무런 노력을 하지 않는다(Shaffer & Kipp, 2014). 자신의 진로에 대해서 잘 모르며 삶의 방향을 계획하지 않는다. **정체감 유실**(identity foreclosure)은 위기를 경험하지 않은 채 잘못된 정체감을 확립하고 있다. 자기 정체감 탐색없이 그대로 받아들이는 경우이다. **정체감 유예**(identity moratorium)는 현재 위기 상태에 있으며, 끊임없이 자기 정체감을 찾기 위해 활발한 탐색 활동을 한다. **정체감 성취**(identity achievement)는 위기의 시간을 통해 확고한 정체감을 가지며 자신의 신념이나 가치를 확립하고 그에 맞는 개인적 활동이나 사고에 관여한다. 이 과정을 통해 자신에 대한 확신과 함께 세상에 맞설 힘을 가지게 된다. 자아정체성은 청소년 시기를 지나서 끊임없이 변화하는 역동적 개념으로 혼돈의 과정을 통해 성장하고 발달한다. 정체감 발달은 일정하지 않고 개인에 따라 다르게 나타난다(노안영, 2017). 자아정체감 형성은 청소년기보다 성인 초기(만 18~25세) 이후에 핵심적 변화가 나타나는 경향이 있다. 청소년기의 정체감 유실이나 정체감 혼미의 비율이 점차 감소하며, 서서히 정체감을 형성하게 된다.

정체감 위기	정체감 혼미	정체감 유실	정체감 유예	정체감 성취
청소년기의 불확실성에 대한 불편함	특별한 정체성 경험을 하지 않은 미숙한 상태로 위기와 관여의 경험이 없는 상태	위기 경험이 없으며, 정체성 탐색이나 계획도 없는 의존적 상태	현재 위기 상태에 있으나 문제를 해결하지 않으려는 상태	위기의 시간을 통해 신념이나 가치를 확립하고 그에 맞는 사고와 활동을 하는 상태

자아정체감 발달은 개인의 선천적 성향이나 능력은 물론이고, 부모나 가족, 또래와 자신이 속한 민족이나 문화와 같은 생태환경이 영향을 준다. 특히 부모의 양육 행동은 청소년기 정체감 발달에 중요한 역할을 한다(Holmes, 2005). 아동은 부모와의 상호작용을 통해 정체감 확립의 기반(scaffolding)을 마련하게 된다(Larsen, 2018). 부모는 자녀가 정체감을 찾을 수 있게 다양한 가치와 행동, 생각, 재능 등을 탐색하고 질문하는 동안 필요한 안전지대를 제공한다. 부모의 양육 태도는 아동이

좀 더 긍정적인 정체감을 형성할 수 있도록 돕는다. 그러나 청소년기 자녀를 둔 부모는 안전지대를 제공함과 동시에 자녀의 독립성 또한 길러줘야 한다. 자아정체감은 기능적 측면을 넘어 본질적 차원에서 자신의 특성이나 성격적 태도를 반영하게 된다. 결국 자아정체감은 자신이 인식하는 자신에 대한 확고한 신념으로 자신이 어떤 사람인지와 어떻게 세상에 존재해야 하는 존재인지를 나타내는 중요한 가늠자이다. 스스로 주변은 물론이고 세상과 어떤 관계를 형성할 것인가에 대한 핵심가치를 반영하는 중요한 역할을 한다(김현진, 2018). 자아정체성을 형성한다는 것은 자신에 대한 자기인식이 명확하게 되면서 주변과 상호작용을 하면서 성장해 나가게 된다는 것을 의미하는 것이다. 자아정체성은 자신이 누구인지를 스스로 인식하는 것으로 다른 사람과의 관계에서 자신을 유지하며 함께 할 수 있는 관계 능력의 기반이 되는 상호작용과 적응에 대한 태도를 반영한다.

[그림 11-3] 자아정체감 형성 과정과 단계

6. 자아존중감

자아존중감(self-esteem)은 자신이 생각하는 자신의 특성이나 속성을 평가하며 형성하는 자기가치감으로 다른 존재와 구분하는 자아 인식에서부터 시작하며 한 사람의 자기 주체성을 형성하는 능력이다. 자신의 존재에 대한 기본적인 자기 이해로 다양한 요소의 상호작용으로 자신에게 부여하는 것이다. 세상에 존재하는 방식에 대한 자기인식으로 자기 본질에 대한 질문에 답하면서 자신의 중요성과 존엄성을 반영한다. 자아존중감은 삶의 방향성을 제시하며, 자신에 대한 의미를 찾는 과정에서 자신에 대한 인식의 태도를 드러낸다(Larsen, 2018). 자아정체감은 다양한 특성을 반영하지만, 자아존중감은 정도의 차이를 반영한다. 자아존중감은 긍정적인 측면과 부정적인 측면이 있는데, 긍정적 자아존중감은 현실을 긍정적으로 보며 생산적이고 적응 능력에 도움을 주며, 부정적인 자아존중감은 비생산적이며 부적응의 태도를 보인다.

자아존중감은 자신에 대해 존중하는 태도에 대한 것이다. 정체감이 형성되어 있어도 존중감이 낮으면 자아가 약해지거나 과도하게 반응하게 한다. 자아존중감은 자신에 대한 인식의 방향과 태도와 역량을 반영한다(이미나 · 박경화 · 김영환. 2021). 자기인식의 방향은 긍정과 부정으로 나타나며, 삶의 태도를 만드는 개인 특성으로 판단과 행동 및 태도에 영향을 준다. 자아존중감은 삶의 전체 과정에서 자신을 긍정적으로 보고 자신이 누구인가에 대해 자신 있게 드러내는 것으로 삶을 풍요롭게 하며, 개인의 행동을 적극적으로 만들고 사회에 쉽게 적응하게 한다. 개인의 삶은 생산적이고 사회에 유익한 의미를 주는 모습으로 나타날 수 있다. 이와 반대로 자신을 스스로 거부하거나 비하하면 자신도 모르게 자아를 구성하는 여러 가지 구성요소를 스스로 낮춰서 부정적 방향으로 향하게 한다. 부정적 자아존중감은 가능성을 최소화하며 자신에 대한 신념을 약화하여 과도한 심리적 방어를 하게도 한다(Freud, 2016). 자신을 포장하면서 고통을 줄일 수 있으나 본질적으로 자신을 보호하지는 못한다. 자신을 부정적으로 보고 비하할 때 자신을 개방하지 못하고 사회에 긍정적으로 대처하지 못하게 된다. 비생산적인 태도나 사회에 대한 적응 능력이 부족하게 된다. 자신을 다른 사람에게 내보이거나 관심의 대상이 되거나, 비판의 말을 듣거나, 도움을 요청하거나, 문제를 해결하는 등의 능력을 제한시키고 자신의 활동을 제한한다. 비판과 자기 거부에서 벗어나기 위해 방어를 하고 비난을 퍼붓거나 화를 내기도 한다. 자아존중감의 핵심은 결국 자신을 긍정적으로 보느냐 부정적으로 보느냐로 정리할 수 있으며, 그런 태도는 사람의 삶의 방향을 결정지어 준다(권석만, 2017). 한 개인이 자기 삶의 통제권을 갖고 자신을 긍정적으로 볼지 아니면 부정적으로 볼지에 대한 것은 어떤 삶을 살 것인지에 대한 것이다. 자기 자신에 대한 태도는 명확하다. 누구도 부정적인 삶을 원치 않고 긍정적인 삶을 원할 것이다. 자아존중감은 탄력성을 강화하고 위기에 강하게 한다.

자아존중감이 높은 사람과 낮은 사람은 삶의 태도에서 확연한 차이를 나타낸다. 자아존중감이 높다는 것은 자신과 주변에 대한 적응력이 높고 세상과 자아를 객관적으로 인식하며 확고한 주체의식을 가지고 세상과 관계한다는 것이다. 자신의 모든 힘과 가능성을 활용하는 것으로 인간에 대한 가능성의 완전한 발휘 또는 실현을 이루는 자아 생산성이 나타난다. 자아존중감이 높으면 자신에 대한 힘과 확신이 있어 외부 상황이나 환경, 그리고 경험에 대한 개방성을 갖는다. 이로 인해 자신에게 혼란을 줄 수 있는 감정과 태도에 대해 경험할 수 있다. 성격적 특성으로 방어적이거나 폐쇄적인 태도를 보이기보다는 개방적 태도를 가져 다른 것을 받아들이고 적용하고 시도하는 힘과 능력이 있다. 성격적으로 경험을 수용하는 융통성이 있으며, 실존적 삶을 살게 된다. 자신에 대한 믿음과 확신은 자신의 행동에 대한 가치감을 가지기 때문에 결정에도 확신을 준다. 이는 개인의 욕구, 적절한 사회적 욕구, 비슷한 과거의 상황에 대한 요구, 현재 상황에 대한 지각이 포함되어 다양한 경험과 존재에 대한 가치를 잘 보여준다(송인섭, 2013). 따라서 자아존중감이 높은 사람은 선택과 행동에 여유가 있다. 사회, 문화적인 제약에 수동적 적응보다는 새로운 도전, 자극을 추구하는 삶을 즐기며 창조적 생산을 하게 된다. 나아가 다양한 어려움에 굴하지 않고 상황과 환경을 변화시키는 노력을 하게 된다. 자신이 처한 상황이나 환경에 변화를 주어 불합리하고 부적합하다는 생각을 변화시켜 위기를 기회로 만들 수 있는 특성이 나타난다. 이는 편견이나 선입견을 넘어 객관적 태도로 세상을 대하게 되며, 가치판단의 중립성과 엄격성을 지킬 수도 있다. 죄책감 같은 부정적인 자기감으로 스스로를 가두거나 위축되게 하지 않고, 현실적 상황과 판단을 중심으로 가치를 만들어 내는 것이다.

자아존중감은 자신이 인지한 자신의 특성이나 속성을 평가하여 형성하는 자신의 가치에 대한 인식으로 반드시 현실적인 것을 반영하는 것은 아니다. 스스로에 대한 인식이기 때문에 현실 수준과 다르게 작용하거나 인식할 수 있기 때문이다.

자아존중감은 자기평가과정을 통해 발달하며, 다른 사람의 평가로부터 민감한 시기인 아동기의 기본 인식의 구조가 반영된다(곽금주, 2016). 아동 초기에 부모와의 관계와 또래와의 사회적 비교(social comparison)는 자아존중감 발달에 영향을 끼치는 주요 요인이다. 부모의 태도가 중요한 것은 이런 이유 때문이다. 따라서 자아존중감 발달은 아동 초기 부모와의 관계가 중요한데, 부모와의 상호작용에 따라 자아존중감이 달라질 수 있기 때문이다. 부모의 양육 민감성은 아동의 자아존중감 형성에 큰 역할을 하며, 청소년기에는 부모의 지지와 독립성 훈련을 통해 자아존중감 향상에 도움을 받는다. 또래는 사회적 비교라는 다른 사람과의 비교를 통해 자신을 평가하게 되며, 사회적 비교는 경쟁이 뚜렷한 환경에서 더욱 두드러진다(Colarusso, 2011). 이처럼 자아존중감은 유아기로부터 청년기에 이르기까지 환경과의 상호작용을 거쳐 발달한다. 자아존중감은 학습 또는 외부의 무수한 자극의 결과로서 자아발달의 전 과정을 통해 형성된다. 자아의 성장은 자아유능감(self competence)을 통해 확장된다. 유능감은 자신의 능력에 대한 이미지로 어떤 과제에 대해 자기 스스로 해결할 수 있다고 믿는 힘으로 자신의 환경을 효과적으로 다룰수 있는 힘을 말한다. 유능감은 자아개념의 확장으로 학문적, 운동적, 사회적, 신체적, 행동적, 그리고 전반적 자아 유능감으로 구분한다(Shaffer & Kipp, 2014). 학문적 자아는 학업적 유능성을 반영하고, 운동적 자아는 신체적 유능성을, 사회적 자아는 또래와의 관계를, 신체적 자아는 외모에 대한 만족도를 반영하는 것이다. 유능감의 발달은 지속적인 도전을 통해 습득하게 된다. 유능감은 성공경험을 통해 구체적으로 획득되며, 다양한 경험을 통해 효능감 획득의 기초가 된다(송인섭, 2013). 성장 과정에서 외부 자극과 상호작용하는 과정은 자아존중감을 발달시키거나 손상시킬 수도 있다. 긍정적 자아존중감은 긍정적 사고 증진 활동을 통해 이루어질 수 있다. 자아존중감이 높은 사람은 편견이나 선입견 없이 효율적으로 현실을 지각하고, 주변 사람들과 상황에 대해 객관적 인식과 판단을 할 수 있다는 것을 보여주는 것이다. 성장과정에서 경험한 적절한 관계 능력은 자아정체감 형성은 물론이고 자아존중감 형성에도 상당히 중요한 영향을 준다. 지나친 칭찬은 오히려 자아존중감에 부정적인 영향을 줄 수 있는데, 무엇이든 과도한 양육 태도는 부정적 자아존중감을 만들 수 있다. 청소년의 경우 주변 사람과의 관계에 영향을 많이 받기 때문에 관계맥락에 따라 가치감을 다르게 평가한다. 청소년의 또래관계가 중요한 것은 상호적으로 영향을 받기 때문이다. 코헛은 존경의 대상을 통해 자아존중감에 영향을 받는다고 했다. 또래와의 관계에서 나타나는 이런 영향은 견고하지 않은 자아에 영향을 줄 수 있기때문에 강한 영향력을 가질 수 있다. 또래와의 우정은 아동의 정체감 형성에 큰 영향을 준다. 친구처럼 편한 대상과 함께 다양한 활동을 공유하고 경험함으로써 긍정적 정체감 탐색과 형성을 하며, 사회적 자기감을 갖게 된다. 이 과정에서 부정적 영향을 받을 수 있는데, 또래의 행동이나 태도에 대한 영향은 정체감을 확립하고 자아정체감 형성정도가 높을수록 그렇지 않은 아동보다 부정적 영향을 덜 받게 된다(Siegle et. al., 2019). 정체감 형성은 자신이 속한 문화나 사회의 특성을 반영하기 때문이다. 이는 가족이나 또래는 물론이고 문화나 민족과 같은 사회적 특성에도 영향을 받을 수 있다.

자아존중감에 큰 영향을 주는 것은 성취귀인 이론이다. 성취귀인(achievement attribution)은 성공과 실패에 대한 원인을 설명하는 것으로 자아존중감에 영향을 미치는 주요 요소이다. 자아에 대한 경험으로 성공 혹은 실패의 원인을 능력, 과제 난이도, 노력, 행운 등을 요인으로 구분할 수 있다. 자아존중감은 성취귀인에 있어 잘 변하지 않는 자기 특징을 실패의 원인으로 돌리면 낮은 자아존중감을 갖게 된다. 실패를 극복하려는 노력도 하지 않고, 쉬운 과제만 하게 된다(Shaffer & Kipp, 2014). 성공과 실패의 원인에 대한 성취귀인(achievement attribution)에서 실패에 대한 반응은 일반적으로 2개의 유형으로 나타난다. 성공은 자기능력 때문이고 실패는 노력이 부족이라고 믿어 실패한 후에도 더욱 노력하면 성공할 것이라 믿고 포기하지 않는 숙달지향(mastery orientation) 유형과 성공은 행운 때문이고 실패는 능력 부족 때문이기에 노력해도 목적을 성취할 수 없다고 생각해서 포기하거나 노력을 중단하는 학습된 무력감 지향(learned-helplessness orientation) 유형으로 구분할 수 있다.

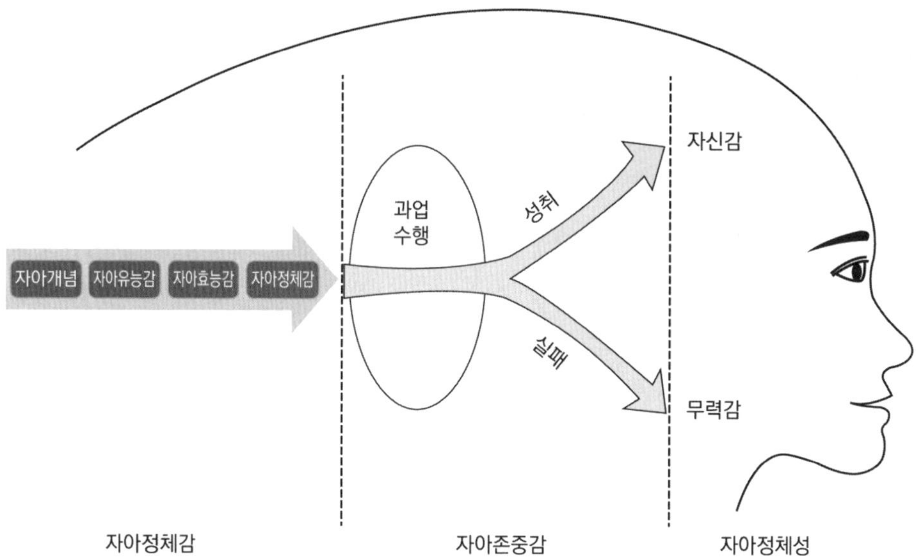

[그림 11-4] 자아정체성 형성

자아존중감은 환경에 적응하거나 다른 사람과의 관계에서 자신을 드러낼 수 있는 기본적인 역량을 나타내는 것으로 삶에 대한 기본적인 태도를 잘 보여준다. 자아존중감은 개인의 성향에 따라 환경과 상황에 따라 변수가 많지만, 기본적인 성격특성을 나타낸다. 이런 자아존중감은 **회복탄력성**(resilience)에도 영향을 준다. 회복탄력성은 자아존중감의 특성과 일치하는 데, 다양한 어려움을 넘어 자신을 존귀하게 만들수 있는 힘으로 마음의 근육과 같다. 복원력과 비슷한 것으로 위기상황에서 자신의 원래 위치를 찾아 움직이는 힘을 갖게 하며, 때로는 위기를 기회로 만드는 전환의 힘을 갖기도 한다. 지속적 발전이나 성취를 만드는 힘으로 주어진 사건에 대해 어떤 의미를 부여하고 인식하느냐가 달라지고, 불행이나 행복을 결정하는 자기결정적 특성이라고 할 수 있다.

7. 자아와 성격

자아는 개인의 성격을 통제하고 표현하는 핵심적 기능과 역할을 하는 마음의 기능에 대한 개념이다. 자아는 사람의 행동과 생각, 그리고 표현의 중추이다. 다양한 생각과 경험, 그리고 정보를 취합하고 반응하면서 개인의 성격을 드러낸다. 이런 점에서 일반적으로 성격이라고 하는 것은 자아의 반응양식이라고 할 수 있다. 자아는 마음의 구조와 작용의 중심으로 자신을 드러내는 인격의 한 부분으로 내면의 정신의 다양한 요소와 내용을 조절하며, 외부로 자신을 드러낸다. 자신의 원초적인 감정과 정서를 조절하여 다른 사람과 상호작용을 원활하게 하며, 자신이 원하는 것을 비난받지 않고 이룰 수 있도록 만들기도 한다. 사람은 태어나면서 다양한 관계 속에서 본래의 자기 모습을 찾아가는 인생의 여정에서 자신을 대표하는 자아의 기능을 통해 삶을 주도적으로 살아가게 된다. 자신을 대표하는 자아가 세상에 적응하고 살아남기 위한 방식으로 자아방어기제를 통해 자신을 보호하는 것처럼 적응의 과정에서 다양한 방식으로 자신의 특성을 나타낸다(Freud, 2016).

인간은 출생시 외부의 도움을 받지 않고는 생존할 수 없게 되어 의존적 존재일 수밖에 없다. 살면서 점차 의존적 관계를 벗어나 독립적 존재가 되는 것이 청소년기의 과제가 된다. 이런 의존은 신체적 관계를 넘어 정신적 의존에서도 벗어나야 한다. 정신적 의존은 자아가 부모나 주변 사람에게 의존하는 관계에서 벗어나 자신을 찾는 인생 여정을 겪게 된다. 이 과정을 거치면서 자신의 고유성이 나타나게 되는데, 이를 자기실현이나 **개성화**라고 하기도 한다(Jang, 2002). 사람의 성격은 이런 과정을 통해 형성된다. 자아의 특성을 이해하고, 자아의 생존 방식과 작용이 성격이다. 최근에는 성격의 개인적 차원의 인식에서 벗어나 상호적 관계에서 자아에 대한 이해가 되고 있다. 기존 심리학 기반이 한 사람을 중심으로 한 심리학(one person psychology)이었다면, 최근의 심리학은 사람과 사람 사이에서 작용하는 **관계적 심리학**(two person psychology)이 되고 있다. 상호주관성은 이런 성격특성을 잘 보여주는 것으로 자신의 독립적 자아 발달에 대해 연구되고 있다. 자아심리학의 태동기에 제시된 자아는 결국 원형적 상태에서 발달하는 것이 전제되었다.

성격은 결국 자신의 특성을 찾는 과정에서 형성되는 것이다. 주변과 상호작용에서 자신의 고유성을 형성하는 정교한 과정을 통해 개인의 특성을 나타내는 것이다.

자아의 성격은 가족이나 학교와 같은 공동체나 사회, 문화와 같은 특성에 상당히 큰 영향을 받는다. 서구 사회는 개인의 특성을 중시하는 사회적 배경으로 인해 개체적 자아가 중요하게 인식되고 있는 반면 한국과 같은 전통적 대가족 사회문화는 개인의 특성이나 욕구보다는 집단의 가치를 중시하므로 총체적 자아로서 성격을 나타낸다. 민족성이라고도 불리는 자아 특성은 개인보다는 집단을 우선시 하는 특성으로 반영되기도 한다. 이는 개인의 정서와 경험을 통해 형성되는 성격특성의 방향을 보여준다. 이런 경향성은 개인성격이 자아발달의 특성을 반영하며, 관계성 속에서 자아 상태를 드러내면서 성격특성을 보여준다.

참고문헌

Freud, Anna (2016). 자아와 방어기제. 김건종 역(1936). 열린책들.

Cooper, Arnold M. (2019). 정신분석. 이만홍 외 역(1992). 지혜와사랑.

Colarusso, Calvin A. (2011). 정신분석적 발달이론: 요람에서 무덤까지. 반건호 · 정선주 역(1992). 학지사.

Jung, Carl G. (2002). 융 기본 저작집 5: 꿈에 나타난 개성화 과정의 상징. 한국유연구원 C.G. 융 저작 번역위원회. 솔.

Stern, Daniel N. (2018). 정신분석과 발달심리학적 시각에서 바라본 유아의 대인관계적 세계. 한동석 역(1985), 씨아이알.

Shaffer, David R., Kipp, Katherine (2014). 발달심리학. 송길연 역(2014). 박영스토리.

Edinger, Edward F. (2016). 자아발달과 원형. 장미경 역(1972). 학지사.

Holmes, Jeremy (2005). 존 볼비와 애착이론. 이경숙 역(1993). 학지사.

Santrock, John W. (2015). 발달심리학. 교육과학사.

Kahn, Michael (2008). 21세기에 다시 읽는 프로이트 심리학. 안창일 역(2002). 학지사.

Fonagy, Peter & Mary Target (2014). 정신분석의 이론들: 발달정신병리학적 관점. 이효숙 역(2003). NUN.

Larsen, Randy J. (2018). 성격심리학. 시그마프레스..

Chessick, Richard (2014). 자기심리학과 나르시시즘의 치료. 임말희 역(1985). NUN.

Siegle, Robert, Jenny R. Saffran, Nancy Eisenberg, Judy DeLoache, Elizabeth Gershoff (2019). 발달심리학. 송길연 역(2011). 시그마프레스.

곽금주 (2016). 발달심리학. 학지사.

권석만 (2017). 인간 이해를 위한 성격심리학. 학지사.

김민정 (2020). 쉽게 풀어 쓴 성격심리학. 학지사.

김현진 (2018). 성격심리와 성격상담. 교육과학사.

노안영 (2018). 인간 이해 및 성장을 위한 성격심리학. 학지사.

송인섭 (2013). 자아개념. 학지사.

이미나 · 박경화 · 김영환 (2021). 청소년 심리 및 상담. 지식공동체.

정옥분 (2014). 발달심리학. 학지사.

현성용 · 곽금주 · 김미라혜 · 성한기 · 신종호 (2020). 현대 심리학의 이해. 학지사.

반추 및 토의질문

1. 자아발달의 단계를 설명하세요.

2. 자아정체성 발달 단계를 설명하시오.

3. 자아유능감과 자아효능감을 비교하여 설명하시오. 자기 자신의 자아유능감과 자아효능감의 척도를 0-10스케일로 한다면, 몇 점 정도를 줄 수 있을까요? 자아유능감이나 자아효능감이 상당히 개발되었다면 어떤 점이 도움이 되었는지 옆 사람에게 이야기해볼까요? 개발할 수 없었다면 어떤 이유가 있었는지 말해볼 수 있을까요?

4. 자아개념의 구성요인을 예를 들어 설명하시오.

5. James Marcia는 정체감의 발달을 '위기'와 '관여'에 따라 정체감 발달을 정체감 혼미, 정체감 유실, 정체감 유예, 그리고 정체감 성취로 구분하였다. 이 정체감 발달 과업에 대해 내 자신은 어떻게 대응했는지를 진술하세요.

6. 성격을 이해하는 데에 있어서 어려운 상황에 어떻게 반응하는가를 보는 것은 중요합니다. 만일 허우적 거릴 수 밖에 없는 웅덩이에 빠졌을 때 나는 어떻게 반응할까요? 그 웅덩이에 대해 말해볼 수 있을까요? 얼마나 오랫동안 그 웅덩이에 있나요? 그 웅덩이를 어떤 시선으로 바라보나요? 그 때의 마음 상태는 어떨까요? 웅덩이에서 어떻게 올라오나요?

7. 나 자신의 개성화 과정에 대해서 말해볼 수 있을까요? 또는 자신의 고유성이나 잠재력(potential)을 어떻게 터트리고 발휘하였는지요?

CHAPTER

12

색채심리와 성격

1. 색채심리와 성격

사람의 성격특성(personality traits)은 행동이나 태도에서 추론할 수 없는 비교적 안정되고 일관성 있는 반응 경향성으로 개인이 환경에 적응해 가는 과정에서 나타나는 개인의 고유한 행동 및 사고 양식을 말한다. 성격에 대한 정의는 무수히 많고 접근하는 방법이나 구분도 그만큼 다양하다. 성격은 개인이 환경에 적응하는 과정에서 나타나는 다양한 특성과 요인으로 구성된다. 사람의 성격특성에 관한 관심과 연구는 오랫동안 다양하게 이루어져 왔다. 자신은 물론이고 다른 사람들과의 관계에서 어려움을 겪어서 상처가 되거나 효율적인 관계를 원하는 사람들은 각기 다른 개인의 특성을 표준화하고 이해하려는 노력을 그치지 않았다. 자신을 수련하던 사람들은 종교적 목적에서 접근하기도 하고, 선인들의 지혜를 정리해서 보편화하거나 전통을 정리하여 전수하기도 해왔다. 이런 과정은 결국 자신을 이해하고 사람들과의 관계를 원활하게 하려는 것으로 활용되어왔다.

성격은 선천적인 기질적 특성과 후천적인 경험적 특성이 만나 발현되는 것이라고 할 수 있다. 성격특성 이론은 기질과 경험이라는 두 축을 중심으로 상호작용의 결과로 나타나지만, 어떤 이론은 한 축을 중심으로 설명하여 혼란을 자초하기도 한다. 기질은 변화하지 않고, 성격은 변화할 수 있는 영역으로 구분하기도 한다. 이는 성격특성의 이분법적 구분을 잘 보여준다(이병창, 2011). 이런 구분은 성격의 변화나 심리적 개입을 어렵게 하는 요인이 되기도 했다. 단지 성격특성을 이해하고 인식하려는 단계에서 머무르게 한 것이다. 상담에서 성격특성을 이해하려는 것은 단순히 분석과 이해를 위한 것을 넘어 변화를 지향하려는 것이다. 개인의 선천적 기질(temperament)은 사회문화적 환경을 경험하면서 생존경험을 통해 각 개인의 특성을 반영한 경험적 방식으로 성격특성을 나타낸다. 이런 성격특성은 여러 사람들에 대한 경험적 관찰이나 과학적 방법 등 다양한 방법으로 표준화된다. 이를 반영하면서 점차 세밀함을 요구하게 되고 그 자료도 방대해진다. 이런 다양한 접근 가운데 색채와 관련한 성격특성은 오랜 전통 속에서 발전되어 왔다(Pollack, 2005). 색을 중심으로 한 특성은 철학, 심리학, 예술, 문학, 물리학 등 다양한 학문 영역에서 연구되었다. 최근 색에 관한 연구는 동양과 서양을 넘어 학문적 만남을 이루어 내고 있으며, 다양한 학문적 통합을 만들기도 한다. 전통적으로 불교에서는 색즉시공 공즉시색(色卽示空 空卽示色)이라는 말로 이런 의미를 담아내고 있으며, 음양오행의 원리도 색으로 표현한다. 색은 세상의 원리를 담고 있다는 것을 의미하는 것이다. 이런 연구는 색과 성격특성을 연결하여 이해하기도 하고, 색의 상징성을 통해 연상하여 대입하기도 했다. 최근에는 색의 특성과 상징을 통해 성격검사를 하는 도구가 개발되기도 한다. 이런 움직임은 성격특성을 색의 특성과 색채심리에 근간을 두고 개발하여 개인의 성격특성을 감각적으로 이해하도록 하려는 시도이다. 색의 본질은 자연 그 자체라고 할 수 있다.

색채심리에 근거한 심리유형이나 검사형식을 토대로 진행된 연구는 다양한 방법에서 전개되고 있다. 색채심리 관련 연구는 오래전부터 시작되었다. 현대적 의미의 색채 성격검사는 막스 러셔(Max Luscher)의 '**러셔 색채심리 검사**'이다. 러셔는 색을 활용해서 색채와 성격 사이의 상관관계를 설명하였다. 러셔의 방법은 오렌지, 빨강, 밝은 노랑, 파랑, 초록, 어두운 파랑, 보라, 갈색, 회색과 검정의 10가지 색을 보여준 다음 좋아하는 순서에 따라 여덟까지 색을 늘어놓고 제일 좋아하는 색과 제일 싫어하는 색에 대한 해석을 제공하는 것이다. 다른 방법에는 영국에서 개발한 **색채반응분석기법**에 속하는 CRR(Color Reflection Reading)을 통해 성격과 일상에서 색을 활용하는 실용적 방법을 제시했다(Sun & Sun, 2013). '리빙컬러'라고도 불리는 CRR은 8색(빨강, 주황, 노랑, 초록, 청색, 파랑, 보라, 마젠타)을 기본으로 각각의 색과 도형(삼각형, 사각형, 원, 오각형, 마름모, 육각형)을 연계하여 설명하고 있다. 한국색채연구소(2006)의 연구는 색채가 갖는 심리적 각성효과에 대해 언급하면서 색이 주는 자극을 통해 자신의 마음을 들여다 보고 정서 안정과 치유에 관한 연구가 있었다. 색채변화가 다양한 정서를 표출하는 긍정적 효과가 있다는 연구결과를 발표하였는데, 이는 색채를 통해 인간의 정서를 반영하고 있음을 보여준다. 색채의 반응을 기호화하여 인간의 개성을 알게 되고 성격적 특성을 유추하여 다양한 상황에서 활용이 가능한 연구는 1800년대 Rorschach를 시작으로 여러 학자에 의해 다양한 연구가 이어지고 있다(여한구 · 박경화, 2012). Rorschach의 **잉크**

반점검사는 사람들이 잉크의 형태나 색채에 의해 각각 다르게 영향을 받는다고 한다(Exner, 1993). 환자들이 잉크반점검사판을 보고 자신의 감정과 반응 그리고 연상되는 것을 설명할 때 반응내용과 더불어 태도와 반응을 관찰하는 것이다. 이를 통해 환자의 경향성과 성격특성을 유추해 낼 수 있다는 것이다. Feast(1950)는 피라미드 검사법을 통해 비정상적인 개인의 특성을 밝히고자 하였으며 피라미드 도표의 배열되는 과정을 통해 반응과 성격특성을 살피고 배열된 도표의 색상을 통해 경향성을 파악한다(여한구 · 박경화, 2012). **러셔의 색채검사법**은 8가지 색(다홍, 밝은 노랑, 청록, 암청색, 보라, 갈색, 중간 회색, 검정)을 개인의 기호에 따라 선호하는 색부터 배열하여 해석하는 방식으로 개인의 성격특성을 설명한다. 또한 Birren(1941)이 저술한 '색채 분석집'은 사람들에게 좋아하는 색과 싫어하는 색에 대해 질문한 결과를 기록하여 색채기호에 관한 정서적 반영의 중요성을 많은 연구와 사례집으로 냈다. 이러한 색채와 관련되어 성격 특징을 파악하는 검사들의 특징은 투사적 방법을 사용한 검사이다. 최근에는 색채선호도를 통한 성격특성을 표준화하는 연구가 시도되고 있으며, 자기보고식 검사 도구도 개발되어 있다. 최근 개발된 **비채컬러성격유형검사**(Color Personality Type Indicator: CPTI)는 색의 성격과 특성을 반영하여 성격특성을 유형으로 구분하여 나타내는 자기보고식 심리검사이다. 색의 상징과 특성을 색채 에너지로 이해하여 성격특성을 반영하는 것이다. 이 검사는 색채선호도를 통한 개인의 성격특성을 찾고 자기 이해의 폭을 넓히며 타인과 효과적 소통 도구로 활용할 수 있다. 이 외에도 **피썬세피라**(PESUN)는 무의식적 상징을 반영하여 자기 삶의 에너지를 이해하는 도구로 활용되고 있다. 피썬세피라는 12개의 원형의 색 스티커를 골라 순서대로 붙여서 심리 에너지를 분석하는 것이다. 이는 무의식의 에너지를 이해하고 외부로 드러내는 색(persona)과 내면의 색(shadow) 등으로 구성하고 12개의 색을 맥락화하여 개인의 삶에 적용하는 투사적 검사라고 할 수 있다.

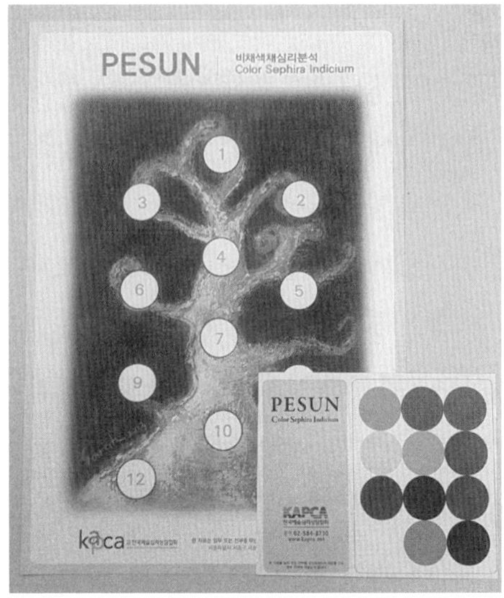

[그림 12-1] 색채심리분석(PESUN) 검사지

2. 색채지각의 원리

색채심리를 이해하기 위해서는 색을 알아야 한다. 하지만 색을 안다는 것은 결코 쉬운 일이 아니다. 색채심리는 아직도 별도의 학문 영역으로 구분되어 있지 않다. 하지만 색은 알수록 혼돈과 동시에 오묘함이 공존하고 있다. 색은 눈에 보이지만, 실제로 다양하고 복잡한 작용을 한다. 색의 원리를 이해하려면 색의 가장 기본단위라고 할 수 있는 원색을 이해해야 한다. 색은 빛의 물리적 특성에서 드러나는 지각 작용이다. 사람은 빛을 굴절하고 반사하여 시각에 드러난 사물을 감지하는데, 색은 시각의 60% 이상 의존하는 중요한 요소이다(이현진, 2008). 색채란 빛이 인간의 눈에 보이고 그 빛을 두뇌가 경험하는 현상을 말한다. 색이 눈에 들어온 사물을 판별하는 물리적 현상과 관계가 있다면, 색채는 심리적 현상이 추가된 것이라고 말할 수 있다. 개인이 같은 빛을 지각했다 하더라도 사람마다 경험하고 느끼는 심리적인 반응은 다르게 나타난다(이현진, 2008). 일반적으로 색채는 물리적 의미의 색과 심리적 의미의 색을 통칭하여 부르는 말이다. 색채는 인간의 내부에 깊숙

실제 색채심리는 물리학이나 화학 등의
과학적 원리와도 만나게 된다.
색채는 이런 원리를 잘 보여준다. 이는 창조의 원리와
유사하다고 할 수 있다. 아무것도 없지만 있는 것이 바로 색이다.

이 자리 잡아 무의식적 충동을 자극하고 흥분시키며 사고와 감정, 정서에 관여하고 이를 표출시킨다. 색채란 물리적 면과 심리적 면을 동시에 내포하고 있는 통합체로서 색채와 관련한 인간의 반응을 연구하는 것은 심리학의 중요한 분야라고 할 수 있다. 색은 물질의 구성 원리로 드러나며, 각각의 특성을 잘 보여준다(Mindell, 2011). 색을 통해 사람의 성격을 이해하려는 시도와 노력은 상당히 오랫동안 이어져 왔다. 색의 상징과 이미지를 통해 성격을 특정하고 색의 스펙트럼에 맞게 성격을 반영할 수 있다. 색은 전통적으로 묵상하고 삶을 이해하려고 했다. 색은 인지적으로 설명이 뒤따르지 않아도 색의 특성으로 정서적 반응을 나타낼 수 있다. 개인의 정서 반응을 이해하고 관계에서의 역동적 반응을 이해하는데도 시각적 지각을 통해 효과적으로 적용할 수 있다(Abt, 2006).

색은 빛과 색을 구분한다. 기본이 되는 색을 원색이라고 하며, 일반적으로 빨강, 노랑, 그리고 파랑을 삼원색이라고 한다. 색을 공부하면 할수록 삼원색을 빨강, 노랑, 파랑이라고 쉽게 말하기 어렵다. 색의 삼원색은 일반적으로 말하는 빨강, 노랑, 파랑이 아니라 시안(Cyan), 마젠타(Magenta), 옐로우(Yellow)나 레드(Red), 블루(Blue), 그린(Green)이라고 말하는게 더 적절하다. 색과 빛의 차이를 모른채 무조건 외우는 것이 아니라, 색과 빛의 원리를 통해 세상을 이해하는 핵심이 된다. 색의 삼원색은 합쳐 놓으면 검은색이 되지만, 빛의 삼원색은 합쳐 놓으면 투명(백색)한 색이 된다. 그림에서 보는 것처럼 빛의 삼원색이 중첩되는 영역에서는 색의 삼원색이 나타난다. 이 색들의 조합은 우리가 보는 세상의 색들을 나타내는 기본이 되고 있다. 컴퓨터 모니터나 TV를 사러 가면 RGB라는 말을 듣게 된다. 이 RGB가 각각 빛의 삼원색인 Red, Green, Blue의 약자이다. 이들은 빛을 통해 상(image)을 구현하기 때문에 RGB라고 표현하는 것이다. 반면에 낱장으로 자르기 전의 전지

우표를 사거나 인쇄물 시안을 보면 하단부에 조그맣게 CMYK라고 조그만 동그라미들과 함께 적힌 문구를 볼 수 있다. 이 색들은 각각 Cyan, Magenta, Yellow, 그리고 K는 Black을 말한다. 일상에서 활용하는 가장 보편적인 색 체계이다.

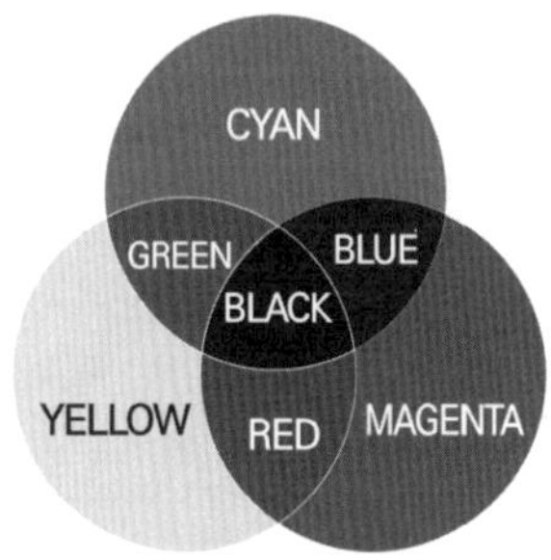

색의 삼원색

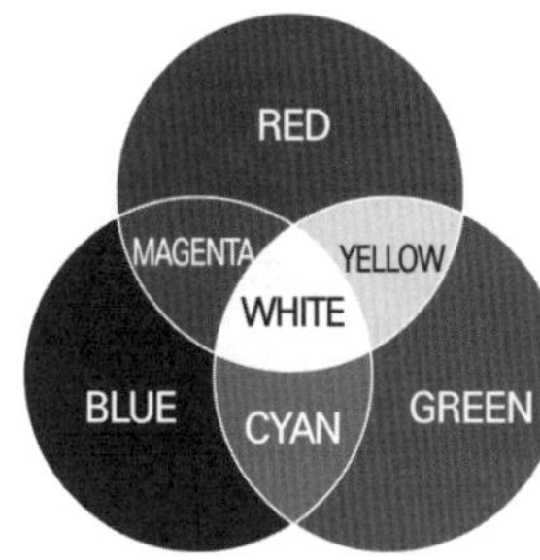

빛의 삼원색

이처럼 서로 다른 색의 체계는 색채심리 연구에 혼돈을 주기도 한다. 색을 공부하려면 먼저 이런 혼란을 정리하고 이해해야 한다. 이 두 체계의 차이는 각각의 혼합경향에 따라 달라진다. RGB모드는 빛에 기초한 색상구현 원리인 가산혼합[加算混合, Additive Mixture of Color]을 통해 색을 구현한다. 가산혼합은 빛을 가하여 색을 혼합할 때, 혼합한 색이 원래의 색보다 밝아지는(명도가 높아지는) 혼합을 말한다. 가법혼색(加法混色) 또는 가색혼합(加色混合)이라고도 한다. 예를 들면 적색광과 녹색광을 스크린에 투영하여 혼합하면, 본래의 두 빛보다 밝은 황색광이 된다. 또, 녹색광과 청자색광을 섞으면 그것들보다 밝은 시안색(하늘색) 빛이 되고, 청자색광과 적색광을 섞으면, 더 밝은 마젠타색(자홍색) 빛이 된다. 이것은 눈에 들어오는 빛의 양이 혼합에 의해 증가하기 때문이다. 가산혼합에서는 적 · 녹 · 청의 3색을 여러 강도로 섞으면 어떤 색이라도 얻을 수 있다. 따라서 이 3색을 가산혼합의 3원색이라 한다. 이 원리는 컬러텔레비전을 비롯하여 조명 등에 이용되고 있다. 가산혼합에서 보색(補色)이란 2색을 섞었을 때 백색이 되는 경우를 말한다. CMYK는 잉크에 기초한 색상구현 원리인 감산혼합을 사용한다. 감산혼합[減算混合; Subtractive Mixture of Colors]은 색의 3원색인 시안, 마젠타, 옐로우를 섞어 색을 만드는 방식을 말한다. 빛의 3원색으로 만들어지는 2차 색상인 시안, 마젠타,

옐로우로 무한한 색상을 만들어 낼 수 있는데 시안, 마젠타, 옐로우는 색상을 빼내거나 흡수하는 방식으로 색을 만들어낸다. 예를 들어 옐로우 물감과 마젠타 물감이 종이 위에 겹치게 되면 레드가 만들어지는데, 그 원리는 두 물감이 합쳐진 부분에서 그린과 블루 빛의 파장을 흡수하고 레드만을 반사하기 때문이다. 이런 이유로 감산혼합이라 한다. CMYK는 Cyan, Magenta, Yellow 그리고 Black 네 가지 색상을 혼합하여 색을 구현하지만, 실제 만들 수 있는 색의 수는 RGB영역보다 적다. 이 때 삼원색에 블랙(K)를 추가하는 이유는 색의 3원색인 C-M-Y를 100% 모두 혼합하면 가장 어두운 검정이 되어야 하지만, 실제로는 안료 자체가 순수한 시안, 마젠타, 옐로우를 구현하기 어렵고, 안료 농도 등이 완전치 못하기 때문에 짙은 갈색 또는 짙은 녹색 정도로 인쇄되기 때문이다. 따라서 이를 해결하기 위해 3원색에 검정(K)을 추가하여 CMYK 색상모형이 된 것이다. 이런 것들은 색채학을 전문으로 하지 않는다면 자세히 알지 못하는 부분이다. 그렇다고 색채심리를 위해 전문적으로 색채학을 공부해야 할 필요가 있는 것은 아니다. 그 원리가 달라서 혼돈을 줄 수도 있고, 색채학이 주로 디자인이나 그래픽 등의 산업과 가시적인 영역에 국한되어 설명되기 때문에 그 한계가 있다. 따라서 색채심리를 이해하기 위해서는 어느 특정 영역에서의 시각이 아니라 원리적인 측면에서 색을 이해할 필요가 있다. 자연적인 가시광선 영역의 색들을 인쇄를 통해 인간이 구현해내는 데에는 한계가 있다. 따라서 색의 원리를 이해하면, 색 조합과 작용으로 색을 보게 되고 색 상징을 통한 인간의 심리를 볼 수 있다.

물질의 원리는 복잡하게 보이지만, 원리적인 측면에서 삶의 원리와 만나게 된다. 실제 색채심리는 물리학이나 화학 등의 과학적 원리와도 만나게 된다. 이는 창조의 원리와 유사하다고 할 수 있다. 아무것도 없지만 있는 것이 바로 색이다. 인간 사고의 한계에서 본다면 색은 태양으로부터 발생한다. 태양은 우리에게 빛을 제공한다. 이 빛은 단순히 빛(light)을 넘어 에너지를 의미한다. 태양으로부터 우리에게 오는 빛은 우리 눈에 보이지 않을 뿐 아니라, 있으면서 실체가 보이지 않는 투명한 상태이다. 이 보이지 않음은 실제로는 세상의 모든 것을 드러나게 할 수 있는 힘과 능력이 있다고 할 수 있다(Hazen & Trefil, 2005).

색은 인간이 지각하는 것이라고 할 수 있다. 지각한다는 것은 여러 가지로 설명할 수 있지만, 일반적으로 색은 눈을 통해 인식하게 된다. 색은 빛을 통해서 인식되는데, 빛이 눈을 자극하여 생기는 시(視) 감각으로 물체의 존재를 지각시키는 시각의 근본으로 스펙트럼의 단색광이나 태양광, 백열전구, 형광등과 같은 색광을 말한다. 색채는 빛을 투과하거나 반사하거나 분해하여 보이는 물체의 색이라고 할 수 있다. 색채학에서 말하는 색은 시 지각 대상으로 빛과 그 빛의 지각 현상을 말하며 가시광선(visible light)이라고 한다(현성용 외, 2020). 색채는 물리적, 화학적, 생리적, 심리적으로 주어진 것에 의해 성립되는 시 감각의 일종으로 지각되는 색과 모든 지각을 배제한 순수 색 감각을 말한다. 색은 눈에 보이지 않는 태양광선에서 나온다. 눈에 보이지 않는 투명한 빛인 태양광선을 프리즘에 통과시키면 가시광선들이 가진 파장의 길이에 따라 다른 굴절률로 분광되어 연속된 다양한 색의 띠를 가지게 된다. 1660년 뉴턴의 프리즘 실험으로 색을 분광시키면서 다양한 색의 연속인 스펙트럼(spectrum)이 나타난다. 파장이 길면 굴절률은 작고, 파장이 짧으면 굴절률은 크게(보라색) 나타나며 분광된 빛은 다시 분광하지 않는 단색광으로 나타난다. 이 때 빨강색보다 굴절률이 작으면 적외선이고, 굴절률이 보라색보다 크면 자외선이다. 이 가시광선 안에서 모든 사물은 빛의 자극에 의해서 각자의 고유한 색을 가지고 있는 것처럼 보인다. 좀 더 쉽게 말하자면 눈에 보이는 색은 곧 빛의 색이라고 할 수 있다(현성용 외, 2020).

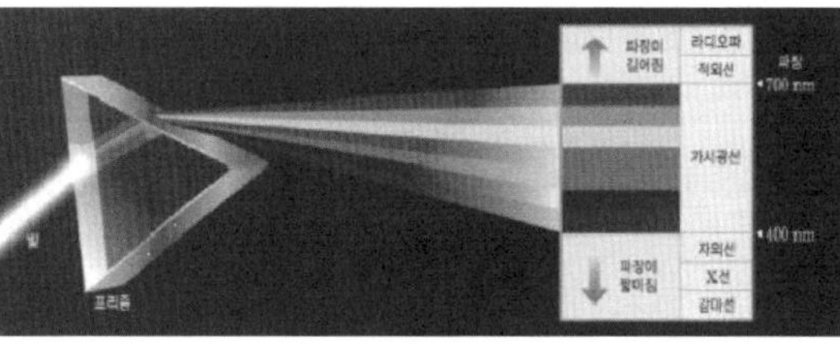

빛의 파장

이 같은 다양한 스펙트럼의 빛들을 태양광선이 가지고 있다. 눈에 보이지 않는 태양광선은 프리즘(Prism; 분광기)을 통해 우리 눈에 보이는 실체로 바뀐다. 일반적으로 색은 가시광선의 영역에 속하는 색으로 가시광선이 프리즘을 통해 드러난 색은 빛의 파장에 따라 빨강과 자주색의 두 축을 양쪽으로 하고, 그 사이에 다양한 스펙트럼이 나타난다. 이런 과정을 통해 눈에 보이는 가시광선은 그 파장에 따라 다른 색으로 인식되는데, 이를 무지개색이라고 부른다. 뉴턴(I. Newton)은 태양광선의 색을 7개로 설명했지만, 후에 정밀한 슬릿을 사용하여 구분한 색의 범주는 빨강, 주황, 노랑, 녹색, 파랑, 보라의 6색 스펙트럼으로 구분한다. 괴테도 그의 『색채론』에서 무지개의 색을 6개로 구분하여 설명한다.

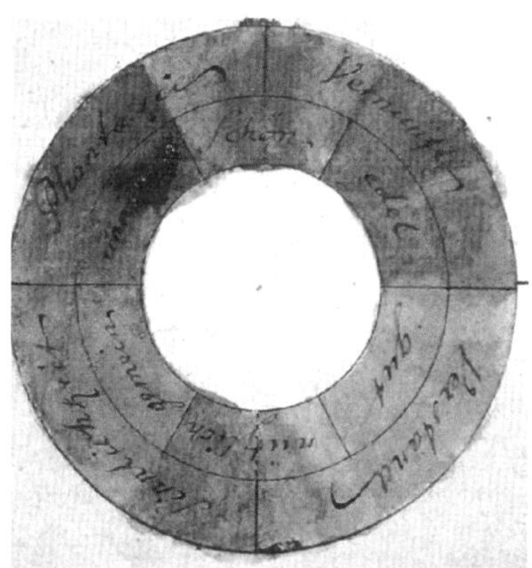

괴테의 색상환

일반적으로 말하는 색채와 물리학자가 보는 색채는 빛이 사람의 눈에 일으키는 생리적 감각이라고 할 수 있다. 태양이나 전등과 같이 빛을 직접 방출하는 물체와 빛을 반사하는 물체가 있다. 빛을 직접 방출하는 색은 광원색이라고 하며, 반사하는 색은 물체색이라고 한다. 광원색은 방출되는 빛의 종류에 따라 결정되지만, 물체색은 물체의 반사특성과 광원에 따라 반사되는 빛의 종류가 달라져서 여러 가지 색을 띄게 된다. 색은 물체 고유의 색이 아니라 일정한 조명상태에 놓인 물체에 대해서도 이를 보는 사람의 눈의 생리적 상태나 경험에 의한 심리적 영향 등으로 다른 색으로 경험되기도 한다. 따라서 물체색은 광원과 물체에 의해 종합적으로 결정되는 빛의 종류, 그리고 사람의 빛 감지특성 등이 복합적으로 어우러져서 만들어진다고 할 수 있다. 따라서 물체는 하나의 색으로 정해져 있는 것이 아니라 상황에 따라 무수히 많은 색을 지니게 된다. 이런 점들이 색을 이해하고 다루기 어렵게 한다. 그럼에도 불구하고 색이 가진 원형적 부분을 이해하면 인간이 가진 에너지와 그 흐름을 볼 수 있다. 색채심리는 색이 가진 원형적인 힘과 상징을 통해 인간의 심리를 이해하게 한다. 색을 통해 물체의 특성을 드러내는 것처럼 사람도 각각 자신의 색을 가지고 있어 이를 반영하여 성격을 나타낸다.

빛은 색채와 함께 빛과 열, 그리고 에너지를 가지고 있다. 빛은 엄청난 속도를 가지고 있다. 현재까지 빛의 속도를 능가하는 것은 없다. 빛의 속도를 금액으로 환산하면 엄청난 것이다. 지금도 속도를 측정하기 위해서 드는 비용만 천문학적인 금액이 들어간다. 빛은 또한 열을 가지고 있으며, 강력한 에너지를 가지고 있다. 물체에서 나오는 빛의 물리적 성질이 동일해도 색은 사람에 따라 다르게 긍정, 부정의 정서나 감정, 심리상태에 영향을 미칠 수 있다. 색에서 나오는 에너지(파동)를 통해서 느낌을 받고, 감응되는 것은 말보다 더 무의식적 정서를 반영하고 있고, 원형적 성질을 가지고 있기 때문이다. 생명에 영향을 주는 것은 말이나 드러난 모습뿐만 아니라, 에너지의 파동(파장)과 생명체가 만들고 있는 파동 에너지의 공명(Resornance)에 의해서 영향을 주고 받는다. 이런 작용들은 색을 이해하게 하고, 치료적 효과를 준다. 빛을 구성하는 적외선은 의학적으로 치료 효과가 있는 것으로 이미 잘 알려져 있다. 유럽의 경우에는 햇빛이 좋은 날에는 사람들이 공원을 찾아 햇볕을 즐긴다. 미국의 시애틀지역에서는 여름휴가만 되면 교회도 햇빛을 따라 남쪽으로 휴가를 가기도 한다. 상대적으로 햇빛을 제대로 받지 못함으로 생리적이고 심리적인 어려움을 겪기 때문이다. 이런 점에서 빛이 가진 에너지를 통해 신체의 건강은 물론이고 정신건강에도 지대한 영향을 주고 있다.

색채를 이해한다는 것은 이런 빛의 에너지를 받아들인다는 것을 의미한다. 빛의 속도와 열을 포함하는 통합적 에너지는 색을 통해 드러날 수 있다. 특히 가시광선을 통해 드러나는 색은 인간에게 지각과 더불어 사물을 인식하는 힘을 주기도 한다. 눈에 보이지 않는 허공을 채우고 있는 투명한 빛은 실제로는 색들이 모여 합일되어 나타내는 투명의 색인 것이다. 보이지 않는 빛은 분광기를 통해 색으로 드러나고, 이 색채들이 모이면 다시 아무것도 없는 상태가 된다. 공(空)은 숨어 있는 에너지이며, 색(色)은 드러난 에너지라고 할 수 있다. 이 에너지가 물질로 변하고 다시 물질이 에너지로 바뀌는 것이다. 색채로 표현되는 것은 흡수와 반사의 작용을 통해서이다. 다시 말해 흡수된 색은 보이지 않고 눈에 보이는 색은 반사된 색이다. 색이 보이는 것은 흡수와 반사를 하는 빛이 있기 때문이다. 각 색에서 반사된 파장 에너지는 지구에 모든 생명체에 많은 영향을 준다. 프리즘을 통해 드러난 색인 무지개는 하늘의 색이며 우주의 모든 에너지가 다 들어 있는 색이다. 색을 에너지로 이해하면 시각장애인이 그림을 그리거나 감상하면서 따뜻한 그림인지, 차가운 그림인지, 슬픈 그림인지 등의 느낌을 설명하기도 하는 상황을 이해하게 된다. 또한 색은 각각의 색들이 간섭을 통해 다양한 색들을 창조해 낸다고 할 수 있다. 사랑하는 사람들의 열정과 뜨거움의 붉은 색이 사랑하는 사람에게 아낌없이 주고 싶은 배려의 흰색이 만나 핑크를 만들기도 한다. 사람들의 상태는 색으로 표현되거나 드러날 수 있다. 일상에서 자주 사용하는 말에는 '넌 색깔이 뭐니?'라고 묻는 경우들이 있다. 외부로 드러난 물질적 색은 에너지인 정서를 반영하여 상태를 나타내기도 한다. 이런 정서의 상태는 개인의 삶을 풍성하게 하고 결핍된 것을 드러내고 다시 채우는 과정으로 확대될 수 있다. 이런 과정에서 색채는 기운을 반영하고 있다. 눈에 보이지 않는 기운이 뭉치면 세상이 되고, 눈에 보이지 않는 마음에 원하는 형체를 그리면 마음의 기운은 그 형체와 같은 주파수의 기운을 우주에서 끌어와 현실 세계에 창조해 낸다. 색채심리는 이런 기본철학을 가지고 결핍을 채워나감으로써 자기실현을 돕는다(Mindell, 2011). 이 원리가 심리치료에 적용되는 기반이다. 색은 물리학과 심리학의 융합적 가치를 가장 잘 보여주는 현대적 접근이다.

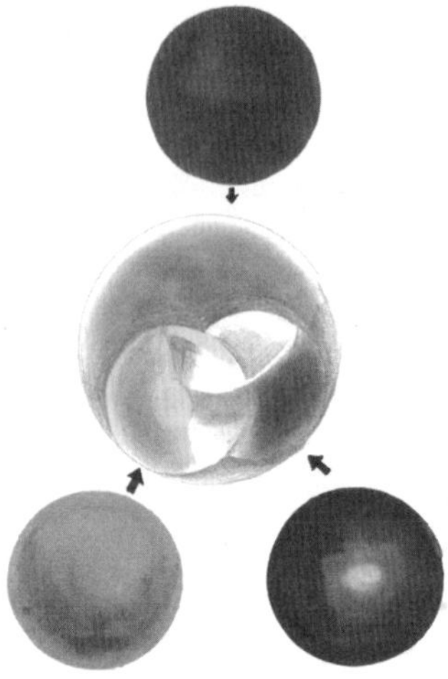

빛의 조합과 생성

색채는 물리적 면과 심리적 면을 동시에 내포하고 있는 통합체로서, 색채와 관련한 반응을 연구하는 것은 심리학의 중요한 분야이다.

3. 색채의 특성과 성격

현대사회는 색과 빛을 이용하여 개성을 표현하거나 색채를 통한 홍보 및 광고 등으로 사람들의 삶과 정서, 그리고 심리 및 행동체계에 깊게 관여한다(Jean, 1997). 색채는 현대인의 개성화되고 다양해진 생활방식의 사회 흐름 속에서 개인의 기능과 특징을 살려 표현할 수 있게 해주는 중요한 도구이다. 색은 일상적 개념을 넘어 개인 심리세계를 반영하고 치유하며 색이 갖는 상징성과 표현의 영역을 확대해 나가고 있다(Merleau-Ponty, 2005). 이로 인한 색상과 심리의 연관성을 찾는 분야에 관심도 증가하고 있다. 색채란 빛이 눈에 보이고 그 빛을 두뇌가 경험하는 현상이다. 색이 눈에 들어온 사물을 판별하는 물리적 현상과 관계가 있다면, 색채는 심리적 현상이 추가된 것이다. 색채는 무의식을 드러내며 사고와 감정, 정서에 관여하고 이를 표출시키는 작용을 한다. 색채는 물리적 면과 심리적 면을 동시에 반영하며 작용과 반응을 연구하는 심리학의 한 분야이다.

색채는 인지 및 지각과 관련된 감정이나 감성에 한정되는 것이 아닌, 일생에 쌓여가는 보편적 경험과 동시에 인생 초기의 언어와 사고를 통한 경험의 산물이다. 인간의 감정과 색채와의 관계는 상징화된 심리적 효과와 전통에 의해 구성된 상징적 의미로도 동일시할 수 있다(문경선, 2007). 색채를 보며 느껴지는 함축적 상징과 의미는 개인의 경험과 시대적, 문화적인 환경에 따라 공통적이기도 하고 차이를 보이기도 하지만 일반적으로 느껴지는 색채의 상징에는 각각 긍정의 이미지와 부정의 의미가 동시에 존재하며 영향을 준다. 색채는 스스로 의식하지 않더라도 자신의 기분이나 기질, 의욕과 활력에 영향을 주어 감정과 태도, 행동에 반영되어 나타난다(안옥희 등, 1997). 같은 빨강이 각각 흰색, 파란색 그리고 노란색에 둘러싸여 있을 때, 빨강은 다른 느낌과 특성이 있다. 빨강이라는 색채의 감성은 상황에 따라 다르게 경험될 수 있다(이현진, 2008). 이처럼 색채는 감정을 나타내는 수단으로 사용하기도 하고 강한 호소력을 가지고 있으며, 동시에 색채 자체의 아름다움을 나타내기도 한다. 현대에 들어와서 색채는 심리와 연관되어 색채 속에 있는 색채의 영향과 상징, 작용, 치료 등으로 발전하고 있고, 색을 이용한 마케팅, 산업디자인, 홍보와 같은 시각적 효과 및 공공기관, 주거 공간의 시설 및 설계에 적용되고 있다. 색채는 복합적 현상으로 전달되며 그 결과 정신적 과정을 통해 단 하나의 깨달음이 되는 등 감정 전달의 상징적 역할을 한다. 이런 점에서 색은 인간의 내면세계를 나타내고 탐색하는 도구가 될 수 있다. 색채의 상징과 심리적 특성이 보여주는 개인 고유의 심리 에너지를 통해 심리와 정서 상태를 인식하고 삶의 태도와 행동의 유추도 가능하다. 이러한 색채는 언어나 다른 소통 도구보다 훨씬 빠르게 전달되며 때로는 언어보다 강한 메시지로 감정을 소통하는 효과적인 매체가 된다. 색은 인간에게 자신의 존재를 인식하게 만들면서 더 나아가 때론 자신의 모순된 존재를 경험하게 한다. 색채의 신비한 힘을 통해 자신의 심리적 특성을 이해하고 타인을 이해할 수 있다. 색을 통해 인간을 이해하려는 다양한 관심은 색채로 인간의 마음을 알려는 다양한 시도로 이어진다.

색을 이해하기 위해서 구조적으로 다양하게 분해하여 이해할 수 있다. 색과 빛은 하나로 설명할 수 있는데, 구조적으로 삼원색 또는 오원색처럼 원색의 개념과 종류로 구분하기도 한다. 사람의 인지발달과 능력은 색 지각 발달의 과정과 내용을 통해 드러난다. 색은 시각을 통해 지각되기 때문에 빛의 작용으로 나타난다. 시각의 발달은 자궁 안에서 출생하면서 어둠에서 벗어나서 혼돈의 희미한 상태에 있게 된다. 이때부터 서서히 윤곽선을 보게 되고 색을 인지하게 된다.

색은 눈을 감고 있는 상태에서 빛을 받아들이는 과정을 통해 흑과 백을 구분하게 되고, 빛을 충분히 받아들이면 서서히 인지하는 색의 종류가 많아지고 색감을 경험하게 된다. 미술에서 사용하는 크레파스나 색연필의 구성이 3색, 5색, 7색, 12색, 24색 등으로 세분하여 판매하는 것을 통해 색의 인지력을 알 수 있다. 어린아이는 색을 다양하게 인지하지 못하고 유목화의 상위 구조에서 색을 인지하기 때문에 제대로 표현하는 데 어려움이 있다. 어린아이가 색을 인지하면서 세상을 다양하게 보거나 평면에서 입체로 인식하게 되는 것과 마찬가지로 색의 원리는 세상의 질서와 구성과 작용의 원리를 잘 보여준다. 색의 물리적 작용을 이해하면, 색의 심리적, 정신적 작용에 대해서도 이해할 수 있게 된다.

현대사회는 색을 이해하고 적용하는 것을 중요하게 다루고 있다. 색채가 물질의 성격을 잘 드러내 주며, 색이 인식에도 작용하게 된다. 산업 전반에 걸쳐 색채가 중요하며 삶에서 색은 인류의 가치관을 반영하기도 한다. 일상에서 조화를 갖추고 있는 색이나 색이 주는 인지적 효과를 굳이 설명하지 않더라도 색의 영향력은 상당히 크다. 색의 영향력을 이해하기 위해서는 색이 가진 기본적인 힘과 상징 그리고 색을 이해할 필요가 있으며, 색이 사람의 정서와 감정을 다양하게 표현하고 있음을 알 수 있게 될 것이다.

색의 본질적 에너지와 다르게 사람마다 다른 경험으로 색에 대한 인식이 다를 수 있다. 한국 사회는 한국전쟁으로 인해 Red에 대한 부정적 정서가 강했다. 소위 레드콤플렉스는 Red에 대한 트라우마를 잘 보여준다. 2002년 월드컵에서 붉은 전사들을 응원하는 "Be the Reds"가 전 국민의 환영을 받으면서 트라우마를 벗어난 것처럼 보인다. Red에 대한 거부감은 전쟁을 통해 흘린 피의 상징이고, 공산당의 상징으로 인식되어 강한 부정으로 각인된 듯하다. 색의 본질적 상징과 일치하는 부분이 있으면서 동시에 균형적 태도가 아니라 일방적인 사건이나 경험과 연관되어 색에 대한 인식에 왜곡이 나타나기도 하는 것이다. 이처럼 색은 개인의 경험이나 집단의 감정 및 정서를 반영하기도 한다. 개인마다 선호하는 색이 달라서 일반적으로 단정할 수 없는 부분이 있다. 색은 다른 사람과의 관계나 경험을 반영하는 경우가 많아서 의식적 상태나 수준을 넘어 외부 자극에 의해 반사적으로 표출되거나 투사되기 때문에 통제가 어렵기도 하다.

색은 잠재의식은 물론이고 개인 경험이나 집단무의식을 표출시킬 수도 있다. 이 과정에서 표층적 개념은 의식 수준에서의 색에 대한 이해와 개념을, 경험적 차원에서 의식하지 않고 경험되는 정서를 반영하게 된다. 자신도 모르게 원형적 차원에서 색이 가진 에너지를 반영할 수 있다. 이런 점에서 개인이 가진 경험의 세계를 넘어 집단 무의식적인 원형을 반영할 수 있다. 원형적 색의 상징을 이해하고 다루기는 쉽지 않지만, 사람들은 자신이 의식하지 않은 상태로 색을 언어처럼 사용하여 자기감정을 드러내기도 한다. 공통 색의 의미를 따르기도 하고 경험적 색의 의미에 의존하기도 한다. 본능적 에너지는 사회화의 과정과 경험을 통해 관념화되어 왔다. 이 관념을 통해 교육이 이루어지고 인지적으로 받아들이게 되었다(Picard, 1996). 하지만 이런 지식과는 달리 색이 주는 에너지가 있고, 그 에너지가 다양하게 파생되어 나타난다는 점에서 색채에너지는 다양한 적용의 가능성을 보여준다. 이런 에너지는 인류의 경험 속에서 자리하게 되었고, 실제 사람들에게 의미를 부여하는 기능을 수행하며 색은 감정이나 정서의 언어로 자리매김하였다(스에나가, 2003). 여성들에게 옷의 색깔이나 화장은 자신을 드러내는 주요 장치로 작용한다(Pease & Pease, 2005).

색은 고대 사상의 기본을 형성하는 종교, 천문, 기상, 도덕 등에 표현되어 있다. 고대인들은 색채를 현상적으로 인식하기보다는 주술의 상징으로 인식해 왔다. 지금도 무당이 있는 곳에는 노랑, 빨강의 깃발이 있는 것을 볼 수 있다. 색을 통해 현세와 내세의 세상을 연결해주기도 한다. 부적은 붉은색으로 그리고, 붉은 팥죽을 집 안팎에 뿌리기도 한다. 그리스에서는 정신적으로 고통을 당하는 사람들이 즐거운 꿈을 꾸기 위해 흰 옷을 입거나, 피타고라스는 병을 치료하기 위해 음악과 시

그리고 색채를 사용했다고 전해진다. 의학의 아버지인 히포크라테스(Hippokrates: B. C. 460~?)는 색채를 띤 식물들인 흰 오랑캐꽃, 자주색 오랑캐꽃, 백합, 붓꽃, 수선화, 장미, 노랑색 샤프란 등을 약으로 처방하기도 했다. 이처럼 색은 인간의 정신에 영향을 미쳤다.

1666년 **아이작 뉴턴**(Isaac Newton: 1642~1727)이 프리즘을 통해 스팩트럼을 얻어내면서 색채는 상징적 대상에서 과학적 대상으로 그 영역이 확장되었다(Loske, 2020). 백색광을 분해하여 눈으로 볼 수 있는 색의 범위를 밝혀냄으로써 빛과 색의 관계를 입증한 것이다. 이로 인해 과학자는 물론이고 예술가, 시인, 곤충학자, 지질학자와 식물학자를 비롯하여 철학자에 이르기까지 색과 관련한 논문을 발표하기도 했다. 특히 독일의 대문호인 **괴테**(Göethe: 1749~1832)는 과학적 차원을 넘어 미학적, 심리적, 그리고 철학적 관점을 포함하여 색채를 분석하였다. 색채를 관찰자의 시각과는 무관하게 객관적인 실체로 파악한 뉴턴과 달리, 괴테는 색을 인간의 이성, 오성, 감성, 상상을 바깥 원의 색채와 연결하여 설명했다. **괴테의 '색채론'**은 인간이 색을 어떻게 느끼며, 이미지를 환기하거나 주목하는지, 색에 따라 어떤 정신적 작용을 일으키는가와 감수성에 따라 포착할 수 있는 현상학적인 인식영역을 탐구하였다(Loske, 2020). 이런 연구는 색채를 연구하는데 기반이 되었고 다양한 접근을 하도록 도왔다. 이처럼 색이 주는 정서인 색감은 인간의 심리적 경험과 더불어 다양하게 분류되었다. 화학적이고 색채학적인 분류에서부터 다양한 기준에 따라 구분된 것이다.

색을 분류하는 기준과 방식은 18세기 이후 급격하게 발달하였다. 색상환이나 색 피라미드처럼 다양한 방식으로 색의 구조와 관계를 볼 수 있도록 하였다. 이런 구분은 색에 대한 발달과 색의 조합을 통해 다양한 색을 만들 수 있는 기반이 되었다. 이와는 다른 측면에서 색의 특성을 반영하여 구분하기도 한다. 가장 일반적으로 구분하는 것은 무채색과 유채색, 쉽게 말하면 흑백과 컬러로 나누는 것이다. 흰색, 검정, 그리고 회색처럼 채색(彩色)이 없는 무채색(無彩色: Achromatic Color)과 색을 가진 유채색(有彩色: Chromatic Color)으로 구분하는 것이다. 무채색은 흰색과 검정, 그리고 회색과 같이 채도가 없는 색으로, 자연광 아래에서는 어떤 물질이

가시광선 전 영역에서 고르게 빛을 흡수, 반사하기 때문에 나타나는 색이다. 빛을 반사하는 정도가 클수록 흰색에 가깝고 반사가 적을수록 검은색에 가깝게 된다. 괴테는 검정과 흰색은 엄밀한 의미에서 색이 아니라 빛이라고 하기도 했다(Loske, 2020). 이에 반해 유채색은 색상, 명도, 채도를 가진 색으로, 흰색, 검정, 그리고 회색을 제외한 모든 색이다. 유채색은 분색되지 않는 기본색을 중심으로 각 색을 조합하여 만들어진다. 유채색에는 빨강, 노랑, 녹색, 파랑, 보라와 같이 색에 특성을 부여하는 색상이라는 성질이 있고, 또 색의 강약을 나타내는 채도(彩度, 또는 포화도)라는 성질이 있다. 명도, 색상, 그리고 채도는 색의 기본 성질로 색의 3속성이라고 한다.

유채색과 무채색은 색의 속성에서 구분되는 차이뿐 아니라 빛을 통해 드러나는 것에서도 차이가 나타난다. 광원색의 성질은 기본적으로는 물체의 색과 같지만 밝기를 물체 고유의 명도라는 빛의 밝기로서 측광량(側光量)으로 분류하는 점이 다르다. 무채색은 자연광 아래에서 가시광선 전 영역에서 고르게 빛을 흡수, 반사하기 때문에 나타나는 색이다. 색은 기본적으로 원색을 중심으로 한 여러 색의 조합과 균형을 통해 새로운 색을 만들게 된다. 이런 범주화에 따라서 색의 종류는 무한대로 확장될 수 있다. 색의 인식과 조합은 감각과 지각 능력에 따라 달라진다. 일반적으로 생후 2-3개월이 되면 모든 색상을 구별할 수 있고, 생후 4개월이 되면 주변의 사물을 적색, 녹색, 청색, 황색의 기본 범주 색상들로 범주화하게 된다. 하지만 실제 감각 능력은 이런 색에 대한 지각과는 다르게 실제 색을 구분하는 데 어려움이 있다(Shaffer & Kipp, 241). 색은 일반적인 인식체계 안에 있지만, 실제 색을 이해하고 설명하기 위한 구분은 다양하게 작용할 수 있다. 나아가 개인의 경험과 색에 대한 인식이 작용하면 더 많은 색을 만들어 낼 수 있게 된다. 색의 특성을 이해하게 되면서 색을 통해 세상을 표현하도록 돕는 색조가의 활동이 시작되었다. 화학의 연금술과 유사하게 이해하며 제약사처럼 세상에 존재하는 특별한 색을 만드는 것이다(Loske, 2020; Aromatico, 2005). 이런 활동은 색을 이해하고 문화적, 심리적 작용과 이해를 위한 기반을 마련하는 계기가 되었다.

4. 색채심리와 컬러성격유형검사(CPTI)

비채컬러성격유형검사 CPTI(CPTI: Color Personality Type Indicator)는 색채의 상징과 심리적 특성이 보여주는 개인 고유의 에너지를 통해 성격유형을 찾아볼 수 있는 자기보고식 성격유형검사로 사단법인 한국예술심리상담협회에서 개발한 컬러성격유형검사 도구이다(박경화 · 여한구, 2012). **CPTI**는 먼셀의 5원색 체계를 중심으로 각각의 성격특성을 구분하고 각 색채의 대표 에너지를 중심으로 색의 역동을 구분하였다. 미국의 화가이며, 색채 연구가인 먼셀(Alberat H. Munsell, 1858~1919)의 색 체계는 표색계로서 현색계의 범주에 들어가는 색 체계 중 하나이다. 1905년 발표된 먼셀의 색 체계는 객관성 결여로 인정받지 못하다가 1931년 CIE(국제 조명위원회)의 보완과 1940년 미국광학협회(Optical Society of America)의 검토를 거쳐 수정 먼셀 체계로 완성되며 현재까지 표준색표로 사용되고 있다. 수정 먼셀 표색계는 기호 표시방법의 변화는 없었지만 측색을 통하여 지각적 등보성의 불규칙함을 개량하였다. **색채계**는 눈으로 볼 수 있는 직관적 체계인 **현색계**(color appearance system)와 수치화된 정밀한 **혼색계**(color mixing system)로 구분된다. 현색계는 눈으로 직관 할 수 있으며, 다양한 색상을 직접 비교할 수 있게 표준화한 장점이 있다. 색상, 명도, 채도로 인하여 삼차원 색 입체에 의해서 시각화 할 수 있는 장점이 있다. 먼셀의 색 체계에서 가장 큰 특징은 색이 지닌 삼속성의 지각적 등보성에 따른 감각적 색 체계라는 점으로 시각의 흐름을 기본으로 만들어진 체계이다. 먼셀의 색 체계는 빨강, 노랑, 초록, 파랑, 그리고 보라의 다섯 가지 색이 기본색이며, 혼색할 경우 감법혼색의 원리가 적용된다. 먼셀의 기본색을 혼합하여 10가지 색상을 만들고 이를 다시 10등분 하여 100가지 색상을 만들어 숫자와 기호로 표시하는 방식으로 색을 구분한다. **현색계**는 사람이 감각적으로 느끼는 색의 경험과 정서를 경험적으로 반영할 수 있다(김용숙 · 박영로, 2019).

비채컬러성격유형검사(CPTI)

CPTI는 현색계를 이해하고 색의 스펙트럼을 구성하여 설명하기 위해 기본색의 합리성과 객관성에 기초하려는 것이다. CPTI는 먼셀의 기본색인 빨강(RED), 초록(GREEN), 파랑(BLUE), 노랑(YELLOW), 그리고 보라(PURPLE)의 5가지 색상의 특성을 반영하여 문항을 구성하였다. 비채컬러성격유형검사의 문항은 각 색상별 특성을 나타내는 문항 10개씩 총 50문항으로 구성되어 있다. CPTI는 색의 5원색을 중심으로 각각의 성격특성을 구분하고 각 색채의 대표 에너지를 중심으로 색의 역동을 구분하였다. 5가지 색상이 갖는 에너지를 이해하고, 이를 통해 드러나는 성격특성을 구조화하여 제시하고 있다. 색은 기본적으로 색이 가진 고유의 특성이 있으며, 그 고유한 특성들은 에너지를 드러냄으로써 상호작용한다. CPTI에서 사용하는 5가지 색도 다른 색들과 마찬가지로 고유한 색의 특성과 에너지를 가지고 있다. 이를 통해 색의 특성을 나타내며, 상호작용을 통해 창조적 활동을 하도록 한다. CPTI의 기본 에너지를 5가지의 주요 에너지로 정의하고, 각각의 영역에서 그 색의 특징을 드러내도록 하였다.

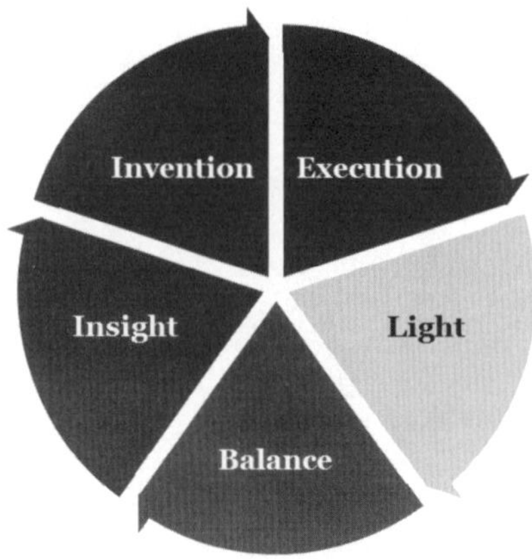

[그림 12-2] CPTI의 주요 색과 에너지 구성

CPTI는 행동 에너지를 움직이려는 에너지와 머무르려는 에너지로 구분하며 능동적 태도와 수동적 태도로 나타낸다.

CPTI의 5가지 기본색과 그 색의 핵심 에너지를 중심 에너지로 개념화하였다. 이는 색채심리의 연구결과들을 정리하여 각각의 에너지가 주는 영향을 구성하였다. 5가지 컬러성격유형의 중심에너지는 각각의 방향성에 따라 양(陽)과 음(陰)의 에너지로 구분할 수 있다. 양의 에너지는 사회적으로 인정받을 수 있는 보다 긍정적이고 수용적인 반응과 연관된다면 음의 에너지는 부정반응이나 억압과 사회적 불편감과 비수용의 태도와 연관되는 경향이 있다. 각각의 색은 평면적 상태로 드러나지 않고, 다양한 구조적 층을 통해 색이 가진 미묘함을 보여주고, 색의 작용에서 중요하게 나타나게 된다. 각각의 색의 특성을 나타내는 키워드를 문헌고찰과 자료수집을 통해 정리하여 공통된 자료들을 중심으로 정리하였다. 각각의 성격특성을 나타내는 주요 키워드를 각각의 에너지에 따라 양과 음의 구조적 구분을 하였고, 색의 특성을 반영하여 양과 음을 동수로 하고 각각 3개의 키워드를 선별하였다. 색의 특성은 각 색이 가진 중심 에너지와 그 에너지의 변형을 통해 나타날 수 있는 특성과 내용을 반영하였다. 각 에너지가 가진 특성을 구분하여 각각의 키워드가 색의 특징을 드러내는데 편향되지 않고 구조적으로 안정감을 가질 수 있도록 구성하였으며, 이를 검증하였다(박경화 · 여한구, 2017).

색을 통한 심리는 다면적이고 복합적이다. 다양한 표현방식을 구조적으로 변화를 시키면 사람의 고유한 인식과 표현방식에 따라 3가지 범주로 나눌 수 있다. 인간의 성격은 인식과 표현이라는 두 가지 축을 통해 상호작용하기 때문에 두 축을 중심으로 어떤 작용을 하는지 살피는 것이 구조적으로 유용하다. 인식과 표현의 두 가지 상호작용 방식은 에너지의 내용에 따라서 사고와 정서, 그리고 행동으로 구분할 수 있다. 이 구분은 성격과, 다양한 병리의 발현에서도 구조적으로 이해를 쉽게 한다. 성격특성을 보여주는 세 범주는 인식과 표현의 구조적 특성을 기반으로 성격이 발현된다. 이 범주는 복합적으로 심리 에너지 특성에 따라 작용하는데 인식과 표현의 상호작용은 각각 사고와 정서, 그리고 행동으로 인식되고, 표현으로 발현된다. 이 도식의 에너지를 이해하고 각각의 에너지가 어떤 작용을 통해 에너지를 교환하는지를 알 수 있다. 성격특성 중 사고의 에너지는 인간의 가장 대표적 특성을 나타내는 특징으로 인지적 경향성을 나타낸다. 사고는 여러 가지 특성이 있지만 CPTI는 현실적 사고와 이상적 사고의 대극적 가치를 기반으로 구조화한다. 현실적 사고와 이상적 사고는 인식과 표현의 상대적 두 축으로 정교함(elaboration)과 추상적(abstraction)으로 나누고 현실적이고 구체적인 경향성과 이상적이며 추상적인 경향성으로 구분하여 설명한다. 사고에 대한 다양한 구분은 드러남(陽)과 드러나지 않음(陰)이라는 사회적 허용과 에너지의 흐름에 기반하여 병리적 요인을 고려한 것이다. 두 에너지의 축은 다시 각각의 특성을 양과 음의 방식으로 나타내는 다면적 구조를 통해 성격특성을 반영한다. 정서 에너지는 그 자체로 잘 드러나거나 명확하지 않아서 혼란과 어려움을 주고 있다. 인간의 주요특성을 사고에 두고 있는 경향과 함께 정서적 특징은 최근에 와서 보다 큰 관심을 받고 있다.

색을 통한 심리는 다면적이고 복합적이다. 다양한 표현방식을 구조적으로 변화시키면 사람의 고유한 인식과 표현방식에 따라 3가지 범주로 나눌 수 있다. 인간의 성격은 인식과 표현이라는 두 가지 축을 통해 상호작용하기 때문에 두 축을 중심으로 어떤 작용을 하는지 살피는 것이 구조적으로 유용하다.

정서는 내재화되어 있으며, 외현화 된 개인의 감정을 말하고 있다. 단지 감정에만 머무르지 않고 실제 관계에서 드러난다는 점에서 중요한 역할과 기능을 하게 된다. 특히 한국적 환경과 문화에서는 이런 정서적 반응이나 특성은 매우 중요한 역할과 기능을 할 수 있다. CPTI는 정서적 에너지를 적응적 정서와 회피적 정서로 구분하고 각각의 에너지 특성이 반영되는 성격특성을 설명한다. 행동 에너지는 사고나 정서의 에너지와는 다르게 즉각적이며 외적 상태를 잘 보여주는 특징을 갖는다. 신체적 에너지를 기반으로 하는 행동력은 태도나 활동성을 갖고 있으며, 지체하기보다는 보이는 대로 움직이고 반영하는 즉각적 반응을 전제로 한다. CPTI는 행동 에너지의 기반을 움직이려는 동작성 에너지와 머무르고 움직이지 않으려는 반동작성 에너지로 구분하여 그 에너지를 능동적 행동과 수동적 행동으로 구분한다. 이상의 세 범주는 각 개인의 선호 경향과 환경특성에 따라 서로 다른 맥락 안에서 고유한 성격으로 반영되었으며, 각 에너지의 상호작용을 통해 상대적 작용으로 독특한 자신만의 특정 경향성을 강화하거나 보완하여 반영된다. 이런 에너지의 흐름에 대한 특성을 구조화해서 각 색의 키워드를 구성하는 기본원리로 적용되기도 했으며, 실제 색의 키워드를 통해 해석 과정에서도 중요한 원리로 적용된다.

색채심리의 작용은 사람의 삶과 성격적 특성을 강하게 반영한다. 색채는 빛으로 구성되어 있고, 각각의 색의 빛은 에너지를 가지고 있다. 일상의 모든 것은 색으로 표현되고 있으며, 색 없이는 살아가기 힘든 세상이다. 색채에 따라 자신의 희로애락을 표현할 수 있고, 감정의 변화를 반영하게 된다. 색채를 이해하고 색을 심리로 이해하는 것은 괴테에서부터 시작되었다고 해도 과언은 아니다. 이전의 색채는 일상에서의 현상과 작용이었으나, 괴테는 학문적으로 심리적 인식을 뉴턴의 과학적 업적에 비견될 수 있는 수준으로 확장했다(Loske, 2020). 색에 미치는 다양한 작용과 인식에 대한 다양한 논의를 통해 구체적인 적용을 이어가게 된 것이다. 색의 특성과 에너지는 사물에 대한 인식과 특징을 잘 나타내는 요소이다. 디자인이 좋아도 채색이 잘못되면 의도에서 벗어나게 되고 기대했던 결과가 아닌 엉망이 되기도 한다. 이런 점에서 역동적 작용으로써 색의 에너지가 있음을 알 수 있다. 누구나 자신의 고유한 색을 가지고 있으며, 그 색을 통해 생각을 드러내고 변화를 만든다. 그리고 색을 통해 사람의 삶을 변화시킬 수 있는 것이다.

색의 에너지는 차크라와 연관하여 이해할 수 있다. 차크라는 정신적 힘과 육체적 기능의 상호작용에 대한 것으로 이해할 수 있다. 신체에 있는 8만 8천개 정도로 추정되는 차크라 중에서 7개의 주요 차크라는 척추를 중심으로 정수리까지 각 위치에 있다. 7개(불교에서는 4개)의 차크라는 각각 특정한 빛깔, 형태, 감각기관, 물질적 요소, 신, 만트라(mantra)와 연결되어 있다. 차크라 체계에 의하면 사람은 미묘한 몸(에테르, 마음, 영혼)을 가지고 있으며 물리적 몸인 육체로 퍼져나가 둘러싸고 있다. 이때의 에너지를 오라(aura)라고 하는데 물체나 인체로부터 주위에 발산되는 영험한 기운이다. 이 오라는 색으로 나타나기도 하며 미묘하게 몸을 통해 흐르는 삶의 에너지이다(Jung, 1967). 차크라 체계는 생리적 신체기관이 아니라 일반적 감각으로 확인하거나 느낄 수 없다. 융은 차크라(Chacra)의 체계를 개성화 과정으로 설명했다. 개성화란 집단 속의 개인들이 하나의 개인으로서 성장하여, 다른 사람과 구별되는 자신의 고유성을 찾는 과정을 의미한다(Eliade, 1991; 최연숙, 2006; Abt, 2006). 융은 “인간은 분명히 그 자신의 발달에 의식적으로 참여할 수 있다. 인간은 스스로 결정하여 자신의 발달을 느낄 수 있을 뿐만 아니라, 적극적으로 자신의 발달에 도움을 줄 수 있는데, 이때의 도움은 좁은 의미의 ‘개성화 과정’에 속한다.”고 했다. 개성화 과정은 무의식이 의식화됨으로써 자기실현(Self-actualization)을 이루는 것을 의미한다. 개성화는 의식적, 심리적 삶을 풍부하게 해주는 의식 영역의 확장을 가져다준다. 조화롭고 진정한 의미의 행복한 삶을 가능하게 해준다(Welch, 2000). 이런 자각 과정을 거쳐 7개의 차크라 에너지가 에너지 안의 극과 극의 성향들(하늘과 땅, 밝음과 어두움, 기쁨과 슬픔, 행복과 고통,

안정과 긴장, 성공과 실패 등)이 융화되어 통합되는 것이다. 양극성의 통합을 이루는 것은 양극성에 대한 자각을 놓지 않으면서 양극이 균형을 이루는 것이다(Johnson, 2006).

색을 이해하는 것은 다양한 색 에너지를 내면에서 끌어올려 활성화하는 것이다. 색은 생체 에너지를 활성화하고 에너지 변화를 가져와 균형을 맞출 수 있게 한다. 자기에게 부족한 색은 보충하고, 충분한 색은 조절함으로써 통합을 지향하게 된다. 기본 에너지를 이해하면 빛과 색의 힘을 알 수 있다. 색은 가시광선의 스펙트럼 안에서 무한대의 색을 반영한다. 무채색과 유채색을 구분하는 것은 서로 다른 색과 통합작용에 대한 원리를 잘 보여준다. 색에 대해 이해하기 위해 유채색만을 대상으로 이해할 수 없으며, 무채색과의 조화를 통해 균형과 통합을 유지해야 한다. 색채는 사람의 특성을 상징적으로 반영하며, 성격을 드러낸다. 이를 통해 자신의 심리, 정서, 타인과의 상호관계에 작용하며 통찰과 변화를 이끌 수 있다.

참고문헌

김용숙 · 박영로 (2019). **색채의 이해**. 일진사.

문경선 (2007). **색채상징에 관한 판화 표현 연구**. 홍익대학교, 석사학위논문.

박경화 · 여한구 (2017). **색채성격유형검사 개발을 위한 기초연구**. 「한국색채학회논문집」 31/2.

박경화 · 여한구 (2012). **피선세피라 분석의 이해와 실제**. 한국예술심리상담협회.

소공자 (2012). **싸이파워**. 코스모스북.

스에나가 타미오 (2003). **색채기억**. 강죽형 역(2002). 국제.

안옥희 · 이정옥 · 박현 · 김증자 · 김상현 (1997). **생활색채디자인**. 형설.

이병창 (2011). **에니어그램을 넘어 데카그램으로**. 정신세계사.

최연숙 (2006). **민담. 상징. 무의식**. 知 & 智.

한국색채연구소 (2006). **감성색채**. 한국색채연구소.

현성용 · 곽금주 · 김미라혜 · 성한기 · 신종호 (2020). **현대 심리학의 이해**. 학지사.

Abt, Theodor (2008). **융 심리학적 그림해석**. 이유경 역(2005). 분석심리학적연구소.

Aromatico, Andrea (2005). 연금술: 현자의 돌. 성기완 역(1998). 시공사.

Birren, Faber (1941). *The Story of Color: from Ancient Mysticism to Modern Science.* Connecticut: Crimson Press.

Eliade, Mircea (1991). 상징, 신성, 예술. 박규태 역(1985). 서광사.

Exner, John E (2003). *The Rorschach: a Comprehensive System. 1, Basic Foundations and Principles of Interpretation.* New York: John Wiley & Sons.

Hazen, Robert M. & Trefil, James (2005). 과학의 열쇠. 이창희 역(2009). 교양인.

Jean, Georges (1997). 기호의 언어. 김형진 역(1989). 시공사.

Johnson, Robert A. (2007). 당신의 그림자가 울고 있다. 고혜경 역(1994). 에코의 서재.

Jung, C. G. (1967). *Alchemical Studies*. NewYork: The Gresham Press.

Loske, Alexandra (2020). 색의 역사: 뉴턴부터 팬톤까지, 세상에 색을 입힌 결정적 사건들. 조원호 · 조한혁 역(2019). 미술문화.

Merleau-Ponty, Maurice (2005). 간접적인 언어와 침묵의 목소리. 김화자 역(1952). 책세상.

Mindell, Arnold (2011). 양자심리학: 심리학과 물리학의 경계. 양명숙 · 이규환 역(2000). 학지사.

Pease, Allan & Barbara (2005). 보디랭귀지. 서현정 역(2005). 베텔스만.

Pease, Allan Bantam (2005). *The Definitive Book of Body Language*. England: Books.

Picard, Max (1996). 침묵의 세계. 최승자 역(1986). 도서출판 까치.

Shaffer, David R. & Kipp, Katherine (2012). 발달심리학. 송길연 · 장유경 · 이지연 역(1996). 시그마프레스.

Sun, Howard & Dorothy (2006). 내 삶에 색을 입히자: 색채심리와 색채치료. 나시숙 역(1998). 예경.

Welch, John (2000). 영혼의 순례자들. 심상영 역(1982). 한국기독교연구소.

반추 및 토의질문

1. 색채지각에서 빛의 삼원색과 색의 삼원색의 차이를 구분하고 설명해 보세요.

2. 컬러성격유형검사(CPTI)의 구성 색과 특징을 설명해보세요.

3. 색을 통한 치료와 심리작용에 대한 활용 방안을 설명해 보세요.

4. CPTI와 PESUN을 사용하여 성격심리상담을 해보고 어떤 면에서 도움이 되는지를 이야기해보세요.

CHAPTER

13

성격과 생물학

인간이 가지고 있는 성격의 형성이 어떻게 이루어졌을지에 대한 논의는 심리학의 오랜 주제였다. 이러한 논의를 크게 나누어 보면 세 가지로 나누어 볼 수 있는데, 먼저는 성격은 이미 모든 것을 선천적(유전적)으로 가지고 태어나며 이것은 성장을 하는 상황에서도 변하지 않는다. 두 번째는 백지상태에서 태어난 인간이 주변환경과의 교류를 통해서 성격이 형성되어 가며, 주변환경과의 교류에서 특히 중요한 것은 어린시절 주 양육자와의 애착관계가 중요한 역할을 하게 된다고 보는 경향이 있다. 세 번째는 위의 두 이론 중 한쪽으로 연결되어 나타나는 것이 아니라, 두 개가 서로 영향을 미치는 것으로 선천적으로 가지고 태어난 것들이 기본적인 성격을 형성하고 있으며, 주변환경과의 교류를 통해서 강화되거나 완성되는 것으로 이해하는 논의이다. 이렇게 성격 형성에 대한 논의는 크게 세 가지로 이루어진다고 볼 수 있다.

성격의 형성에 대한 생물학적 논의는 인간의 신체를 통한 성격적 특성을 살펴보는 것에 관심을 기울인다. 예를 들어 '키가 큰 사람은 속이 없다'라는 말이나 '작은 고추가 맵다'라는 말은 인간의 신체인 키와 관련해서 사람의 성격을 이야기하는 말이라 볼 수 있다. 키가 크면 실속 없이 사람 좋은 것처럼 묘사되고 있으며, 키가 작달막하면 볼품없이 보여서 속이 좁고 흔히 말하는 '좀팽이'처럼 느낄지 모르지만, 오히려 속이 단단하고 쓸만한 사람이라고 여겨진다. 이는 신체적인 특징을 성격적으로 연결지어 좋은 성격이라고 생각하는 대표적인 예이다. 여기에서 우리의 관심을 끄는 것은 사람의 키와 연관 지어서 사람의 성격이나 됨됨이를 생각하고 있다는 것이다. 이처럼 성격을 생물학적 측면에서 다루는 것은 사람의 신체 활동과 관련되어 생각해 볼 수 있다.

1. 성격과 생리심리학

생리심리학은 심리학의 실험법과 생리학의 실험법 결합으로 나타나게 되었다. 생리심리학자들은 인간의 지각과정, 운동통제, 수면과 각성, 생식행동, 소화 행동,

정서행동, 학습 및 언어 등에 대해서 연구하였고 최근에는 중독과 정신장애와 같은 인간의 병리학적인 부분에 생리학적 연구를 시작하였다. 이들의 연구는 인간이 일으키는 근원적인 신체적 생리적인 사건이 단순히 어떤 행동을 유발하는가에 그치지 않는다. 행동유발에 대해서 이해하기 전에 그 행동이 발생하는 이유에 대해서 심리학적으로 이해하는 데에 중점을 둔다(Neil Carlson, 2008).

생물학적으로 인간이 의식(conscious)을 가지고 있는 상태는 사고, 지각, 기억 및 감정을 자각하고 있음을 알 수 있다. 그러기에 의식은 생리학적 기초를 가지고 있으며 의식의 변화로 인해 복잡한 사회구조를 이해하고 사회에 적응하게 한다. 또한 이렇게 이해되고 적응하는 과정에서 학습된 능력을 통해 의사소통하기도 하고 다양한 정보를 주고받음으로 자신을 드러내고 있다.

이들의 연구는 인간의 생리적 현상이 인간의 신체 가운데 들어있지 않은 마음과 연결되어 있음을 인정하면서, 마음은 결국 인간의 신체인 뇌의 활동으로 인해 나타나는 결과임을 알게 되었다. 뇌는 여러 개의 신경계로 연결되어 있어서 결국 인간의 신체 활동에서 오는 심리적인 이해는 뇌와 뇌의 신경계와 관련되어 나타남을 이해하게 되었고 뇌와 신경계와 관련된 연구로 집약되어 나타나게 된다. 이러한 연구들을 통해서 생리심리학자들은 인간의 마음에서 이루어지는 모든 역할이 뇌에 의해 수행되는 하나의 기능이라고 본다. 여기에서는 성격과 관련된 부분과 관련해서 뇌에 대해서 살펴보도록 하자.

1) 성격과 뇌의 구조

인간의 뇌를 뇌의 진화 과정으로 분류하면 뇌간, 변연계, 대뇌피질이라는 세 개의 층으로 나누어져 있다. 뇌간은 가장 오래되고 원시적인 부분으로 생존과 관련된 역할을 하는 부분으로 여겨지며 호흡이나 신진대사와 같은 기능과 충동과 본능, 반사작용 등을 담당하는 영역으로 알려져 있다. 변연계는 변연피질과 해마 돌기층, 편도핵 등으로 구성되어 있는데 주로 인간의 감정과 관련되어 있다고 알려져 있다.

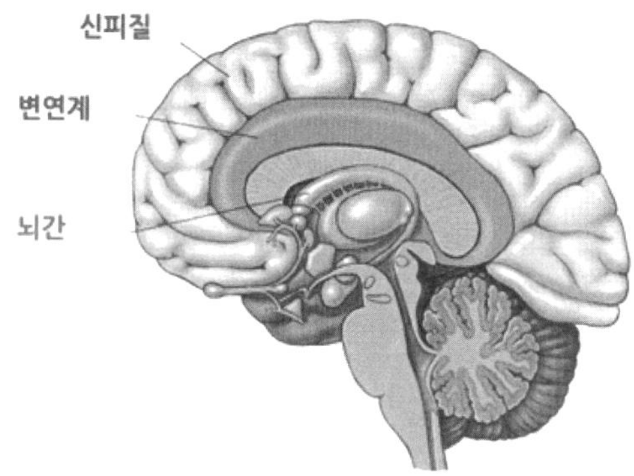

뇌의 구조 1

대뇌피질은 전체 뇌의 약 80%를 차지하며 인간의 사고작용과 관련되어 있다고 알려져 있는데 신피질이 발달하면 본능, 충동, 감성과 더불어 추상적인 사고가 발달하며 전체적인 연관성을 이해하게 되면 의식적인 자아와 복잡한 감정에 대한 조절을 할 수 있는 것으로 알려져 있다. 대뇌피질은 크게 네 부분으로 나타나는데 후두엽, 측두엽, 두정엽, 전두엽이다. 대뇌피질의 네 부분은 대체로 각기 다른 신체활동 부분 역할을 하는 것으로 알려져 있는데 전두엽은 운동이나 사고, 정서 기능을 관장하고 후두엽은 시각기능을 측두엽은 감정조절과 청각기능과 연결되어 있으며 기억 정부를 담당한다. 그리고 두정엽은 신체감각에 대한 정보처리를 담당하는 것으로 알려져 있다. 생리학적 측면에서는 뇌가 짜여진 구조와 조직대로 각각의 업무를 제대로 수행하고 다른 영역과 원활한 정보를 주고받을 때 정보처리가 순조롭게 이루어진다. 만일 이러한 기능이 제대로 수행되지 않게 되면 인지나 신체활동에 문제를 야기하게 된다.

피니어스 게이지(1923-1860년)의 일화는 뇌의 손상 부분이 사람의 성격에 어떤 역할을 했는지를 잘 보여주는 예이다. 게이지는 1848년 9월 13일 미국의 버몬트주의 한 철도 공사현장에서 일하고 있었다. 이날 공사현장에서는 폭발사고가 일어났고 폭발과 함께 철 막대기 날아와 게이지의 왼쪽 뺨에서 오른쪽 머리 윗부분으로 뚫고 지나가 버렸다. 그 결과 게이지는 두개골의 상당 부분과 왼쪽 대뇌 전두엽 부분이 손상되는 심각한 상처를 입게 되었다. 모두들 게이지가 죽을 것이라고 예상

했지만 한 달이 지난 후 그는 완벽하게 회복되었다. 게이지를 치료했던 의사 존 마틴 할로우는 몇 년 동안 게이지를 관찰한 뒤 '머리를 관통한 철 막대기의 통로에서 회복(Recovery from the Passage of a Iron Bar Through the Head)'이라는 글을 발표했다. 여기에서 할로우가 발견한 중요하고 흥미로운 점은 게이지가 폭발사고 이전과 이후가 완전히 다른 사람처럼 변했다는 것이다. 사고 전후로 게이지의 성격과 행동 양식이 정반대의 모습을 보이게 되었다. 게이지의 친구들조차도 변해버린 게이지의 성격과 행동 양식 때문에 게이지를 인정하지 않을 정도였다. 대뇌 전두엽의 손상이 성격과 행동에 큰 변화를 준다는 할로우의 주장은 큰 논쟁을 불러일으켰고 뇌의 특정 부위가 성격과 행동에 영향을 준다는 사실을 처음으로 제시하였다.

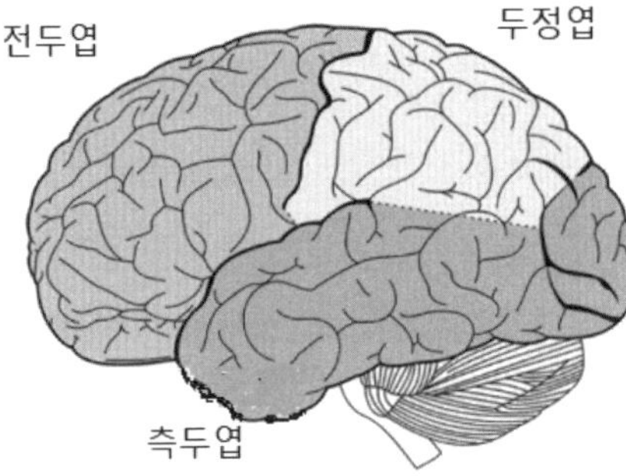

뇌의 구조2

fMRI를 통한 뇌 연구는 뇌가 성격과 관련되어 있는 연구를 한층 더 발전시켰는데 분노와 공격성과 관련된 연구를 진행했던 Raine의 연구는 공격성이 뇌의 구조와 연결되어 있음을 보여주었다. Raine는 충동적 정서적 살인범의 뇌에서 전전두엽 활동 감소와 편도체를 포함한 피질하 영역들의 활동증가를 관찰하였지만 냉정하고 계산적인 약탈 살인범들은 정상적인 전전두피질 활동을 보임을 보고하였다(Raine, 1998). Raine는 2002년의 연구에서도 반사회적 성격장애를 가진 사람들은 전전두피질의 회백질 양에서 일반인보다 11% 감소를 보였다는 것을 또한 발견하였다(Raine, 2002).

뇌의 구성과 구조 여하에 따라 인간의 성격이 다르게 나타나는 것과 특정 성격장애를 가지고 있는 자들의 뇌의 구성이 일반인들과의 차이점이 나타나는 것을 살펴볼 때 개인의 뇌의 구조로 인해(뇌의 구조가 인위적으로 바뀌거나 구조적 발달에 따라) 성격 변화의 가능성은 열려 있는 것이다. 이러한 점은 유전적 신체적 요인이 성격의 형성에 영향을 미칠 가능성이 존재한다는 것을 보여주는 중요한 단서이다. 뇌의 역할과 기능수행이 각자 다르게 나타남으로 인해 인간의 성격은 각자 차별적이며 다양하게 나타난다고 볼 수 있다.

2) 성격과 뉴런

뇌가 지각하고 반응하는 것은 감각기관으로부터 들어온 감각정보들을 분석하고 대응함으로 나타난다. 감각정보를 뇌로 전달하고, 또 뇌에서 분석하여 내려보내는 결과(행동, 반응 등)를 신체의 각 부분에 전달할 수 있는 것은 정보의 통로가 존재하기 때문이다. 이 정보의 통로를 신경계라 부른다. 신경계는 두개골과 척추에 의해 보호받는 뇌와 척수로 이루어진 중추신경계와 골격계의 외부에 존재하는 신경들과 여러 감각기관들로 이루어진 말초신경계로 나누어진다.

뉴런은 이런 신경계의 정보처리와 정보 전달자의 역할을 한다. 뉴런은 다양한 형태로 존재하지만, 기본 구조는 세포체, 수상돌기, 축색돌기, 축색돌기 끝에 붙어 있는 종말 단추로 구성되어 있다. 세포체는 세포의 생명을 유지시켜주는 핵과 여러 구조물을 포함하고 있으며, 수상돌기와 축색으로 연결되어 있으며, 축색의 끝에는 종말 단추가 연결되어 있다. 나뭇가지 모양으로 생긴 수상돌기는 다른 뉴런에서 오는 신호를 받아들이는 역할을 하게 되며, 이것을 세포체가 인식하여 새로운 신호를 축색돌기를 통해 종말 단추에 전달하게 되고, 종말 단추는 다른 뉴런에게 이 신호를 내보내는 역할을 하게 된다. 이렇게 해서 정보의 전달이 이루어진다. 이렇게 뉴런들은 뉴런들 사이에 존재하는 좁은 틈인 시냅스를 통해서 교신하게 된다. 이때 시냅스 전 뉴런이 시냅스 후 뉴런에게 흥분적 또는 억제적 효과를 일으킨다.

인간은 영아기 시기에 이 뉴런의 발달이 급속하게 일어난다. 이 시기에 급속하게 뉴런이 증가하였다가(이것을 수초화라고 부른다) 필요한 만큼만 남기고 필요 없는 것들은 소멸시키는 과잉생성 후 선택적 소멸과정을 거치면서 환경에 적응해 간다. Mark Rosenzweig와 동료들은 침팬지와 쥐 등의 동물 실험을 통해서 풍족한 환경에서 성장한 동물들의 뇌가 고립된 환경에서 성장한 동물들의 뇌보다 무겁고, 시냅스의 연결망이 촘촘하며 신경화학 활동 수준도 훨씬 더 높은 것으로 나타났다고 하였다(Rosenzwieg, 1969). 이와 비슷하게 최근 아동에 대한 뇌 발달의 연구에 의하면, 정상적 환경에서 자란 아동과 보육원 등 좋지 않은 환경에서 자란 아동의 뇌의 발달 정도가 다르다(Begley, 1997, Cicchetti, 2001).

이처럼 인간이 얼마나 다양한 경험을 하느냐와 그리고 나이를 먹으므로 인간의 뉴런과 시냅스의 연결은 많은 변화를 가져온다. 이런 뉴런의 변화들은 인간의 노화의 하나인 치매와도 관련이 있다. 치매에 걸린 사람들에게는 살아있는 뉴런이 더 많은 가지치기를 하지 못하는 것을 볼 수 있다. 이것은 치매에 걸린 이후 성격의 변화를 겪는 부분과도 연결될 수 있을 것이다. 인간의 신경계인 뉴런의 발달과 성장 여부는 인간의 정서와 인지에 영향을 미치고 있으며, 이는 성격 형성에도 영향을 미칠 수 있다.

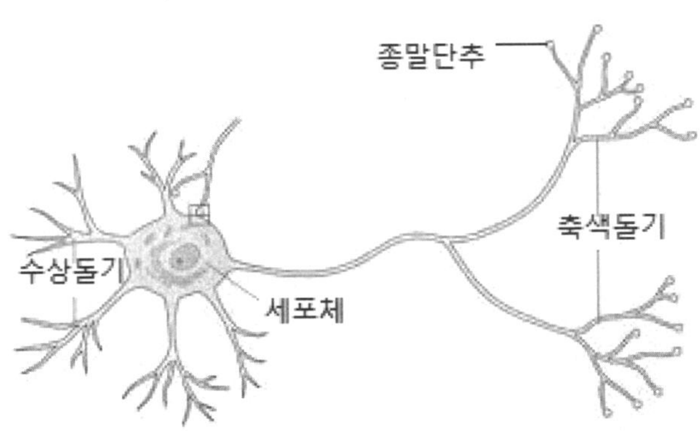

뉴런의 구조

3) 성격과 신경전달물질

호르몬이라는 용어는 거의 일상화가 되어 있는 용어이다. 그런데 책을 읽다 보면 호르몬이라고 표현된 것들이 신경전달물질이라고 표현되기도 하고 때론 신경조절물질이라고 표현되기도 한다. 여기에서는 간략하게 각각의 의미들을 정리해보고 이러한 신경전달물질이나 호르몬이 인간의 성격에 미치는 영향들에 대해서 살펴보도록 한다.

먼저 신경전달 물질에 대해서 살펴보면 뉴런과 뉴런을 연결시키는 통로는 시냅스이다. 시냅스에서는 전기신호를 통해 서로의 메시지를 주고받게 되는데, 이때 이 신호를 원활하게 주고받을 수 있도록 해 주는 것이 바로 종말 단추에서 분비되는 신경전달물질이다. 신경전달물질은 매우 다양한 종류가 있으며 서로 다른 신경전달 물질은 인간 행동의 서로 다른 측면들과 연결되어 있다. 때문에 어떤 특정 신경전달물질이 과도하게 분비되거나 또는 결핍되어 분비되면 그 부분에 대한 적절하지 못한 행동들이 나타날 수 있다. 시냅스에 영향을 주는 신경전달물질에 대해서 일반적으로 두 가지 범주로 분류하는데 하나는 길항제이며 나머지 하나는 효능제이다. 길항제는 시냅스 후(postsynaptic) 효과를 차단하거나 억제하는 약물을 의미하며, 효능제는 시냅스 후 효과를 촉진하는 약물을 말한다.

신경전달물질과 신경조절물질은 거의 같은 의미로도 사용되기도 한다. 그러나 엄밀하게 구분하면 체내의 신경세포에서 분비되는 물질로서 신경전달물질같이 작용하지만 신경조절물질은 시냅스 틈에서만 국한되어 작용하는 것이 아니라 주위조직으로 확산되어 여러 조직에 부분적으로 영향을 미치는 물질을 의미한다. 신경조절물질과 신경전달물질은 대뇌피질에서 분비되어 중추신경계를 타고 전달되는 특성이 있다.

호르몬은 내분비선에 있는 세포들에서 의해 분비되거나, 또는 위, 장, 신장, 뇌 등과 같은 여러 기관에 있는 세포들에 의해 분비된다. 호르몬을 분비하는 세포들은 세포외액으로 방출하며 혈류를 타고 신체 전체로 배달된다. 이러한 호르몬은 세포들의 활동에 영향을 미치게 된다. 특정 호르몬을 수용하는 세포들을 표적 세포라고 부르는데 이 세포들은 특정 호르몬에만 작용한다. 많은 뉴런이 호르몬 수용기를 통해 호르몬을 수용하고, 호르몬은 수용기를 자극하여 뉴런의 활동을 변화시킴으로 행동에 영향을 준다(Neil Carlson, 2008).

공격적이고 파괴적이며 폭력적인 인간의 성격을 높이는 효과를 일으키는 호르몬 중 하나는 성호르몬인 테스트테론으로 알려져 있다. 반대로 인간의 공격성을 억제하는 신경전달물질은 세로토닌이다. 충동적 공격성을 가진 성격장애를 가진 남성들을 연구한 Coccaro 등은(Coccaro, 1994) 세로토닌이 낮은 수준으로 방출되는 남성들이 충동적 공격성이 높게 나타난다는 것을 발견하였다. 낮은 수준의 세로토닌 방출이 공격성을 높인다고 한다면, 세로토닌 효능제로 작용하는 약물을 투여함으로 세로토닌의 방출을 높인다고 한다면 공격성을 감소시켜 반사회적 행동들을 낮출 수 있을 것이다.

아세트콜린은 중추신경계의 원심성 축색돌기에서 분비되는 신경전달물질인데 각성, 집중, 호기심, 보상 등과 관련이 있는 것으로 알려져 있으며, 호기심이 기억을 촉진하는 역할을 하기 때문에 인간의 기억과도 밀접한 관련이 있는 것으로 알려져 있다. 또한, 인간의 근육 활동을 자극하여 행동과 운동에 관여하는 역할을 하는 것으로 알려져 있다. 이런 점에서 살펴보면 아세틸콜린이 평균수준보다 더 잘 분비되는 특성이 있다면 그 사람은 호기심이 많은 성격적 특징을 보일 수 있을 것이다.

가장 흥미로운 신경전달물질 중 하나인 도파민은 운동, 주의력, 학습 및 중독성과 관련되어 있다. 도파민이 과잉되어 분비되면 조현병의 증세가 나타나며 부족할 경우에는 우울 증세가 나타날 수 있다. 또한 도파민은 행동과 운동조절에도 관여하는데 도파민이 잘 전달되지 않으면 파킨슨 병의 원인이 되기도 한다. 도파민의 방출 정도 여부에 따라 의욕이 넘치고 쾌활한 성격을 보여주기도 하지만, 그와 반대로 얌전하고 말이 없으며 조용한 성격으로 보일 가능성도 존재하고 있다.

노르에피네프린은 인간이 각성할 수 있도록 자극하는데 놀람이나 분노, 긴장, 주의집중을 하게 하는 역할을 한다. 노르에피네프린이 과도하게 분비되면 빠른 심장박동과 과도한 흥분, 혐업 증가 등이 나타나며 부족하면 우울증을 겪을 수도 있다.

이상에서 살펴본 것처럼 신경전달물질이나 호르몬이 얼마나 분비되느냐에 따라 각기 다른 양상을 보여주는 것을 볼 수 있다. 각 개인이 가지고 있는 이런 물질들의 분비량에 따라 어떤 사람은 쾌활하고 밝은 성격으로 보일 수 있으며, 어떤 사람은 얌전하고 차분한 성격으로 보일 수 있을 것이다.

〈표 13-1〉 신경전달물질과 작용

신경전달물질	작용/ 역할
아세틸콜린	신경세포 활성화 / 인지
글루타메이트	정보전달/ 평온상태 유지
세로토닌	각성, 수면 / 건전한 기분
도파민	근육 이완, 행동유발/ 운동
노르에피네프린	각성 중추에 자극 / 놀람, 불안
가바	흥분억제 / 긴장 풀림
엔돌핀	감각마비 / 평온상태
아난다민	환각작용 / 도취상태

2. 성격과 유전

자녀를 키우다 보면 '재는 누굴 닮아서 저렇지(나무라는 말투가 아닌 고민)'라고 생각하거나 혼잣말을 할 때가 있곤 하다. 이러한 말에는 성격이 유전적인 영향이 있음을 암시적으로 생각하고 있는 것으로 보인다. 아이들을 잘 관찰해보면 어려서부터 자신있게 남들 앞에서 자신의 이야기를 잘 말히는 아이가 있는 반면에, 자신의 이야기를 말하지 못하고 쭈뼛쭈뼛하면서 서 있는 경우도 있다. 그런데 아버지와 아들을 모두 알고 있는 할아버지가 이 모습을 볼 때 어떤 생각을 하게 될까? 아마도 우리 사회에서 사용되고 있는 말인 부전자전(父傳子傳)이라는 말이 이때 통용되는 말이 아닐까 생각된다. 이 말은 성격 특징이 유전적 영향이 있음을 어느 정도 인정하는 말이라고 볼 수 있다.

1) 쌍둥이 연구

성격에 미치는 유전적 영향에 대해서 가장 잘 증명하는 연구 중의 하나는 가계연구이다. 이러한 가계 연구는 인간의 심리 분야에서 정신장애를 연구하는 이상심리 분야에서 활발하게 연구되었다. 정신질환을 가지고 있는 환자의 가족 중에는 동일하거나 비슷한 정신장애를 지닌 사람들이 많다는 가계연구를 통해서 유전적 요인이 정신장애에 영향을 미치고 있음을 알게 되었다. 유전자는 가족들 간에 공유되어 나타나는데 부모와 자녀 관계에서는 50%가 동일하며, 3촌 간에는 25%, 4촌 간에는 12.5%의 공유된 유전자가 존재한다. 유전자의 공유하는 확률이 높을수록 동일하거나 유사한 정신장애를 앓을 가능성이 많은 것으로 알려져 있어 유전적 요인이 정신장애에 영향을 미치는 것으로 보고되었다. 그러나 가족들은 동일한 환경적 요인들을 공유하고 있기 때문에 이것이 유전적 영향인지, 환경적 요인이 포함된 것인지를 명확하게 구분하기는 어려웠다.

이 점을 해소하기 위해 연구된 것이 쌍둥이 연구이다. 유전이 특정 영역에 미치는 영향을 추정하는 주요한 방법이 바로 일란성 쌍둥이와 이란성 쌍둥이 간에 특질의 일치율을 비교하는 것이다. 일란성 쌍둥이는 유전적으로 동일하며 이란성 쌍둥이는 50%의 유전자를 공유하고 있다. 쌍둥이 중 한 명이 어떤 특정한 정신장애나 성격적 특징을 가지고 있다고 할 때, 쌍둥이 중 다른 한 명이 그 특징을 가지고 있다고 한다면 일치한다고 말할 수 있으며 일치하지 않는다면 불일치한다고 말할 수 있다. 예를 들어 양극성 기분장애의 공병률은 일란성 쌍둥이에서 73%이고 이란성 쌍둥이에서는 17%로 나타난다. 이 결과는 인간이 가지고 있는 심리적인 특징들이 유전적인 요인에 영향을 받고 있음을 보여준다.

유전적 영향을 추정하기 위해 사용되는 또 다른 방법은 입양아 연구이다. 어릴 적 입양된 사람들을 대상으로 그들의 생물학적 부모와 양육한 부모를 비교 연구하는 것이다. 이를 통해서 알 수 있는 것은 유전적 요인은 생물학적 부모와 관련이 있으며, 환경적인 요인은 양육 부모로부터 전해졌을 가능성이 크다.

성격에도 이러한 연구가 활발하게 이루어졌는데 Buss와 Plomin은 쌍둥이 139명의 성격특성을 조사했는데, 이 연구에서도 일란성 쌍둥이의 정서반응, 활동정도, 사회성 등 성격 유사성이 이란성 쌍둥이들보다 더 비슷한 것으로 보여주고 있어 유전적 영향을 받고 있음을 보여주고 있다.

〈표 13-2〉 쌍둥이의 성격유사성의 비교

	남아의 상관		여아의 상관	
	일란성	이란성	일란성	이란성
정서반응	.68	.00	.60	.05
활동정도	.73	.18	.50	.00
사회성	.65	.20	.58	.06

출처; 김원형, 남승규, 이재창, 2004

한국아동들의 기질에 유전적 요인들이 중요하게 작용하고 있으며, 이러한 유전적 요인들은 유년기 시절부터 발현되고 있음이 보고되었다(허윤미, 2010).

2) 성격과 기질

인간의 성격(personality)에 대해서 유전적으로 타고난 부분이 있으며, 후천적으로 학습되어 이루어진 부분이 있음을 구분한 사람은 미국의 정신의학자인 Robert Cloninger이다. 그는 신경생물학적인 기반을 두고 심리 생물학적 인성 모델을 기초하여 인간의 성격을 두 개의 큰 구조로 구분하고 있는데, 그것은 선천적인 기질(temperament)과 학습되어 만들어진 성격(character)[1])이다.

그에 의하면 기질은 유전적이어서 외부자극에 대해서 자동으로 일어나는 정서적인 반응 성향을 의미한다. 기질은 타고난 것이므로 일생 동안 비교적인 안정적인 속성을 보인다. 즉 기질은 교육이나 경험을 통해서 변화가 일어나는 것이 극히 드물게 고정적인 역할을 하는 것이다. 그러므로 기질은 성격(presonality)발달의 원재료이며 기본 틀이 된다고 이해하였다. 그는 또한 기질은 유전적인 영향뿐만

1) 이 책의 초반부에서 이미 personality와 character, 두 개의 단어를 성격으로 혼용하여 사용한다고 하였다. 본 단원에서는 Cloninger의 논의를 다루는데, 이와 관련하여 권석만은 personality를 성격으로 character를 성품으로 번역하여 다루었고, 민병배 등은 기질 및 성격검사(TCI) 매뉴얼에서 personality를 인성으로 character를 성격으로 번역하였다. 본 단원에서는 같은 용어로 사용하지만 의미는 조금 다르게 사용한다. personality는 character를 포함하는 좀 더 넓은 용어로 이해해 주기 바란다. 이는 책의 전반에 걸쳐 personality를 성격으로 사용하고 있기 때문에 그 논지를 따르기 위함이며, character를 성품으로 번역하기에는 그 의미가 다소 부정확하다고 여기기 때문이다. 그래서 본 논의에서는 성격이라는 단어에 영어 표기를 병기하여 그것이 의미하는 것이 무엇인지를 정확하게 하였다.

아니라 신경전달물질에 영향을 받는다고도 주장하였다. 도파민은 자극추구, 세로토닌은 위험회피와 연결되어 있다.

Cloninger는 기존의 성격(personality)모델들이 신경생물학적 연구결과들과 잘 통합되지 않는다고 비판하면서 신경생물학적 구조와 일치하는 성격(personality)의 차원들을 발견하고자 하였고, 그는 이것을 기질이라고 하였다. 그가 제시한 기질의 세 가지 차원은 행동 활성화, 행동 억제, 행동 유지를 조절하는 신경생물학적 체계에 해당한다고 한다.

- 행동 활성화 체계: 새로운 자극이나 보상 신호에 대한 반응으로 혹은 처벌을 적극적으로 회피하기 위한 반응으로 행동이 활성화되는 기능을 조절하는 체계
- 행동 억제 체계: 처벌이나 위험의 신호 혹은 보상 부재의 신호에 대한 반응으로 행동이 억제되는 기능을 조절하는 체계
- 행동 유지 체계: 이전에 보상된 행동이 지속적 강화 없이도 일정 시간 동안 유지되는 기능을 조절하는 체계(민병배, 오현숙, 이주영, 2007)

초기에는 이 세 가지 행동체계에 의해 자극추구, 위험회피, 보상의존성으로 살펴보았는데 이후에 보상의존성을 두 개의 독립적인 차원으로 나누어 자극추구, 위험회피, 사회적 민감성, 인내력으로 4개의 항목을 기질로 보았다. 4가지 기질차원은 정상인과 심리장애 환자들을 대상으로 한 다양한 연구에서 기분 상태의 변화에도 불구하고 고정적이고 안정적인 속성을 지닌다는 것이 밝혀졌다.

환경 자극에 대한 자동적인 반응으로 유전적이라고 보았던 기질과 다른 차원을 성격(character)으로 규정하였는데, 이것은 후천적인 경험을 중요시 여기며 경험과 환경자극으로 인하여 다양한 정서적 반응과 행동의 반응을 드러내는 것이라고 보았다. 여기에는 3개의 항목이 있는데 자율성, 연대감, 자기 초월 세 가지를 제안하였다. 자율성은 개인이 환경과의 관계에서 자신을 자율적인 존재로 인식하는 정도를 나타낸다. 연대감은 다른 사람들과의 관계에서 자신을 전체 인류의 한 부분으로 인식하는 정도를 나타낸다. 자기 초월은 자기 존재를 우주와의 통합과정에서 인식

하는 정도를 나타낸다. 자기 초월성이 높은 사람은 좋아하는 일에 몰두하기를 잘하며 삶의 신비와 경이를 높게 느낄 수 있다. 기질 유형과 다르게 성격(character) 유형은 경험을 통해서 구성되기 때문에 변할 수 있다.

Cloninger에 따르면 같은 기질을 가지고 있다고 할지라도 성격(character)발달의 차이에 따라서 서로 다르게 행동할 수 있다. 예를 들어 기질 유형에서 자극추구 성향이 높고 위험회피 성향이 낮게 나타난 경우, 성격 유형이 어떻게 나타나느냐에 따라 다른 모습을 보이게 된다.

기질(temperament)	자극추구
	위험회피
	사회적 민감성
	인내력
성격(character)	자율성
	연대감
	자기초월

3. 성격 형성-유전적일까? 환경적일까?

지금까지 생물학적인 관점에서 성격에 영향을 미치는 요인들에 대해서 살펴보았다. 생물학적인 관점에서 보면, 아무래도 인간의 유전적인 부분에 대한 강조가 두드러진다. 생리학적인 측면에서 인간의 성격에 가장 깊숙이 관여되고 있는 것은 인간의 뇌다. 사고로 인해 뇌 일부분을 상실함으로 성격과 이전과는 다르게 완전히 변하는 결과에 대해서 알아보았다. 또한, 뇌에서 분비되는 신경전달물질이 성격의 형성에도 영향을 미치는 것에 대해서 살펴보았다. 이러한 점들은 인간의 성격에 유전적인 요인이 많은 영향을 미침을 나타내는 것으로 보인다.

특히 인간의 성격 형성에 유전적인 부분과 환경적인 부분을 나누기 위해 Clinger는 유전적인 부분을 기질이라고 명명하였다. 기질은 인간의 성격을 형성하는데 고정적인 역할을 하며 기본적인 특징을 드러낸다. 때문에 동일하지는 않지만 형제나 쌍둥이에게서 비슷하게 드러나는 성격적 특성들이 있음을 알 수 있다. 그러므로 성격이 유전적이라고 하는 것은 한 인간이 가지고 있는 성격적 특성들이 어느 정도 수준에서 고정적으로 태어난다고 이해하는 것이 좋겠다. 유전적인 요인이 기본적인 특징들을 구성하다고 하면, 환경적인 요인들이 그 특성들을 더욱 강화시킬 수도 있으며, 한편 유전적 요인들을 조절하는데 영향을 미칠 수 있다. 즉 인간의 양육환경이 어떠냐에 따라 유전적 요인들은 영향을 받고, 이는 성격 형성에 영향을 끼칠 수 있다.

> 아름다운 건축물은 뼈대와 디자인이 조화를 잘 이루어야 한다.
> 성격도 타고난 유전적인 요인과 경험으로 구성되어진 환경적인 요인이
> 조화를 이루어야 좋은 성격이다.

참고문헌

권석만(2017). 인간이해를 위한 성격심리학. 학지사.

임상곤(2006). 성격심리학론. 백산출판사.

민병배, 오현숙, 이주영(2020). 기질 및 성격검사 매뉴얼. 마음사랑.

김민정(2020). 쉽게 풀어쓴 성격심리학. 학지사.

김원형, 남승규, 이재창(2004). 인간과 심리학. 학지사.

허윤미(2010). 한국 유아들의 기질에 미치는 유전과 환경의 상호작용: 쌍둥이 연구, 한국연구재단.

Carlson, Neil R. (2008). *Foundation of Physiological Psychology.* 정봉교, 현성용, 윤병수 역 (2008). 생리심리학. 박학사

Begley, S.(1997) How to builds a baby's brain. Newsweek Special Issue, spring/summer, 28-32

Cicchetti, D.(2001) How child builds a brain. *Child psychology in retrospect and prospect*. Mahwah, NJ: Erlbrum

Coccaro, E.F., Silverman, J.M., Klar, H.M., Horvarth, T. B. and Siever, I.J. (1994) Familial correlates of reduced central serotonergic system function in patients with personality disorders, *Archives of General Psychiatry*, 51, 318-324

Raine, A., Meloy, J., Birhrie, S., LaCasse, L. and Buchabaum, M. S., (1998) Reduced prefrontal and increased subcortical brain functioning assessed using positron emission tomography in predatory in affective murderers. *Behavioural Science and the Law*, 16, 319-332.

Raine, A., Lencz, T., Bihrle, JS., LaCasse, L. and Colletti, P. (2002) Reduced prefrontal gray matter volume and reduced autonomic activity in antisocial personality disorder. *Archives of General Psyhiatry*, 57, 119-127

Rosenzweig, M. R.(1969) Effect of heredity and environment on brain chemistry, brain anatomy and learning ability in the rat. *Behavioral genetics*. New York: Appleton-century-Crofts.

반추 및 토의질문

1. 대뇌피질의 구분과 인간 활동의 관계 영역에 대해서 설명해 보세요.

2. 신경전달물질과 호르몬이 성격형성에 미치는 영향에 대해서 설명해 보세요.

3. 성격에 미치는 유전적 요인을 연구하는 방법에 대해서 설명해 보세요.

4. 자신의 성격에 대해서 유전적인 부분과 환경적인 부분에 대해서 설명해 보세요.

CHAPTER

14

알아차림과 성숙 그리고 존재의 변화

1. 게슈탈트 심리와 알아차림

"알아차림이 무엇이기에 행복하고 풍요로운 삶을 살아갈 수 있도록 하는 것인가? 알아차림은 일상적인 삶에서 어떻게 일어나는지?, 어떤 조건에서 알아차림이 잘 일어나는지?, 무엇이 알아차리게 하는지?" 등과 같이 '알아차림'에 호기심이 많았다. 1991년 대구 수성관광호텔에서 1박 2일간 마라톤 집단 상담에 참여한 경험을 가진 후, '알아차림'에 관한 호기심에 대한 갈증을 해소하는 계기가 되었다. 내면 속에 들어있던 감정과 생각들을 알아차리기 시작했다. 2003년에는 '자의식'(관념의 상자) 밖으로 나오는 체험을 하게 되었고 이를 계기로 알아차림이 확대되는 것을 경험했다. 이처럼 게슈탈트 심리치료 상담과정, 위빠사나 명상 체험을 통하여 알아차림이 잘 일어나는 경험을 하게 되었다. 그렇지만 종종 감정적으로 스트레스가 높은 상태가 되면 알아차림이 차단된다는 것을 알게 되었다. 뭔가 골똘히 생각하고 있을 때 알아차림은 일어나지 않았다. 즉 생각에 빠져 있으면 앞에 사람이 있는 것도 알아차리지 못했다.

"이러한 알아차림은 무엇이며 어디에서 오는 것인가?"

네이버 사전에서 알아차림은 명사가 아닌 동사로써 '알아 차린다.'로 정의되어 있다. 두 가지 단어의 의미가 포함되어 있다. '안다'라는 단어의 의미와 '차린다'라는 단어의 의미이다. '안다'라는 것은 "어떤 사실이나 존재, 상태에 대한 의식이나 감각으로 깨닫거나 느낀다."이다. '차린다'라는 의미는 "기운이나 정신 따위를 가다듬어 되찾는다. 정신을 차리다."이다. 그래서 '알아차린다'라는 의미는 "알고 정신을 차려 깨닫는다."라고 정의하고 있다. 이것을 조금 풀어서 보면, '알아차린다'는 우리의 감각, 즉 오감인 시각, 청각, 미각, 촉각, 후각을 통해서 사실, 존재, 상황을 알고 정신 차려 깨닫는 것을 의미한다.

사람들은 지금, 이 순간 뱃속에서 "꼬르륵" 하는 소리를 듣고서, 배가 고프다는 허기를 알아차린다. 길을 걸어가다가 길가에 뱀이 있는 것을 보고 깜짝 놀라는 경우들이 있다. 그런데 정신을 차려보니 뱀이 아니고 밧줄인 것을 알아차린다. 필자의 어처구니없는 경험을 소개한다.

"어느 날 사무실에 문을 열고 들어갔는데, 모두들 나를 바라보면서 웃었다. 그래서 나는 다른 사람들이 나를 비웃는 것으로 생각하였다. 조금 후 누군가가 나에게 상황설명을 해주었다. 내가 문을 열고 들어가는 시점에 한 사람이 재밌는 농담을 하여 모두가 웃었다고 했다. 필자가 상황을 잘 못 해석한 것임을 알아차린 것이다." 또한 사람들은 등산하다가, 어제 해결하지 못하였던 사건(미해결문제)이 떠올라서 그 생각을 하며 걷다가 "앗! 내가 지금 뭔 생각을 하는 거야" 하면서 생각에 빠져있음을 알아차린다. 그리고 지저귀는 새소리와 바람에 나뭇잎이 흩날리는 소리를 알아차린다. 이처럼 알아차림은 깨어있는 정신 상태에서 어떤 사실이나 존재, 상태, 상황 등을 깨닫는 것이라고 할 수 있다.

알아차림이라는 용어는 게슈탈트 심리치료에서 중요하게 다룬다. 게슈탈트 심리학(Gestalt psychology, 形態心理學)은 심리학의 한 학파이다. 인간의 정신을 부분이나 요소의 집합이 아니라 전체성이나 구조에 중점을 두고 파악한다. 이 전체성을 가진 정리된 구조를 독일어로 게슈탈트(Gestalt)라고 부른다.

게슈탈트 심리치료는 게슈탈트 심리학을 활용하였다. 게슈탈트 심리치료는 1951년 독일의 Fritz Perls가 창안한 것이다. "전체", "형태" 등의 뜻인 "**게슈탈트**"라는 개념은 지각 심리학에서 치료의 영역으로 확장된 것인데, "개체가 자신의 욕구나 감정을 하나의 의미 있는 행동 동기로 조직화하여 지각한 것"을 의미한다(김정규, 2009). 예를 들어, 시원한 계곡물에 발을 담그고 쉬고 싶은 것, 하얀 쌀밥을 먹고 싶은 것, 내가 좋아하는 철수와 친하게 지내고 싶은 것 등이 게슈탈트이다. 이때 게슈탈트란 단순히 욕구와 감정이 아니라, 자신이 처한 상황과 환경을 고려하여 그 상황에서 실현 가능한 행동 동기로 지각한 것을 말한다. 그렇다면 왜 게슈탈트를 형성하는 것일까? 그 이유는 자신의 욕구나 감정을 유의미한 행동으로 만들어서 실행하여 완결 짓고자 하기 때문이다. 즉 각 개인은 대상 또는 환경과의 접촉을 통해서 욕구나 감정을 해소한다. 예를 들어서, 목이 말랐을 때 "시원한 한 잔의 물을 마시고 싶다"라는 **게슈탈트를 알아차린 후** 냉장고에 있는 차가운 물(환경)을 마시는(접촉) 것으로 갈증을 해소한다. 이러하듯 우리가 자신의 욕구를 해소하기 위해서 환경 또는 대상과의 접촉으로 자신의 게슈탈트가 해소되면 형성된 게슈탈트는 배경(무의식)으로 사라지고, 다시 새로운 게슈탈트가 형성된다. 우리는 배경으로부터 분명한 게슈탈트를 형성해내어 전경으로 떠올리고, 이를 환경과의 상호작용을 통해 해결하여 배경으로 사라지게 하고, 또다시 새로운 게슈탈트를 형성하여 전경으로 떠올리는 순환 과정을 되풀이한다.

"어떤 회사원이 사무실에서 일하다가 소변이 마려워 화장실에 가서 소변을 보았다. 그리고 한동안 다시 하던 일을 열심히 하고 있었는데 이번에는 갈증을 느꼈다. 그래서 잠시 하던 일을 놓고 사무실에 있는 정수기로 가서 물을 받아먹었다. 돌아와서 하던 일을 다시 하고 있는데, 갑자기 주식투자 손실금액이 생각나서 일이 손에 잡히지 않았다. 그는 일을 멈추고 밖에 나와서 담배를 피우면서 멍하니 생각에 잠기게 되었다." 예의 회사원은 처음에 상황적인 필요와 자신의 욕구에 따라 가장 중요한 것들을 차례로 게슈탈트를 형성하여 해소하였다. 즉 그는 처음에는 다른 방해가 없었으므로 일에 몰두할 수가 있었다. 잠시 후 신체적인 욕구(갈증)가 자각되었고, 이를 게슈탈트(정수기의 물)로 형성하여 정수기 물을 먹으면서 갈증의 욕구가 해소되었다. 그러다가 그의 중요한 미해결문제, 즉 주식투자 손실금액이 떠올랐고 이를 지금 바로 해소할 수가 없게 되었다. 그때부터 그의 게슈탈트는 자연스러운 전경과 배경의 교체가 되지 못하게 된 것이다. 즉 그는 전처럼 다시 일에 몰두할 수가 없게 되었다. **이러한 전경과 배경의 교체는 우리들의 삶에 중요한 요소다. 왜냐하면, 우리는 게슈탈트의 형성과 접촉으로 성장하기 때문이다. "알아차림"은 우리 자신의 욕구나 감정을 지각하고, 그 다음 게슈탈트로 형성하여 전경으로 떠올리고, 행동으로 접촉하여 게슈탈트를 해소하는 전 과정에서 일어난다.**

알아차림이 잘 일어나면 전경과 배경의 교체가 원활해지고 삶이 생생해지고 풍요로워진다. 이러한 알아차림은 우리가 태어날 때부터 가지고 있는 고유한 능력이다. 다만 **접촉경계 혼란**이 일어남으로써 자신이 알아차림을 인위적으로 "**차단**"하고 그 결과 게슈탈트 형성과 해소에 실패하게 된다. 위의 예에서 회사에서 일하는 회사원은 소변 마려운 것과 갈증을 알아차렸기 때문에 이를 게슈탈트로 형성할 수 있었다.

만일 그가 급히 서둘러서 일해야 할 사정이 있었더라면 아마 그는 일에 열중한 나머지 소변 마려움이나 갈증을 못 알아차렸을지도 모른다.

다음으로 **접촉**은 전경으로 떠오른 게슈탈트를 해소하기 위해 환경과 상호작용하는 행위를 뜻한다. 위의 회사원의 예에서 회사원은 화장실에 가서 변기에 소변을 보는 것, 정수기로 가서 컵에 물을 받아서 마시는 것으로 자신의 욕구를 해소한 것이다. 여기서 화장실 변기에 소변을 보는 것, 컵으로 물을 떠서 마시는 행위가 바로 접촉이다. 따라서 접촉은 **"게슈탈트 형성-해소"의 순환 과정**을 도와주어 우리들의 일상생활을 건강하게 살아가도록 도움을 준다. 만일 게슈탈트 형성과 접촉 중 어느 것 하나라도 부족하면 전경과 배경의 원활한 교체가 불가능하게 된다. 전경과 배경이 원활하게 교체가 안 되고 어느 것이 전경에 오랫동안 머물고 배경으로 물러가지 않을 때, 개인은 무기력해지고 우울해진다. 위의 사례의 경우, 회사원 자신의 미해결문제인 주식투자 손실금액을 회복해야 한다는 미해결 게슈탈트(미해결 상태)는 알아차렸지만, 지금 자신이 보유하고 있는 주식의 가치가 너무 떨어져 버렸기 때문에 주식 가치가 원상으로 회복되기까지는 미해결문제로 남게 된다.

게슈탈트가 생성되고 해소되는 반복과정을 **"게슈탈트 형성과 접촉 주기"**라고 부른다.

진커(Zinker, 1977)는 게슈탈트 형성과 접촉 주기를 아래의 6단계의 그림으로 도식화하여 설명하였다(김만수, 2017).

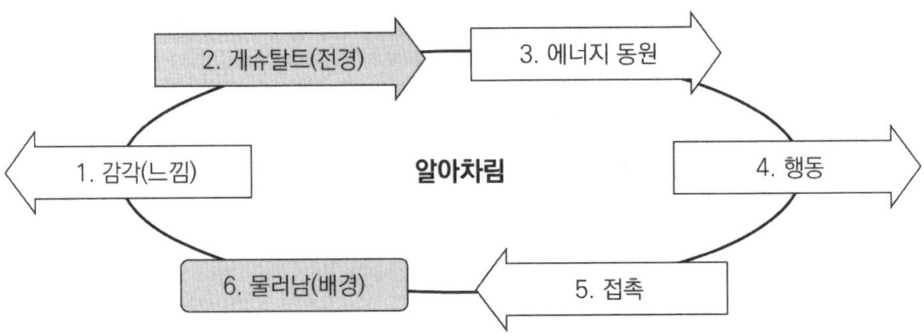

〈그림 14-1〉 게슈탈트 형성과 접촉주기

인간은 먼저 배경(몸, 무의식)에서 우리의 욕구나 감정을 신체감각으로 지각하고 게슈탈트로 형성하여 전경으로 떠올린다. 이를 해소하기 위해 에너지(흥분)를 동원하여 행동으로 옮긴 후, 마침내 환경과의 접촉을 통해 욕구를 해소한다. 그러면 게슈탈트는 배경으로 물러나 사라지고 개인은 휴식을 취할 수 있다. 잠시 후 다시 새로운 욕구나 감정이 배경으로부터 떠오르면서 이를 게슈탈트를 형성하고, 해소하는 새로운 게슈탈트 형성과 접촉의 주기가 일어난다. "알아차림"은 자신의 욕구나 감정을 지각한 다음 게슈탈트로 형성하여 전경으로 떠올리며, 행동으로 접촉하여 게슈탈트를 해소하는 전 과정에서 일어난다. **알아차림이 잘 일어나면 전경과 배경의 교체가 원활해지고 삶이 생생해지고 풍요로워진다. 이러한 알아차림은 인간이 태어날 때부터 가지고 있는 고유한 능력이다.**

알아차림에 대한 사전적인 정의와 그리고 게슈탈트 심리치료에서의 의미를 참고하여, 아래와 같이 알아차림을 정의하였다(김만수 코치, 2017).

> "알아차림이란 지금, 이 순간 깨어있는 정신 상태에서 자신의 욕구, 감각, 감정, 생각, 행동, 환경 그리고 자신이 처한 상황 등을 있는 그대로 알게 되는 것이다."

2. 알아차림의 유익과 방해요인

알아차림 코칭 측면에서 알아차림이 주는 유익과 방해요인을 살펴보자.

1) 알아차림코칭이란?

알아차림코칭은 코치가 고객의 삶에서 알아차림이 잘 일어나도록 돕는 것이다. 알아차림코칭은 고객 자신의 미해결문제를 알아차리고 해결하는 역량을 개발하도록 한다. 왜냐하면, 사람들이 미해결과제가 많으면 자신과 주변에서 일어나는 것을 있는 그대로 알아차릴 수 없기 때문이다. 알아차림코칭은 고객이 자기 생각, 감정,

의도, 욕구를 알아차리고 해소하도록 질문과 경청 그리고 거울이 되어주는(피드백 해주는) 과정이다. 또한 알아차림코칭은 고객의 문제 행동, 즉 고질적인 행동 패턴을 알아차리게 하고, 고객이 상황에 맞게 행동하도록 협력해주는 것이다.

2) 알아차림의 유익

알아차림코칭에서 알아차림의 유익은 3가지로 설명할 수 있다.

(1) 내적 대화(멘탈)의 질이 좋아진다.

내적 대화의 질이 낮은 사람들, 자기 비난이 심하고 매사에 부정적인 생각을 많이 하는 사람들이다. 그들의 감정 상태는 걱정, 근심, 불안, 두려움, 짜증 등이다. 특히 힘들고, 어려운 상황에서는 더욱 부정적이다. 내적인 대화의 질을 높이기 위해서는 먼저 부정적인 생각의 늪에서 벗어나(정신 차려) 자신의 내적인 대화를 알아차리는 것이 필요하다. 자신의 내적인 대화를 알아차린 후 지금 내 생각이 상황에 맞는 것인지 확인한다. 만약에 지금의 생각이 상황에 맞지 않은 내용이라면, 그 생각을 붙잡지 말고 흘러가도록 내버려 둔다. 불합리한 생각이 흘러가도록 허용하면, 당연히 감정 상태도 변한다. 걱정, 근심, 불안, 두려움 상태에서 평온해진다.

내적인 대화의 질이 좋아지며, 자신의 정서 상태를 본인이 원하는 것으로 만드는 힘은 "알아차림"에서 온다. 알아차림이 잘 일어나면 내적대화의 질이 좋아진다.

(2) 삶의 과제들을 즐길 수가 있다.

삶의 과제들, 즉 타인과 소통하는 과제, 고객과 협상하는 과제, 상사에게 보고하는 과제, 구성원을 설득하는 과제, 휴일에 등산하는 과제, 밖에서 걷거나 달리는 과제, 연애, 결혼하는 과제 등에서 알아차림이 잘 일어나면 삶의 과제 그 자체를 즐길 수가 있다. 삶의 과제와 주변 환경에 온전히 주의를 기울인다. 그러면 자신과 타인 그리고 주변 환경과 연결되고 하나가 된다. 자신의 욕구, 감정, 생각, 느낌,

행위, 그리고 타인의 욕구와 감정, 환경과 주변에서 일어나는 상황을 잘 알아차린다. 알아차림이 잘 일어나면 삶의 과제들이 즐거워진다. 삶의 과제가 잘 해결되기 때문이다. 설사 해결이 안 되더라도 그 자체를 있는 그대로 받아들일 수 있는 내적인 힘이 생성된다. 힘들고 고통스러운 삶을 수용한다. 그래서 알아차림이 잘 일어나면 우리는 삶의 과제를 즐길 수 있게 된다.

(3) 자신이 누구인지 깨닫게 된다.

인간이 지구에서 태어난 것은 축복이다. 왜냐하면, 인간만이 "생각"을 하기 때문이다. 자기 자신과 외부 환경에 대한 호기심을 가지고 끊임없이 생각하면서 살아간다. 생각하는 자신이 누구인지를 궁극적으로 깨닫게 된다. 과거는 깨어남의 과정이 소수의 사람에 해당하지만, 지금도 그렇고 앞으로는 자기가 누군지 깨닫는 사람들이 점점 늘어나고 있다. 인간은 자기 생각의 한계를 넘어서 자신과 세상을 깨달을 수 있다. 자신과 세상에 대하여 깊은 질문으로 성찰하다 보면 깨달을 수 있다. 자기 생각 틀(관념, 프레임) 속에서 벗어나는 온전한 자유 함을 체험한다. 알아차림의 영역이 무한대로 넓어진다. 이러한 기적은 인간에게만 주어진 특권이다. 그래서 인간으로 지구에 태어난 것이 축복이다.

3) 알아차림을 방해하는 요소

알아차림은 지금 여기에서 일어나는 현상이다. 즉 지금 여기에서 온전히 깨어있을 때, 다른 말로 아무 생각이 없는 상태 혹은 고요한 상태, 평정심의 상태에 있을 때 알아차림이 잘 일어난다. 알아차림이 잘 일어나지 않는 것은 우리가 어떤 생각을 하고 있거나 감정에 빠져있기 때문이다. 알아차림을 방해하는 것은 세 가지이다. 첫째, 미해결과제가 있을 경우이다. 둘째, 개인이 외부의 자극에 반사적인 반응 상태에 빠져있을 때이다. 셋째, 6가지 접촉경계 혼란 행위가 일어날 경우이다.

(1) 미해결과제가 있을 경우이다.

게슈탈트 심리에서는 **미해결과제**를 중요하게 다룬다. 왜냐하면, 미해결과제가 삶을 힘들게 만들고 우울하게 하는 등 각종 정서적인 문제를 일으키기 때문이다. 먼저 게슈탈트 심리에서 "미해결과제"가 무엇인지를 알아보고, "미해결과제"가 어떻게 알아차림을 방해하는지 알아보자. 우리의 욕구를 해소하기 위한 게슈탈트가 전경으로 떠오르고, 게슈탈트가 해소되면 배경으로 사라진다. 그러면 자연스럽게 그다음으로 관심이 가는 대상을 전경으로 떠올릴 수 있다. 이러한 전경과 배경의 교체는 우리의 욕구와 환경 여건에 따라 자연스럽게 이루어진다. 그런데 우리가 게슈탈트를 형성하지 못했거나 혹은 게슈탈트를 형성하였으나 해소하는 데 방해를 받게 되면 관심을 요구하는 대상은 배경으로 사라지지 못한다. 그렇다고 전경으로 떠오르지도 못하기 때문에 게슈탈트는 중간층에 남아 있게 된다. 왜냐하면, 우리의 무의식은 게슈탈트를 완결 지으려는 강한 동기가 있기 때문이다. 아직 완결되지 않았기 때문에 그것은 지속해서 전경으로 떠오려고 한다.

이러한 완결되지 않은 혹은 해소되지 않은 게슈탈트를 "**미해결 게슈탈트**" 혹은 "**미해결과제**"라고 말한다. 이러한 미해결과제는 계속 해결하도록 요구하며, 전경으로 떠오르기 때문에 다른 게슈탈트가 선명하게 형성되는 것을 방해한다. 예를 들면 아침에 아내와 싸우고 출근한 남편은 그것이 미해결과제로 남아 있어서 편안한 마음으로 회사 일에 집중할 수가 없다. 즉 회사 일을 선명하게 전경으로 떠올릴 수 없다. Perls(1969)에 의하면, 미해결과제가 많아질수록 인간 개체는 자신의 욕구를 효과적으로 해소하는 데 실패하게 되고 마침내 심리적. 신체적인 장애를 일으킨다.

미해결과제는 한국적인 개념으로 한(恨)과 같은 의미라고 봐도 된다. 한이 쌓이면 그것이 우리의 삶을 지배하게 되고, 우리는 삶의 현장에 생생하게 깨어있을 수가 없다. 우리를 구속하고 있는 한을 풀어야만 비로소 우리는 자유로워지고, 그제야 푸른 하늘이 눈에 보이고 사람들이 느껴진다. 한이 많이 쌓여있다면 지금 여기에 깨어있는 실존적인 삶을 살 수가 없다(김정규, 2009).

게슈탈트 심리치료에서 "미해결과제"가 알아차림을 방해하는 것으로 설명하고 있다. 특히 미해결과제는 우리나라의 "한(恨)"과 같은 의미라고 설명한 김정규 박사도 **알아차림을 방해하는 것**으로 설명하고 있다. "미해결과제가 있으면 알아차림이 왜 일어나지 않을까?" 우리는 미해결과제, 즉 미해결 게슈탈트를 완결 지으려는 강한 내적 동기가 있다. 아직 완결되지 않았기 때문에 지속해서 전경으로 떠오려고 한다. 미해결 게슈탈트는 생각의 전면에 선명하게 형성한 후 해소된다. 그런데 대부분 미해결과제는 선명하지 않아서 알아차리지 못한다. 또한, 알아차렸다고 해도 당장 해소할 수 없는 것들이 대부분이다. 그래서 미해결과제들이 있으나 그것을 해소하는 방법이 없기에 고민에 빠진다. 불편한 생각들이 많아지면서 알아차림이 일어나지 않는다. 지금 여기에 깨어있지 못하고 생각의 관념 속에서 허우적거린다.

(2) 외부의 자극에 반사적 반응(reactive response) 상태에 있을 때다.

사람들은 어떤 내외적인 상황이나 조건에 의하여 무의식적으로 반응한다. 감정적으로 격앙되기도 한다. 어떤 생각에 집착한다. 그러면 알아차림은 일어나지 않는다. 아내의 잔소리에 참아오다가 버럭 화를 내고 나면, 한동안 알아차림이 일어나지 않는다. 왜냐하면, 지속해서 화를 만들고 있기 때문이다. 무의식적으로 일어나는 행동이다. 초보 코치 시절에 코칭하는데, 고객이 "나는 이런 식의 코칭은 싫습니다. 아니 구체적인 해결방법은 제시해 주지도 않으면서 질문만 하시니 답답합니다."라는 말을 듣는 순간 당황했다. 그때 반사적으로 "코칭은 이런 것입니다. 컨설팅이 필요한가요?"라고 설명하면서 고객을 설득시키려고 했다. 무의식적인 반응이다. '반사적 반응상태'에 빠졌기 때문에 코치 자기 자신과 고객에 대해 알아차리지 못했다. 물론 탁월한 코치는 알아차려서 지혜롭게 대응을 하겠지만, 초보 코치로서는 쉽지 않았다.

(3) 6가지 접촉경계 혼란 행동이 일어날 경우이다.

자녀는 태어나면 부모로부터 보호를 받으며 자란다. 그 과정에서 부모의 행동패턴에 영향을 받는다. 부모의 우울한 행동, 폭력적인 행동, 감성적인 행동 등은 그대로 자녀의 무의식에 심어진다. 특히 자녀는 부모나, 주변 환경으로부터 받은 정신적이고 육체적인 상처로부터 본능적으로 자신을 지키려고 한다. 성장하는 과정에서 비슷한 상황과 조건에서 자신을 보호하는 행동을 반복한다. 반복된 행동을 하면서 강화된다. 그런 과정에서 6가지 행동 패턴[2)]이 만들어진다.

부모나 존경하는 사람의 이야기를 믿고 순종하며 행동하는 "내사"적인 행동 패턴, 자신의 긍정적인 부분과 부정적인 부분을 다른 사람에게 덮어씌우는 "투사" 행동 패턴, 부모나 존경하는 사람과 하나가 되어 보호받으려고 하는 "융합"적인 행동 패턴이다. 자신의 욕구 해결의 게슈탈트를 알아차렸으나 해소하기엔 외부 환경이 너무 불안하고 두려워서 자신에게 적용해버리는 "반전"의 행동 패턴, 자신에게 내사된 부모의 도덕적인 부분이 자기 생각, 감정, 의도를 감시하고 검열하는 "자의식"의 행동 패턴, 자신의 스타일이 아닌 사람과 대화하거나 처음 만난 사람들과 대화할 때, 혹은 불편한 사람과 대화할 때 상대방의 눈을 맞추지 않고 장황하게 이야기한다든지 헛웃음을 짓는다든지 하는 "편향"의 행동 패턴 등이다.

그러면 알아차림이 잘 일어나며 환경과 접촉하면서 자신의 욕구를 해소하기 위해서 어떻게 해야 할까?

---

2) 게슈탈트 심리치료에서는, 이 6가지 행동 패턴을 접촉경계혼란(contact boundary disturbance)라 부른다. 또는 줄여서 경계혼란(boundary disturbance)이라 부른다. Petruska Clakson의 글이 이 6가지 행동패턴을 잘 진술해주고 있어 인용하여 소개한다. "게슈탈트 이론에 따르면 과거의 미해결 상황을 현재까지 유지시키고, 개인의 욕구충족을 방해하며, 자기 자신뿐만 아니라 타인 및 환경과의 건강한 접촉을 방해하는 몇 가지 심리기제가 있다. 이를 [접촉] 경계혼란이라고 부르는데, 그렇게 부르는 이유는 이것이 유기체와의 환경의 경계선에서 창조적인 자아가 건강하게 기능하는 것을 방해하는 '고착(fixation)' 같은 것이기 때문이다. 게슈탈트 이론에서는 이를 자기조절행동으로 보며, 방어기능도 있다고 본다."(99) 게슈탈트 이론가들에 의하면, 사람들이 상황에 따라 일시적으로 의도적으로 접촉을 차단하는 경우가 있다. 이 경우는 유기체적 존재인 인간에게 유익하고 건강한 선택일 수 있다. 한편, 게슈탈트 심리치료의 대부 중의 한 분인 퍼얼스 등은 이 방어적인 심리기제를 만성적으로 부적절하게 사용할 경우 신경증적인 것으로 본다. 그리고 퍼얼스는 둔감화(desensitisation)를 접촉경계혼란에 속하는 심리기제(psychological mechanism)에 넣기도 한다.

3. 알아차림이 잘 되려면

알아차림이 잘 일어나게 하려면 어떻게 하면 될까? STOP코칭으로 알아차림을 방해하는 요인이 무엇인지 파악하고, 그 요인을 제거함으로써 알아차림이 잘 일어나게 한다. 김만수 코치는 알아차림을 방해하는 행동 패턴을 극복할 방안으로 STOP코칭 모델을 만들었다. 여기서 STOP은 영어의 첫 글자를 따서 만들었다. S는 뒤로 물러서는 단계(Step back)이며, T는 생각하는 단계(Think), O는 대안을 세우는 단계(Options), P는 실행환경을 만드는 단계(Proceed)를 말한다.

1) 미해결 상태나 미해결문제를 먼저 해결한다.

미해결 상태(미해결 게슈탈트)나 미해결문제가 있는 것을 점검하여 쉽게 해결할 수 있는 것부터 해결한다.[3] 조용한 시간을 내어서 전경으로 자꾸 떠오르는 것을 살펴본다. 노트에 하나씩 적어보며 알아차림 코칭을 활용하여 해결할 대안적 방법을 찾아본다. 시간과 전문적인 조력이 필요한 것은 전문코치에게 도움을 요청하여 처리한다.

2) 내외부 자극으로 멘탈이 붕괴되는 상태, 즉 미해결감정을 해소한다.

미해결감정은 과거의 충격적인 사건(트라우마)에서 자신을 보호하기 위해서 만들어진 것이다. 미해결 감정은 예를 들면, 고소 공포증, 대인 공포증, 발표 공포증, 강박증 등에 나타나는 감정과 과도한 분노 등이 포함된다. 이러한 감정은 특정한 상황이나 조건에서 발현된다. 미해결감정은 무의식에 있는 충격적인 경험에 대한 기억을 변화시키거나 없애면 해결에 도움이 된다.

어린아이가 상처를 받으면 마음이 체해 버린다. 받은 상처를 부모의 돌봄 가운데 표현하지 못하면 아이의 내면에 남게 된다. 이것을 게슈탈트 심리치료에서 미해결

3) 이 14장에서 미해결 상태란 심리적 문제를 일으키는 것이 아닌, 단순한 미해결 문제가 있는 것을 말하며, 미해결 과제란 완결되지 않은 혹은 해소되지 않은 게슈탈트가 지금 여기에 깨어 있을 수 없게 만들며, 심리적 신체적 장애까지 이르게 할 수도 있는 것을 말한다.

감정, **미해결과제**라고 한다. 우리가 격렬한 부정적 감정을 반복적으로 경험하는 것은 미해결된 과제들이 억압되어 있으니 무의식이 나에게 해결해달라는 신호다. 부정적 감정을 해소하지 못하면 변질되기 시작한다. 슬픔의 감정이 분노로 바뀐다. 원래의 감정이 드러나지 않도록 이를 억압하고 지키는데 에너지가 소모된다. 자기 안에 이러한 미해결감정이 있다는 것을 알아차리고 치유하며 적절하게 해소하는 것이 중요하다. 미해결감정을 알아차린 후 온전히 표현하고 흘러가게 하는 것은 치유적 과정 중에 하나의 과정이다. 미해결감정을 해결하기 위해서 자주 과거의 기억으로 다시 돌아갈 필요는 없다. 한번 그곳에 갔다가 돌아온 후 중요한 것은, 과거가 아니라 "지금 여기"이다. 격렬한 감정 상태에서 빠져있는 자신의 **내적 표상**[4]을 바꾸어, 지금 여기에 머무는 용기와 선택이 필요할 뿐이다.

과거의 상처로 불안증이 심했던 적이 있었다. 여러 사람 앞에서 발표할 때 불안해서 하고 싶은 말을 제대로 하지 못하여 절망의 나락으로 떨어진 순간들이 많았다. 돌이켜보면 이때 나타난 미해결감정을 마라톤 상담, 영적 코칭, NLP의 시간선 치료, 게슈탈트 심리치료, 심리 코칭으로 해결했다. 과거의 상처를 있는 그대로 받아들였다. 과거의 충격적인 경험이 지금은 오히려 소중한 현재의 자원이 되었다. 코칭할 때 필요할 경우 고객과 의미 있게 나눌 수 있는 소중한 이야기가 되었다.

3) 자신의 접촉경계 혼란을 초래하는 6가지 행동 패턴을 알아차리는 것도 필요하다.

6가지 행동 패턴은 습관적이며 무의식적이기에 알아차리기가 쉽지 않다. 습관적인 행동 패턴을 알아차리기 위해서 스스로 STOP코칭을 적용하는 것은 도움이 된다. 습관적인 행동은 자기도 모르게 무의식의 영역에서 또는 전의식의 영역에서 발생하여 자기도 어려움을 당하기도 하고, 타인에게 피해를 주기도 한다. 이러한

4) 내적 표상(Internal Representation)이란 심적인 표상이다. 마음속에 떠오르는 형상이다. 상상속의 이미지 혹은 상징적인 표상인 부호나 언어 등이다. 두려움을 일으키는 뱀의 삼각 머리와 이빨, 공포감을 일으키는 강아지 얼굴, 몸을 얼어붙게 만드는 아버지의 부리부리한 표정, 웃음을 자아내게 하는 아기의 표정 등이 내적 표상의 예이다.

습관적이고 적절하지 않은 행동으로 이끄는 힘을 관리하고 적절한 선택과 행동을 할 수 있으려면 어떤 방법이 도움이 될까? 이럴 때 STOP코칭이 필요하다. 자극적인 상황 앞에 있게 될 때 반사적이며 습관적인 행동을 하기 전에 뒤로 물러선다(Step back). 뒤로 물러서면 자신의 행동과 상황을 생각하는 시간을 가진다(Think). 스스로 자신을 성찰하다 보면 알아차림이 일어난다. 알아차림으로 상황에 맞는 새로운 대안을 수립한다(Options). 실행할 수밖에 없는 환경을 만들어서 성취하도록 한다(Proceed). 자신이 스스로 문제가 되는 습관적 행동을 멈출 수가 없으면 전문코치의 도움이 필요하다. STOP코칭의 전문코치의 도움으로, 고객은 자신의 무의식적인 방어적 행동 패턴인 내사, 투사, 융합, 반전, 자의식, 편향이 일어나는 것을 알아차리는 도움을 얻을 수 있다. 게슈탈트 심리에서는 내사, 투사, 융합, 반전, 자의식, 편향을 접촉경계 혼란의 6가지 요인으로 본다. **알아차림코칭**에서는 이를 '접촉경계 혼란 행동 패턴'이라고 부른다. 접촉경계 혼란 행동이 발생할 때, 개인은 심리 정서적인 문제로 고통스러운 상태에 이르게 되고, 문제 행동을 하게 된다. 따라서, 이러한 6가지 행동 패턴을 알아차릴 수 있는 것은 문제행동을 극복하고 건강하게 살아갈 수 있는 중요한 자원이 된다. 왜냐하면, 타인과 살아가는데 때로는 적절한 경계를 유지하는 것과 자신이 너무 방어적으로 행동하고 있다는 것을 알아차리는 것이 필요하기 때문이다. 자신의 6가지 행동 패턴의 문제점을 알아차리며 대화할 때 타인과의 공감력은 배가된다.

알아차림코칭은 고객이 자신의 욕구, 의도, 감정, 생각 그리고 타인과 환경을 잘 알아차리도록 돕는다. 고객의 미해결과제, 미해결감정을 해결하도록 촉진한다. 알아차림코칭은 고객 자신의 욕구와 감정을 지혜롭게 해소하도록 코치가 "스탑(STOP)코칭"으로 조력하며, 보조를 맞추는 것(Pacing)[5], 깊은 경청, 질문, 피드백(Feedback)을 하는 것으로 구성된다. 코치와 고객은 자기 자신, 상대방, 그리고

5) Pacing이란, Pacing의 명사인 Pace의 의미는 육상 경기의 장거리나 마라톤에서, 달리기의 속도를 말한다. 그리고 페이스에 대한 구체적인 예로서는, "페이스를 유지하다, 제 페이스대로 나가다, 상대 선수의 페이스에 말려들다, 그 선수는 중반 이후 지점에서 제 페이스를 찾았다, 페이스를 맞춘다"라는 말들이 있다. 타동사로서는 "속도를 유지하다"라고 정의한다. 알아차림 코칭에서 Pacing이라고 하는 것은 "고객과 속도를 유지하는 것" 혹은 "상대방과 모든 측면에서, 예를 들면 상대방의 호흡과 표정까지도 보조를 맞추는 것"이다.

주변 환경과 페이싱(Pacing) 한다. 지금 여기에서 온전히 함께하면 습관적이고 무의식적인 행동 패턴을 인지하고 멈출 수 있다. 자신이 몰입하고 있는 업무에서 벗어나면(Step back) 생각이 열리고 관점이 확대되면 알아차림이 일어난다. 알아차린 후 상황과 맥락에 맞는 선택과 행동을 한다. 습관적이고 반사적이며 자동적인 행동 패턴에서 의도적이고 상황적이며 능동적으로 행동한다. 그리고 자신이 실행한 행위에 대하여 주변으로부터 피드백을 받는다. 자신의 행동을 수정 보완하면서 성과를 창출한다. 한편 알아차림 코칭으로 해결이 안되는 접촉 경계 혼란 행동에 대해서는 게슈탈트 심리치료 전문가나 정서중심치료(Emotion Focused Therapy) 전문가로부터 도움을 얻을 수 있으니, 심리치료 전문가에게 보내는 것이 합당하다.

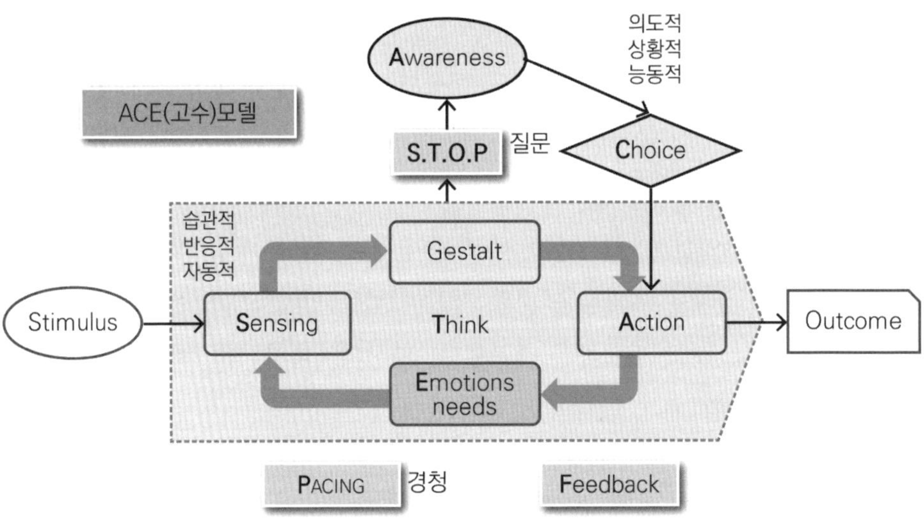

[그림 14-2] ACE(에이스, 고수)모델

출처: 김만수, 2021

알아차림을 잘 하는 사람은 삶의 고수다. 내면이 넓고 깊은 사람이다. 흔히 말하는 '에이스'이다. 자신과 주변 상황(타인 포함)에 대한 알아차림(**A**wareness) 역량이 탁월하다. 자신의 정서와 욕구(**E**motions & Needs)를 알아차린다. 상황과 맥락에 맞는 행동을 선택(**C**hoice)하고 실행하는 삶의 전문가이고 고수이다.

4. 알아차림은 순수의식의 작용

앞에서 어떻게 알아차림이 잘 일어날 수 있는지에 대해 살펴보았다. 이번 마지막 부분에서는 알아차림이 본질적으로 무엇과 관계가 있는지를 살펴보고자 한다. 즉 알아차림의 근원적 요인을 살펴보자.

알아차림 코칭에서는 알아차림이 순수의식과 관계가 있다는 것을 알게 되었다. 순수의식은 알아차림의 근원이다. 사람들은 순수의식에 있게 될 때, 자기(Self)의 욕구나 감정을 알아차리게 된다. 순수의식에 있을 때 우리는 알아차린 감정과 욕구를 해소하는 것이 매우 쉬워진다. **알아차리는 것은 순수의식의 작용이다. 순수의식은 우리의 본성이자 바탕의식이다.**

여기에 순수의식 체험을 간단히 소개한다.

> 나는 내가 순수의식임을 2003년에 깨달았다. 내가 순수한 사랑의 존재임을 깨달았다. 순수하지 못한 나의 의식, 즉 "나는 악마의 자식이다. 나는 구제 불능의 존재이다."라고 생각은 완고한 에고(Ego) 의식이었다. 이러한 불순물의 의식은 진리가 아니었다. 즉 관념에 지나지 않은 허구였다. 나의 순수의식은 "나는 하나님의 영적인 자녀이고 사랑 자체임"인 것을 깨달았다. 순수의식이 '진리'였던 것이다. 성경에서 "진리가 너희를 자유케 하리라"를 가슴으로 체험했다. 순수의식이 곧 나의 본성이고 사랑이었던 것을 깨달았다.

순수의식 체험은 필자의 존재와 삶을 바꾸는 핵심적인 동인이 되었다. 순수의식은 모든 것을 있는 그대로 알아차리고 있다. 몸이 피곤한 것을 알아차리고 잠을 자게 한다. 아침에 잠에서 깨운다. 심장을 뛰게 하고 호흡을 관장한다. 주변에 일어나는 모든 것을 알아차리고 자신을 살아있게 한다.

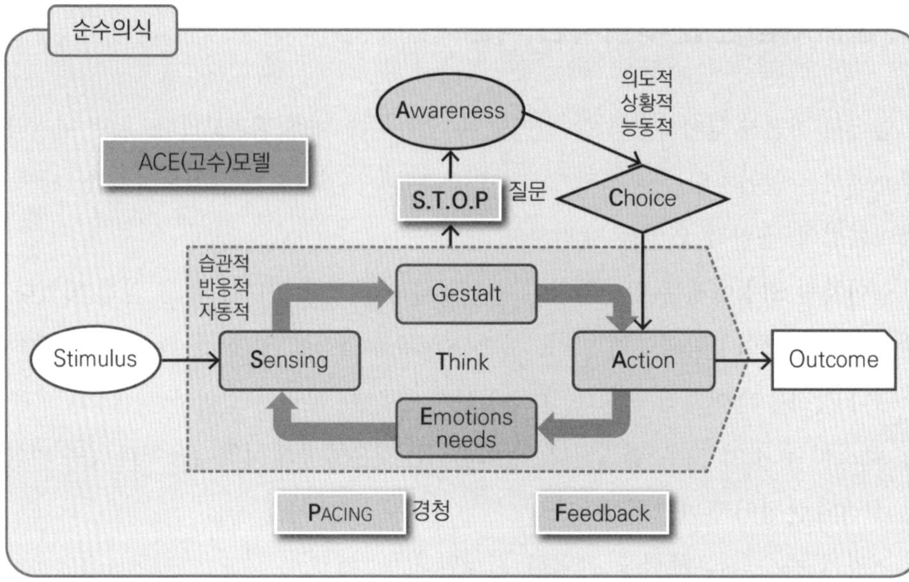

[그림 14-3] 순수의식

출처: 김만수, 2021

순수의식에 대한 학문적 표현은 현상학적 철학의 창시자인 후설(Husserl)이 언급하였다. 즉 후설은 철학적인 의미에서 순수의식을 설명하였다. "**순수의식**이란 경험으로부터 독립하여 그것의 지배를 받지 않는 선천적 의식"이라고 하였다. 여기서 그것이라고 함은 경험하고 있는 의식이다. **의식의 지배를 받지 않는 선천적 의식이 순수의식이다.** 또한, **순수의식을 코칭에서 처음으로 사용한 사람은 탐스톤(Tom Stone)이다.** 탐스톤은 의식 분야 전문가이다. 탐스톤은 순수의식이 고차원적인 정신세계에나 존재하는 이해하기 어려운 것이 결코 아니라고 하였다. **순수의식**은 자신이 무언가를 경험할 때마다 거기에 함께하는 것이며, 자신 안에 있는 속성으로서 스스로 깨어있는 상태, 자신이 살아있는 상태를 말한다고 했다. 순수의식은 정신을 표현하는 스크린으로써, 이 스크린 위에 모든 사고와 지각이 비친다고 하였다.

순수의식

순수의식을 바닷물과 파도에 대한 비유로 설명할 수 있다. 바다에 일렁이는 파도는 의식이다. 순수의식은 일렁이는 파도의 속성인 바닷물 그 자체이다. 바닷물의 겉면에서 일어나는 파도는 외부의 상황이나 조건에 의해서 매 순간 일어나겠지만, 바닷물 아래로 가면 고요하고 평온한 상태인 순수의식의 상태이다. **순수의식이란 바로 의식이 깨어있는 상태이다. 즉 내가 바닷물이고 생각이나 감정은 바닷물에서 매 순간 일렁이는 파도임을 알고 있는 상태가 깨어있는 상태이다. 이렇게 깨어 있는 상태가 순수의식 상태이다.**

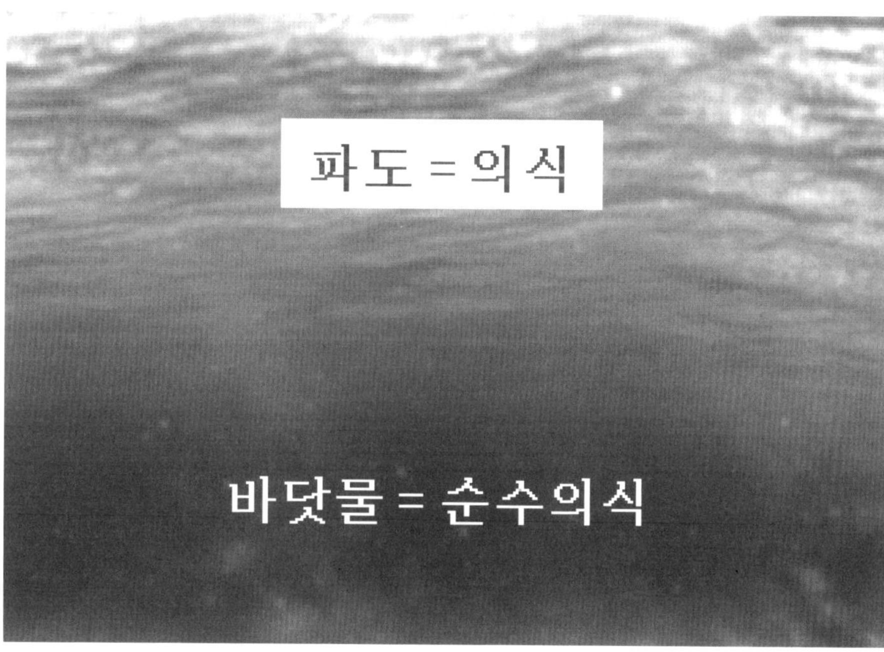

순수의식은 너무나 간단해서 그런 것이 있다는 것조차 느끼지 못한다. 왜냐하면, 순수의식은 경험의 대상이 아니라 경험의 배경으로 깔렸으며, 평상시에는 순수의식이 있다는 것조차 알아채지 못하기 때문이다. 순수의식은 너무도 간단하고, 고요하며, 뭔가 흥미나 재미를 느낄 수도 없다. **사실상 순수의식은 우리의 근본적인 본성**

이며, 우리가 살아있음을 의미하는 그 자체이다. 순수의식이 있음으로써 우리는 살아있을 수 있으며, 외부의 사물이나 현상을 지각할 수 있다. 그리고 생각하는 것은 물론 우리에게 일어나는 모든 삶을 경험할 수 있다.

지난 수천 명의 진리 탐구자들은 순수의식을 경험하는 일이야말로 가장 멋진 영적 탐구라고 생각했다. 또한, 그들은 묵상을 비롯한 다른 영적 행위를 통해서 순수의식을 직접 경험하고자 열망하였다. 초월의식, 근원, 지금 이 순간, 존재함, 절대, 보편성, 전체, 깨달음 등 여러 가지 이름이 영적 탐구자들에 의해서 사용되었다. 순수의식의 주제를 다루었던 몇몇 저자들은 순수의식을 경험한다는 것이 어떤 것인지 설명하였다. 그들은 곧 그런 경험을 하지 못하게 되었고, 수년에 걸쳐 힘든 시기를 보내면서도 순수의식을 다시 경험하기 위해 애를 썼다.

전통적으로 영적 세계를 추구하는 세계에서는 순수의식을 경험하기 위해 평생 노력을 기울이는 사람들이 많다. 그들은 수없이 많은 시간과 세월 동안 순수의식을 찾으려고 애를 썼고, 어떤 단체에서는 평생을 바치기도 한다. 한때 순수의식이 무엇인가에 대한 의문을 둘러싸고 여러 가지 서로 다른 개념이 등장하기도 했다. 또한, 매우 금욕적인 행위를 포함하여 다양한 실천 방법이 시도되었으며, 그들 중 일부는 어렴풋하게 순수의식을 경험해 보려고 불확실한 희망을 안고 여러 해 동안 매달리기도 하였다. 그러나 곧 알게 되겠지만, 순수의식을 경험하는 일은 믿을 수 없을 만큼 간단하다. 그저 정확한 지점을 바라보기만 하면 그곳에 순수의식이 있다. 순수의식은 누구든지 체험할 수 있으며, 짧은 순간에 실제로 경험할 수가 있다.

순수의식을 체험해보는 질문이다. 아래 질문에 스스로 점검해보고 마음에서 일어나는 것을 지속해서 알아차려 보자. 답을 찾은 질문은 "0" 표시하고 답을 찾지 못한 질문에는 "V" 표시를 해본다.

- 순수의식이 무엇일까? 순수의식은 우리 삶에서 어떤 모습으로 나타날까? (　)
- '나'라는 것은 무엇이며 어디에서 오는 것일까? (　)

- 내가 알고 있는 것의 한계는 어디까지이며 한계 너머에는 무엇이 있을까? ( )
- 눈이 볼 수 있는 가시 스펙트럼(Spectrum) 범위는? 눈이 볼 수 없는 가시 스팩트럼 밖에는 어떤 것들이 있을까? ( )
- 내가 들을 수 있는 소리의 한계는? 내가 들을 수 있는 소리의 한계 너머에 있는 소리는 무엇일까? ( )
- 나는 모든 진실을 보고, 알고 있는가? ( )
- 생각은 어디에서 온 것인가? ( )
- 지금 질문하는 사람은 누구인가?, 누가 질문을 하는가? ( )
- 그러한 생각이 없다면 자신은 어떤 상태, 어떤 존재인가? ( )
- 지금 생각이 일어나기 전의 상태는 어떤 느낌일까? ( )
- 생각을 바다에서 일렁이는 파도라고 한다면 바닷물 그 자체는 무엇이라 할 수 있을까? ( )
- 자신이라고 생각하는 부분이 자신의 전체에서 몇 % 정도라고 생각하는지? 나머지 부분은 무엇인가? ( )
- 자신에게서 변하지 않는 것이 있다면 무엇인지? ( )
- 세상에서 변하지 않는 것이 있다면 무엇일까? ( )
- 눈에 보이는 모든 것이 변한다는 것, 그래서 실체가 없다고 하는 것을 어떻게 설명할 수 있을까? ( )

각각의 질문에 생각해보고 표시하면서 어떤 느낌이 드는지? 그 느낌이 어떤 의미인지 깊이 생각을 해보자.

아래의 질문에 자신을 깊이 반추해보자.

∬ 나는 어디에서 왔는가?

∬ 지금 여기에 있는 나는 누구인가?

∬ 나는 어디로 가는가?

∬ 나의 무엇을 세상에 남기고 싶은가?

위의 질문할 때 고요한 바탕의식에서 일어나는 느낌을 알아차려라. 생각이 일어나는가?

이 생각은 어디에서 오는 것인가?
이 생각은 누구를 위한 생각인가?
이 생각이 일어나지 않는다면 나는 누구인가?
그리고 고요히 기다려라.
순수의식이 알아차리도록 허용하라!
주변에 일어나는 모든 소리가 들리고,
주변에 있는 모든 것이 보이고,
온몸의 촉감이 살아난다.
마음은 텅 비었고,
청명하다.

참고문헌

김만수(2017). 알아차림코칭(KPC 심화과정) 한국코치협회.

김만수(2021). 탁월성을 일깨우는 알아차림. 부크크.

김정규(2009). 게슈탈트심리치료. 학지사.

탐스톤(2008). 순수의식. 아시아코치센터.

티머시골웨이(2006). 이너게임. 오즈컨설팅.

Clakson, Petruska(1999). Gestalt Counseling In Action. 김정규, 강차연, 김한규, 이상희 공역(2010). 게슈탈트 상담의 이론과 실제. 학지사.

반추 및 토의질문

1. 알아차림이 무엇인지에 대하여 자신의 사례를 가지고 설명해보세요.

2. 알아차림의 유익 3가지와 방해하는 3가지 요소를 진술해보세요.

3. 알아차림을 개발하기 위한 3가지 방법을 설명해보세요.

4. 순수의식이 무엇인지와 순수의식이 어디에 존재하는지를 생각해보세요.

5. 자신의 존재인 순수의식을 깨닫기 위해서 자신에게 필요한 질문은 무엇일까요?

CHAPTER

15

영적 성장을 방해하는 성격장애

우리를 행복하게 하는 사람도 있고 불행하게 하는 사람도 있다. 어떤 사람은 항상 징징대며 어린아이처럼 매달려서 짜증이 난다. 짜증내고 돌아서면 그에게 미안하고 너그럽지 못한 자신이 싫어진다. 어떤 사람은 너무나 거만하여 상대를 무시하기 때문에 그를 만나고 나면 화가 난다. 마음속으로 그와 격렬하게 싸우고 있는 자신을 발견하곤 한다. 의심 많은 사람도 있고 지나치게 완벽주의적이어서 숨 막히게 하는 사람도 있다. 이 모든 것이 사람의 성격 탓이다.

성격이란 인간의 행동 방식을 말한다. 인간의 모든 행동과 대인 관계가 성격에 의해서 좌우된다. 성격에 따라, 남을 성공하게 하는 사람도 있고 자기 주위 사람을 파괴하는 성격도 있다. 성격에 따라 좋은 리더가 되기도 하고 독재자가 되기고 한다. 아예 리더이기를 포기하는 성격도 있다.

영적 성장을 위해서는 하나님을 신뢰하는 기본적 믿음이 필요하다. 하나님의 용서와 사랑을 받아들일 수 있어야 한다. 그런데 대상을 신뢰하는 능력이 없는 사람은 영적으로 자라지 못한다. 자학적인 성격의 사람도 영적으로 자랄 수가 없다. 처벌자 하나님에 대한 두려움만 크다. 수십 년을 믿어도 믿음이 자라지 못하고 미숙아로 남아있는 것은 성격결함 때문일 수도 있다.

성격을 이해하는 것이 영적 성장에 큰 도움이 된다. 본 강의에서는 성격의 발달과 특성을 설명하면서 성격의 유형과 그런 유형의 성격이 어떻게 영적 성장을 방해하는지 설명하겠다.

1. 유년기 애착관계와 영적성장

한 초등학교에서 반장을 뽑았다. 반장들의 대부분은 부모와 애착관계가 안정된 아이들이었다. 이 아이들은 친구들에게 리더로 인정받는 아이들이었다. 미래에 대해서 희망적이고 인생에 대해서 긍정적인 아이들이었기 때문이다. 친구들을 믿고 쉽게 접근하며 친해졌다. 친구들의 감정을 잘 이해하는 EQ가 높은 아이들이었다. 유년기 생활이 성격 형성에 지대한 영향을 미친다. 그리고 리더는 유년기에 이미 만들어진다고 볼 수도 있다. 어머니와 친근한 관계를 경험한 사람들은 어떤 대상과 쉽게 친해지고 좋은 관계를 맺는 능력이 있다. 따라서 하나님을 발견하면 그 분과도 쉽게 친근한 관계를 맺게 된다. 영적 성장 속도도 빠를 것이다. 반대로 어머니와 유아기에 친근한 관계를 맺지 못한 사람은 어떤 대상을 만나도 두려워지고 가까이 접근하기 어렵다. 따라서 성도의 교제도 어렵고 영적 성장도 더딜 수밖에 없다. 유년기 애착이 영적 성장에도 매우 중요하다.

2. 성격의 유형과 영적성장

1) 의존적이면서 요구가 많은 성격형(의존 성격, 구강기 성격) (dependent, overdemanding personality, oral character)

의존 성격자의 특징은 혼자서는 어떤 결정도 내리지 못한다는 것이다. 누군가가 도와주어야 한다. 직장 생활의 특징은 끊임없이 도움을 요청하는 것이다. 윗사람이 지시해 주기를 기다리며 자발적으로 하는 일은 불안해서 못한다. 자기 요구를 들어주지 않으면 애처럼 화내고, 좀 더 지나면 우울, 분노, 무기력감(helplessness)에 빠지고 감정이 메말라 버리기도 한다. 이런 성격의 사람들은 입과 관련된 것에 관심이 많다. 즉, 먹고 마시고, 담배 피우고, 먹는 약을 즐기는 경향이 있다. 편식하고 식성이 까다롭다.

정신분석적으로 이러한 행동은 갓난아이가 어머니에게 요구하는 것과 같다. 그들은 심리적으로는 '내가 버림 받아 굶어 죽지 않을까?' 하는 두려움이 고조되어 있는 상태에 있다.

이들에게 교회는 끊임없는 관심과 사랑을 받아야 하는 곳이다. 목사님에게 관심을 달라고 조르고 기대에 못 미치면 엉엉 운다. 시도 때도 없이 전화해서 사소한 것 까지 결정해 달라고 요구한다. "목사님 제가 몸이 아픈데 새벽 기도회에 안 나가면 안 될까요?" 그리고 잘 삐친다.

이런 성도를 둔 리더는 이런 사람들을 자주 찾아 주고 돌봐 주며, 설명하고 위로해 주고, 어려운 결정을 도와주어야 한다. 이들은 시키는 일은 잘한다. 어머니 역할의 대상이 필요한 사람들이다.

2) 완벽주의 성격(강박적 성격) (orderly, controlled personality, compulsive personality, anal character)

완벽주의자다. 청결, 시간 엄수, 정리정돈이 이런 사람들의 관심이다. 정결하며 시간 잘 지키고, 모든 정보를 훤히 알고 있다. 자신의 임무에 빈틈이 없고 지나치게 고집 센 원칙주의자이다. 변화를 싫어하는 보수주의자이다. 타협을 못하고 융통성이 없다. 지나치게 감정이나 즐거움을 억제한다. 유머 감각이 없고 법과 규칙에 얽매이는 사람이다.

성경을 해석할 때도 전체적인 의미 보다 지엽이나 문자적 해석에 치우친다. 율법주의에 빠지기 쉽다. 겉으로 보기에 시계처럼 정확하고 봉사 잘하는 성도로 보이지만 그리스도인의 풍성한 삶은 없다. 교회 봉사도 기계적으로, 의무감에서 반복할 뿐이다.

정신분석에서는, 이런 성격은 항문기(anal stage)의 이상에서 온다고 해석한다. 복종과 반항의 갈림길에서 방황하는 심적 갈등이 두드러진 3~4세의 대소변 가리기와 관련이 있다.

3) 연극적, 격정적이어서 사람들의 관심을 끌려고 하는 성격(히스테리성 성격) (dramatizing emotionally involved, captivating, hysterical personality)

이들은 바람둥이가 되기 쉽다. 미모에 관심이 많고 성적으로 유혹적이다. 상대의 관심을 끌기 위해서 모든 노력을 다 한다. 눈물도 잘 흘리고 선물도 잘한다. 병들어서 병원에 입원했을 때도 이들은 병을 자신의 이미지 손상으로 보기 때문에 의사들이 자기를 추하게 생각하며 경원시 하지 않을까 겁낸다.

그러나 감정이 풍부하고 연극적이기 때문에 탤런트나 예술가 중에 이런 성격이 많다. 변덕이 심하기 때문에 리더로서는 적당치 못하다. 집단의 미래 비전 보다는 인기에 더 관심이 있고, 구성원들이 자신의 외모를 좋아 하는가에 더 큰 관심을 갖는다. 집단에 이런 사람이 있으면 분위기가 밝아진다. 향수 냄새도 나고 가끔 웃음도 터진다.

그러나 마음 속 깊은데서 감정을 느끼는 것이 아니고 매우 피상적이고 인기위주의 감정을 느끼는 사람이다. 부흥회 때 쉽게 감동하고 울고 때로는 황홀경에 빠지기도 한다. 피암시성이 높아서 최면에 잘 걸리는 사람이다. 그러나 영적 감동이 쉽게 식어 버린다. 교회봉사도 남들에게 보이기 위한 관심 끌기 행동이다. 남들에게 인기가 올라갈 일만 한다. 진정한 의미에서 만남을 이루기 어려운 사람이다. 어머니가 돌아가셔서 울 때도 남들에게 멋있게 보일 것 같기 때문에 운다. 슬픔 때문에 우는 것이 아니다. 하나님과 진정한 만남이 이루어지기 어렵다.

히스테리 성격의 성도를 가진 리더는 이들의 용모나 용기를 칭찬해 줄 필요가 있다. 알아주는 리더를 좋아하고 따른다. 다만 성적 사고가 나지 않도록 주의해야 한다. 그녀는 '끼'가 많은 여인이다.

4) 고통받기를 원하는, 자학적 성격(long suffering, self-sacrificing personality, masochistic personality)

늘 죄책감과 열등감에 빠져 사는 사람이다. 자기는 운이 없는 사람이기 때문에 비참한 인생을 살 수밖에 없다고 한다. 인생의 즐거움은 그에게 죄책감을 준다. 성생활도 어렵다. 금욕주의자이다. 집단에서는 매우 희생적이고 궂은일은 도맡아 한다. 지독하게 절약하고 특히 자신에게 인색하다. 겸손하고 우울하다. 정신분석적으로 보면 이들은 죄책감에서 헤어 나오려는 속죄 과정을 밟고 있는 것이다. 가혹한 초자아를 가지고 있다. 매사를 선과 악으로 해석한다. 우동 한 그릇 사먹은 것도 낭비 죄라고 자신을 책망 한다. '나 같은 것을 하나님이 사랑하실 리가 없어'

목사님이 이런 분이면 성도들이 괴롭다. 죄책감을 유발하는 설교만 한다. 밀라

드 살 목사님이 어느 날 여자 환자를 만났는데 두통이 심했다. 주일날 교회만 다녀오면 두통이 심해졌다고 했다. 살 목사님은 그 교회 주보를 가져오게 했다. 설교 제목들이 모두 무시무시했다. '지옥 불에 던지우리라' 같은 제목들이었다. 목사님은 유쾌하고 희망적이어야 한다. 그래야 같이 일하는 사람들도 신이 나고 교회가 즐겁다. 또한 그룹의 목표와 구성원들을 위해서 희생의 권위를 갖는 것은 아주 중요하지만 어디까지나 현실적이고 합리적인 수준에서 희생해야 한다. 자학을 희생 봉사라고 착각하는 사람은 리더가 될 수 없다,

자학적 성격의 사람은 불행하고 비관적이다. '죄인가, 아닌가'만 생각한다. 그리고 자신과 이웃을 정죄한다. 하나님의 용서와 사랑은 자기와 관계없는 언어일 뿐이다. 그의 하나님은 저주와 형벌의 칼을 든 하나님이다. 영적 성장은 기대할 수 없다. 그는 신앙생활을 자기 처벌의 수단으로 이용하고 있다.

이런 성도를 볼 때 목사님은 그의 고생을 알아주고 희생과 인내력을 높이 평가해 주는 게 좋다. 그리고 하나님의 사랑과 용서를 기회 있을 때마다 이야기해 주어야 한다.

5) 자기 속마음은 철저히 숨기고 싸움만 거는 성격(편집성 성격)
(guarded, querulous personality, paranoid personality)

매사를 의심하며 동료들을 적으로 돌리는 성격이다. 동료들이 자기를 모함하는 음모를 꾸미고 있다고 믿고 있다. 따라서 오해를 잘하고 화를 잘 낸다. 자기의 안전을 위해서 편 가르기를 잘 한다. 내 편과 적 편으로 나눈다. 내 사람 아니면 적이다. 언제 공격 받을 줄 모르기 때문에 늘 긴장하고 불안하다. 보디가드가 필요하다. 의처증에도 잘 걸린다.

이들은 속 깊이 자기를 가치 없는 인간이라고 보고 있다. 남들이 자기를 무시하고 자기 권리를 빼앗아 갈 것이라는 두려움을 갖고 있다. 이것을 남에게 투사(projection)하는 것이다.

리더는 신뢰할 사람을 신뢰할 줄 아는 사람이다. 구성원을 의심하고 내 자리를

노리는 적으로 의심하고 자주 오해 한다면 리더의 역할을 할 수 없다. 당회원들을 이간질 시키고 내 편과 적편으로 갈라놓으면 교회는 붕괴되고 만다. 당회원 중에 이런 장로가 있으면 그가 힘을 갖지 못하는 한 문제가 없지만 힘을 가지게 되면 당회원끼리 분쟁이 일어나고 분열이 일어날 수 있다.

독재자에게 이런 편집 성격이 많다. 어릴 때부터 자기 생존을 위해서 힘을 가지려 하고, 필사적으로 살기 때문에 사회적으로 출세하고 높은 자리에 올라 간 사람들 중에 이런 성격이 많다. 성공한 목회자들 중에도 있다. 그러나 독재적 목회자이고 성도들은 서로 미워하고 적대적이 된다.

이런 성격의 사람들은 어릴 때 아이가 부모를 신뢰하는 기본적 신뢰감(basic trust)을 가져보지 못한 사람들이다. 대상을 믿는 능력이 결핍된 사람들이다. 영적 성장도 어렵다. 다만 싸우기 위해서 교회에 나오는 사람 같아 보인다.

이런 성도를 볼 때 목사님은 너무 가깝게도 말고 멀게도 말아야 한다. 가까울 때도 약점을 보이지 말라. 거리를 두고 대하며 일체의 논쟁을 하지 않는 게 좋다. 그는 '회의론자'이다. 자주 목사님을 고소하거나 배척하는데 그때 약점을 이용한다.

6) 우월감에 차있는 성격(자기애적 성격) (narcissistic personality)

속된 표현을 빌리면 '공주병', '왕자병'이다. 우월감에 차 있어서 항상 자기가 최고라고 믿고 있다. 자기는 공주로서 특별 대우를 받아야 된다고 믿고 있다. 타인들을 모두 종놈 취급한다. 항상 찬사를 요구하고 자기의 이익을 위해서 잔인할 정도로 남을 착취한다. 동료는 물론이고 아내와 자식에게서도 착취한다. 그 주위에 있는 사람들은 이용당하고 파괴된다. "그래도 내 덕에 이만큼 잘 사는 거야"라고 한다. 인정이 없고 남의 아픔에 대해서 무관심하다.

리더는 구성원들에게 능력 발휘의 기회를 주고 일할 수 있는 힘을 실어 줄줄 아는 사람이다. 리더는 사람들을 성공 시키는 사람이다. 그들의 성공이 곧 그의 성공으로 이어진다. win & win의 사람이다. 착취하는 사람은 리더가 아니다. 결국 그도 망하고 그를 따르는 사람들도 같이 망한다.

많은 독재적 리더들이 이런 성격이다. 자기 이익을 위해서 강요하고 착취하면서도 다 교회를 위해서, 혹은 하나님을 위해서라고 합리화 한다. 구성원들은 아무도 만족감을 느끼지 못한다. 오로지 리더만 행복하다. 상처 받는 사람들이 많다. 그러나 리더 자신도 심리 내적으로는 만족을 느끼지 못한다. 출세한 사람들 중에 이런 사람들이 많다. 갈증을 느낀 사람이 바닷물을 마신 것처럼 끊임없이 힘(권력)에 대한 갈증을 느낀다.

정신분석에서는 유년기에 건강한 자기애가 형성되지 못했기 때문이라고 한다. 자기 존재 자체만으로 가치 있는 것이 인간인데, 힘이나 학벌, 돈 같은 조건을 갖추어야 자기 가치를 인정받는 가정환경에서 자랐기 때문이다.

이런 성격의 교인들은 자기 출세를 위해서 교회를 이용한다. 그리고 목사님과 가까이 지내는 것이 자기에게 정치적 이익이 된다는 계산이 있을 때는 충성을 다하지만 목사님이 약해 보이면 여지없이 지배하려 든다. 장로들 간에 항상 힘의 경쟁(power struggle)을 하는 것을 볼 수 있다. 인정머리가 없고…그는 '독불 장군'이다.

성경에 교만은 넘어짐의 선봉이라 했다. 이들은 교만한 사람이다. 교회에 다니는 것도 장로라는 힘 있는 자리를 차지하기 위해서이다. 많은 교인들 위에 군림하는 재미를 보기 위해서 교회에 다닌다. 그에게는 하나님도 힘을 제공해 주는 이용대상이지 섬김의 대상은 아니다. 그러나 예수님은 섬기는 왕으로 오셨고 그 분을 따를 때 영적 성장이 있다.

7) 매사에 의욕도 없고 혼자 있기를 좋아 하여 고립되고 무관심한 성격 (분열성 성격) (schizoid personality)

사람들과 어울리는 것을 싫어하고 주로 혼자 시간을 보낸다. 문상도 잘 가지 않고 혼자서 TV를 보거나 공상을 좋아한다. 데모에도 참가하지 않는다. 월드컵 4강에 올랐을 때 사람들이 환호성을 질러도 그는 "골 좀 넣었다고 왜들 저러는 거야?" 이해가 안간다. 공부를 열심히 하는데 공부 시간은 혼자 있는 것이 허용되는 시간이기 때문이다. 사이버 세상에서나, 게임에서 영웅이 되려고 한다. 현실과 거리를 두고 사는 사람이다. 남들이 자기에게 화를 낼까봐 늘 걱정하지만 내색은 하지 못한다.

이들은 어린시절에 무관심의 대상이었고, 버림 받은 상처를 받은 사람들이다.

영적 성장을 위해서는 성도의 교재가 필요하다. 그런데 이들은 교회봉사를 할 수 없다. 사람들과 함께 있으면 불안하기 때문이다. 영적 성장을 위해서는 상황 파악을 잘하고 정보 수집능력도 필요하다. 현실 속에 가까이 접근해 있는 사람이 성장한다. 그런데 정신분열성 성격자는 공상에 잘 빠지기 때문에 비전도 엉뚱하고 우선 사람들과 섞이기를 꺼려하기 때문에 정보도 늦고 상황 판단이 늦다. 자기가 하나님의 사자라는 종교 망상에 빠지기도 한다.

이런 성도를 볼 때 목사님은 그의 장점이나 특기를 인정해 줄 필요가 있다. 일단 일을 맡기면 성실히 수행한다. 그러나 그가 목사님에게 "고맙습니다"하는 인사를 해 주기를 기대하지는 말 일이다. 그는 '외로운 늑대(lone wolf)'이기 때문이다.

8) 충동적으로 화를 내고 인간관계를 단절해 버리는 성격(경계선 인격장애) (borderline personality)

대인관계를 오래 유지하지 못하는 성격이다. 어떤 사람을 좋아할 때는 지나치게 좋아하고 이상화(idealize)하지만, 그가 자기에게 조금이라도 섭섭하게 대하면 순간적으로 그가 미워지고 악마 같은 배신자로 보인다. 그래서 화를 폭발하게 된다. 그래서 인간관계가 유지될 수가 없다. 공허감을 늘 느낀다. 항상 외롭기 때문에 또 다른 대상을 찾는다. 난잡한 성생활을 하는 사람도 있다. 성관계로 외로움을 달래는 것이다.

이런 성격을 정신분석은 다음과 같이 설명한다. 유년기에 어머니와 대인관계에 문제가 있었던 사람들이다. 어릴 때 아이들은 심리적으로 좋은 엄마와 나쁜 엄마를 갖고 있다가 네 살 무렵에 이 두 엄마가 하나로 통합된다. 통합된 엄마 상을 가진 아이는 엄마에 대한 신뢰가 생긴다. '엄마기 나를 나무랄 때도 있지만 그래도 엄마는 나를 사랑해' 이것이 모든 대인관계의 기본이다. 핵이 된다. 분리된 어머니 상을 가진 사람은 대인관계에서 좋은 엄마를 투사하거나 나쁜 엄마를 투사한다. 좋은 엄마를 투사하면 상대가 천사처럼 좋지만 나쁜 엄마를 투사하면 더러운 악마로 보인다. 그래서 화가 나고 관계를 단절한다.

이런 사람은 영적으로 성장할 수 없다. 교회봉사도 어렵고 성도 끼리 자주 싸운다. 하나님과의 관계도 오래 유지하지 못한다. 교회도 자주 옮긴다. 목사님과 사이가 좋을 때는 헌금을 많이 했다가 사이가 나빠지면 다시 찾아가기도 한다. 마음은 늘 공허하고 우울하다.

지나치게 목사님을 이상화 하고 비행기를 태우는 성도를 조심할 일이다. 어느 날 갑자기 목사님 앞에 칼을 들고 나타날 수가 있고 자해 소동을 일으킬 수도 있다. 이들의 별명은 '화끈한 사람'이나, '앗싸리'이다.

9) 사기 치고 거짓말을 밥 먹 듯 하는 반사회적 성격(antisocial personality)

반사회적 성격자는 한마디로 깡패 같은 인간이다. 사기꾼, 강간범, 거짓말쟁이이다. 그러도 죄책감을 느끼지 않는 것이 특징이다. 양심이 없는 인간이다. 아버지를 칼로 찌르고도 "지가 나한테 지랄 지랄 잔소리해서 찔러 버렸는데 내가 뭘 잘못했느냐"고 항의한다. 수표를 부노내어 불쌍한 사람들을 망하게 해 놓고 자기는 뒤로 돈을 빼 돌리고 외제차에 골프를 즐긴다. 그러다가 체포되면 "내가 뭘 잘못한게 있느냐. 사업하는 사람들 다 그렇게 살지 않느냐. 나만 재수가 없어서 걸렸을 뿐이다. 나는 억울하다"고 한다.

인격의 기능 중 중요한 부분인 도덕과 양심 부분(초자아)이 형성되지 못한 사람들이다.

이런 사람은 영적으로 성장할 수 없다. 그의 인격내부에 하나님이 계실 자리가 없다. 교회 헌금을 도둑질하고도 "네 것이냐? 하나님 것이지" 하고 오히려 대드는 사람이다.

3. 영적 성장을 위한 성격 특성

먼저 하나님의 사랑과 용서를 신뢰하는 신뢰감이 있어야 한다. 신뢰하는 능력이 있어야 하나님도 신뢰한다. 기본적으로 이런 능력이 없는 사람은 겉으로는 믿는 척하지만 마음속에서는 믿어지지가 않는다. 자학적이고 열등감이 심한 사람들은 자기를 사랑해 줄 사람이 세상에 아무도 없다고 믿고 있다. 그래서 하나님의 사랑도 믿어지지 않는다.

다음에는 인간관계를 오래 유지하는 능력이 있어야 영적으로 성장할 수 있다. 정신의학에서는 대상관계의 능력이라 한다. 하나님과의 관계도 하나의 대상관계이기 때문에 영적 성숙을 위해서 이 능력이 필요하다.

그런데 성격형성은 유년기에 부모와 애착관계가 아주 중요하다. 부모와 관계가 좋았던 사람들은 미래에 대해서 희망적이고 인생에 대해서 긍정적이다. 친구들을 믿고 쉽게 접근하며 친해진다. 친구들의 감정을 잘 이해하는 EQ가 높은 사람들이다. 이런 사람들이 하나님을 만나면 옥토에 부려진 씨처럼 뿌리를 깊이 내리고 시냇가에 심어진 나무처럼 시절을 따라 열매를 맺는다.

그러나 성격장애를 가지고 있다고 하더라도 이 모든 것을 합력하여 선을 이루실 수 있는 분이 하나님이라는 것을 기억할 필요가 있다.

참고문헌

Wayne E. Oates 지음. 안효선 옮김 (2002). 그리스도인의 인격장애와 치유. 에스라서원.

이관직 (1999). 성경인물과 심리분석. 한국목회상담연구소.

대한신경정신의학회편(2005). 신경정신의학. 중앙문화사.

APPENDIX

01

동반의존성과 상담

동반의존성은 성격장애의 범주 안에 들어갈 수 있는 문제가 되는 성격이다(김현진, 2007). 그리고 동반의존성의 개념은 역기능가족의 문제와 역기능 부부문제의 다이내믹을 이해하는 중요한 툴(프레임)이다. 특별히 결혼 여성의 심리적 문제를 진단하는 데에 도움을 준다. 또한 가족 내의 많은 문제를 진단하는 데에 있어서도 도움을 준다. 더불어서 동반의존성은 여러 시스템 내의 역기능적 역동성을 파악하는 개념적 틀이다.[1)]

이 책에서는 동반의존성 문제를 가족시스템 관점을 중심으로 다룬다. 페미니스트 모델은 여기서는 다루지 않기로 한다.

1. 동반의존성의 개념

동반의존성이란,

"역기능적 가정이나 시스템에서 자라난 성인아이들이 자기네들의 정서적 진공상태(결핍)를 메꾸려는 삶의 욕구에서 발생되는, 또는 아픈 상처로 인해 발생되는 부적합한 반응이나 역기능적 패턴을 가리킨다"(김현진, 2007). 억압적 규범이나 행위들과 관계하여 내면화된 억압(억눌려진 화)으로 인해 나타나는 심리적, 신체적 양상들이다.

동반의존자란,

중독자나 중독 시스템 또는 역기능적 시스템에 의해서 영향을 받으며, 그 중독자나 그 시스템에 심하게 의존하는 사람을 가리킨다. 그들은 자라나면서 가족문제나 문화의 어떤 역기능적인 면에 의해 야기된 그들의 아픈 상처를 어루만지기 위해서

1) 부록 3. 동반의존성과 상담은 김현진(2007), 성경과 목회상담(솔로몬출판사) 6, 7장과 김현진(2006), "동반의존성의 개념연구"에 나오는 내용을 요약 정리하거나 어떤 부분은 인용하였다. 이미 출판된 내용을 일부 보완하여 이 책에 첨부하는 것은 한국적인 성격심리와 성격상담에 매우 중요한 접근일 수 있기 때문이다. 인용하고 요약한 부분이 많아서 본 책의 본론에 싣지 않고 부록에 싣는다. 한 학기 수업을 진행하는 면에서 볼 때, 한 주나 두 주 동안 이 동반의존성을 다루는 것은 성격상담을 배우는 학생들에겐 도움이 될 것이다.

그들 주변에 있는 사람들에게 모든 에너지를 쏟는다. 이들은 자기의 삶에 바깥에서 진행되는 일들에 과도하게 반응하며(overreacts), 자기 안에서 일어나는 일들에 대해서는 부족하게 반응한다(underreacts)(김현진, 2011).

2. 동반의존성의 증상

부인, 정서적 억압, 지나친 죄책감과 수치심, 만성적인 화, 상처, 고립, 심신증, 충동적/ 강박적 행동, 중독.[2)]

3. 가족시스템 이론과 동반의존성

1) 동반의존적인 문제들의 해석에 관한 주요한 두 접근들

– 질병 모델과 페미니스트의 비평적 접근 –

동반의존성에 대한 정의는 다양하지만, 자신의 고통을 줄이기 위해 다른 사람들을 통제하려는 강한 욕구와 같은 중독 환경에 대한 **부적응적 반응들**(maladaptive reactions)에 초점이 맞추어져 있다. 동반의존성을 개인 병리로 볼 것이냐, 문화적 사회적 배경의 측면에서 이해할 것이냐에 관한 논쟁은 계속되고 있다. 질병 모델에 대한 가장 광범위한 비판론은 동반의존성이 개인 병리가 아니라고 주장하는 페미니스트들로부터 나왔다. 성격심리와 성격상담을 다루는 이 책에서는 페미니스트 모델보다는 광범위하게 지지되고 영향력을 끼쳐왔던 질병모델에 초점을 두어 가족시스템의 관점에서 동반의존성 문제를 다루고자 한다.

질병 모델을 지지하는 두 명의 중요한 전문가[3)]는 샤론 웨그쉐이더-쿠루스(Sharon

---

2) 동반의존성의 증상에 관한 구체적인 내용은 김현진(2011), 〈성경과 목회상담〉을 참조하세요.
3) The two authors' understanding about the disease model seem to be indebted to both Timmen L. Cermak and Whitfield who approach codependency in medical terms. Cermak is a president and founding board member of the National Association for Children of Alcoholics.

Wegscheider-Cruse)와 아네 윌슨 샤프(Anne Wilson Schaef)가 있다. 웨그쉐이더-쿠루스(Wegscheider-Cruse)는 "동반의존성은 제1차적 질병이고, 모든 알코올 중독자 가족에게 나타나는 질병이다. 그것은 그들이 알코올 중독자를 보호하며, 알코올 중독자가 중독행위를 계속하게 하는(enable) 병든 가족 체계(시스템)를 채택하려고 할 때 가족 구성원에게 나타난다."[4]라고 주장한다. 동반의존성을 성격장애라고 규정하면서 접근한 학자는 휫필드이다. 그는 동반의존성을 개인의 성격장애[5]로서 폭 넓게 묘사하면서, 그는 그것의 특성을 다음과 같이 설명한다: "그것은 [앵무새처럼] 흉내를 내며, 사태를 더욱 악화시키거나, 일상생활에 있어 신체적, 정신적, 감정적, 혹은 정신적 상태를 좋지 않게 만드는 것과 관련이 있다. 우리가 우리 삶과 행복에 대한 책임을 우리의 거짓자아와 타인에게 돌릴 때 우리는 동반 의존적이 된다. 동반 의존자들은 다른 사람에게 집착하여 진정 그들 자신이 누구인가를 의미하는 진짜 자기를 경시하게 된다."[6] 휫필드에 의하면, "동반의존성은 자아상실의 질병"이다.[7]

2) 시스템 사고가 동반의존성 인식에 미친 영향

필자는 동반의존성에 대한 주요 질병 모델의 이론가들과 치료사들이 상당히 많은 부분에서 가족 체계의 상호 작용적 과정(interactive process)의 관점에서 영향을 받았을 것이라고 생각한다. 특별히, 보웬의 가족 시스템 이론의 영향을 받았을 것이라고 생각한다. 그리고 필자는 보웬의 제자인 에드윈 프리드만(Edwin Friedman, 1985)이 〈Generation to Generation〉에서 제시한 "시스템 이론의 다섯 가지 개념"을 통해 가족시스템 이론이 동반의존성 개념 형성에 끼친 영향과 치료적 함의를 찾아보려 한다.

가족 시스템 이론은 개인을 유기체적인 시스템이라고 진술한다. 후술되는 가족

4) Sharon Wegscheider-Cruse, "Codependency: The Therapeutic Void," ***Codependency***, ed. US Journal of Drug & Alcohol Dependency (Deerfield Beach, FL: Health Communications, 1988) 2.
5) 앞 글, 9. 의사이면서 심리치료사인 휫필드는 동반의존성을 성격장애라 부른다.
6) 앞 글, 3.
7) Charles L. Whitefield, Co-dependence: Healing the Human Condition (Florida: Health Communications, 1991) 3.

시스템 이론은 가족 시스템 사고가 알코올 중독자 가족의 역동성(또는 동반의존성)을 이해하는 데 미친 영향을 인식하는데 도움이 된다. 구조적 가족치료 모델과 동반의존성의 관계에 대해선 여기서는 생략한다. 이 구조적 가족치료 모델과 동반의존성과 관계에 대해서는 필자의 책, 〈성경과 목회상담〉 6장을 참조할 수 있다. 이곳에서는 교류모델과 보웬 시스템 모델이 동반의존성과 관련이 있다는 것에 대해 진술하고자 한다.

(1) 교류 모델[8)]

교류(transaction 또는 거래)라는 용어는 교류 모델에서 사용된다. 비즈니스에서는 교류과정은 돈을 주고 물건을 받는 것으로 구성되나, 관계들에서는 그것은 감정이나 정보 그리고 의미와 주의(또는 주목, attention) 또는 반응을 주고받는 것으로 이루어진다. 교류 모델에서 가족은 "서로 간에 교류 작용을 하는 구성원들의 집합"이다.[9)] 순기능적인 가족은 "주목 대상[사안]"을 공유할 수 있는 의사소통의 능력에 의해 특징 지워진다. 교류모델의 핵심 개념은 핵심적인 사안을 시스템의 구성원 간에 서로 나누는 것이다. 대부분의 생각, 걱정, 필요, 감정, 사건, 또는 아이디어는 주목 대상이 될 수 있다. 이 모델에 의하면, 역기능적 가족의 고질적 문제는 이중 메시지의 상황이라는 것이다. 이중 메시지란 속과 겉이 다른 메시지를 가리키는데, 언어적인 것과 비언어적인 메시지가 서로 대립되는 것을 가리킨다. 이 모델에 따르면, 만약 가족의 의사소통과 행동이 모든 구성원에게 분명하다면, 가족은 매우 순기능적이다. 이 모델을 사용하는 치료사들은 1) 의사소통의 처리 시에 보여지는 예절이나 표현 2) 의사소통의 명쾌함에 관하여 관심을 둔다. 그들은 치료에 도움이 되는 질문으로, '왜'보다는 '무엇'을 사용한다. 치료사들의 질문은 의사소통이나 행위를 주고받는 것 가운데 내담자가 무엇을 배우게 되는지에 관심을 둔다. 전통적으로 이 모델은 청소년 정신분열환자의 가족이 어떻게 서로 관심을 주고받는지를 파악하는 데에 사용되었다. 이 분야의 두 명의 선구자는 웨인과 싱거이다. 웨인

8) 앞 글, 243-268.
9) 앞 글, 244.

(Wynne)과 싱거(Singer)는 정신분열병 환자의 가족 내에서 의사소통의 빗나감이 발생하고 전염된다는 것을 밝혀냈다. 언어적, 비언어적인 수준에서 이중적이거나 대립되는 메시지는 알코올 중독자 가족에게서 잘 관찰된다. 알코올 중독자 가족의 치료와 동반의존성에 있어 주도적 인물 중의 한사람인 웨그쉐이더-쿠루스는 이러한 이중 메시지를 알코올 중독자 가족의 역동성에 있어서 중요한 특징으로 보았다.[10)]

로버트 서비(Robert Subby)는 동반의존성의 치료전문가가 교류 모델이나 시스템 이론의 영향을 받았다는 나의 주장을 뒷받침한다. 그는 "아동 발달, 교류 분석, 시스템 이론과 제1차적 질병은 모두다 동반의존성의 특성에 대한 실마리와 가족 내의 관계에 대한 실마리를 제공한다."라고 쓰고 있다.[11)]

(2) 보웬 가족 시스템 이론

보웬의 이론은 어떻게 한 개인이 감정적 가족 시스템 내에서 상호 작용하는 것과 닫힌 관계 내에서 어떻게 정체성을 상실하는가에 초점을 맞추고 있다. 1950년대 이래로 정신분열병 환자를 위해서 일을 해오면서, 보웬은 폐쇄적이며 역기능적인 가족 관계 내에서, 높은 감정적 압박에 기인한 정체성의 상실에 대해 이해하기 시작했다. 즉 역기능 가족시스템이 그 속에 속한 한 연약한 개인을 정체성 상실로 이끄는 것을 보기 시작했다. 보웬 이론의 가장 기본적인 개념은 '자아 분화'이다. 보웬의 7가지 개념은 삼각관계, 핵가족의 감정적 시스템,[12)] 가족 투사 과정, 정서적 단절, 다세대적인 전달 과정, 형제 순위, 그리고 사회의 정서적 과정이다. 일반적으로 보웬 이론이 알콜릭 가족의 역동성을 이해하는데 미친 영향과, 특히 동반의존성에 대한 이해를 돕는 보웬의 영향은 김현진의 학위 논문 〈Codependency〉에서 일찍이 진술되었다. 동반의존성의 개념적 틀로써 보웬의 이론에 대한 자세한 설명은 이 글에서는 충분히 서술하지 않고, 다음기회로 미루겠다.

---

10) Wegscheider-Cruse, Another Chance, 85.

11) 서비, 앞 글, 114.

12) Bowen used the term "undifferentiated ego mass" in the earlier stage of his theoretical development, rather than nuclear family emotional system. C. Margaret Hall, *The Bowen Family Theory and Its Uses*, 71.

많은 동반의존성 치료 전문가와 이론가들은 직・간접적으로 보웬의 정서적 시스템의 견해에 의해 영향을 받았다. 주요한 예로 웨그쉐이더-쿠루스, 서비, 그리고 브래드쇼(Bradshaw)가 있다.

서비(Subby)는 동반의존성의 특성을 이해하는데 있어 시스템 사고의 기여한 바를 『가족 내에서 치유 Healing The Family Within』에서 다음과 같이 설명한다. "시스템 모델은 우리가 단순히 유전적 생산물 이상이라는 것을 알려주고, 사회와 문화 그리고 확대가족과 핵가족이 우리의 성격이나 인격을 형성한다는 것을 알려준다. 시스템 이론은 또 다른 것을 가르쳐 주는데, 그것은 가족의 법칙이 개인 내면과 대인적 수준에 있어 대응 패턴의 발전 단계를 설정한다는 것이다."[13] 서비(Subby)는 같은 책에서 동반의존성을 다음과 같이 정의한다. "동반의존성의 정의는 심리적, 감정적, 행동적 대응 패턴에 의해 특징지어지는 지연된 정체성 발달 증후군이다. 일련의 역기능적 가족 또는 역기능적 사회적 규범에 오랫동안 노출되며, 그것들을 실천함으로써 결과적으로 나타나는 심리적 행위적 대응패턴이다."[14] 서비의 이런 두 진술문을 비교하는 것은 동반의존성이나 역기능적 가족의 특성에 대한 상당히 많은 이해가 가족 시스템 이론과 시스템 사고 관점의 영향을 받아온 것을 보게 해준다.

시스템 사고 관점은 시스템이나 구조적 배경, 예를 들어 가족, 모임, 조직, 사회로부터 발생하는 문제를 이해하는데 있어 전체적인 틀을 제공한다. 나는 시스템 사고 관점은 "가족의 감정적 과정"이라는 관점에서 알코올 중독이나 동반의존적인 가족의 역동에 대한 이해를 제공한다고 생각한다.[15] 특별히, 보웬의 이론은 역기능적이거나 알코올 중독자 가정의 역동들을 인식하는 데에 있어서 가족의 정서적 과정의 중요성을 잘 논증해주고 있다.

---

13) 서비, 앞 글, 114-115.

14) 앞 글, 44.

15) Bradshaw asserts that any dysfunctional family members involve codependent structure like as alcoholic family members do that structure. "As the definition of addiction was expanded to include the wider range of addictions (activities, feelings, thoughts), the awareness dawned on observers that *any type of dysfunctional family exhibits the same codependent structure.*" Bradshaw, ***Bradshaw On: The Family*** (Deerfield Beach: Health Communications, 1988) 166.

(3) 가족시스템 사고가 동반의존성이나 알콜릭 가족 시스템 역동성의 이해에 미친 영향

가족 시스템 이론이 알코올 중독자 가족의 역동이나 동반의존성이해에 미친 영향을 이미 설명했지만 좀 더 설명하도록 하겠다.

가족 시스템 이론에 상당한 영향을 받은 수많은 약물중독 치료 전문가들은 알코올과 다른 물질을 남용하는 가족에 시스템 사고를 적용해왔다. 라이스(Rice)는 "특히 1980년대 초반에, 체계적인 관점에 상당한 영향을 받은 '제2세대' 치료전문가들은 그것을 알코올과 마약 문제가 있는 가족들에게 명확하게 임상적으로 적용하려고 시도했다."고 언급하고 있다.[16] 그는 다음과 같은 전문가들을 예로 들었다: Claudia Black("It Will Never Happen to Me"), Janet G. Woititz("Marriage on the Rocks"와 "Adult Children of Alcoholics"), Sharon Wegscheider-Cruse("Another Chance"와 "co-dependence"). 그는 또한 서비(Subby)와 브래드쇼를 예로 들었다. Rice는 "가족 질병으로 중독을 말하는 것은 평범한 것이 되었다. 주도적인 가설은 중독의 존재가 모든 가족 구성원에게 영향을 끼친다는 것이다."[17]라고 말했다. 그는 알코올 중독 가족의 역동을 이해하는데 영향을 미친 가족 시스템 이론을 조금 더 설명한다. 그는 "중독에 대한 이러한 가족 시스템 이론의 고전적 적용은 중독의 사실의 척도에 의해 편만하게 존재한다: 중독된 가족 구성원은 가족 시스템의 균형을 무너뜨리고, 순환적 인과관계(또는 "항상성")와 관련해서, 다른 구성원들은 중독자의 변덕스럽고 신뢰할 수 없는 것에 대해 보충하기를 시도한다."라고 말한다.[18] Rice의 이 지적은 모든 순기능적 혹은 역기능적 가족 역동이 항상성의 원리에 근거한다는 사실에서 볼 때, 훌륭한 것이다.

동반의존성과 알코올 중독자의 성인아이 치료 분야에 있어 주도적 인물이자 알코올 중독자의 자녀들 전국 모임의 의장인 웨그쉐이더-쿠루스는 알코올 중독 가족의 역동을 설명하는 데 있어 항상성의 개념을 사용한다. 그녀는 "당신이 각기

16) John Steadman Rice, "A Disease of One's Own: Psychotherapy, Addiction, and the Emergence of Co-dependency" (Ph.D. diss., University of Virginia, 1992) 157.

17) 앞 글, 157.

18) 앞 글, 158.

사이즈가 다르고 막대기 세 개에 줄로 매달려 있는 대여섯 마리의 아름다운 나비 모빌을 가지고 있다고 하자. 나비는 가족 구성원을 의미하고, 줄과 막대기는 가족 규칙을 의미한다. 전체는 균형을 유지하기 위해 매우 세밀하게 만들어졌다. 만약 바람이 한 번 훅 불면, 나비는 바로 요동치며 움직이겠지만, 천천히 다시 균형을 잡을 것이다."라고 말했다.[19] 그녀는 비유적으로 항상성을 잘 설명하는 모빌 시스템을 알코올 중독자 가족 시스템에 연결시켰다.[20]

"**가족의 항상성(family homeostasis)**이라는 말은 단 잭슨(Don Jackson)이란 가족 이론가로부터 처음 만들어졌다"고 피터 스테인글레스(Peter Steinglass)는 말한다. "**항상성의 생리적인 개념**은 가족 조절과정의 훌륭한 은유라는 것은 그(잭슨)의 신념이기도 하다."[21] 즉, 비 개방적인, 인공적인 용어인 항상성 시스템을 개방 시스템으로서의 가족 시스템에 적용시켰던 것이다.

보웬의 "정서적 가족 시스템"의 시작은 항상성의 생리적 개념을 어느 정도 차용한 것으로 보인다. 이런 항상성의 개념을 이해하지 않고서는, 가족 시스템의 핵심을 이해하는 것은 불가능하다. 보웬이 1950년대에 정신분열증의 치료를 연구하고 있을 때, 그는 공생(symbiosis)의 개념을 사용했다. 공생과 항상성의 용어는 서로 완전히 다른 것을 의미했던 것에 비해서, 공생이라는 개념에 대한 보웬의 의미는 항상성의 의미와 실제적으로 유사했다. 항상성은 일반적으로 둘 이상의 사람, 사물을 포함한다. 보웬은 "이 프로젝트[정신분열증과 관계된 프로젝트]는 아마도 정신분열증에서 보여지는 공생의 연구로 불려지거나, 정신 분열증보다는 공생에 초점을 맞춘 특별한 치료를 위한 노력이라고 불려질 것이다."라고 말한다.[22] 보웬은 인간을 세대마다 천천히 진화하는 존재로써 보았고, 또한 인간을 생물학적-본능

19) Wegsheider-Cruise, ***Another Chance***, 47. John Bradshaw는 역기능을 가진 가족 시스템에서 나타나는 항상성을 가진 활동을 설명하기 위해 "모빌"을 사용하였다. 그는 또한 가족 시스템이 어떻게 서로 연결되는지를 보여주기 위해 노력하였다. John Bradshaw, ***The Family***(Health Communication, Florida, 1988) 30.

20) 앞 글, 47.

21) Peter Steinglass, Linda A. Bennett, Steven J. Wolin, and David Reiss, ***The Alcoholic Family***(Basic Books: New York, 1987) 50. Also see Schultz, ***Family System Thinking***, 63.

22) Murray Bowen, "Treatment of Family Groups With a Schizophrenic Member," (1957) ***Family Therapy in Clinical Practice***(New Jersey: Jason Aronson, 1998) 4.

적(biological- instinctual) 동물로써 이해하려 하였다.

그는 또한 항상성을 가진 가족 시스템의 의미를 설명하기 위하여 생물학적 시스템으로써의 가족을 이해하려 하였다. 이점을 볼 때, 보웬이 가족 시스템을 항상성을 가진 시스템으로써 이해했다는 것은 명확해진다. 그의 주요 가족 시스템 이론 8가지 모두는 항상성의 개념과 연관되어 있다. 에드윈 프리드만(Edwin Friedman)의 가족 시스템 관련한 다섯 가지 기본개념의 접근 방식들은 더욱 보웬의 정서적 시스템의 견해가 항상성에 근거를 두고 있다는 사실을 뒷받침해준다. [유대]회당 시스템의 정서적 삶에 적용된 프리드만(Friedman)의 다섯 가지 기본 개념은 보웬의 이론에 많은 영향을 받았고, 프리드만의 이론은 보웬의 이론에 대한 언급 없이는 이론의 전체를 설명할 수 없다. 이러한 점에서 나는 ***동반의존성***을 보웬의 가족 시스템 이해에 기초를 둔 프리드만의 시스템 이론 다섯 가지 개념을 통하여 설명하려 한다.

2) 프리드만의 다섯 가지 상호작용적인 가족 과정들

다음 내용들은 프리드만(Friedman)의 다섯 가지 '가족의 상호적 개념'의 요약과 그것들의 동반의존성에 대한 적용들로 이루어져 있다.[23)]

(1) 항상성(Homeostasis)

항상성은 프리드만 이론의 필수적인 기초개념이다. 프리드만에게 항상성이란, 그 상태를 안정적이게, 균형이 맞게 유지하기 위한 체계적인 시스템의 성질을 의미한다. 가족 시스템은, 때때로 어떤 사람의 행동을 포함한, 피드백 고리에 의한 항상성에 의해서 유지된다. 피드백의 고리들은 두 가지 종류를 포함한다: 정적인 것과 부적인 것이 그것이다. 부정적인 피드백은 종종 알코올 중독이나 역기능을 가진 가족 행동에서 보여진다. 역기능 가족은 역기능 시스템이 순기능 시스템으로 변화

23) 2) 프리드만의 다섯 가지 상호작용적인 가족 과정들은 말미에 나오는 결어 부분을 제외하고서, 김현진의 〈성경과 목회상담〉 6장, 동반의존성의 개념연구에 나오는 내용을 그대로 인용하여 썼다.

되기 위해서, 긍정적인 피드백(positive feedback)을 필요로 한다.

표출된 행동(Acting out behavior)은 가족 시스템에 안정성을 가져오는 촉매의 역할을 하고, 시스템의 불균형을 보완하는 역할을 한다. 이러한 항상성의 과정은 우리가 가족을 유기적 시스템의 형태로 이해하는데 도움을 준다. 항상성이란 관점에서 볼 때, 가족 내의 어떤 사람의 표출된 행동은(어려움에 처해 있거나 불안정한 사람의 표출된 행동, IP: identified patient: 증명된 환자) 현재 그가 있는 시스템이 불균형적이고 불안정하다는 것을 표현하는 것이다.

그러한 보상적 행동은 자아 분화의 개념과 관련되어 있다. 만약 '표출된 행동을 하는 사람'의 자아 분화의 수준이 높다면, 보상적(균형적이게 하는) 행동은 순기능적이라고 말할 수 있으며, 오랜 기간 안정적인 상태의 시스템을 유지할 수 있는 가능성을 가졌다고 할 수 있다. 그러나 만약 자아 분화의 정도가 낮다면, 균형적이게 하는 행동은 시스템이 짧은 기간 동안만 안정적인 상태를 유지하게 할 뿐이라 말할 수 있다. 따라서 항상성은 이런 면에서 동반의존성과 관련성이 있다고 말한다. 항상성의 개념은 우리가 가족 내에 동반의존적인 관계를 이해하는데 도움을 준다. 예를 들면, 알코올 중독자의 가족 내에서, 가족의 나머지 구성원들은 가족의 균형을 도모하기 위하여, 알코올 중독자에 의해 야기된 역기능이나 불균형을 보충하려고(compensate) 시도할 것이다.

그리하여 항상성은 우리가 가족 시스템의 세 가지 기능을 이해하도록 하는데 도움을 준다. 프리드만에 따르면, 첫째로, 우리가 가족이나 회당(교회)을 유기적인 시스템으로 보도록 함으로써, 항상성의 개념이 우리가 개인의 한 '문제'에 주의를 제한시키는 것이 아닌 가족 구성원 전체의 '문제'에 주의를 집중시키도록 만든다는 것을 알게 해준다. 둘째, 그것은 '시스템'의 일부분이 아닌 '시스템' 전체에 중점을 둔다. 셋 째, 그것은 왜 시스템이 종종 변화를 저항하는지를 설명해준다. 일단 항상성이 확립되면, 사람에 의해 변화를 가져오려는 행동들은 거부감을 일으키게 된다.

상호의존(interdependency)의 두 종류에 관한 프리드만의 설명은 상호의존 관계로부터 동반의존적인 관계를 구별하는데 도움을 준다. 가족적인 관계에서, 상호의존적인 관계는 "일련, 연속"과 " 평행"의 개념을 포함한다. 연속적인 시스템에서는, 만약 어떤 사람이 어려움에 처하게 된다면, 다른 사람 역시 어려움을 겪게 된다. 루터 대학원(st. paul, USA) 상담학 교수인 로랜드 마틴슨(Roland Martinson)은 동반의존적(종속적) 관계를 "한 사람이 넘어지면, 다른 사람도 실패한다."라고 설명한다. 평행 시스템에서는, 한 사람이 넘어지더라도, 반작용이 적기 때문에, 다른 사람이 넘어지지 않는다. 정서적인 거리는 가족 시스템에서 평행과 연속의 정도를 결정하는 결정적 요소라고 할 수 있다.

(2) 자아 분화(self-differentiation)

프리드만이 자아 분화(self-differentiation)에 대해서 얘기할 때, 그의 우선적 관심은 자아분화가 항성성 속에 존재하는 저항에 부딛힐 때 변화가 가능한지에 관한 것처럼 보인다. 여기서, 나는 항상성과 변화에 대한 관계에 대해서, 그리고 자아분화와 항상성 사이의 관계에 대해서 설명할 것이다. 프리드만에게 항상성은 가족 시스템의 역동성을 이해하는 출발점이다. 항상성의 저항(homeostatic resistance)을 극복하는 것은 역기능적인 시스템을 변화시키는 데에 있어서 중요한 요소라 할 수 있다. 프리드만에게, 각 개인의 기능(functioning)은 항상성의 저항과 서로 관련되어 있고, 따라서, 각 개인의 기능에 있어서의 변화들은 항상성에 영향을 준다. 프리드만에게, 자아 분화는 항상성의 저항을 극복하는데 핵심 요소(the key factor)이다. 만약 높은 자아 분화를 가지고 있다면, 역기능적인 항상성의 저항을 극복하는 잠재력을 많이 가지고 있는 것이다.

나는 우리가 두 가지의 항상성 저항들을 볼 수 있다고 본다. ① 역기능적인 그리고 순기능적인 또는 ② 부정적인 또는 긍정적인 것들이 바로 그것이다. 항상성의 저항들이 시스템을 기능적으로 유지시키도록 도와줄 때, 그러한 저항은 (순)기능적인 것이 된다고 말할 수 있다. 가족의 다른 구성원들이 시스템을 역기능적으로 유지시키고 있거나, 동반의존적인 상황 하에 놓여 있을 때, 항상성의 저항들은 역기능적이라고 말할 수 있다. 자아 분화의 개념은 또한 다세대의 가족 시스템에서 존재하는 항상성의 저항을 극복하는데 도움을 준다.

가족 시스템을 다세대(multigenerational)로 이해하는 것은 어떻게 원가족이 개인들의 분화(구별) 요소들에 영향을 미치는지를 보도록 도움을 준다. 개인들의 분화(구별) 요소들은 항상성의 저항을 극복하는 것이나 만드는 것에 관계가 있다. 프리드만에게, 자아 분화는 구성원들이 하나됨(togetherness)의 압력으로부터 독립하여 그들의 가치와 목표를 정의할 수 있는 능력에 의해 측정되며, 그들이 문제의 중심에서 근심 없는 마음을 유지할 수 있는 정도가 어느 정도인가에 의해서 측정된다. 그것은 또한 "우리"와 연결을 유지하면서 "나"의 정체성을 지키는 것을 의미하기도 한다. 동반의존적인 사람을 회복시키는 것의 목적은 , 부분적으로, "우리"와 연관된 순간에 "나"의 정체성을 지키는 것을 의미하기도 한다.[24)]

(3) 확대 가족의 장(Extended family field)

프리드만에게, 확대 가족의 장은 원가족의 영향력을 조사하는 것을 의미한다. 원가족을 조사하는데 있어서 비체계적인 이론가들은 과거의 부모들의 영향에 관해서만 연구를 한다.

가족 시스템 이론가들은 과거와 현재의 부모들에 대해서 모두 연구한다. 확대 가족의 장을 연구하는 것은 우리의 정체성과 감정적인 표현양식을 형성하는데 영향을 주었던 가정을 되돌아보는 역할을 한다. 우리의 정서의 과정들과 가족의 정체성에 관해 더 나은 이해를 얻는 것은 원가족으로부터 자신을 분화시키는데, 우리의 정체성을 재형성하는데, 현재의 문제 상황에 대한 반응을 조절하는데 도움을 준다.

가족 시스템 치료사들의 시각에서 보면, 개인의 정체성은 가족의 정체성이 활동적으로 나타나는 가족 환경의 장에서 형성된다. "가족 정체성은 공유된 신념 체계를 기초로 생성된 공동의 심리적 현상(group psychological phenomenon)이다"[25)] 라고 스테인글레스와 다수 학자들은 말한다. 스테인글레스와 여타 학자들은 가족 정체성을 지배적 또는 왕적(dynastic) 특성[26)]에 따라 여러 세대를 흘러 온 것이라

24) Groom, *From Bondage to Bonding*(Colorado Springs: Navpress, 1991), 162-163. 그룸은 상호간의 의존(mutual dependence)을 즐기는 것을 동반의존성의 회복 과정의 마지막 단계로 본다. 상호간의 의존(mutual dependency)은 두 사람이 서로 적절한 균형을 가진 상태로 연결된 때 나타난다.

25) Steinglass., et al, *The Alcoholic Family*, 58.

26) 앞 글, 61. 왕적 특성(dynastic qualities)은 "여러 세대에 걸친 모든 가족 구성원들의 완전한

고 묘사한다. 만약 알코올 중독자를 가진 가족이 강력한 왕적 특성을 가졌다면, 알코올 중독자의 가족은 알코올 중독 그 자체가 포함된, 다음 여러 세대의 행동 패턴에 강력한 영향을 줄 수 있다. "가족 정체성"은 따라서 우리가 알코올 중독자의 가족 내의 연속-비연속적인 이슈에 대해서 말할 때에 잘 설명될 수 있는 복합적 개념이다"[27]라고 스테인글레스와 여타 학자들은 주장한다. 그들에 따르면, 가족의 왕적 역동성은 알코올 중독자 주위에서 쉽게 형성될 수 있다. 또한 그것은 음주와 약물의 남용과 같은 모든 역기능적인 문제들은 세대에서 세대로 전해진다는 것을 우리에게 보여준다. 스테인글레스와 여타 다른 학자들은 가족의 정체성을, 가족시스템의 관점에서 볼 때, 알코올 중독자 가족의 강조되는 규범 체계들 중에 존재하는 가장 강력한 특성으로 기술한다.[28] 이것은 우리에게 시스템적 사고가 알코올 환자와 가족의 역동성에 대해 어떤 시각을 주는지, 알코올 가족의 역동성 중의 하나인 가족의 정체성의 개념이 어떻게 보웬의 다세대간 특성의 전이 과정에 의해 영향을 받는지를 보여준다.

(4) Identified patient(IP, 문제아)

문제의 사람(IP: identified patient, 또는 확인된 환자)은 일반적으로 가족에 의해 문제가 있다고 고려되는 가족 구성원을 말한다. 그러나, 모든 가족 이론가들이 사용하는 이러한 개념은 우리가 전체 가족 시스템으로부터 도출되는 문제점을 가지고 있는 사람을 고립시키지 않게 하는데 도움을 준다. 가족 시스템 이론가들은 문제의 사람을 병자로 인식하지 않고, 가족의 스트레스나 문제점의 표면에 나타나는 사람이라고 인식한다. 가족 이론가들은 가족을 상호 연결되어 있는 역동적인 시스템이란 말로 표현한다.

충성 또는 집착을 요구하기에 충분한 공유된 신념이나 일련의 전통을 확립하는 가족의 능력"을 의미한다.

27) 앞 글, 61

28) 스테인글레스와 여타 학자들은 항상성을 가족의 강조된 규범 원리로서 본다. 항상성은 알코올 중독자 가족 내의 두 가지 우선적인 규범 요소들을 포함한다. 가족의 기질과 가족의 정체성이 그것이다.

① 치유의 단위로써의 가족

"표면화된" 가족의 문제는 종종 과다 기능이나 과소 기능이란 면에서 다른 가족들의 역기능과 관계가 있다고 프리드만은 말한다. 가족이나 교회의 시스템 내에 서로 맞물린 감정적 삼각형(들)이 존재하기 때문에, 문제를 표출하는 사람에게 집중하는 것은 그 시스템을 치유하는 데에 도움이 안된다.

프리드만에 따르면, 치유의 한 단위로써 전체 가족이나 회당(또는 교회)을 살펴보는 것이 도움이 된다고 한다. 이런 원리는 현대 교회에서 일어나는 문제들과 여러 기관 안에서 발생하는 문제들을 코칭하고 해결하는 데에 충분히 좋은 통찰을 줄 수 있다.

② 가족 투사 과정

가족 투사(Family projection)는 일반적으로 가족 구성원들이 그들의 감정적 미성숙을 가족의 타 구성원들에게 전가하는 메커니즘이다. 멜라닌 클라인에 의하면 자아의 수용할 수 없는 부분들을 다른 사람의 탓으로 돌리고 상대방이 어떤 역할을 하도록 유도하는 방어기제로 설명된다. 프리드만이 가족 투사에 대해서 언급할 때, 그는 "희생양"의 증상보다는 "엄격하게 높은 성취를 이룬 사람의 극도의 긍정적 증상들"이나 "과도한 책임감을 보이는" 증상에 더욱 초점을 맞춘다. 역기능을 가진 시스템에서 가능케 하는 자(enabler)의 "극도의 긍정적인" 또는 "과도하게 책임감 있는" 증상들은 어떤 이의 심각한 역기능이 발생할 때, 시스템을 안정화시키기 위하여 표출된다.

이 점과 관련하여, 알코올 환자를 가진 가족의 역동성에 대해서 생각해 보기로 하자. 알코올 중독자의 심각한 역기능은 자신의 가족 구성원의 일부가 여러 가능한 "반 기능적(counter-functioning)인 역할"을 하게 한다는 것이다. 가능케 하는 자(돕는자, enabler), 영웅, 희생양, 잃어버려진 아이, 또는 마스코트가 그 예이다.[29] 이런 역할들은 중독자의 배우자나 자녀들로 하여금 술을 마시게 돕는다. 웨그세이더-크루스와 비에티 같은 많은 동반의존성 치료사들에 의하면, 이러한 가능케

29) 웨그세이더-크루스, *Another Chance*, 84-88.

하는 (돕는) 행위는 동반의존성의 분명한 특성들 중 하나이다.

역기능적이거나 동반의적인 가족 시스템에서는, 가족의 무거운 짐을 짊어지는 과도하게 책임을 지는 자 또는 극도로 긍정적인 사람이 존재한다. 이러한 사람은 가족 전체에 대해 과도하게 책임을 지고, 자신의 시간은 거의 가지지 않는다. 역기능 또는 동반의존적인 가족은 이 사람에게 의존한다. 한국의 상황에서, 많은 여성들이 가족의 성공을 위하여 이러한 역할을 한 적이 있었다. 그들에게 자기 가족이나 남자 형제들의 성공은 곧 그들의 성공이었고 그들 개인들의 삶은 늘 희생당해 왔었다. 그들의 과기능(overfunctioning) 행동은 가족주의의 가치로부터 온 것이다. 가족주의에서는, 개인은 가족 시스템 안의 공동 목표를 위하여 모든 것을 희생한다. 가족 시스템 이론가들에게는, 이러한 과기능을 하는 형태는 역기능적인 것이고, 알코올 중독자 가족이나 동반의존적인 가족의 특성중에 하나인, 엄격한 상보성(rigid complementarity)의 역동을 통해서 나타난다.

③ 가족의 치료를 위한 IP(identified patient, 확인된 환자)의 분류

프리드만에 따르면, 첫째로, IP의 개념은 우리가 전체 가족 시스템의 역기능을 이해하는 것과 IP를 통한 시스템의 변화를 가져오는 것 모두를 가능하게 한다. 치료자들은 IP로부터 초점을 멀리하고, 시스템 전체의 상호관계를 살핀다. 둘째, IP의 개념은 도움을 주는 과정에 관련된 모든 구성원들이 함께 발전해 나갈 수 있도록 도움을 준다.

(5) 정서적인 삼각관계(Emotional triangles)

프리드만(Friedman)에게 있어, 이 개념은 핵가족, 혹은 확대가족 시스템이나 회당(교회)에서 '서로 맞물리는 정서적 과정들'의 역동을 이해하는데 있어서 필수적이다. 이러한 개념은 우리가 어떻게 가족 시스템이 운용되는지를 이해하는데 도움을 주고, (항상성, 자아 분화, 확대 가족의 장, IP)의 네 가지의 개념들을 운용하는 방법을 제시해준다.

이 정서적인 삼각관계는 모든 감정 시스템의 기초 부분이다. 만약 갈등 관계에

있는 두 사람이 그들의 감정적 시스템에 세 번째 인물을 끌어들인다면, 그 관계는 삼각형을 이루게 된다. 감정적 장(emotional field)에 삼자를 개입시켜 삼각관계를 만들므로써, 원래 두 사람은 갈등으로 인한 불안을 제거하려 하고, 항상성을 유지하려 노력한다. 나는 만약 치료자가 내담자로 하여금 높은 자아 분화를 성취하도록 돕는다면, 삼각관계 안에 있는 내담자를 도와준다면, 삼각형 안에 있는 그 환자는 밀집된 감정적 에너지로부터 벗어날 수 있다고 생각한다.

정서적 삼각형의 개념은 우리로 하여금 가족 구성원들이 가족 시스템 내에 있는 불안에 대해 어떻게 반응하는가에 대해 이해할 수 있는 시각을 갖게 한다. 프리드만에 따르면, 이러한 감정적 삼각형의 개념은 가족 관계의 내용보다 과정에 초점을 맞추고 있다. 프리드만은 상담가나 코치가 이 점을 아는 것이 중요하다고 언급한다. 프리드만은 '감정적 삼각형'의 7가지 법칙을 제시한다.

① 균형은 감정적 삼각형(삼각관계)을 유지하는 중요한 요소이다.
② 제 삼자가 감정적 삼각형 상태에 놓여 있다면, 그 관계에서 그가 다른 두 사람의 변화를 가져올 가능성은 일반적으로 없다고 볼 수 있다.[30)]
③ 항상성의 힘은 관계의 변화를 가져오게 하는데 있어서 장애물로 기능한다.
④ 제 삼자의 스트레스는 시스템 변화의 성공 여부 정도에 달려 있다. 변화가 더욱 성공적일수록, 그의 스트레스는 낮아진다.
⑤ 확대 가족 시스템이나 교회에서는, 서로 맞물린 많은 감정적 삼각형이 존재한다. 상호 관련된 삼각형은 변화를 어렵게 하는 더욱 복잡한 항상성을 가지고 있다.
⑥ 삼각형의 한 면은 종종 다른 면보다 많은 갈등 상황을 나타낸다. 역기능적인 시스템에서, 갈등은 삼각형의 특별한 한 면에 위치하는 경향이 있다(IP나 IR). (순)기능적인 가족 시스템에서는, 갈등은 다른 시간에, 다른 사람이나

---

30) 기독상담학 또는 목회상담학의 관점에서 볼 때, 두 사람이 갈등관계에 있을 때 제삼자의 위치에 하나님을 모심으로, 둘 중 한 사람이나 둘 모두가 하나님의 임재 앞에 나아가는 것이 그 두 사람의 관계에 긍정적인 변화를 가져오는 길이다. 또는 제 삼자가 불안 관계에 있는 두 사람 사이에서 불안의 압력으로부터 자유로운 상담자일 경우, 그 관계 또한 치유를 가져오는 건강한 관계이다.

다른 관계에서 나타난다(different persons at different times).

⑦ 우리가 변화하는 관계에 속해있을 때, 우리는 시스템을 변화할 수 있는 기회를 얻을 수 있다. 그러므로 시스템을 변화시키기 원하는 사람은 자신을 시스템으로부터 멀리 있어서는 안 되며, 불안함이 없이 그 앞에 존재해야 한다. 누구든 거리를 둠으로써 불안이나 근심을 줄일 수는 있으나, 변화를 원한다면 삼각형을 계속 유지할 필요가 있다.

감정적 삼각형에 관한 프리드만의 일곱 가지 법칙은 동반의존적인 결혼생활이나 가족 시스템 속에서 살아가며, 정서적인 어려움을 소유한 동반의존자의 성향을 가진 분들을 상담하거나 코칭하는 상담치료사나 코치에게 매우 유용하다. 내가 이러한 면의 일들을 기술하는 이유는 동반의존적인 구조가 "정서적으로 밀착된 연합성"을 갖고 있으며, 정서적 삼각관계 맺기의 과정을 이해하는 것은 감정적인 밀착 관계로부터 자신을 분화시킬 수 있도록 도울 수 있기 때문이다. 또한 감정과 정서적 욕구의 에너지 장이 막혀 있는 자기(self) 구조로부터 벗어나 건강한 자기를 소유하는 것으로 이동할 수 있기 때문이다. 일곱 번째 법칙인 불안이 없는 상태의 인간관계에 있는 것은 동반의존적인 시스템을 변화시키길 원하는 사람에게 매우 중요하다. 헴펠트, 미너쓰, 그리고 마이어(Hemfelt, Minirth, Meier)는 바로 이 견해를 다음처럼 지지했다. "시골 장에 가는 가장 중요한 이유는 6~8마리 단위로 구성된 경마팀(짐 말, 벨기에산 말, 클라이즈데일 말 등으로 구성된)을 보는 것이다.... 개개의 말은 완전히 독립적으로 일하지만, 그의 팀메이트의 움직임이나 작업에서는 완전히 의존적이다. 경주에서 잘 조화된 경주마 팀이 기능을 제대로 발휘하듯이, 건강하고 비 동반의존적인 인간관계가 제대로 기능을 한다.[31]

항상성에 기초를 둔 시스템적인 사고와 관련된 위의 기술은 다음 내용을 보여주고 있다.

알코올 중독자 가족의 역동성이나 동반의존적인 가족 시스템의 이해는 가족 시스템의 사고와 이론에 의해 많은 영향을 받아왔다. 특히 보웬의 이론에 의해 많은

31) Hemfelt, Minirth, and Meier, *Love Is A Choice*, 25.

영향을 받아왔다. 이런 점을 볼 때, 우리 상담치료사들이나 조직의 리더들이 우리 주위에서 볼 수 있는 동반의존적인 문제들을 이해하고 해결하는 데에 있어서 가족 시스템에 대한 이해가 많은 도움을 줄 수 있음을 알게 되었다.

4. 동반의존성 검사와 측정

- **동반의존성의 진단기준 10가지**

① 동반의존자는 (강박적) 충동에 의해서 이끌림을 당한다.
② 역기능적인 원가족에서처럼, 속박되며 끊임없이 괴로움을 당한다.
③ 낮은 자존감을 갖고 있다.
④ 이들의 행복은 다른 사람의 행복에 의존한다.
⑤ 비정상적으로 타인에 대해 지나친 책임감을 갖는다.
⑥ 중요한 타인과의 관계에서 의존과 독립의 균형을 잡지 못해, 많은 손상을 입는다.
⑦ 부인과 억압에 뛰어나다.
⑧ 변화시킬 수 없는 것에 염려와 걱정을 많이 하며, 그것들을 변화시키려 노력한다.
⑨ 극단으로 흐른다.
⑩ 삶에서 결핍된 것을 끊임없이 찾는다(예, 애정결핍).

※ 출처: Kim, Hyunjin(2002), Codependency

위에서 언급한 동반의존성의 증상적 특징들과 진단기준 10가지는 헴펠트와 미너스 그리고 마이어가 진술한 것이다. 아래에 언급되는 **가부장적 문화상황 속에서 동반의존성의 15가지 특징들**은 필자가 여러 학자들과 치료사들이 언급하는 동반의존성의 특징들을 한국 가부장적 문화 상황 속에서 적용하여 만든 것이다.

① 억압적 규칙들과 시스템으로 인해 중요한 타자에 대한 심한 의존(overly dependency)을 보인다.
② 무기력감, 소망 없음(feeling powerless and hopeless)
③ 남자 아이를 갖고자 하는(강박적) 집착
④ 부적절한 언행에 대한 지나친 관용(a high tolerance for inappropriate behavior such as verbal and physical abuse)
⑤ 부인과 조종의 뛰어남
⑥ 중요한 인간관계를 맺고 유지하는 것을 어려워한다.
⑦ 자아 분화의 수준이 매우 낮거나(a very low level of differentiation of self), 외부 인정에 근거하여 자기정체성을 갖는다(자존감이 매우 낮다).
⑧ 진실한 사랑에 대한 잘못된 이해로 인한 희생양의 모습(예를 들면, 동반의존자로서 알코올 중독자를 돕는 행위를 그리스도가 교회를 위해 희생당하는 것처럼 비유하는 경향을 볼 수 있다.)
⑨ 다른 사람의 인정을 얻기 위한 끊임없는 추구와 욕구
⑩ 정서적 공황(공허함) 상태를 메꾸기 위한 끊임없는 노력
⑪ 심신증적 증상들
⑫ 스트레스로 인한 불안이나 우울증
⑬ 중요한 타자를 섬기는 자유가 없음. 선택의 자유를 누리지 못함.
⑭ 용서를 주고받는 데에, 보통 사람보다, 심한 어려움을 갖는다.
⑮ 지나친 책임감을 가짐으로써 그들이 상황을 조종, 통제하려 한다.

※ 출처: Kim, Hyunjin(2002), Codependency

• **동반의존 검사지** ※ 출처: 김현진, 권순황(2010). 장애아동 부모의 동반의존성 연구.

다음은 귀하 자신에 대한 질문입니다. 귀하의 생각과 일치되는 난에 v표 해주십시오.

번호	문항	전혀 그렇지 않다	거의 그렇지 않다	가끔 그렇다	자주 그렇다	항상 그렇다
		1	2	3	4	5
1	사람들과 사귀기 위해서는 그들에게 꼭 필요한 사람이 되어야 한다고 생각한다.					
2	나의 생각, 감정, 행동에 대해 나 자신보다 남이 인정하는 것에 더 가치를 둔다.					
3	사람들이 나를 좋아할 수 있도록 그 사람의 의견을 따르는 편이다.					
4	나는 사람들을 보호하는데 마음을 쓴다.					
5	나는 대부분의 사람들이 자기 자신을 소중히 여기지 못한다고 믿는다.					
6	나는 사람들에게 호의나 도움을 베풀었는데도 그 사람에게서 보답이 없으면 매우 상처를 받는다.					
7	나는 남의 기분이 어떠한지 매우 잘 알아차린다.					
8	나는 사람들이 원하는 것을 미리 알아차려서 그들이 부탁하기 전에 그 일을 해준다.					
9	나는 사람들이 내가 도우려 할 때 거절하면 원망스러워진다.					
10	나는 사람들이 곤경에 빠졌을 때 침착하고 유능한 편이다.					
11	내가 남에게 도움이 된다고 느낄 때라야 기분이 좋아진다.					
12	나는 누가 묻지 않아도 자발적으로 남에게 충고하고 가르쳐 준다.					
13	나는 남이 원하는 것을 하기 위해 나 자신의 이익이나 염려는 제쳐둔다.					
14	나는 내가 아파서 견딜 수 없을 때에만 어쩔 수 없이 남의 도움을 구한다.					
15	나는 다른 사람이 고통 받는 것을 묵인할 수가 없다.					
16	나는 내가 아끼는 사람에게 선물이나 호의를 베푸는 것을 아끼지 않는다.					
17	나는 승인과 인정을 얻기 위해 성관계를 이용한다.					

번호	문항	전혀 그렇지 않다	거의 그렇지 않다	가끔 그렇다	자주 그렇다	항상 그렇다
		1	2	3	4	5
18	나는 사람들이 어떻게 생각하고 어떤 감정을 가져야 하는지에 대해 깨닫게 하도록 노력한다.					
19	나는 자신이 매우 이타적이고 다른 사람의 편안함을 위해 자신을 바친다고 생각한다.					
20	나는 사람들의 감정이나 행동에 대해 책임을 떠맡으려 한다.					
21	나는 다른 사람의 감정, 행동에 대해 죄지은 것 같은 느낌을 받는다.					
22	나는 나의 기분에 대해 확신하기가 어렵다.					
23	내가 화내는 것을 두려워하면서도 가끔씩 분노가 폭발할 때가 있다.					
24	나는 사람들이 나의감정, 의견, 행동에 대해 어떻게 반응할지 걱정이다.					
25	나는 어떤 결정을 내리는 것이 어렵다.					
26	나는 사람들에게 상처받거나 거부당하는 것이 두렵다.					
27	나는 내가 느끼는 감정을 가볍게 느끼거나, 달리 생각하거나 부정하는 편이다.					
28	나는 사람들의 기분에 매우 예민해서 그들과 같은 기분이 된다.					
29	나는 남과 다른 의견이나 감정을 말하는 것이 두렵다.					
30	내가 나의 감정이나 의견보다 남의 의견이나 감정을 더 중요시 한다.					
31	나는 나보다 다른 사람의 필요와 욕구를 더 앞세운다.					
32	나는 선물이나 칭찬이나 사람들의 인정을 받을 때 당황한다.					
33	나는 내가 생각하고 말하고 행동하는 모든 일에 엄격해서 절대로 이만하면 충분하다는 평가를 내리지 못한다.					
34	나는 모든 일에 완전을 기하는 사람이다.					
35	나는 지나치게 성실해서, 위험하고 해로운 상황에 너무 오래 견디는 편이다.					

번호	문항	전혀 그렇지 않다	거의 그렇지 않다	가끔 그렇다	자주 그렇다	항상 그렇다
		1	2	3	4	5
36	나는 나의 요구와 바램을 위해 남에게 부탁하지 않는다.					
37	나는 나 자신이 매력적이고 가치 있는 사람이라고 생각하지 않는다.					
38	나는 다른 사람이 내게 화를 내거나 거절하는 것을 피하기 위해 자존심을 죽이고 양보한다.					

위에서 제시한 **동반의존 검사지(38문항)에 대한 평가방법**은 다음과 같다.

1. 1~19번은 통제 패턴을 말하며, 20~38번은 순응 패턴을 말한다.
2. 64점 이상이면 동반의존 상태에 있다. 81점 이상을 획득하면 동반의존 상태가 심하다고 볼 수 있다. 각 합계가 64 이상일 경우에, 어느 패턴이 더 높은 점수를 얻게 되었는지를 확인해보라. 높은 점수는 그 사람의 동반의존 성향 중에 높은 성향을 말해준다. 예를 들면, 통제 점수가 64이고 순응이 40점이라고 하면, 그 사람은 통제 성향이 높아 부부 관계나 조직에서 통제 성향을 많이 보일 가능성이 높은 것이다. 어떤 사람은 순응 점수가 64점 이상이면 그 사람은 순응 성향이 많아 의존성이 높고, 자기 의사 결정력이 떨어질 가능성이 높다고 볼 수 있다.

5. 치료적 접근[32)]

① 역기능적 시스템 역동의 이해

② 자아분화를 높여라

32) 동반의존성 성격에 대한 상담치료적 접근에 관해서는, 김현진(2011), 〈성경과 목회상담〉 7장을 참조하세요.

③ 정서적으로 밀착된 관계로부터 분리시키라(detaching from an enmeshed relationship)

④ 사랑 안에서 직면하기

가) 경계선을 재설정하라

나) 문제의 핵심을 이야기하라

⑤ 용서하기

⑥ 힐링 커뮤니티와 관계맺기

⑦ 진짜자신을 즐겨라

⑧ 자신의 욕구가 아니라 우리를 만드신 그 분에 의해 형성되라

⑨ 리더십에 대한 재고를 하라

⑩ 내려놓고 신에게 맡기기

⑪ 남성다움과 여성다움의 회복은 동반의존성 치료를 돕는다

⑫ 감정과 정서적 욕구의 에너지가 흐르게 하라

동반의존성과 관련된 극동방송 사랑 칼럼 원고

하나. 동반의존자들과 불균형을 보충하려는 시도

안녕하세요, 반갑습니다.

지난주에는 동반의존자의 중요한 특징 중의 하나인 돌보는 행위에 집착하는 것에 대해서 알아보았습니다. 동반의존자가 자기의 돌봄이 상대를 바르게 세우는 돌봄이 아닌데도 돕는 행위를 그만 둘 수 없는 이유는 자기의 가장 큰 필요가 "자기가 중독자들에게 계속 '필요한 존재'로 남는 것이기 때문이다."라고 말씀을 드렸습니다.

오늘은 동반의존자가 보이는 다른 행동양식, 즉 중독자에 의해 야기된 역기능이나 불균형을 보충하려고 시도하는 것에 대해 나누기를 원합니다. 이것에 대해 나누기 전에 (이것을 이해하기 위해서는) 동반의존이라는 개념과 동반의존자란 무엇을 의미하는지를 좀 더 알아보는 것이 필요해 보입니다.

동반의존 또는 동반의존성(codependency)을 시스템과 관계해서 간결하게 표현해본다면, 동반의존이란 중독자나 중독적인 시스템 또는 역기능적인 시스템에 부적합한 반응을 하는 것을 말합니다. 중독적이거나 역기능적인 시스템에 적합한 반응 또는 긍정적인 인풋을 한다면, 그러한 시스템, 즉 중독적인 가족 체계나 역기능적인 가족체계에 새로운 변화를 줄 수가 있습니다. 그러나 모든 동반의존적인 시스템 또는 가족체계 속에 있는 구성원들은 그 가족 또는 결혼 시스템이 역기능적으로 운영되도록 도와주는 역할을 합니다. 이들은 이러한 역기능적 역할을 하도록 길들어져 있습니다. 동반의존성은 각종 시스템, 예를 들면, 가족이나 교회 또는 회사 조직체내의 이러한 역기능적 역동성을 파악하는 개념적 틀인 것입니다. 여기서는 가족에 국한하여 이야기를 나누고자 합니다.

동반의존자란 중독자나 중독 가족 또는 역기능적 가족체계에 의해서 영향을 받으며, 그 중독자나 그 가족체계에 심하게 의존하는 사람을 가리킵니다. 그들은 자라나면서 가족 문제나 문화의 어떤 역기능적인 면에 의해 야기된 그들의 **아픈**

상처를 어루만지기 위해서 그들 주변에 있는 사람들에게 모든 에너지를 쏟아 붓습니다. 그러한 행동은 **자기 몸을 돌볼 수 있는 마음의 여유를 갖지 못하게 합니다.** 그들의 그러한 돌봄이 어느 중독자를 위한 것이라면, 그 중독자가 계속해서 중독적이거나 역기능적인 행위들을 하도록 돕습니다. 그들의 돌봄은 건전한 돌봄이 아닌데도 불구하고, 중독자들 또는 문제의 행동을 하는 사람에게 계속 '필요한 존재'로 남기 위해 그들은 끊임없이 노력합니다. 필요한 존재로 남기 위해 노력하는 수고 중에는 중독자에 의해 야기된 가족이나 부부관계의 역기능이나 불균형을 보충하려고 시도하는 것이 포함이 됩니다.

가족이나 결혼관계에서 중독자나 문제가 되는 사람에 의해 발생한 가족체계의 불균형을 보충하려는 시도는 동반의존자가 가지고 있는 역기능 체계에 대한 역기능적 행동양식에 해당합니다. 다시 말하면, 동반의존자는 역기능 가족구조에서 중독적인 힘이나 해로운 행위에 의해 만들어진 불균형을 보충하려는 시도를 합니다. 이 시도는 건강치 못한 또는 아름답지 못한 결과를 가져옵니다. 왜냐하면, 동반의존적인 사람은 중독적이거나 해로운 행위로 인한 역기능적인 가족체계 내에서 중독자나 문제의 사람과 맞추어 균형의 상태를 유지하려고 힘을 쓰는 것은 중독자나 문제의 사람이 계속해서 문제의 행동을 하도록 돕는 역할을 하기 때문입니다.

균형의 상태를 유지하려는 동반의존자의 행동이 문제가 될 수 있을까요? 문세가 될 수 있습니다.

일반적으로 두 사람이 서로 모자란 부분을 보충하여 균형의 상태를 유지하려는 관계는 문제가 되는 관계 즉 역기능적인 관계라고 단정할 수가 없습니다. 둘 사이의 상호보완적 상태는, 경우에 따라서, 그 관계가 순기능적이거나 역기능적인 것으로 볼 수 있기 때문입니다. 문제가 되는 것은 경직된 상호보완적 상태입니다. 왜냐하면, 경직된 상보적 상태는 둘을 역기능적인 관계로 이끌게 되기 때문입니다. 동반의존적인 배우자가 부부관계나 타인과의 관계에서 문제가 발생할 때 균형을 유지하기 위해서 하는 행동은 *경직된 상호보완적 행위를 주로 보이기 때문에* 위의 질문에 대한 답은 '문제가 될 수 있다'입니다.

경직된 상호보완적 상태는 특히 알코올 중독 커플 사이에서 자주 관찰됩니다.

알코올 중독자가 자기 삶을 제대로 살지 않을 때(underfunctioning) 또는 무능할 때, 동반 알코올 중독자(co-alcoholic), 즉 동반의존자는 과도하게 기능합니다. 또는 과도하게 돌보는 역할을 합니다.

예를 들면 다음과 같은 것을 볼 수 있습니다.

알코올 중독자의 동반의존자는 술로 인해 발생한 것을 회사의 상사에게 은폐하려고 하는 경우입니다. 어느 날 회사 상사가 알코올 중독자의 집에 전화를 해서 아직 회사에 방 모씨가 안 왔는데 무슨 일이 있느냐고 물었더니, 그 배우자가 말하기를, 조금 전에 출근을 했는데 아마 길이 막히는 것 같다고 말합니다. 실은 아직 누워서 자고 있는데도 거짓말을 하였습니다. 아이들에게도 다음처럼 교육을 하는 경우도 있습니다. 다음에 아빠가 술을 먹고 누워있어 출근을 아직 못했는데 회사에서 전화가 오거든 이리저리 대답하라고 거짓말을 시키기도 합니다. 알코올 중독으로 인해 못 일어나고 누워있으면서 회사를 안 나가는데, 이를 은폐하기 위해 허리가 다쳐서 오늘은 회사에 못나간다고 거짓말을 하는 경우도 있습니다.

이러한 행위가 중독자에 의해 야기된 가족체계의 역기능이나 불균형을 보충하려고 시도하는 모습에 해당합니다.

동반의존자는 '온 세상을 떠받쳐 줄 후견인'이 되고 싶어 합니다. 법원에서 상담을 하는 중에 만난 부부들입니다. 남자는 지체 장애자인데 이 배우자는 이 장애인에 대한 연민이 있었다고 합니다. 장애인이라고 해서 정상인과 결혼을 하지 말라는 법이 없고 특히 장애를 내 자신이 감싸 안고 살면서 서로 부족한 면을 채워주고 작은 것에 행복해 하며 살아간다면 큰 문제가 없으리라 생각하고 결혼을 했다고 합니다. 이 여인이 장애인을 불쌍히 여겨 결혼을 하여 행복하게 살겠다고 하는 것 자체는 아름다운 것입니다. 그러나 이 여인의 무엇이 이런 결혼을 선택하게 되었는가를 알아보는 것은 이 여성이 장애인을 배우자로 선택하는 이유를 알려줄 수 있습니다. 이 여성의 아버지와 어머니에 대해서 들려주도록 말을 했는데, 아버지가 허리가 다치셔서 오랫동안 집에만 계시고 일을 할 수 없는 분이었다고 이야기를 해주었습니다. 어머니는 이런 불균형의 가족구조 속에서 남편이 해야 할 일까지도 다하며 가족경제도 책임을 지려고 하는 사람이었습니다. 여기서 우리가 볼 수 있는 것은 이 여성의 아버님 허리를 다치셔서 누워계시는 분이 위에서 이야기했던 중독자의 역할을 하는 분이고 이분의 아내는 동반의존자의 역할을 하고 있는 것이지요. 어머니가 하는 것처럼 이 어머니의 딸인 이 여성도 장애를 가지고 있는 분을 만나 이 남자의 부족한 점을 보충해주려는 마음속에서 이 남자에게 끌림을 느낀 것으로 보입니다.

오늘은 동반의존자가 보이는 행동양식 중에, 중독자 또는 결혼관계나 가족의 역기능을 발생하게 하는 사람에 의해 야기된 역기능이나 불균형을 보충하려고 시도하는 것에 대해서 지금까지 나누었습니다. 다음 주에도 동반의존자 주제를 이어서 나누도록 하겠습니다. 함께해주셔서 고맙습니다.

(2009. 09. 24)

둘. 동반의존자와 내면의 어린 아이

지난주에는 알코올 중독자의 배우자가 어떻게 행동하는지, 그리고 장애인의 아내가 되어 행복하게 살고자 했던 한 여성의 마음 아픈 이야기를 들어보았습니다. 이들의 삶의 방식은 동반의존자의 전형적인 모습을 보여주었습니다. 두 여성 모두의 배우자는 둘 다 알코올 중독이 있었습니다. 이 중독자들과 사는 사람들에 대해서 조금 더 이야기를 나누기를 원합니다. 이 중독자들과 함께 사는 사람들을 동반의존자라 불렀습니다. 이 동반의존자들의 내면세계를 잠깐 보기를 원합니다.

동반의존자들의 내면세계를 엑스레이(X-ray)사진을 찍을 수 있다면 그 속에는 작은 아이가 있습니다. 5살 먹은 아이, 7살 먹은 꼬마아이, 8살 먹은 소녀 등을 만나 볼 수 있습니다. 얼마 전 서울에서 상담을 했던 의대생이 기억이 납니다. 이 의대생은 부모님 사이에 있는, 깊은 갈등관계 속에서 정서적인 희생양이 되어 자기 내면의 감정 표현을 매우 어려워했습니다. 학교 동료들과 만날 때 자기가 친하게 지내는 친구들과 조금의 갈등이 있으면 얼굴이 화끈하게 달아오르는 것은 자주 볼 수 있는 일이었습니다. 자기 마음과는 달리 자기의 행동은 다른 모습을 보이곤 했습니다. 자기는 친구들과 가까이 지내고 잘 지내고 싶은데 자꾸 이상한 생각이 들기도 하고 서운하게 자기를 대했던 것이 떠올라 얼굴이 화끈 달아오르는 것이었습니다. 이것이 저와 상담하는 주된 이유였습니다. 어느 날 상담을 하는 중에 이 여대생은 자기 내면에 있는 아이를 보게 되었습니다. 학교가 파하는 시간에 비가 오는 날이었는데, 7살 정도 되어 보이는 소녀가 우산도 없이 우두커니 서있었습니다. 집은 먼데 엄마는 비 오는 날 오지 않고 아빠는 직장에서 근무시간이라 이 귀여운 소녀를 데리러 오지 못했습니다. 이 꼬마 소녀는 외할머니가 생각이 나 외할머니 집으로 걸어서 갔습니다. 할머니가 주는 점심을 먹고 비 오는 오후를 할머니의 따스한 정을 느끼며 그곳에 계속해서 머무르고 싶었지만 저녁시간에는 엄마와 아빠가 오실 집으로 가야만 하기에 집으로 발걸음을 옮깁니다. 그러나 집으로 가는 꼬마 소녀의 발걸음은 무겁습니다. 집에 가도 자기를 따스하게 반겨주고 안아주는 할머니와 같은 사람은 아무도 없습니다. 상담치료를 하는 중에 이 여대생은 이 7살 먹은 소녀를 만났고, 이 아이가 중학생 정도 되는 소녀로 성장해 있는 것을 보았습니다. 자기 속에 있는 정서적으로 어린 꼬마 아이가 중학생이 되어 있었습니다. 자기 삶에 대해서 나름대로 자기 판단을 하고 자기 스스로 무언가를 할 수 있는 그런 내면의 아이를 보게 되었습니다. 몇 주 후에는 여고생이 되어 있는 자기 자신을 볼 수 있었습니다. 자기 내면의 세계를 나름대로 표현할 수 있었고 내면의 아픔을 직시하면서 아픔을 치유할 수도 있었습니다.

오늘 처음 부분에서 나오는 두 성인 여성들, 알코올 중독자의 배우자로 살아가는 두 여성들의 내면세계를 엑스레이 사진을 찍을 수 있다면, 이 여성들의 내면에는 어린 아이가 있을 것입니다. 어린 꼬마 소녀가 있을 것입니다.

이 꼬마 소녀들의 마음은 늘 불안합니다. 때때로 두렵기도 하고 화가 나기도 합니다. 그러나 화는 표출할 수가 없습니다. 화를 표출하다가 얻어 맡는 일이 발생할 수 있기 때문입니다. 5살 때나 7살 때 또는 9살이었을 때 짜증난 일이 있어서 화를 내거나 신경질을 내다가 술을 좋아하는 아버지에게 냅다 뚜들겨 맞은 일이 있어서 분노를 표출하지 못합니다. 또 두들겨 맞을까봐 눈치만 살핍니다.

분노 이면에는 인간존재 자괴감도 있습니다. 왜 나는 이렇게 지지리도 못나게 살아야 하는가! 나는 못난인가! 내가 잘 할 수 있는 것은 아무것도 없는 그런 아이인가! 이런 생각들과 자기 자신에 대한 느낌들 속에 자기 자신은 자꾸 작아지고 수치감과 열등감은 파도처럼 밀려와 고통스러워하는 어린아이가 아직 그 자리에 그대로 있습니다.

결혼을 한 후에 한 남자와 행복하게 살고 싶었는데 이 꿈이 얼마 안가서 깨어집니다. 덩치는 큰 어른인데, 때때로 남편의 행동에 대해서 어찌할 줄 모르는 행동을 하는 자기 자신의 모습 때문에 당혹스러워하기도 합니다. 잘하고 싶은데 잘 안됩니다. 남편이 술을 먹고 들어오면 분노가 치밀어 오기도 하지만 분노를 적절하게 표현할 수도 없습니다. 분노 표현을 그 상황에 적합하게 표현하는 것을 본 적도 없습니다. 부아가 치밀어 오를 때 차라리 접시라도 깨뜨리면 마음이라도 시원해져 좋으련만 그것도 할 수가 없습니다. 그 행위를 하다가 또 두들겨 맞을까봐 걱정이 앞서기 때문입니다.

이런 모습을 보이는 것은 몸은 어른이어도 그 사람 속에는 어린 시절 받은 상처로 인해 더 이상 성장하지 못해, '성장이 멈추어 버린 나이 어린 꼬마 소녀나 소년'이 있기 때문입니다.

내 속에 있는 아이, 어느 것 하나라도 잘 할 수 없어서 작아져만 가는 어린 아이, 그래서 어떤 것도 자신감을 가지고 시도할 수 없는 어린 아이, 혼자만 있고 싶은 아이, 나는 왜 이렇게도 못났을까라고 생각하는 어린 아이, 비 오는 날 엄마 아빠를 기다리지만 나타나지 않는 엄마 아빠 때문에 외로움과 거절감을 느끼는 아이, 언니만 사랑하는 엄마 때문에 어떻게 해야 사랑을 되찾을 수 있을까 어떻게 해야 인정받을 수 있을까를 고민하는 아이, 이런 아이 때문에 이를 악물고 공부에만 매달렸던 아이, 그래서 줄곧 1등을 놓치지 않았고 1등에서 밀려날까봐 불안에 떨었던 이 아이를 만나야 합니다.

중독자의 배우자가 되어 살아가는 동반의존자들의 내면에는 이런 아이들이 울고 있습니다. 마음은 텅 비어 있고 텅 빈 가슴의 주머니를 채우기 위해서 몸부림쳐 보지만 쉽지가 않아요. 이들이, 앞에 나오는 의대생처럼, 자기 내면 깊은 곳에 있는 꼬마 아이를 만난다면, 이들의 배우자와의 관계는 새로운 단계로 접어들 수가 있어요. 같이 사는 것이 고통이요 어쩔 수 없이 살아가는 관계가 아니라 관계의 회복이 일어날 수 있는 첫걸음을 뗀 것이 됩니다.

함께 해주셔서 고맙습니다. 사랑합니다. 축복합니다. 즐거운 추석이 되기를 바랍니다.

(2009. 10. 01)

셋. 베른의 기적이라는 영화와 내면의 감정 마주하기

몇 년 전 우리 집 아이들이 영화를 소개 받아, 온 가족이 응접실에 모여앉아서 영화를 재미있게 본 적이 있습니다. 그 영화 제목은 〈베른의 기적〉입니다. 저는 상담치료대학원에서 강의를 하다가 가끔 이 영화가 나에게 의미 있게 다가왔던 장면을 소개합니다. 수업을 하는 중에 소개했던 의미 있는 장면 하나와 스토리를 소개합니다. 오늘은 평소보다 좀 더 구체적인 내용을 여러분에게 소개하면서 이야기를 나누기를 원합니다. 오늘 이야기는 부부사이 사랑에 어려움을 갖고 있어 갈등관계에 있는 사람이나 동반의존관계에 있는 분들에게 도움을 줄 수 있는 참 좋은 이야기입니다.

처음 장면은 2차 대전 후, 독일의 어느 탄광촌에 사는 가족의 모습입니다. 전쟁으로 인해 아버지 없이 자라난 11살 소년 '마테스'라는 소년이 있습니다. 그에게 낙이 있다면 자기 마을에 유명한 공격수인 축구선수 '란'과 함께하는 것입니다. 란의 축구 가방을 들어주며 축구장에 가서 '란'이 축구공을 차는 것을 보는 것이 그 어린 소년에게는 큰 기쁨입니다. 축구선수 란은 그 어린 꼬마 소년에게는 영웅이자 아버지 같은 존재입니다. 축구선수 '란' 역시 그런 어린소년, 마테스를 행운의 마스코트로 여기며 함께 지내는 것을 즐거워합니다.

그러던 어느 날, 11년이 되도록 러시아 포로수용소에 갇혀 있던 어린 소년 마테스의 아버지가 풀려나 가족의 품으로 돌아오는 일이 발생합니다. 아버지가 온 것이 이 탄광촌의 가족에게는 즐거운 일이 아니었습니다. 아버지가 일상을 사는 방식과 아버지 없이 살아왔던 가족들의 일상의 사는 방식은 너무나도 차이가 났기 때문입니다. 고통스러운 포로 생활로부터 해방이 되어 집에 온, 아버지의 눈에 거슬리는 것은 아이들이 징징대며 여자애처럼 살아가는 모습이나 버릇없이 살아가는 모습이었습니다. 이 남자는 아내에게 '당신은 아이를 어떻게 키운 거냐.'고 호통을 칩니다. 아내는 아내대로 할 말이 있었습니다. '당신이 전쟁에 나간 뒤에 우리 가족이 어떻게 살아왔는지를 당신은 아느냐! 아빠 없이 아이들 지금까지 키운 것이 얼마나 힘든 일이었는지를 아느냐!' 이런 이야기를 들은 어린 소년의 아버지는 분노가 치밀어 오릅니다. '전쟁 노이로제'로 탄광의 갱에도 적응을 못하고, 자식들과도 소통하지 못하는 이 아버지는 울음 섞인 분노를 터뜨립니다. 그의 행동은 강박적이며 독단적인 행동으로 가족들과 갈등만 키워가고 있습니다.

아버지는 동네 아이들과 축구를 하고 있는 막네 아이가 축구를 잘 못하는 것이 안타까워 아이를 불러서 집 앞 잔디밭에서 축구를 어떻게 하는지 코치를 해줍니다. 그렇게 지내던 어느 날, 아이가 기다리던 날이 왔습니다. 그토록 기다리던 베른 월드컵이 다가온 것입니다. 소년 마테스는 대표 팀에 발탁된 자기의 영웅, 란을 스위스 베른으로 배웅해 주면서 승리를 꿈꿉니다. 드디어 개막을 알린 월드컵. 마을 사람들은 TV 앞에 모여 앉아 대표 팀이 승리하도록 온힘을 다해 응원하고 있습니다. 라디오 중계를 듣는 소년이 **포로생활에서 아빠가 터득한 비법으로** 눈을 감고 상상으로 경기를 관전하는 것을 보는 아버지의 가슴 속에서는 전에 느끼지 못했던 그 무엇이 올라오기 시작합니다. 물안개처럼 올라오는 그 무엇을 소년의 아빠는 느끼기 시작합니다. 가슴 속의 뜨거운 액체를 느끼기 시작합니다. 어린 소년의 아빠가 흘러내리는 눈물 앞에 어찌할 줄을 몰라 할 때, 어린 아들은 아빠에게 말 한마디를 들려줍니다. "독일 소년도 울 수 있어요."라고 말하면서 아빠의 손을 꼬~옥 붙잡아줍니다. "독일 소년은 울지 않는다."라고 자기에게 훈계를 했던 그 아버지의 눈물을 보며 그 어린 소년은 아빠의 손을 붙잡고 "독일 소년도 울 수 있어요."라고 말하면서 아버지의 마음을 다독여줍니다. 오랜 세월 얼어붙은 아버지의 마음은 따스한 봄이 오기 시작했습니다. 아빠와 아들이 집으로 돌아오는 차 안이 얼마나 훈훈했었을까요!

저는 법원에서 상담을 하며 이혼을 하자고 나선 부인 앞에서 고개를 숙인 남성들을 많이 보아왔습니다. 이들이 이혼을 당하는 인생의 위기의 사건 속에서 살아남아 아내와 함께 살 수 있는 길은, 자기 내면세계를 이해하고 느끼는 것입니다. 일이 끝난 후 집밖에서 술을 먹고 늦게 들어와서 아내를 정서적으로 힘들게 하거나, 작은 월급봉투마저 술값에 쓰느라 가족 생활비도 제대로 가져다주지 못하는 그런 모습은 요즘 여성들을 매우 힘들게 합니다. 술에 빠져 있거나 일중독에 빠져 있는 사람들은 자기의 감정을 표현하는 것을 매우 힘들어합니다. 그것은 자기 속에서 올라오는 감정을 제대로 보거나 느끼지 못하기 때문입니다. 이런 사람들에겐, 마비된 감정이 자꾸 삐져나오는 것을 볼 수 있습니다. 자기가 느끼는 것을 자기가 원하는 방식으로 적합하게 표현할 수 없는 모습을 보입니다.

감정을 오랫동안 억압하며 알코올 중독에 빠졌던 존 브래드쇼라는 성인아이 치유 전문가는 다음과 같은 이야기를 합니다.

"우리는 어린아이에게 감정, 특히 분노와 성적인 감정이 있다는 것을 의도적으로 부인한다. 그런데 사람이 자신의 감정과의 접촉을 잃어버리면 자신의 신체와의 접촉도 잃어버리게 된다. 우리는 또한 아이들의 욕구와 생각을 감시하고 통제한다. 사람이 감정, 신체, 욕구, 생각을 통제당하면 자시 자신을 잃어버리게 된다. 그리고 이렇게 자신을 잃어버리면 자존감에 손상(상처)을 입게 된다."

고개 숙인 남성들이 이혼을 당하지 않기 위해서는 자기 속에서 올라오는 감정을 부인하지 말아야 합니다. 올라오는 느낌들을 그대로 느낄 수 있도록 훈련을 해야 합니다. 자기감정을 느낄 수 있고 그것을 적절하게 표현할 수 있는 남성들을 여성들은 더욱 더 사랑합니다. 자기의 남편이 이렇게 성숙해가는 모습을 아내들은 보고 누리고 싶어 하지요.

아내들은 자기감정 표현에 미숙한 남편들을 다 큰 사람이 자기 감정표현도 제대로 못한다고 핀잔을 주거나 멀리 할 것이 아니라, 남편의 그런 미숙함 속에는 정서적으로 어린 아이가 있어서 그런 것이라고 이해해준다면 남편이 힘들고 어려워할 때, 남편의 울고 있는 마음이나 두려워하고 있는 마음을 안아 줄 수 있을 것입니다. 울고 있는 아빠의 손을 꼬~옥 붙잡으며 "독일 소년도 울 수 있어요."라고 말하며 울고 있는 아빠의 마음을 안아주었던 어린 소년처럼, 처자식 먹여 살리느라 힘들고 때로는 역겹기도 한 직장생활 속에서 외로워하며 울고 있는 남편의 마음을 만져주고 안아주세요. 이런 남편은 힘을 얻어 직장생활도 건강하게 하고 아이들과 아내에게도 더 많은 사랑을 줄 수 있을 것입니다.

마음을 안아주는 것은 울고 있는 어린아이가 있는 성인들을 치유하는데 꼭 필요한 약입니다. 울고 있는 가슴, 두려워 떨고 있는 마음을 안아 줄 수 있는 여성은 남편의 눈을 자기에게로 향하게 합니다.

함께하여 주셔서 고맙습니다.

광신대학교 상담치료대학원 교수 김현진이었습니다.

(2009. 10. 15)

참고문헌

김현진(2007, 2011). **성경과 목회상담**. 솔로몬출판사.

김현진, 권순황(2010). 장애아동부모의 동반의존성 연구. **특수아동교육연구**, Vol.12 No.4.

Beattie, Melody(1987). *Codependent No More*. San Francisco: Harper and Row.

Bowen, Murray(1998). "Treatment of Family Groups With a Schizophrenic Member," (1957) *Family Therapy in Clinical Practice.* New Jersey: Jason Aronson.

Friedman, E. H.(1985). *Generation to Generation: Family Process in Church and Synagogue*. The Guilford Press.

Groom, Nancy(1991). *From Bondage to Bonding.* Colorado Springs: Nav Press.

Hyunjin Kim(2002). *Codependency*. Luther Seminary.

Wegscheider-Cruse, Sharon(1998). "Codependency: The Therapeutic Void," *US Journal of Drug & Alcohol Dependency*. Deerfield Beach, FL: Health Communications.

Whitefield, C. L.(1991). *Co-dependence: Healing the Human Condition.* Florida: Health Communications.

반추 및 토의질문

1. 가족 시스템의 관점에서 동반의존성을 진술해보세요.

2. 동반의존성 성격성향이 형성되는 과정을 세 분씩 그룹을 지어 이야기 나누어 보세요.

3. 보웬의 제자인 에드윈 프리드만(Edwin Friedman)이 〈Generation to Generation〉에서 제시한 "시스템 이론의 다섯 가지 개념"을 통해 가족시스템 이론이 동반의존성 개념 형성에 끼친 영향과 치료적 함의를 옆에 분과 이야기 나누어 보세요.

4. 동반의존성에 빠진 사람들을 위한 치료적인 방법을 정서적 관점에서 이야기해 보세요.

찾아보기

〈인명〉

〈내용〉

♣ ㄱ ♣

♣ ㄴ ♣

♣ ㄷ ♣

♣ ㅇ ♣

♣ ㅈ ♣

♣ 기타 ♣

저자 소개

• 김현진

- 총신대학교 신학대학원을 졸업하고, 미국 Liberty University에서 Gary Collins(미국기독교상담협회 초대회장), Timothy Clinton(미국기독교상담협회 2대회장), Henry Virkler 밑에서 상담을 공부하였다. Luther 대학원에서 Yoth and Family System Therapy를 전공하였고 동반의존성 논문을 썼다. KBS 명견만리와 EBS에서 미래 교육의 대안으로 떠오르고 있는 대학, 미국 St. John's College에서 방문교수로 있었다.
- 정서중심코칭심리학회(SEFCP) 회장, 한국코칭학회 국제교류위원장, ICF(국제코칭연맹) 코리아 챕터 국제협력이사, 합동총회 중독상담대책연구위원회 연구위원, 사)청소년상담교육협회 이사, 목회상담협회 호남지회장으로 섬기고 있다.
- 현재 광신대학교 상담치료대학원 상담심리치료학과와 일반대학원 코칭심리학과 교수로, 부설 정서코칭상담교육원 원장으로 일하면서 정서중심 심리코칭 전문가와 정서중심치료사와 정서중심가족치료 전문가를 양성하고 있다.
- 저서와 역서로는 『정서중심치료』, 『정서중심치료 사례개념화』, 『남녀 사랑의 심리학』, 『고슴도치 끌어안기』, 『아동상담』, 『외도의 심리』, 『성경과 목회상담』, 『애착과 아동정서중심치료』 등이 있다.

• 여한구

- 강남대학교에서 성서심리학을 전공하여 성경 인물과 이야기를 중심으로 한 분석심리학 분야 연구를 했다. 가정법원 이혼재판상담위원 제도 도입과정에 참여하여 가사재판 상담위원 및 서울가정법원 가사상담위원으로 활동했다. 한국정보문화진흥원 인터넷중독전문상담사, 여성부 장관위촉 양성평등교육전문강사, 교육과학기술부 인성교육 어울림 자문위원 및 인성교육범국민실천연대 예술교육분과위원장을 지냈다.
- 현재 한국예술심리상담협회 이사장, 한국상담전공대학원협의회 회장, 한국목회상담협회 부회장, 한국정신역동치료학회 이사, 정서중심코칭심리학회(SEFCP) 학술지 심사위원 등 전문상담 훈련에 참여하고 있으며, 현재 국제신학대학원대학교 상담복지학과장으로 전문가를 양성하고 있다.
- 저서와 역서로는 『색채심리』, 『내담자와 상담자를 위한 심리상담매뉴얼』, 『CPTI성격유형검사』, 『심리학개론』, 『상담심리사』, 『결혼상담의 이해와 실제』, 『분석심리학적 관점에서 본 룻의 자기실현』, 『현대정신분석』 등이 있다.

• **문성일**

문성일은 한양대학교와 장로회신학대학원을 졸업하고, 미국 Boston University에서 Chris Schlauch 박사의 지도 아래 목회심리학을 전공하여 석사학위를 취득하였으며, 캐나다 University of Toronto, St. Michael's College에서 Joseph Schner 박사와 Andrew Irvine 박사의 지도 아래 목회상담학을 공부하고 정과 공감의 상관성 연구로 박사학위를 받았다. Leslie Greenberg 박사가 세운 York University Emotion-Focused Therapy Clinic에서 정서중심치료 훈련을 받으며 정서중심치료에 깊은 관심을 갖게 되었다. 캐나다 온타리오 주 공인심리치료사 자격 면허(Registered Psychotherapist)를 취득하였으며, 토론토상담심리연구소 상담실장, 토론토 코스타에서 상담목사로 섬겼다. 현재 부산 수영로교회 수영로심리상담센터 센터장으로 섬기며, 계명대학교 일반대학원과 연합신학대학원 외래교수로 강의하고 있고 정서중심 코칭심리학회(SEFCP) 국제협력이사로 섬기고 있다.

• **정현섭**

한국열린사이버대학교 상담심리학과 특임교수로 재직하고 있다. 학회활동으로는 정서중심코칭심리학회(SEFCP) 총무이사 및 자격 관리위원장을 맡고 있으며 현재 광신대학교 일반대학원 심리학 박사과정에 재학중이다.

중학교 자유학년제 관련한 진로수업을 진행하고 있으며, 한국도박문제관리센터 도박예방강사로도 활동하고 있다.

임상심리사, 청소년상담사

• **김만수**

알아차림코칭센터 대표, 마스터코치로 일하고 있고, 한국코치협회 KPC와 국제코칭연맹(ICF) PCC 자격을 가지고 있으면서 많은 코치들을 멘토코칭과 코칭 수퍼비젼을 해주면서 코칭의 저변화와 전문화를 위해 애쓰고 있다.

전) LG전자 연수원 사내코치였고, 에릭슨칼리지의 NLP Trainner이다.

그리고, 한국코치협회에 KAC 자격인증 프로그램인 "행동변화STOP코칭"과 KPC 자격인증 프로그램인 "알아차림코칭" 프로그램을 개발하였고, 국제코치연맹 자격인증프로그램(ACTP)인 "ACE (Awareness Coaching Expert)" 코치양성 프로그램도 개발하였다.

• **이무석**

- **"사랑이 약입니다"**라고 수업시간에 말씀하시는 의사 교수님. 만나면 마음이 따뜻해지는 분.
- 광주 동명교회 장로, 전) 광주 기독정신과의사회 회장, 한국기독의사회 이사
- 국제정신분석가, 의학박사, 정신과 전문의, 전남대학교 의과대학 명예 교수, 전남대학교 의과대학 졸업, 런던대학 연수, 샌디에고 정신분석 연구소 연수, 한국 정신분석학회 회장 역임
- 저서: 정신분석에로의 초대(2003년. 이유 출판사), 30년 만의 휴식(2006년, 비젼과 리더십) 외 다수
- 역서: 환자와의 대화(Brian Bird 저, 1995. 집현전), 안나 프로이트의 하버드 강좌(Editor, Joseph Sandler, 2005, 하나의학사)
- 논문: 빈센트 반 고흐의 생애에 대한 정신분석적 조명(1997) 외 50여 편

[개정판]
성격심리와 성격상담
-성격심리, 성격장애와 상담치료-

2018년 4월 25일 1판 1쇄 발행
2021년 6월 30일 개정판 1쇄 발행
2025년 2월 25일 개정판 2쇄 발행

저 자: 김현진 여한구 문성일
정현섭 김만수 이무석

발행자: 한 정 주
발행처: 교 육 과 학 사

저자와의
협의하에
인지생략

경기도 파주시 광인사길 71
전화(031)955-6956~8/팩스(031)955-6037
Home-page: www.kyoyookbook.co.kr
E-mail: kyoyookbook@daum.net
등록: 1970년 5월 18일 제2-73호

낙장・파본은 교환해 드립니다. 정가 23,000원
Printed in Korea. ISBN 978-89-254-1604-5